Korsika

Peter Mertz

GPX-Daten zum Download

www.swisstravelcenter.ch/gpx

Kostenloser Download der GPX-Daten der im Wanderführer enthaltenen Wandertouren.

DER AUTOR

Peter Mertz, Jg. 1960, wohnhaft in Innsbruck, arbeitet seit 30 Jahren als freischaffender Biologe, Naturfotograf und Buchautor in seinem Büro „Die Naturwerker“. Neben Skandinavien, Kanada und den Alpen gehören der Mittelmeerraum und die Kanarischen Inseln zu seinen Spezialgebieten.
Mittlerweile hat Peter Mertz mehr als 80 Bildbände, Naturreiseführer, Wanderbücher und Fachbücher bei deutschen, österreichischen und Schweizer Verlagen veröffentlicht. Innerhalb der Kompass-Wanderbuchreihe sind noch die Titel La Palma (943), Madeira (5915) und Gran Canaria (5907) erschienen.

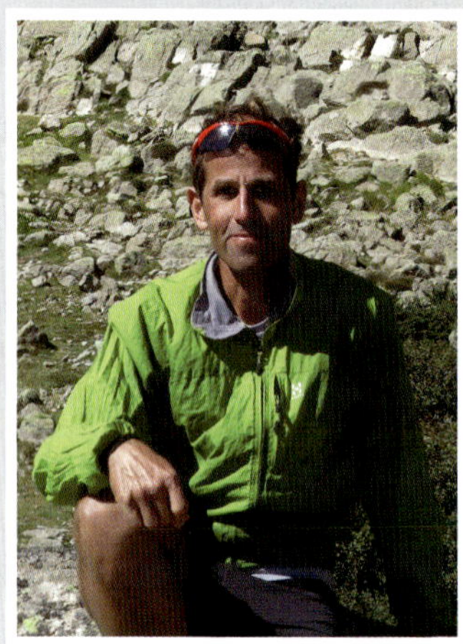

VORWORT

Korsika gilt unbestritten als eine der vielfältigsten Inseln des Mittelmeerraumes, der es nicht an Beinamen mangelt: Ob „Insel der Schönheit“, „Insel der Düfte“ oder „Insel der Gegensätze“, alle beschreiben die wildreiche Landschaft und Natur, aber auch die Vielgestaltigkeit der Bevölkerung. Grundsätzlich herrscht mediterranes Klima, doch die rauen Gebirgsketten im Inneren lassen Vergleiche mit den mitteleuropäischen Alpen zu. Wir treffen im Zentralgebirge auf mehr als 70 Gipfel, die höher als 2000 Meter sind, dazu kommen einsame Täler und wildreiche Schluchtlandschaften, die von sattgrünen Hochtälern, malerischen Gebirgsseen und duftenden Macchienküsten kontrastiert werden.

Die Natur wird auch von Seiten der Verwaltung hochgehalten. Ein Großteil der Insel steht im „Parc Naturel Régional de la Corse“ unter Naturschutz. Im Nordwesten gehören 80 km Küste mit dem grandiosen Naturschutzgebiet der Halbinsel Scandola dazu. Das Meer davor steht als erster französischer Marinpark unter Schutz und genießt sogar den Status eines Nationalparks. Unmittelbar an den Stränden dürfen keine Hotels oder Häuser errichtet werden,

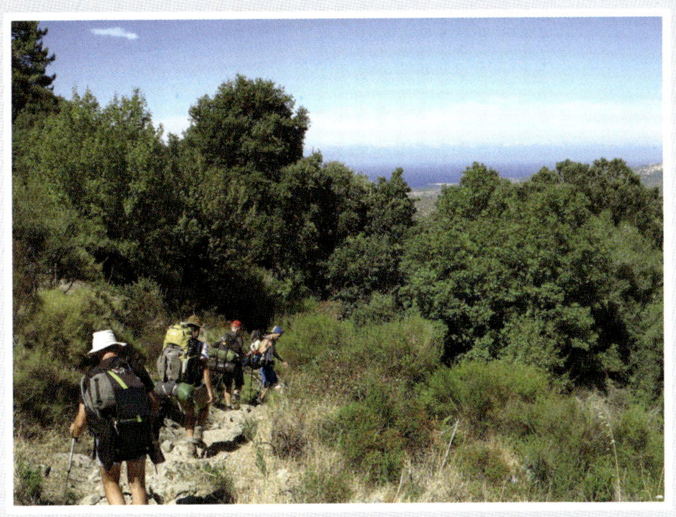

sodass vor allem die Badegebiete im Südosten Korsikas rund um Porto Vecchio unverbaut erhalten bleiben. Insgesamt besitzt die Insel über 1000 km Küstenlinie, die teils sehr zerklüftet und nur vom Meer aus zugänglich ist. Die in diesem Wanderführer zusammengestellten Touren eröffnen den Wanderern den gesamten korsischen Naturraum und bieten sämtliche Schwierigkeitsgrade. Sie führen durch die bekannten Schluchttäler wie Tavignano und Spelunca, erklimmen mit dem Monte Cinto den höchsten Berg Korsikas, umfassen aber auch Familientouren wie den Lac de Creno oder die Buchten von Campomoro. Stets begleitet uns die herrliche Flora, die von mediterranen Macchien bis zu endemischen Hochgebirgspflanzen reichen und sich vor allem im Frühjahr bis Frühsommer entfalten. Der Autor wünscht Ihnen eindrucksvolle Wandererlebnisse auf dieser „Insel der Kontraste".

Peter Mertz

INHALT UND TOURENÜBERSICHT

AUFTAKT

ANHANG

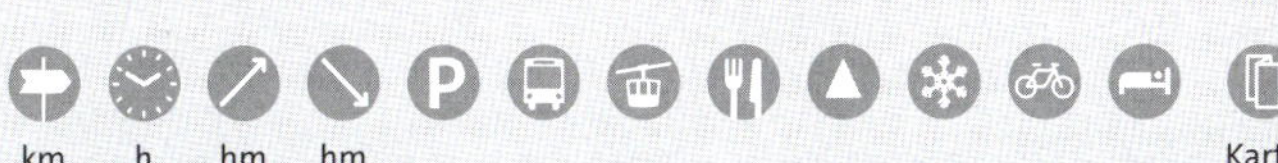

km	h	hm	hm									Karte
9	3:00	150	150	✓					✓			2251
13	4:15	300	300	✓					✓		✓	2251
12	5:15	800	800	✓				✓				2251
11,5	3:15	400	400	✓			✓	✓				2251
4	1:30	140	140	✓								2251
18	6:00	340	340	✓			✓					2251
15	4:45	500	500	✓			✓				✓	2251
6	2:15	200	250	✓						✓	✓	2251
10,5	4:10	260	260	✓				✓			✓	2251
2,2	0:50	50	50	✓					✓			2251
8,9	3.00	120	120	✓								2251
12,3	4:00	480	480	✓			✓					2251
10,2	3:00	100	100	✓								2251
5	1:30	130	130	✓								2251
1,9	1:00	50	50	✓					✓		✓	2251
4	2:00	200	200	✓				✓	✓			2251
8,5	4:10	400	400	✓			✓					2251
8	2:30	150	150	✓								2251

INHALT UND TOURENÜBERSICHT

km	h	hm ↗	hm ↘	P	Bus	Seilbahn	Restaurant	Hütte	Winter	Velo	Übernachtung	Karte
11	6:30	800	800	✓				✓				2251
1	1:00	70	70	✓								2251
6	1:30	70	70	✓								2251
14	6:45	1300	1300	✓			✓	✓			✓	2251
19	5:45	870	870	✓				✓				2251
9,3	2:20	5	5	✓							✓	2251
8	4:00	540	540	✓			✓	✓			✓	2251
10	4:45	770	770	✓				✓			✓	2251
8	5:15	950	950	✓				✓				2251
19	9:00	1500	1500	✓	✓		✓	✓			✓	2250
6	1:40	200	200	✓	✓		✓					2250
21	7:00	1150	1150	✓			✓				✓	2250
9,5	5:30	1060	175				✓	✓			✓	2250
15	5:00	700	730	✓	✓						✓	2250
16	8:30	1650	1650	✓				✓				2250
9	5:00	682	682	✓			✓					2250
14	4:30	300	300	✓	✓							2250
11,4	4:00	1069	1069				✓				✓	2250
8	4:00	750	750	✓								2250
13,5	3:45	420	420	✓								2250
8	2:15	300	300	✓			✓		✓		✓	2250
14	4:15	280	280	✓			✓					2250
6,5	2:20	150	150	✓								2250
12,3	5:30	960	960	✓				✓				2250

INHALT UND TOURENÜBERSICHT

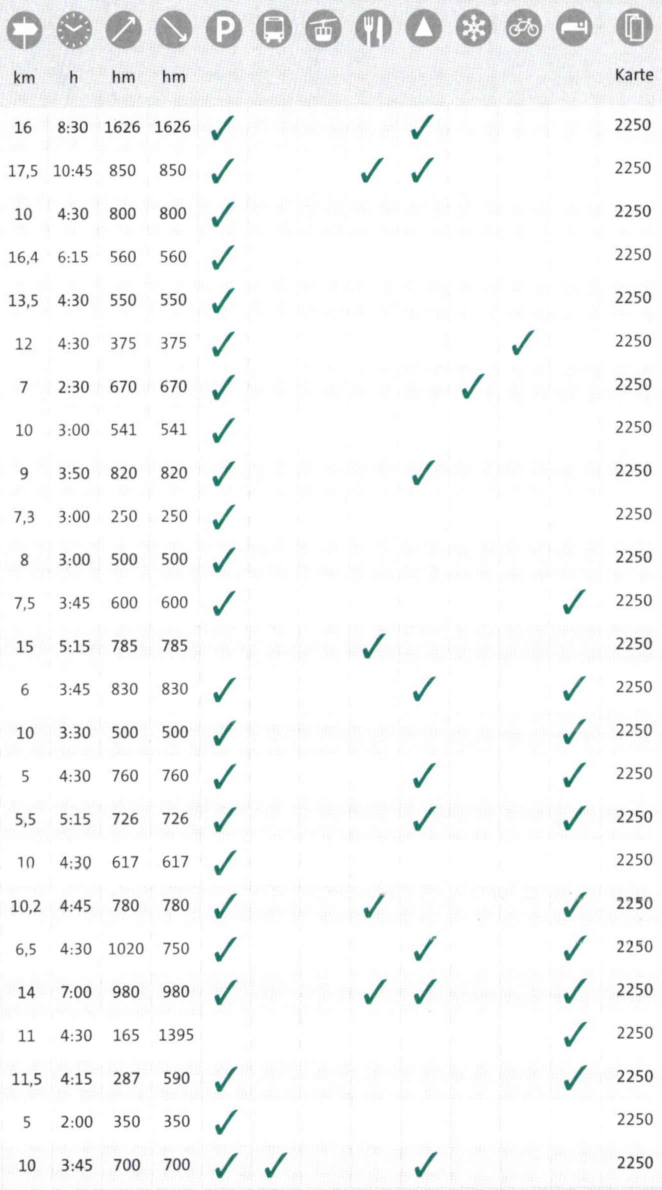

km	h	hm	hm									Karte
16	8:30	1626	1626	✓				✓				2250
17,5	10:45	850	850	✓			✓	✓				2250
10	4:30	800	800	✓								2250
16,4	6:15	560	560	✓								2250
13,5	4:30	550	550	✓								2250
12	4:30	375	375	✓						✓		2250
7	2:30	670	670	✓					✓			2250
10	3:00	541	541	✓								2250
9	3:50	820	820	✓				✓				2250
7,3	3:00	250	250	✓								2250
8	3:00	500	500	✓								2250
7,5	3:45	600	600	✓							✓	2250
15	5:15	785	785				✓					2250
6	3:45	830	830	✓				✓			✓	2250
10	3:30	500	500	✓							✓	2250
5	4:30	760	760	✓				✓			✓	2250
5,5	5:15	726	726	✓				✓			✓	2250
10	4:30	617	617	✓								2250
10,2	4:45	780	780	✓			✓				✓	2250
6,5	4:30	1020	750	✓				✓			✓	2250
14	7:00	980	980	✓			✓	✓			✓	2250
11	4:30	165	1395								✓	2250
11,5	4:15	287	590	✓							✓	2250
5	2:00	350	350	✓								2250
10	3:45	700	700	✓	✓			✓				2250

INHALT UND TOURENÜBERSICHT

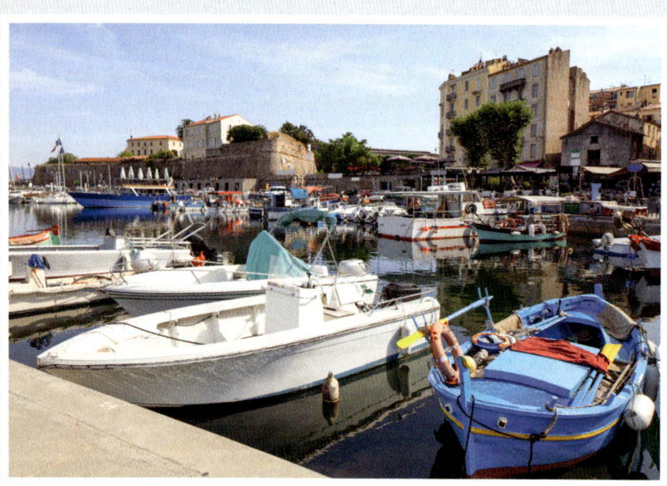

km	h	hm	hm									Karte
15,5	4:25	110	110	✓			✓					2250
4,5	1:45	266	266	✓								2250
15	4:45	485	485	✓			✓					2250
7	3:00	335	335	✓				✓				2250
14	4:15	120	120	✓				✓			✓	2250
20	5:30	40	40	✓			✓				✓	2250
6	2:00	130	130	✓			✓					2250
11	6:00	1020	1020	✓			✓	✓			✓	2250
17	6:30	1020	1020	✓						✓		2250
13	4:30	780	780	✓				✓				2250
8,3	2:45	425	425	✓			✓					2250
14,5	5:45	1050	1050	✓				✓				2250
9,5	2:35	50	50	✓					✓			2250

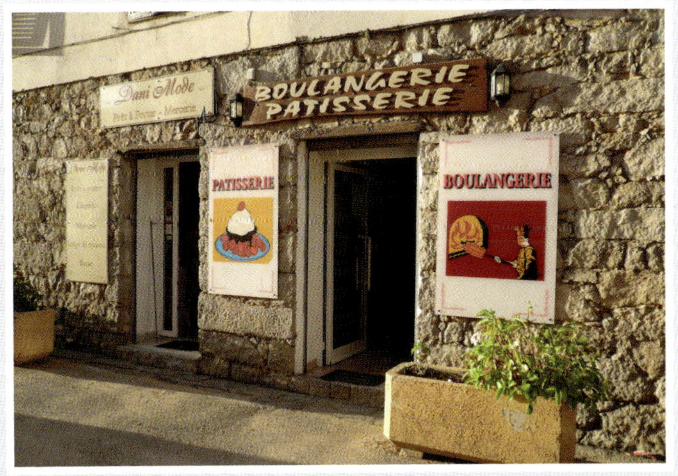

GEBIETSÜBERSICHTSKARTE

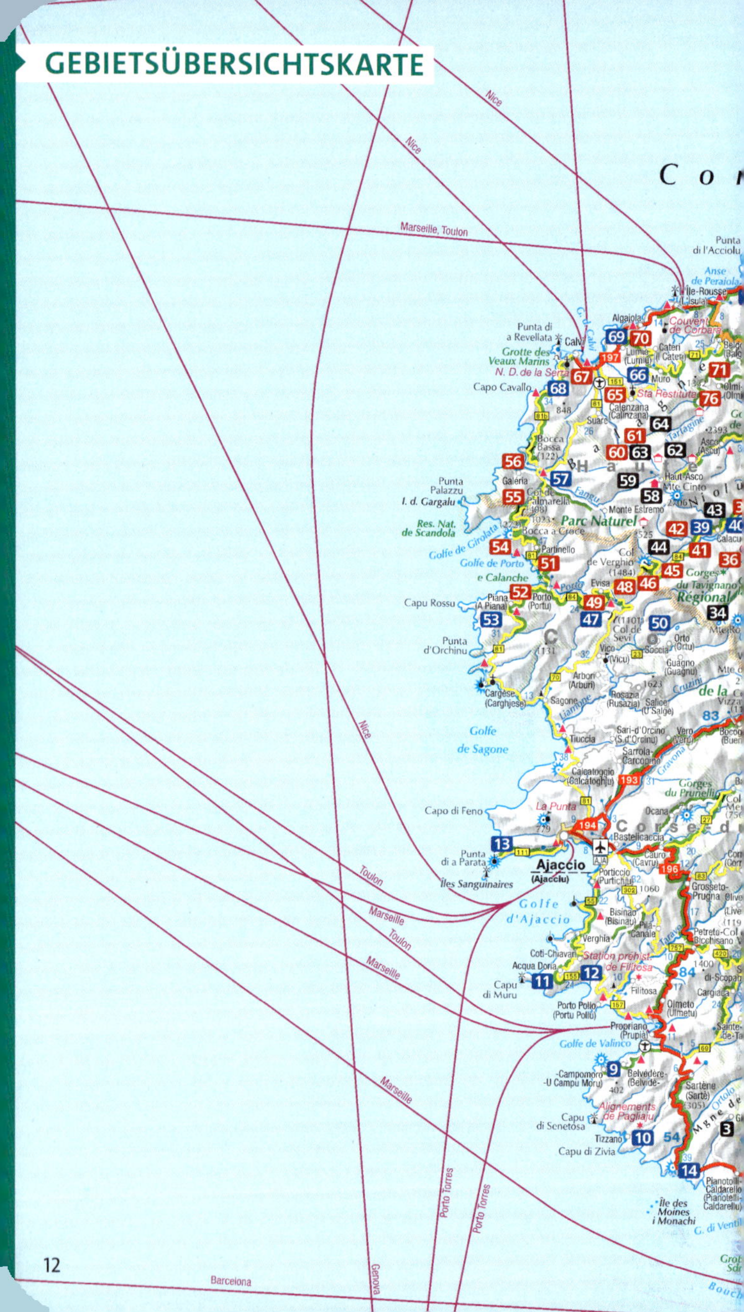

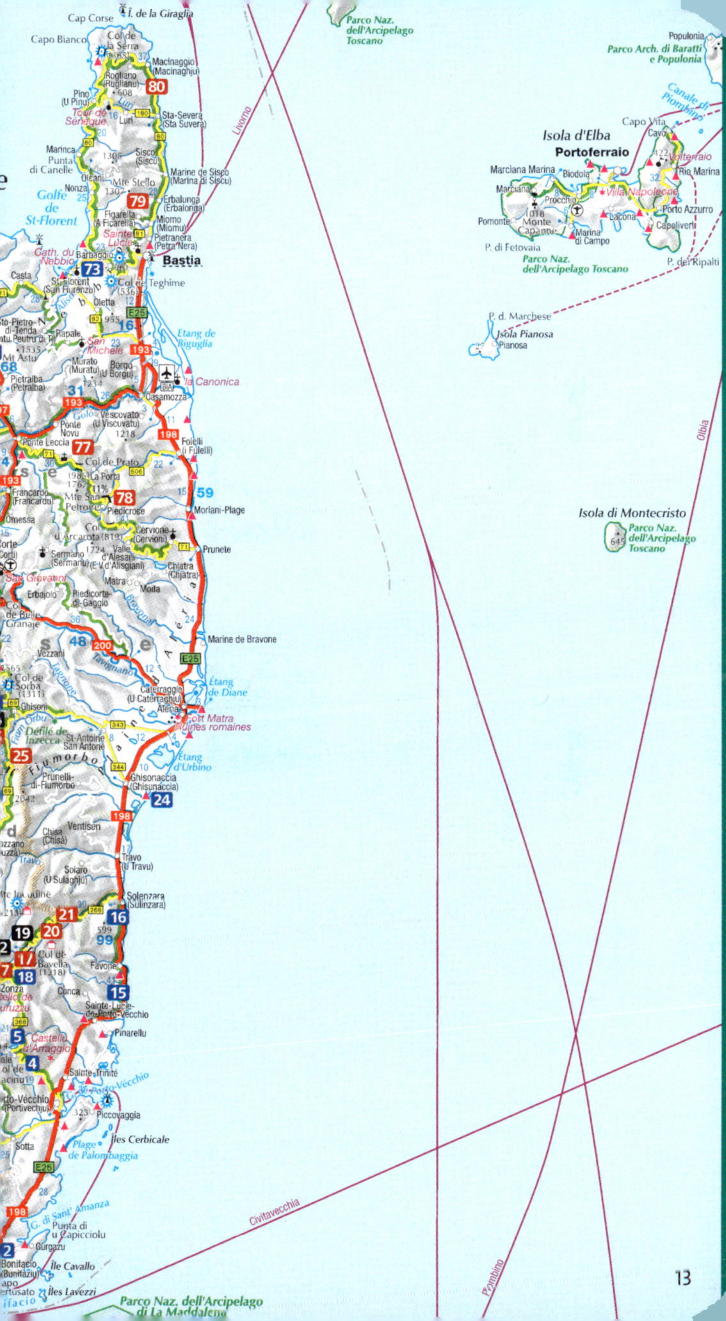

Cap Corse
Î. de la Giraglia
Capo Bianco
Col de la Serra
Macinaggio (Macinaghju)
Rogliano (Rugliano)
Pino (U Pinu)
Tour de Sénèque
Luri
Sta-Severa (Sta Suvera)
Marinca
Punta di Canelle
Sisco (Siscu)
Marine de Sisco (Marina di Siscu)
Nonza
Olcani
Mte Stello
Golfe de St-Florent
Erbalunga (Erbalonga)
Figarella (A Ficarella)
Miomo (Miomu)
Sainte Lucie
Pietranera (Petra Nera)
Cath. du Nebbio
Barbaggio
Bastia
Casta
St-Florent (San Fiurenzu)
Col de Teghime
Oletta
Etang de Biguglia
Rapale
San Michele
Murato (Muratu)
Borgo (U Borgu)
la Canonica
Pietralba (Petralba)
Casamozza
Vescovato (U Viscuvatu)
Ponte Novu
Ponte Leccia
Folelli (i Fulelli)
Col de Prato
La Porta
Francardo (Francardu)
Mte San Petrone
Piedicroce
Moriani-Plage
Omessa
Cervione (Cervioni)
Prunete
Sermano (Sermanu)
Valle d'Alesani
Chiatra (Chjatra)
San Giovanni
Erbajolo
Matra
Moita
Piedicorte-di-Gaggio
Marine de Bravone
Vezzani
Col de Sorba
Caterraggio (U Caterraghju)
Étang de Diane
Aléria
Fort Matra
Ruines romaines
Ghisoni
Défilé de Inzecca
St-Antoine San Antone
Étang d'Urbino
Prunelli-di-Fiumorbo
Ghisonaccia (Ghisunaccia)
Chisà (Chisà)
Ventiseri
Travo (U Travu)
Solaro (U Sulaghju)
Solenzara (Sulinzara)
Col de Bavella
Favone
Zonza
Conca
Sainte-Lucie-de-Porto-Vecchio
Pinarellu
Castellu d'Araggio
Sainte-Trinité
G. de Porto-Vecchio
Porto-Vecchio (Portivechju)
Piccovaggia
Îles Cerbicale
Sotta
Plage de Palombaggia
G. di Sant' Amanza
Punta di u Capicciolu
Gurgazu
Bonifacio (Bunifaziu)
Île Cavallo
Îles Lavezzi
Parco Naz. dell'Arcipelago di La Maddalena
Civitavecchia
Livorno
Parco Naz. dell'Arcipelago Toscano
Populonia
Parco Arch. di Baratti e Populonia
Canale di Piombino
Capo Vita
Cavo
Isola d'Elba
Portoferraio
Volterraio
Rio Marina
Marciana Marina
Biodola
Marciana
Procchio
Villa Napoleone
Porto Azzurro
Pomonte
Monte Capanne
Lacona
Capoliveri
Marina di Campo
P. di Fetovaia
P. dei Ripalti
P. d. Marchese
Isola Pianosa
Pianosa
Isola di Montecristo
Olbia
Piombino

DAS GEBIET

„Wer sich im Frühjahr und Sommer der Insel nähert, kann Korsika schon aus großer Distanz am Duft der Macchie erkennen, die nirgends so schön blüht wie hier."
Napoleon

Korsika gehört zu Frankreich und liegt zwischen dem 41. und 43. nördlichen Breitengrad. Die Nord-Süd-Erstreckung beträgt 183 km bei einer maximalen Breite von 83 km. Die viertgrößte Insel des Mittelmeerraumes hat eine Größe von 8722 km² und ist lediglich 180 km vom europäischen Festland entfernt. Der Reichtum an Farben und Formen, an Dörfern und Städten macht das Wandern auch zu einem kulturellen und historischen Erlebnis. Stets begegnen wir den mannigfaltigen Traditionen, der Auseinandersetzung zwischen französischem und italienischem Einfluss sowie den historischen und modernen Einflüssen von Kunst und Musik.

Das erste, was man von der Insel sehen wird, ist die wildreiche, weitgehend naturbelassene und vielfältige Küste. Vor allem im Westen trifft man auf landschaftliche Schönheiten voll erhabener Anmut, die in unterschiedlichsten Rottönen mit dem tiefblauen Meer wetteifern. 100 Kilometer kurvenreiche Küstenstraße verbinden die Calanche-Stadt Piana mit Calvi. 100 Kilometer Tiefblicke, zerklüftete Steilküsten und abwechslungsreiche Panoramen, die im einsamen Girolata und dem Naturreservat von Scandola gipfeln. Zwischen Calvi und Saint Florent beherrschen liebliche Landschaften aus Hainen, Wäldchen und schmucken Dörfern die Szenerie. Fruchtbarkeit, altes Kunsthandwerk, ein reicher geschichtlicher Hintergrund

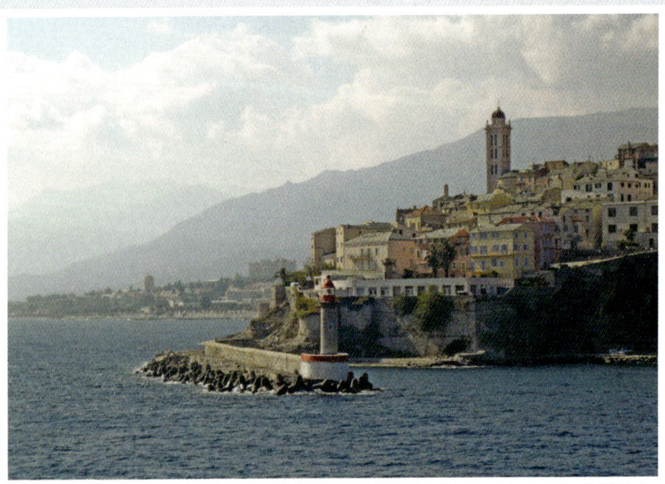

Die Altstadt von Bastia an der Ostküste von Korsika

formen die Balagne, einen der traditionsreichsten und reizvollsten Winkel der Insel. An der Ostseite holen die Sand- und Badestrände zu einem Fortissimo auf und versprechen Urlaub zwischen Himmel und Meer. Liebliche Buchten, schirmpiniengesäumte Sandsicheln und ockerfarbene Felsen verlocken zum Sonnenbaden, und das klare Wasser des Meeres begeistert nicht nur die Wassersportler. Ob die Baie Rondinaria, Baie de Stagnolo oder der herrliche Sandstrand von Palombaggia, Korsika beweist auch den Badefreunden, die „Insel der Schönheit" zu sein.

Korsikas Naturraum lässt sich in mehrere Landschaften unterteilen, die im Wesentlichen den naturräumlichen Vorgaben folgen. Daneben besteht eine Zweiteilung aus politischer Sicht, die Korsika in einen nördlichen Abschnitt „La Haute Corse" und einen südlichen „la Corse-du-Sud" unterteilen. La Haute Corse umfasst auf einer Fläche von 4665 km² die höchsten Gipfel der Insel wie Monte Cinto, Monte Rotondo und Paglia Orba. Dazu gehören aber auch das Cap Corse mit den Buchten und den 32 Genuesertürmen, ferner die Désert des Agriates mit weißen Sandstränden und einsamen Küstenlandschaften, die Balagne und die leuchtenden Laubwälder der Castagniccia. Zum nördlichen Abschnitt zählen auch die Städte Bastia, Corte, die historische Stadt, und die Hauptstadt Ajaccio. La Corse-du-Sud lädt mit wildreichen Landschaften unterschiedlichster Ausprägung ein, wie dem Alta Rocca, das die vulkanische Herkunft noch gut erkennen lässt. Hier dominieren rotes Granitgestein und ausgedehnte Kiefernwälder. Von Aitone bis Ospédale prägen farbenprächtige Wälder und Kalkgestein die Landschaft, das mit grellweißen

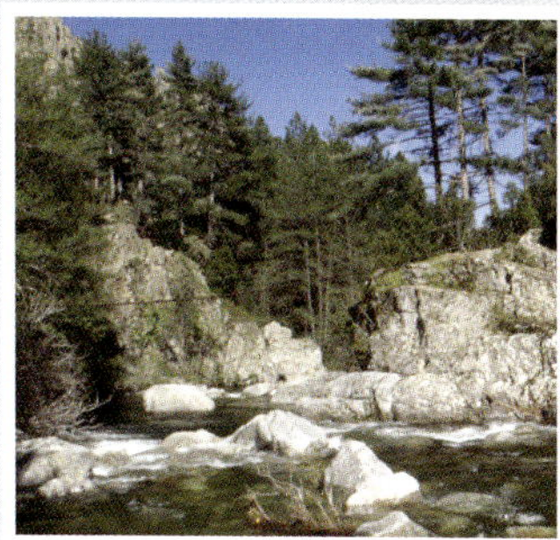

Die Cascades des Anglais

Abbrüchen auch die Südspitze dominiert und sich im Bavellamassiv zu den „Dolomiten Korsikas" auftürmt. Der Süden wird aber auch gleichgesetzt mit türkisfarbenen Badebuchten und Wildbächen, die Ketten von Kaskadenbecken ausgewaschen haben.

Die geografischen Landschaften von Nord nach Süd:

Cap Corse: Im Norden der Insel erstreckt sich die einem Finger gleichende Halbinsel über 30 km und erreicht Höhen bis 1307 m (Monte Stello). Vor allem die Westküste gilt als sehr ursprünglich.

Nebbio: Das muschelförmige Becken schließt südwestlich ans Cap an und umfasst das Hinterland von St. Florent. Es gehört geologisch zum zentralen tektonischen Grabenbruch.

Casinca: Reiches Kulturland rund um Casamozza südlich von Bastia, das einst die Kornkammer der Römer war.

Désert des Agriates: Das alte, macchienüberwucherte Hügelland erstreckt sich zwischen St. Florent und Ostriconi an der Nordküste.

Balagne: Eine der lieblichsten Landschaften Korsikas, die zwischen L'Île Rousse und Calvi/Galéria an der Nordwestküste liegt und durch sanfte Hügelländer, pittoreske Dörfer und fruchtbare Ebenen gekennzeichnet ist.

Niolu: Das Herz der Insel zwischen dem Gebirgszug des Monte Cinto im Norden und dem Monte Rotondo im Süden. Zur Region gehören der Calacuccia-Stausee, der Col de Verghio (mit 1477 m höchster Pass der Insel) und der Oberlauf des Golo mit dem Paglia Orba.

Castagniccia: Das sanfte, kastanien- und buchenbewachsene Bergland zwischen Tavignano und Golo, mit alten Bergdörfern wie Morosaglia und dem Monte San Petrone.

Cortenais-Bozio: Der Talkessel im Zentrum der Insel mit der heimlichen Hauptstadt Corte (Sitz der Université de la Corse). Das Bozio erstreckt sich als fruchtbares Tal entlang des Golos nach Osten.

Cinarca: Die Westseite Korsikas zwischen dem Golf von Porto und Ajaccio mit mildem Klima, prähistorischen Menhiren und alten Kulturländern.

Fiumorbu: Mäßig besiedeltes Bergland rund um Ghisoni mit einer weiten Ebene bei Ghisonaccia.

Alta Rocca: Die Blocklandschaften des Südens rund um die Aiguilles de Bavella, dem Massif de L'Ospédale und den Montagne de Cagna.

Sartenais: Fast der gesamte Süden und Südwesten, mit kargen Landschaften, Zeugnissen aus prähistorischer Zeit, mit den Städten Monacia, Propriano und Sartène, der korsischsten Stadt, Capu Pertusato mit den Kalkklippen und der schönsten Stadt Korsikas, Bonifacio.

Die Vielfalt der Pflanzenwelt mit mehr als 2000 Arten ist erstaunlich und resultiert aus den unterschiedlichen Klimaverhältnissen und Höhenstufen, die von Küsten- und Dünenlandschaften bis zum Hochgebirge reichen. 350 Blütenpflanzen sind endemisch, kommen also ausschließlich auf Korsika und/oder Sardinien vor. Darüber hinaus gilt die Insel als Geheimtipp für Orchideen, die mit mehr als 40 Arten vertreten sind. Die korsische Fauna fällt eher durch das Fehlen einiger Arten wie Fischotter, Dachs, Eichhörnchen, Bär, Wolf, Blindschleiche oder Rehe auf, als durch eine hohe Artenzahl. Der Grund für diese Beschränkung ist in der Isolation der Insel zu suchen: Wer nicht vor Millionen von Jahren über das ausgetrocknete Mittelmeer eingewandert ist, musste fernbleiben oder vom Menschen importiert werden. Andererseits haben die vorhandenen Tiere ihre ökologischen Nischen oft mit großem Erfolg genutzt und eigene, endemische Arten gebildet: Der Fuchs ist kleiner, das Wiesel größer, die Kohlmeise fahler gefärbt, der Salamander gelb gefleckt. Aber auch neue Arten wie der Korsenkleiber oder der Korsische Gebirgsmolch sind entstanden. Die Säugetierfauna umfasst 17 Arten, die sich vor allem aus verwilderten Haustierrassen zusammensetzen. Halbwilde Schafe, Schweine und Ziegen bevölkern am häufigsten die Waldgebiete entlang

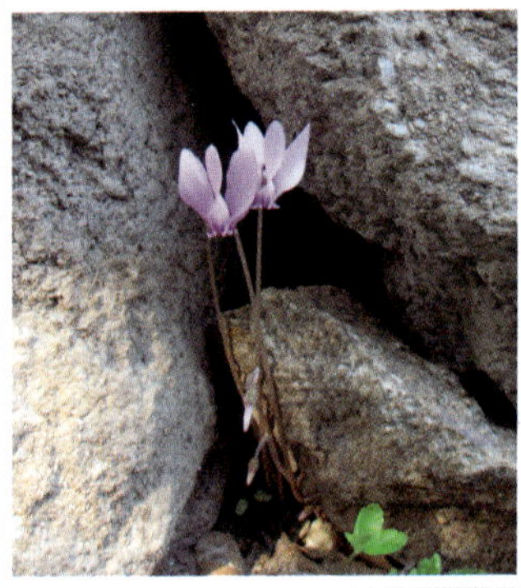

Balearenveilchen

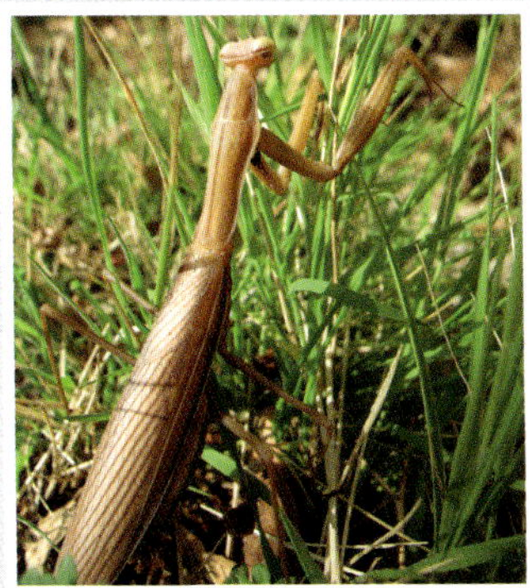

Gottesanbeterin

der Wanderwege und machen durch die massiven Flurschäden auf sich aufmerksam, die sie beim Ausgraben der Wurzelknollen und Eicheln hervorrufen. Als Besonderheit gilt der scheue Mufflon, eine verwilderte Hausschafart, der im Asco-Tal und rund um das Bavella-Massiv vorkommt. Im Dickicht der Macchie und Wälder verbirgt sich das Wildschwein, das zum begehrtesten Objekt der Jäger gehört. Es gibt 127 Brutvogelarten auf Korsika, zu denen seltene wie der Fischadler und Seeadler im Reserve Scandola, die Korallenmöwe auf den Finicchiarola-Inseln oder der Korsenkleiber in den Bergtälern des Niolu und des Forêt d'Aitone gehören.

Klima

Das Klima Korsikas wird vornehmlich durch das Relief und die Höhe des zentralen Gebirges bestimmt. Die Unterschiede der Jahreszeiten entsprechen in den Höhenlagen den mitteleuropäischen Verhältnissen. Im Sommer treten heftige Gewitter mit Stürmen und Hagel auf. Die Winter sind äußerst streng und Schneefelder können auf den Nordseiten der Berge bis in den August angetroffen werden. Im September kann bereits in Lagen über 1500 m Neuschnee dazukommen.

In Korsika herrscht das typische Mittelmeerklima vor, das von heißen, trockenen Sommern und milden Wintern geprägt ist. Der Hauptniederschlag fällt zwischen Oktober und April. Wegen der bis 2700 m aufsteigenden Gebirge findet man im Zentrum der Insel ab ungefähr 1500 m Seehöhe alpine Verhältnisse vor, wie diese aus den mitteleuropäischen Gebirgen bekannt sind. Zwischen November und März fällt reichlich Schnee, der in schattigen Lagen bis in den Sommer hinein liegen bleiben kann. Das Meer behält bis Mitte Oktober angenehme Temperaturen.

Man unterscheidet sieben Winde, die eng mit dem Wettergeschehen in Verbindung stehen: Aus dem Südwesten (Gibraltar) weht der **Libeccio** im Sommer warm, im Winter bringt er Regen. Der **Mistral** kommt aus dem französischen Zentralmassiv und trifft die Insel an der Westseite, der **Ponente** stammt aus den Pyrenäen, der **Scirocco** bringt warme Luft aus Afrika an die Südseite und heftige Gewitter ins Gebirge, der seltene, kühle **Tramontana** stammt aus den Alpen, während der **Gregale** im Nordosten auf Korsika stößt. Schließlich führt der **Levante** schwüle, warme Luft aus dem Osten auf die Insel und verursacht ein wahres Treibhausklima.

Geologie

Korsika war im Erdaltertum ein Teil des Urkontinent Tyrrhenis und somit mit Festland-Europa und Afrika verbunden. Im Zuge der Kontinentaldrift und der Auffaltung der mitteleuropäischen Alpen brach dieser Kontinent auseinander. Geologisch betrachtet steht es mit den Pyrenäen im Westen ebenso in Verbindung wie mit der Insel Elba im Osten.

GR 20

In Korsika gibt es mehrere Weitwanderwege, von denen der GR 20 (Sentier de **G**rand **R**andonnée de la Corse) der bekannteste ist. Er verläuft über 200 km von Calenzana im Norden nach Conca im Süden, wobei über 12.000 Höhenmeter zu überwinden sind. In regelmäßigen Abständen sind Schutzhütten eingerichtet, die auf Selbstversorgerbasis funktionieren oder bewirtschaftet sind. In Vizzavona endet der nördliche und beginnt der südliche Abschnitt, der leichter zu bewältigen ist.

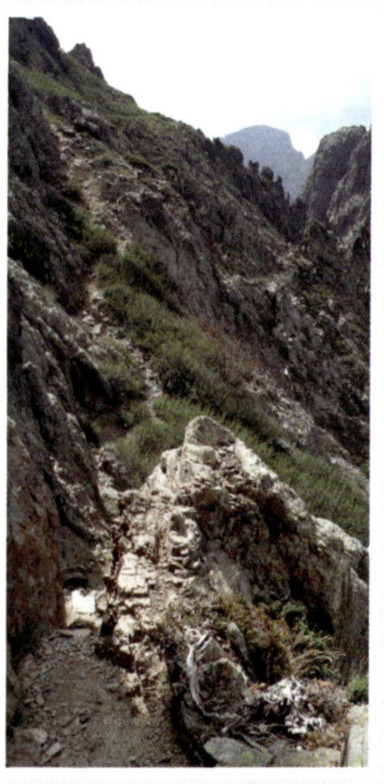

Zwei Gebirge bestimmen die geologische Gliederung der Insel. Das größere erhebt sich im Nordwesten bei Calvi und L'Île Rousse aus dem Meer und erreicht schon 25 km im Landesinneren mit dem Monte Cinto den höchsten Gipfel Korsikas. Nach Südosten folgen mehrere Gipfel, die über 2000 Meter hoch sind, ehe die diagonal verlaufende Bergkette sanft nach Süden abfällt und zwischen Solenzara und Bonifacio im Meer verschwindet. Es besteht hauptsächlich aus Granit, Gneis und Porphyr. Einem Faltengebirge entsprechend wurde das Urgestein durch tektonische Verwerfungen in die Höhe gepresst. Mineralische Zusätze führten zu bizarren Färbungen, wie wir sie in der Calanche, auf der Halbinsel Scandola oder in der Restonica-Schlucht antreffen. Zu den geologischen Phänomenen gehören auch die Tafoni-Verwitterungen, die auf alkalische Beimengungen zurückzuführen sind und kunstvolle Gebilde entstehen lassen.

Von Sampiero Corso bis Napoleon – ein Streifzug durch die Geschichte

Der Expressionist de Ratzel sprach als erster von Korsika als „einem Museum unter freiem Himmel" mit einer reichen, lebendig gebliebenen Geschichte. Die einzelnen Stationen von der ersten Besiedlung, die etwa vor 8500 Jahren erfolgte, bis zum Befreiungskampf im 18. Jh. sind zum Verständnis von Land und Leute von großer Bedeutung. Es begann mit einer kleinen, kaum 1,50 Meter großen Frau, die die erste Anwesenheit menschlicher Wesen bezeugt. Die „Dame de Bonifacio", die 1975 an der Südspitze gefunden wurde, ist 8500 Jahre alt. Zahlreiche Funde aus derselben Epoche konnten ausgegraben werden, vor allem Obsidiane, die als Werkzeuge

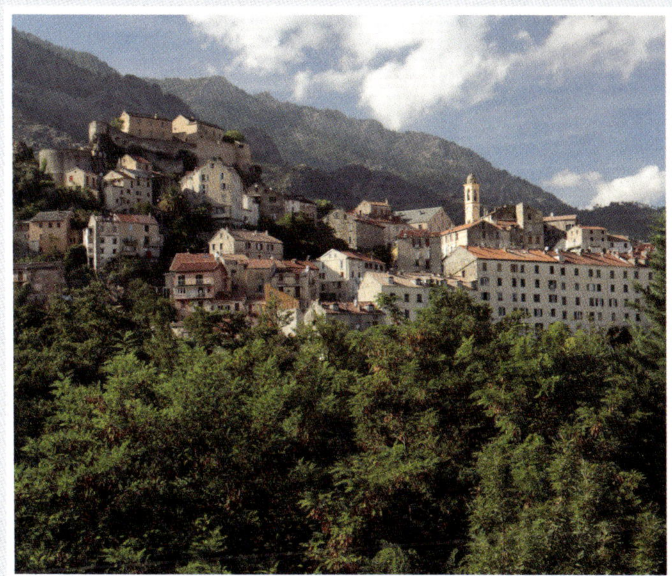

Corte gilt als die heimliche Hauptstadt von Korsika

Verwendung fanden. Die nachfolgenden Siedler hinterließen ihre Visitenkarten in Form der Menhire und Dolmen, die im Südwesten der Insel in der Landschaft der Sartène gefunden wurden. Filitosa oder Palaggio gehören zu den eindrücklichsten prähistorischen Grabungsstätten Europas und erzählen von einer Zeit zwischen 4000 und 8000 Jahren. In Filitosa siedelten Menschen aus verschiedenen Epochen, zuletzt in der Bronzezeit vor 3900 Jahren. Die erste Besiedlung, die einer Zivilisation glich, geht auf die Torreaner zurück, einem Volksstamm, der etwa um 1500 in der Gegend von Porto Vecchio turmähnliche Bauten errichtete. Später drangen sie ins Landesinnere vor und legten mit kleinen Steinhäuschen die Fundamente für die späteren Alta-Rocca-Dörfchen. Das Museum von Levie und Cucuruzzu beherbergen die schönsten Funde aus der torreanischen Epoche. Später brachten die Griechen ihre Kultur an die Ostküste und gründeten Alalia, das spätere Aléria. Sie sprachen als erste von Korsika als „Kalliste, der Schönsten".

Im Jahr 259 v. Chr. begann die Eroberung Korsikas durch die Römer, die daraufhin sieben Jahrhunderte herrschten. Dennoch sind mit Ausnahme der Ausgrabungen bei Aléria kaum Spuren ihrer Bauwerke erhalten geblieben. Nach dem Fall des Römischen Reiches begann eine unruhige Zeit für Korsika, die durch einfallende Volksstämme geprägt war. Im 5. Jh. kamen die Vandalen, bald darauf die Ostgoten und im 9. Jh. die Sarazenen. Jedes Volk übertraf sich mit seiner zerstörerischen Gewalt, sodass die angestammte Bevölkerung weit ins Landesinnere flüchten musste. Pisa und Genua vertrieben die Sarazenen im 11. Jh., worauf zweihundert Jahre des Friedens unter pisanischer Herrschaft folgten. In der Seeschlacht von Meloria wurde Pisa 1284 von den Genuesen besiegt, die daraufhin fünf Jahrhunderte lang die Geschicke Korsikas lenkten. Aus dieser Zeit stammen auch die runden Wachtürme, die rund um die Insel zu finden sind. Im 18. Jh. kämpften die Korsen nach dem Ende der genuesischen Macht 40 Jahre um ihre Unabhängigkeit, angeführt durch Pasquale Paoli. Er vereinte die verfeindeten Sippen auf der Insel, organisierte eine Verwaltung und Gesetzgebung. Doch 1768 war der Traum von der Unabhängigkeit schon wieder zu Ende, denn Genua verkaufte Korsika an die Franzosen. Seit dieser Zeit setzen sich die Korsen gegen die Franzosen zur Wehr, um eine neuerliche Unabhängigkeit zu erreichen. Erst in den 80er Jahren des 20. Jhs. erhielt die Insel eine Art Autonomiestatus mit gewissen Sonderrechten.

Korsische Speisen

agneau	Lamm
anchois	Sardelle
brochet	Hecht
cailles	Wachteln
carbonate	Geschmortes
carrelet	Scholle
cèpes	Steinpilze
chanterelles	Pfifferlinge
cochon de lait	Spanferkel
coq	Hahn
crudités	Rohkostsalat
émincé	Geschnetzeltes
haricots verts	Grüne Bohnen
huîtres	Austern
lapereau	Wildkaninchen
lièvre	Hase
merlu	Seehecht
pâté	Pastete
potage	gebundene Suppe
sanglier	Wildschwein
sole	Seezunge
truite	Forelle

Die korsische Küche

In der korsischen Küche mischen sich italienische, spanische, provencalische und sogar arabische Elemente zu köstlichen Speisen. Die Korsen verstehen es, zum Verfeinern der Gerichte würzige Kräuter einzusetzen. Wie auf jeder Insel stehen Meeresfrüchte und Fischgerichte im Vordergrund, obwohl diese nur am Cap Corse zur traditionellen Küche gehören. Eine Spezialität ist die gebundene Fischsuppe „aziminu", zu der geröstetes Brot mit einer kräftigen Knoblauchsauce gegessen wird. Andere Suppen werden aus Hülsenfrüchten zubereitet. Als Vorspeise kommt häufig auch eine Platte mit geräucherten Wurstsorten, Rinderschinken oder „figatelli", den geräucherten Leberwürstchen, auf den Tisch. Das magere Schweinefleisch, das vorwiegend von den halbwilden Schweinen stammt, wird besonders schmackhaft zubereitet. Weil sich diese vorwiegend von Kastanien und anderen in den Wäldern zu findenden Früchten und Knollen ernähren, besteht keine Gefahr von antibiotikabehandeltem oder mit Kraftfutter gemästetem Fleisch. Sehr beliebt sind der „lonzu", das luftgetrocknete und geräucherte Schweinefilet, sowie der „prisittu", ein gekochter Schinken, der im Sommer mit Feigen serviert wird.

Gelegentlich erhält man in Lokalen auch Wildschwein und andere Wildgerichte, die jedoch eher zu den seltener angebotenen Speisen auf Korsika gehören. Aus der Küche der Bergbauern stammen die nahrhaften Eintöpfe wie der „stufatu“, der mit Lammfleisch, Zwiebeln, Nudeln und Käse zubereitet wird. Der Käse selbst wird auf Korsika hauptsächlich aus Ziegen- oder Schafsmilch hergestellt. Der bekannteste ist der „brocciu“, ein schmackhafter, würziger Frischkäse aus Schafsmilch, der gerne zum Füllen von Teigtaschen oder zum Belegen von Brotfladen verwendet wird. Solange er zum Haltbarmachen nicht gesalzen wird, dient er auch zur Herstellung von Süßspeisen. Dann wird der „brocciu“ mit Pfefferminze zu einer Art Pfannkuchen verarbeitet.

Zur korsischen Küche gehört unbedingt das Kastanienmehl, das zum Backen und der Herstellung von Brot verwendet wird. Kastanien stellen an der Westküste, etwa rund um Evisa, aber natürlich auch in der Castagniccia ein häufig verwendetes Ausgangsprodukt für herrliche Speisen dar, die von Kastanienreis über schmackhafte Saucen bis zu Eis und Soufflés reichen.

Das korsische Sandwich enthält oftmals Gegrilltes oder verschiedene einheimische Käsesorten wie den Libecciu, Stellu, Velacu oder Astu. Diese kauft man am besten direkt auf einer Bergerie oder beim Schäfer in einem kleinen Bergdorf. Das gleiche gilt für alle korsischen Produkte wie Wurstwaren, Honig, Marmelade. Der berühmteste Honig stammt aus dem Ascotal.

Zu den typischen und bekanntesten Süßspeisen zählt die „castagnina“, eine Torte aus Kastanien, Walnüssen, Pinienkernen, Mandeln und Rosinen, sowie die „canistrelli“, ein mit Anis, Mandeln, Zitronat und Honig hergestelltes würziges Süßgebäck, das sehr lange haltbar ist und unseren Keksen gleicht. Natürlich zählen die Weine zum kulinarischen Aushängeschild der Insel, die vor allem im Nebbio und an der Ostküste rund um Ghisonaccia angebaut werden. Der korsische Wein ist kräftig, aber nicht schwer, oft auch fruchtig, ohne jedoch zu süß zu sein. Aus den Früchten des Zedratbaumes wird ein schmackhafter Likör hergestellt, der „cédratine“, der wie der klare Myrtenbranntwein zu frischem „brocciu“ getrunken wird.

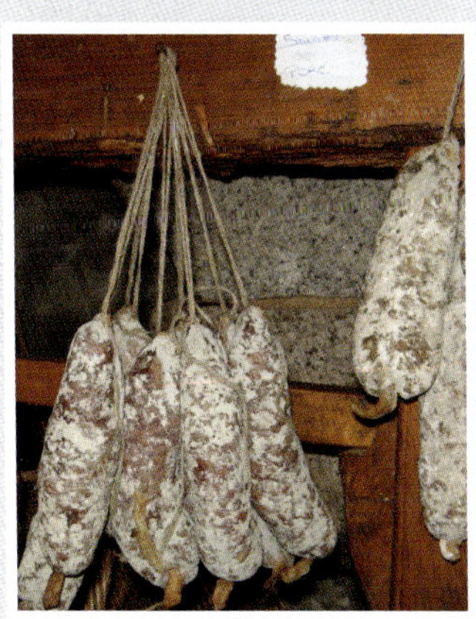

Korsische Saucissons oder Lonzo

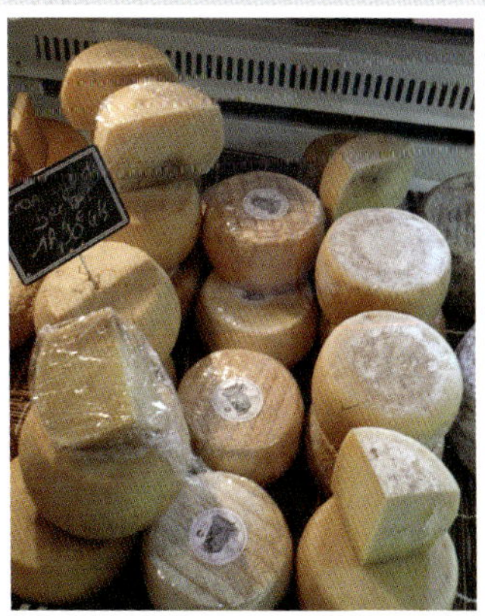

Korsischer Käse ist sehr begehrt

ALLGEMEINE TOURENHINWEISE

Auf Korsika gibt es unzählige Wanderwege, die von leichten Küstenwegen bis zu alpinen Felspfaden das gesamte Spektrum umfassen. Die in diesem Buch beschriebenen Wege sind bis auf die Besteigung des Monte Cinto und der Paglia Orba als klassische Wanderwege ohne Kletterpassagen einzuschätzen und für alle mit guter Kondition, etwas Bergerfahrung und Orientierungssinn zu bewältigen.

Etliche Touren verlaufen entlang der gut markierten Weitwanderwege, die mit Holztafeln und meist orangen Farbpunkten gekennzeichnet sind. Ein einheitliches Wegweisersystem, wie wir es aus den österreichischen oder Schweizer Alpen gewohnt sind, besteht auf Korsika nicht. Die meisten Routen können aber eindeutig gefunden werden, weil sie auch über alte Saumpfade oder trassierte Bergwege verlaufen. Man muss jedoch stets berücksichtigen, dass man sich in alpinem oder wildreichem Gelände befindet und sich die Wetterbedingungen rasch ändern können (Temperaturunterschiede, starke Winde oder Gewitter).

Bei Wanderungen in die zentrale Gebirgskette müssen die objektiven Gefahren bei der Planung der Tour unbedingt berücksichtigt werden. Gewitter treten am häufigsten im späten Frühjahr sowie im September und Oktober auf. Dennoch kann auch im Hochsommer ein plötzlicher Schlechtwettereinbruch in der zweiten Tageshälfte eintreten und eine Wanderung in baumfreiem Gelände zu einem gefährlichen Abenteuer werden lassen.

- Die Wanderausrüstung muss einen Regen- oder Windschutz sowie Proviant umfassen. Für Touren im alpinen Gelände oberhalb der Waldgrenze sind zusätzlich Sonnenbrille, Sonnencreme und ein Kälteschutz mitzunehmen. Eine kleine Wanderapotheke soll als fester Bestandteil jeder Wanderausrüstung ebenso selbstverständlich sein wie Berg- oder Trekkingschuhe.

- Sorgen Sie für ausreichend Verpflegung und Wasservorrat, da auch Quellen eher selten sind und das Wasser nicht bedingungslos getrunken werden kann. Einkehrmöglichkeiten sind entlang der Routen selten, wenn, sind es Schutzhütten entlang des GR 20, oder Gasthäuser in den Dörfern.

- Das Verwenden von langen Hosen wird wegen der sparrigen Gebüsche und Macchien generell empfohlen.

- Die 6-teilige Kompass-Wanderkarte oder die ign-Karten im Maßstab 1:25.000, die vor Ort von jeder Region erhältlich sind (Supermärkten, Tabak- und Zeitungsläden, Buchgeschäften), gehören stets zur Wanderausrüstung.

- Im Parc régional gelten wegen des Status als Schutzgebiet besondere Bedingungen bezüglich Feuer machen und Campieren, das grundsätzlich nur in ausgewiesenen Zonen bzw. rund um die Schutzhütten erlaubt ist.

SCHWIERIGKEITSGRADE

Die 80 vorgestellten Touren sind ihrem Anforderungsprofil entsprechend farblich markiert.

■ **LEICHT**
Leichte Tour ohne größere Anstiege und kaum Steigungen sowie kürzeren Gehzeiten im Halbtagesbereich. Diese Touren eignen sich vor allem für Familien mit Kindern und enthalten nicht selten Bademöglichkeiten.

■ **MITTEL**
Wanderroute mit größeren Anstiegen und einer Dauer rund um vier Stunden, die jedoch keinerlei schwierige Wegpassagen oder ausgesetzte Stellen enthält.

■ **SCHWER**
Anspruchsvolle Gebirgstour mit mehreren Hundert bis mehr als Tausend Höhenmetern Unterschied, teilweise Bergpfade in felsigem Gelände und Passagen, bei denen die Hände ein wenig zu Hilfe genommen werden müssen. Trittsicherheit ist erforderlich, Schwindelfreiheit von Vorteil, eine alpine Ausrüstung Voraussetzung.

MEINE LIEBLINGSTOUR

Pietra-Piana-Hütte durch das Manganellotal
Diese Tour steht stellvertretend für alle, die nicht den GR 20 gehen können/wollen. Die Route führt durch eines der schönsten korsischen Täler, in dem der Manganello-Bach herrliche Gumpen und Kaskadenbecken ausgebildet hat. Wir erreichen eine Schutzhütte am GR 20, die in herrlicher Lage zu Füßen des Monte Rotondo, zweithöchster Berg Korsikas, errichtet wurde. Ein Teil des Rückweges kann über einen Abschnitt der GR 20-Variante erfolgen (siehe Tour 30, Seite 119).

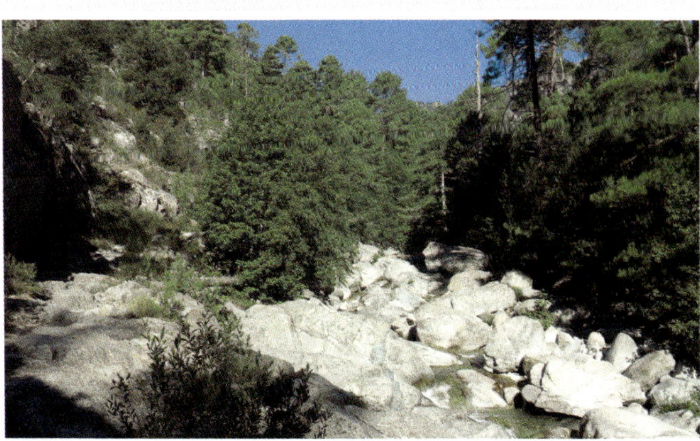

Der wildreiche Fluss im Manganellotal

MEINE HIGHLIGHTS

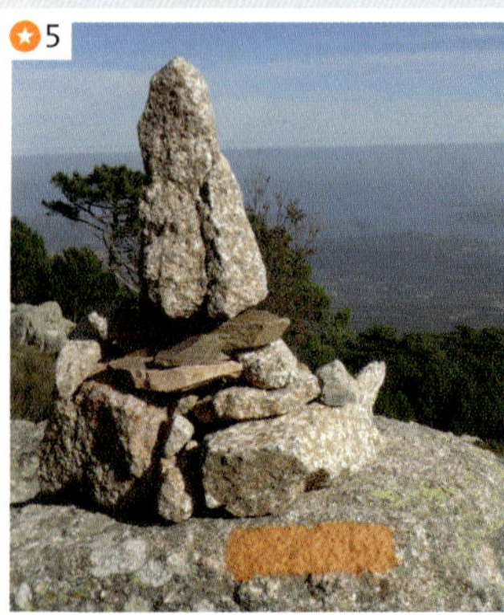
5

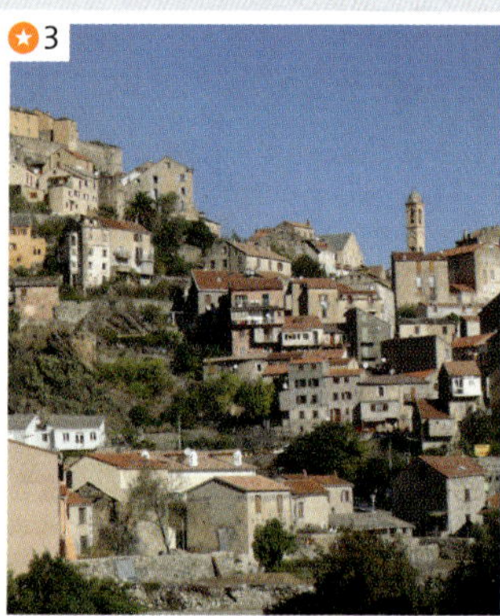
3

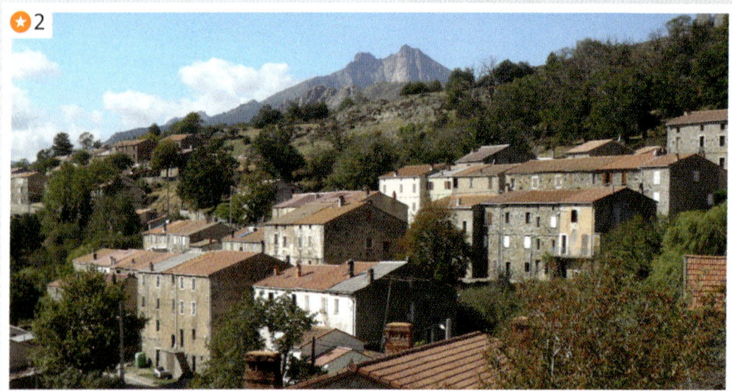
2

1: Calvi und die Balagne: Traumhafte Bucht, liebliche Landschaft, pittoreske Dörfer
→ Touren 66–71

2: Niolu, Calacuccia: Historische Kulturlandschaft und herrliche Bergszenerien
→ Touren 38–44

3: Corte, Restonica, Tavignanotal: Die „korsischste“ Stadt mit der wildreichen Hochgebirgslandschaft im Rücken
→ Touren 33–37

4: Bavella-Massiv: Die Dolomiten Korsikas, bizarre Gipfel, glasklare Gebirgsbäche
→ Touren 17–21

5: Alta Rocca: Wildreicher Süden und dunkle Kiefernwälder
→ Touren 4–8

1

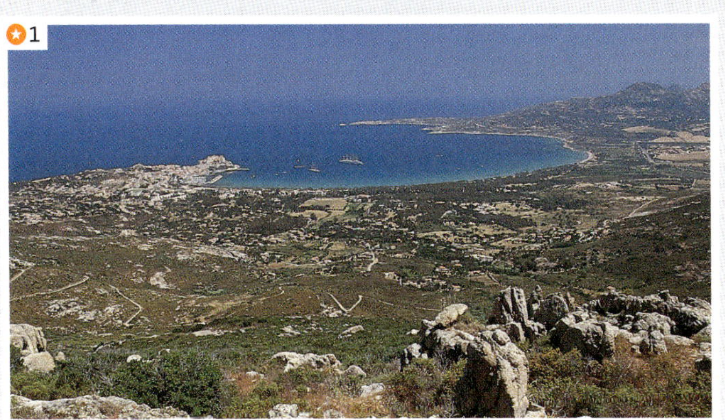

4

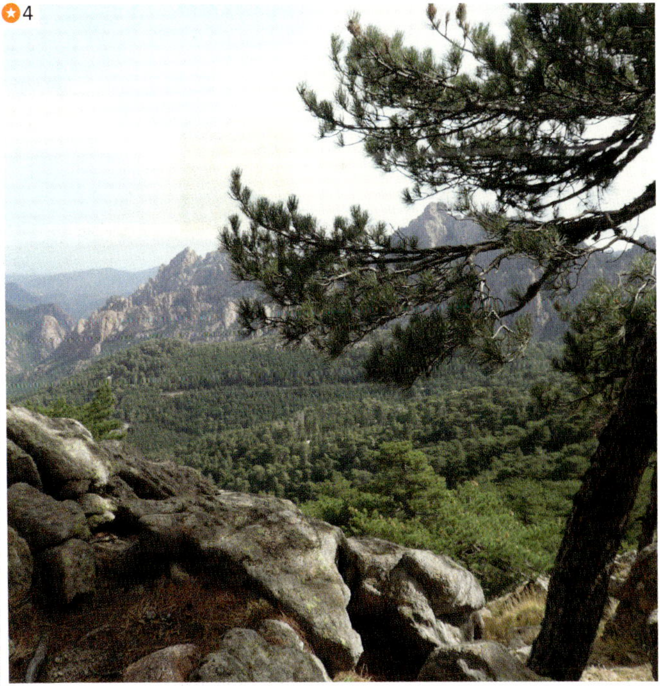

ZUM CAPO PERTUSATO

Einfache Küstenwanderung zur Südspitze Korsikas

  9 km  3:00 h  150 hm  150 hm 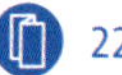 2251

START | Bonifacio (30 m), am Ende der Straße N 176 [GPS: UTM Zone 32 x: 513.088 m y: 4.581.808 m]
CHARAKTER | Einfache, nur mit Steinsäulen markierte Wanderung, schattenlos und dem Wind ausgesetzt.
INFO | Office de Tourisme direkt an der Festungsmauer in der Oberstadt, Mai – September, Tel. 04.95.73.11.88, tourisme.bonifacio@wanadoo.fr, www.bonifacio.fr; Infokiosk in der Hauptsaison am Hafen.

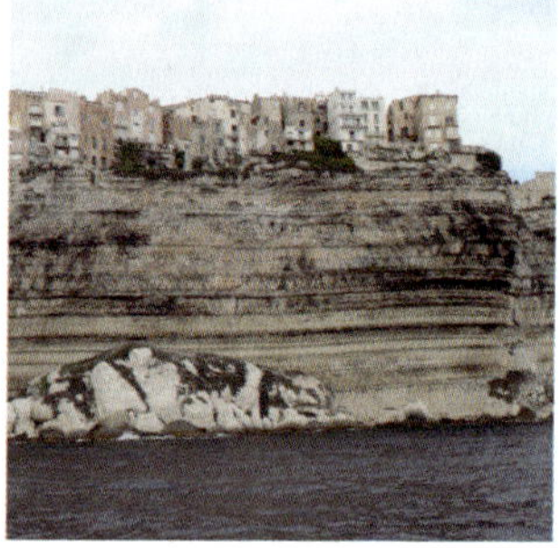

Die Klippen von Bonifacio

Den schönsten Einstieg zu dieser Tour hat, wer mit der Fähre aus Sardinien kommend die Straße von Bonifacio überquert und sich langsam den steil aufragenden Kalkklippen nähert. Hoch auf den grellweißen Felsen thront die Stadt, deren Grundstein bereits 828 gelegt wurde, als der toskanische Graf Bonifacio diese einzigartige Formation für die Errichtung einer Sarazenenburg auswählte. Aber die Lage der Stadt wird noch durch die an der Rückseite

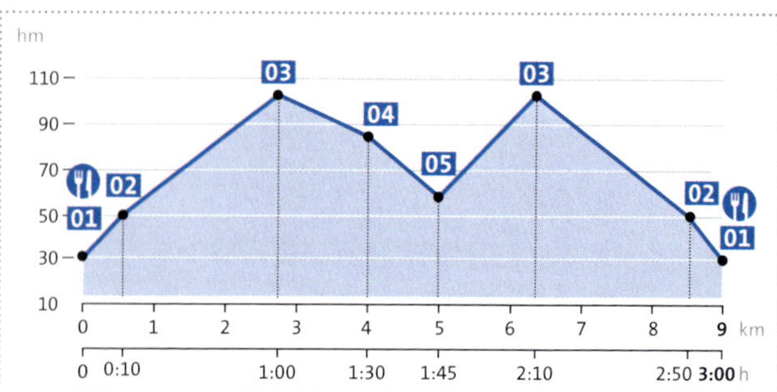

01 30 m, Bonifacio; 02 50 m, Aussichtspunkt; 03 106 m, Séamphore de Pertusato; 04 86 m, Phare de Pertusato; 05 59 m, Blick auf île St-Antoine

der Klippen tief einschneidende Bucht zum Gesamtkunstwerk, die einen ideal geschützten Hafen beherbergt und heute Jachten und mondäne Besucher aus aller Welt anzieht. Ganz im Kontrast dazu steht die Wanderroute, die in der Oberstadt beginnt und rasch das tosende Leben mit viel Verkehr und Besuchern hinter sich lässt. Die Tour verläuft der Küste entlang bis zur Südspitze von Korsika, die vom Leuchtturm von Pertusato eingenommen wird. Davor setzt die kleine Insel St. Antoine das sprichwörtliche „i-Tüpfelchen" auf diese äußerst reizvolle und leichte Wanderung. Nur die Hitze kann im schattenlosen Gelände zum Problem werden, dafür bieten die Buchten rund um den Leuchtturm malerische Badeplätze.

▶ Hat man einen **Parkplatz** 01 im Bereich der Unterstadt ergattert, wandert man zunächst entlang der südlichen Hafenmole und steigt in die Oberstadt hinauf. Dort verläuft der viel begangene Weg in östlicher Richtung zunächst aus der Stadt hinaus und erreicht einen **Aussichtspunkt** 02. Danach durchqueren wir die alte Festungsanlage auf einem Treppenweg.

Dabei fallen die Blicke immer wieder auf das „Sandkorn", das als mächtiger Felsen einst aus der Steilküste herausgebrochen ist und nun im Laufe der Zeit durch die Erosion des tosenden Meerwassers zermahlen wird. Der Weg folgt der Küstenlinie und erreicht eine Kapelle, später mündet er leicht aufwärts führend in eine Asphaltstraße, die uns zum Leuchtturm bringen wird. Im Frühling entfaltet sich hier eine herrlich bunte Küstenflora, auch die Macchiensträucher verbreiten ihren sprichwörtlichen Duft. Wir kommen an alten Mauern vorbei, die von einer Geschützanlage stammen, und erreichen nach gut

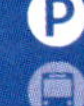
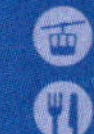

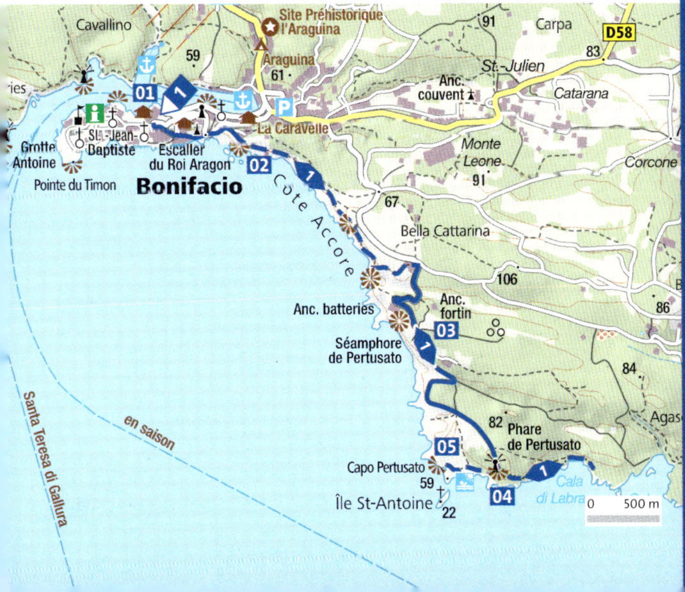

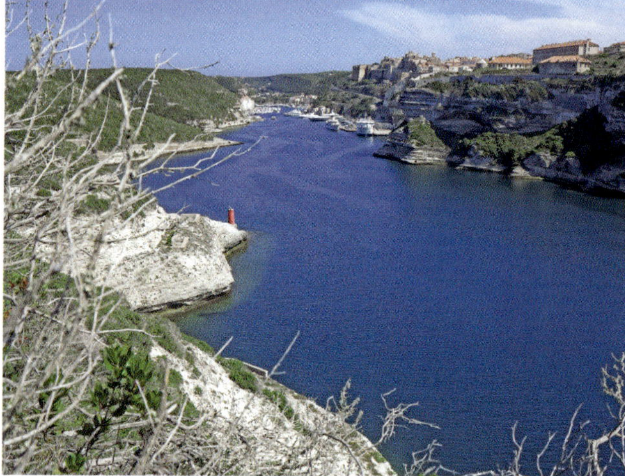

Die geschützte Hafeneinfahrt von Bonifacio

dreiviertel Stunden Gehzeit den **Seamphóre de Pertusato** 03. Hier erwartet uns eine herrliche Küstenlandschaft mit kleinen Buchten und der vorgelagerten kleinen Insel Île St.-Antoine, die zusammen mit dem **Phare de Pertusato** 04 und **Capo Pertusato** 05 den südlichsten Punkt Korsikas bildet. Der Rückweg verläuft über dieselbe Runde.

Wir kehren am gleichen Weg nach Bonifacio zurück und können noch intensiver die atemberaubenden Blicke auf die Kalkfelsen und Bonifacio genießen (3 Std.).

Bootstouren

An der östlichen Mole des Hafens ankern unzählige Tourboote, die untertags (meist 8.30–17.30 Uhr) durch die 1600 m lange Bucht Goulet de Bonifacio zum offenen Meer hinausfahren. Diesen Ausflug sollte man nicht versäumen, denn vom Boot aus erhält man wunderschöne Blicke auf die Zitadelle und den kühn auf einem Klippenvorsprung errichteten Leuchtturm Phare de la Madonetta. Die Boote fahren zur westlich von Bonifacio gelegenen Grotte du Sdragonato. Im Inneren erstrahlt ein unglaublich türkisfarbenes Licht, das durch eine kleine Öffnung in der Decke in die Grotte fällt. Der nächste Programmpunkt ist die Grotte St.-Antoine unterhalb der Westspitze von Bonifacio. Vorbei am Pointe du Timon und der Escalier du Roi d'Aragon, wenden die Boote beim „Sandkorn" östlich von Bonifacio. Tagestouren führen bis zur Inselgruppe Îles de Lavezzi, die im äußersten Süden der Meeresstraße von Bonifacio liegt.

ZUR CALA DI PARAGUARO

Die östliche Küstenlandschaft von Bonifacio

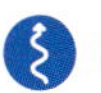  13 km  4:15 h  300 hm  300 hm  2251

START | Bonifacio, Hafenmole am Ende der Bucht Goulet de Bonifacio (5 m)
[GPS: UTM Zone 32 x: 513.953 m y: 4.582.004 m]
CHARAKTER | Einfache Wanderung auf altem Saumpfad, Küsten- und Macchienwegen, teils im Schatten des Steineichenwaldes, teilweise markiert; ab der Bucht Cala di Paraguaro teilweise Wegweiser und Farbmarkierungen.

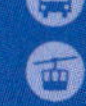
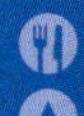

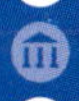

▶ Eine weniger bekannte und von einheimischen Badefreunden gerne genutzte Wegroute führt in die westliche Küstenlandschaft von Bonifacio zu malerischen Badebuchten und einsamen Felsküstenabschnitten. Wir starten unmittelbar an der mondänen **Hafenmole** 01 und folgen der N 196 in nördlicher Richtung. Diese durchschneidet bald eng zusammenstehende Felsklippen, eine ehemalige Küstenlinie, und erreicht danach das Gelände des Campingplatzes von Bonifacio. Knapp davor zweigt nach links bei einer Mauer und dem Hinweisschild „Sentier des Plages“ der Weg ab, der zu mehreren Buchten westlich von Bonifacio führt. Wir wandern zunächst auf dem schattigen Waldweg eben, dann aufwärts, bis wir zu einer **Weggabelung** 02 kommen. Hier quert eine Schotterstraße unsere Route, die wir nicht beachten. Der breite Weg

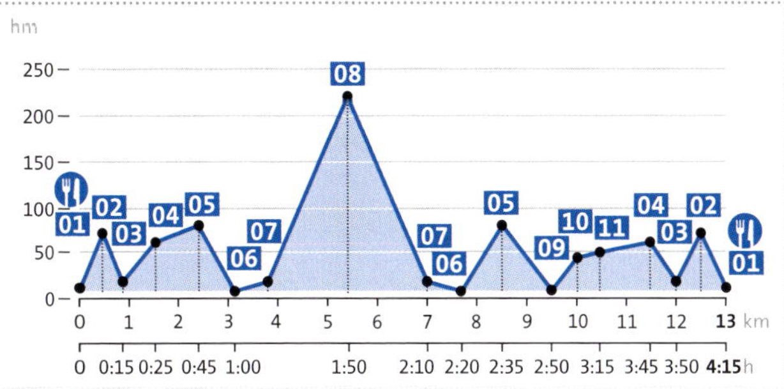

01 5 m, Bonifacio, Hafenmole; 02 70 m, Weggabelung; 03 10 m, Bucht; 04 60 m, Rückweg; 05 78 m, Steinhaus; 06 0 m, Cala di Paraguaro; 07 10 m, Abzweig; 08 219 m, Mont de la Trinité; 09 0 m, Bucht von Frazzio; 10 46 m, Feriencamp; 11 50 m, Phare de la Madonetta

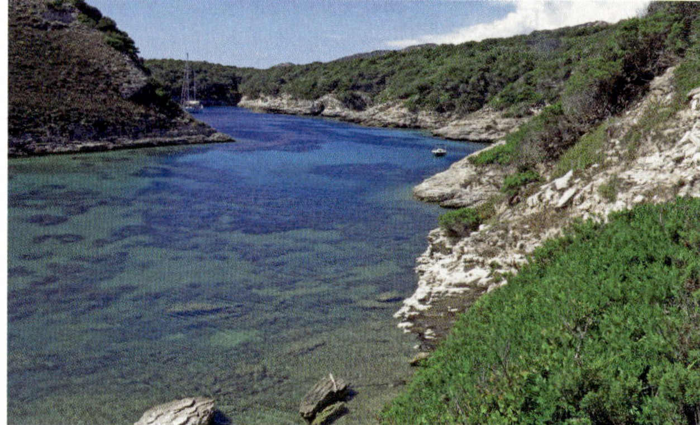
Die malerische Bucht von Frazzio

führt weiterhin durch die nun lichter werdende Küstenlandschaft. Bald nach der Wegquerung senkt sich die Route in Richtung einer kleinen **Bucht** 03 hinab, die wir über einen Stichweg erreichen können. Unsere Route steigt nun über felsiges Terrain an, absolviert eine Serpentine und erklimmt wieder das mit Macchie bewachsene Hinterland. Bald biegt von links unser **Rückweg** 04 ein, wir bleiben aber auf dem breiten Weg, der nun geradlinig das bis zu 80 m über dem Meeresspiegel liegende Küstengelände durchschneidet. Den nächsten markanten Punkt bildet ein **Steinhaus** 05 zur Rechten, gegenüber biegt ein weiterer Pfad ab, den wir später benutzen werden, um zur Bucht abzusteigen, der die Inseln von Frazzio vorgelagert sind. Auch hier halten wir die westliche Gehrichtung bei. Nun senkt sich der Weg bald ab und leitet uns zum ersten Ziel, der malerischen Bucht **Cala di Paraguaro** 06, hin. Wir erreichen den Strand an der Nordostspitze, der mit einem schmalen Sandstreifen die Bucht abschließt. Das türkisblaue Wasser zieht auch Kapitäne von Privatjachten an, die gerne in dieser Bucht vor Anker gehen.

Bisher endete hier der Wanderweg, doch man hat inzwischen den alten Küstenpfad nach La Tounara saniert, dem man mehrere Stunden lang folgen kann. Wir werden ihn ein kurzes Stück benützen, um zur Einsiedelei zu Füßen des **Mont de la Trinité** 08 hinaufzusteigen.

An der Nordwestspitze reicht der Steineichenwald bis an den Strand herab. Hier führt eine Holzbrücke über ein schmales Feuchtgebiet zu einer Infotafel, die uns den sanierten alten Küstenpfad anzeigt. Nach einem kurzen Anstieg führt der Pfad im dichten Gebüsch von Baumerika und Ginster der eindrucksvollen Küste entlang und kommt immer wieder an kleinen Buchten vorbei. Der **Abzweig** 07 des Weges zur Einsiedelei ist mit einer kleinen Tafel gekennzeichnet, die auf einem Holzpflock montiert ist. Wir erreichen diese Stelle etwa 30 Minuten ab der Cala di Paraguaro. Der eindeutig verlaufende Pfad steigt teils steil durch das raue, von Macchie und Tafoni-Felsen geprägte Gelände an, schlängelt sich um einen Felsrücken herum und erreicht kurz vor der Einsiedelei die asphaltierte Zufahrtsstraße. Nach wenigen hundert Metern erreichen wir das reizvoll gelegene Gebäude samt Kirche und Vorplatz. Hierher kommen die Korsen, um gemütliche Sonntage im Schatten der hohen Bäume zu verbringen.

Wir steigen über den bereits bekannten Weg zur Cala di Paraguaro hinab und gehen über den breiten Küstenweg bis zur Weggabelung beim **Steinhaus** 05 zurück. Hier biegen wir nun nach rechts ab, um eine Wegschleife durch die äußerste Küstenlandschaft zu unternehmen. Der schmale Pfad führt zuerst zum kleinen Sandstrand der **Bucht von Frazzio** 09, in deren Hinterland sich ein **Feriencamp** 10 für Jugendliche befindet. Der unmittelbare Strandbereich ist mit einem Zaun geschützt, um den sensiblen Lebensraum mit Strandhyazinthen zu erhalten. Der Pfad setzt sich am Ostrand des Strandes fort und steigt mit einer Serpentine in die Macchie hinauf. Das türkisblaue Wasser der Buchten schimmert durch den Bewuchs, während der Weg mit einer ausladenden Biegung bis an die äußerste Kante der Steilküste heranführt. Mit leichtem Auf und Ab kommen wir zu einem Aussichtspunkt, der unmittelbar an der Einfahrt zur Bucht von Bonifacio liegt und durch den **Phare de la Madonetta** 11 gekennzeichnet ist. Die Route verläuft nun am Rand der Hafenbucht entlang, kommt zu einer weiteren, gemauerten Terrasse, von der wir die gesamte Bucht samt der Ortschaft Bonifacio überblicken können. Der bequeme Weg bringt uns in der Folge durch Macchien- und Steineichengebüsch zum Hauptweg zurück, in den wir nach rechts einschwenken und in gut 30 Minuten zum Ausgangspunkt zurückkehren.

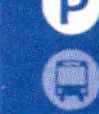
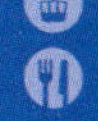

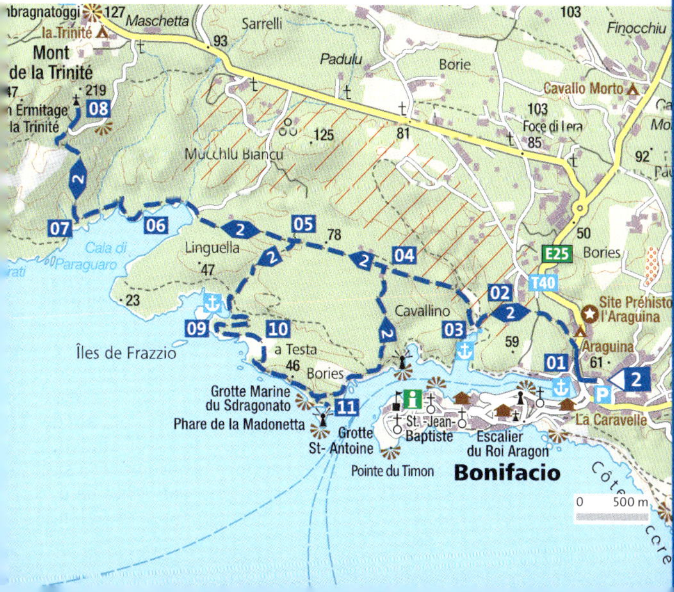

L'UOMO DI CAGNA

Zum bizarrsten Wackelstein Korsikas

  12 km  5:15 h  800 hm 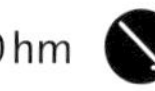 800 hm 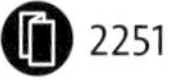 2251

START | Giannuccio (467 m) am Ende der D 50 ca. 9,5 km von der N 196 Bonifacio – Sartène entfernt
[GPS: UTM Zone 32 x: 503.319 m y: 4.601.481 m]
CHARAKTER | Mittelschwere, durch das teils schwierige Gelände anstrengende Streckenwanderung auf Wald- und Bergpfaden, im Bereich des Wackelsteins ist die Orientierung schwierig, teilweise ist Blockkletterei erforderlich, wobei Trittsicherheit von Vorteil ist. Hinweis! Man muss vor und während der Wanderung genau auf das Wetter achten. Die Montagne di Cagna hüllen sich vormittags oftmals so rasch in Wolken ein, dass es kaum abzuschätzen ist. Bei schlechtem Wetter gestaltet sich diese Wanderung aber ungünstig und kann im baumfreien Gelände rund um den Wackelstein gefährlich werden.

Der außergewöhnlichste Wackelstein Korsikas ist Ziel dieser etwas anstrengenden Wanderung. Der 400 Tonnen schwere Stein ruht auf einer Auflagefläche von nur einem Quadratmeter und ist bereits von Weitem sichtbar. Der markante Felsen diente schon den antiken Seefahrern als Orientierungshilfe. Er ragt aus einer gestaltreichen Blocklandschaft der südlichsten Gebirge Korsikas auf, die nie von Gletschern überformt wurden. Die bizarren Formationen gingen vielmehr aus Verwitterungsvorgängen hervor, die

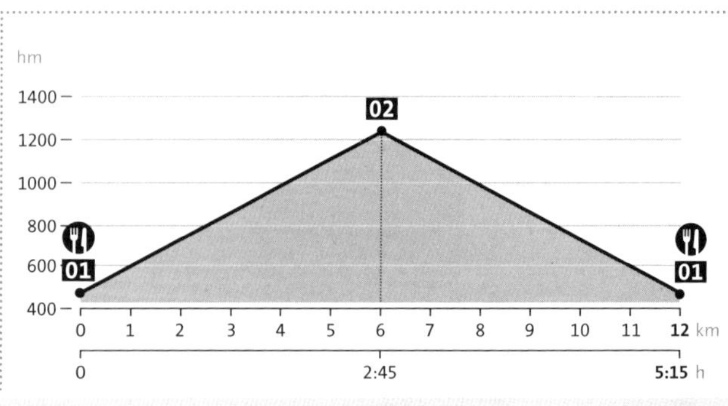

01 467 m, Giannuccio; 02 1217 m, l'Uomo di Cagna

seit sehr langer Zeit auf das harte Gestein einwirkten und die kuriosesten Gebilde formten. Heute treffen wir in der Montagne di Cagna auf eine Unzahl an Felstürmen, Blockmeeren, Plattformen und zersprengten Einzelfelsen, von denen der l'Uomo di Cagna, der Mann von Cagna, der auffälligste ist.

▶ Wir beginnen die Wanderung in der kleinen Ortschaft **Giannuccio** **01** (467 m), die am Ende des Cioggiatales liegt. Zunächst gehen wir aufwärts durch das Dorf, folgen einer Straßenkehre nach rechts, um später vor einer sehr steilen Betonrampe nach rechts auf den Wanderweg einzubiegen. Dieser zieht durch Macchiengebüsch weiter in den Hang hinein und steigt über Geländestufen mäßig an. Der gut ausgetretene, teilweise rot markierte und leicht begehbare Pfad durchschneidet zuerst meist baumfreies, mit Gebüschen dicht bewachsenes Gelände, das von bizarren Felsnadeln und mächtigen Blöcken durchsetzt ist.

Nach 45 Minuten erreichen wir einen kühlen Strandkiefernwald, den wir 15 Minuten lang durchqueren. Anschließend wird das Gelände flacher, aber auch un-

Variante

Es besteht aber auch die Möglichkeit, eine alternative Route zu wählen, die die Streckentour zu einer Rundwanderung werden lässt.

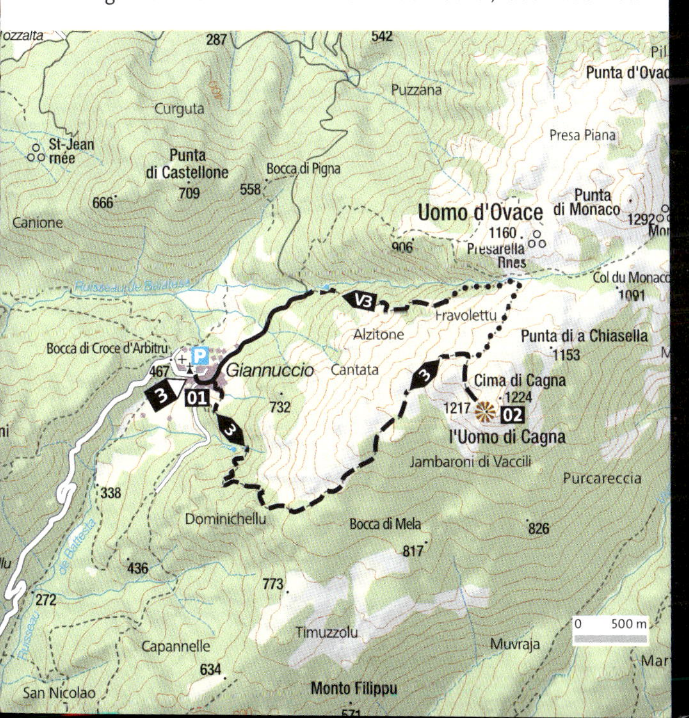

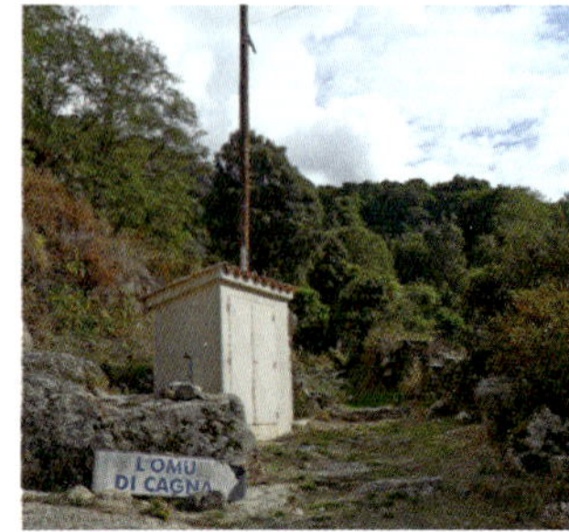

Die Abzweigung des Wanderpfades

übersichtlicher. Eine Senke zu Füßen der Montagna di Cagna ist von einem Gewirr aus Grobblöcken übersät, wir erhaschen hier jedoch einen ersten Blick auf den Wackelstein, der hoch über uns auf einem Felsabsatz steht. Unser Weg schlängelt sich durch die teils bizarren Felsen zur Nordseite des Bergstockes, wo wir nun ein unangenehmes und steiles Wegstück absolvieren müssen. Immer wieder sind riesige Felsblöcke zu umklettern, der dichte Baum- und Strauchbewuchs lässt diesen Abschnitt auch unübersichtlich werden. Es empfiehlt sich, genau auf die roten Markierungen zu achten. Nach einiger Zeit haben wir den Nordhang umrundet und treffen an der Ostseite des Bergstockes auf sanfteres Gelände. Von hier führt der Weg in einer Rinne durch die baumlose Felslandschaft nach rechts aufwärts.

Schließlich erreichen wir nach 2:30 Stunden ab dem Ausgangspunkt die bizarre Felslandschaft rund um den Wackelstein, die aus einem Meer von riesigen Granitblöcken besteht. Darüber ragt der **l'Uomo di Cagna 02** (1217 m) wie eine Fata Morgana auf. Der mehr als 400 Tonnen schwere Stein ruht auf einer Auflagefläche von nur einem Quadratmeter und konnte erst 1970 zum ersten Mal bestiegen werden. Man musste dazu eine Lassoschlinge um den Stein werfen und sich am Seil nach oben ziehen. Mit ein wenig Kletterei und Vorsicht nähern wir uns dem auffälligen Felsblock, wobei jedoch Vorsicht geboten ist. Die glatten Felsplatten können rutschig sein und verlangen Trittsicherheit. Vom luftigen Felsgrat gegenüber dem Wackelstein bekommt man jedenfalls den spektakulärsten Blick.

Der Rückweg ins Tal erfolgt auf derselben Route und verlangt eine Gehzeit von etwa 2 Stunden.

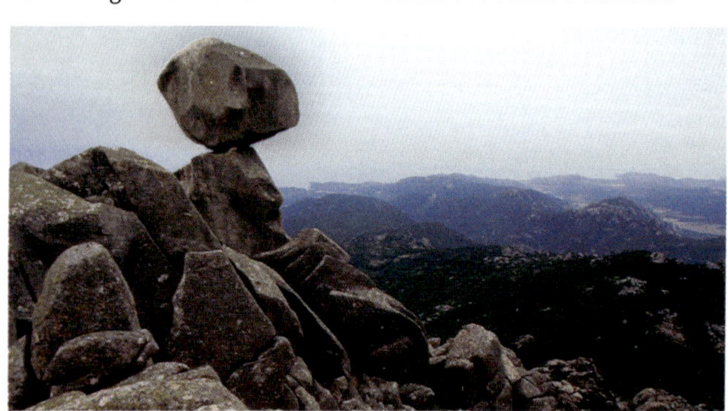
Der kühne Wackelstein

PUNTA DI A VACCA MORTA

Spannende Rundwanderung bei L'Ospedale

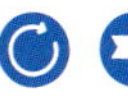  11,5 km  3:15 h 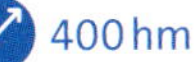 400 hm  400 hm  2251

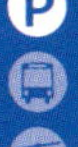
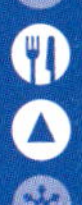
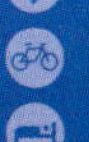

START | Aussichtspunkt L'Ospedale an der D 368 Porto Vecchio-Zonza
[GPS: UTM Zone 32 x: 515.950 m y: 4.611.002 m]
CHARAKTER | Einfache Waldwanderung auf breiten Wald- und Forstwegen, nur der Aufstieg zum Gipfel der Vacca Morta ist etwas rutschig und steil; in Cartalavonu befindet sich eine kleine Refuge mit schattiger Terrasse und korsischen Spezialitäten.

Diese Halbtageswanderung durch eine typische Landschaft der Alta Rocca beginnt beim Aussichtspunkt in L'Ospedale und führt zum Gipfel Punta di a Vacca Morta, der als Panoramagipfel aus dem Blockmeer der östlichen Alta Rocca ragt. Im Verlauf des Wegs begegnen wir riesigen Granitblöcken, Tafoni-Verwitterungen und wandern durch die herrlichen Kiefernwälder des Forêt de l'Ospédale. Mächtige Strandkiefern, aber auch zwergstrauchverwachsene Weidegebiete und die typischen Steinbuckel des Alta Rocca sind unsere Begleiter. L'Ospedale selbst liegt an der Straße von Porto Vecchio in Richtung Alta Rocca in aussichtsreicher Lage, dies beweisen auch die Restaurants, die sich entlang der kurvenreichen Hauptstraße wie Perlenketten aneinanderreihen. Das Restaurant L'Altagna zum Beispiel bietet eine herrliche Terrasse, von

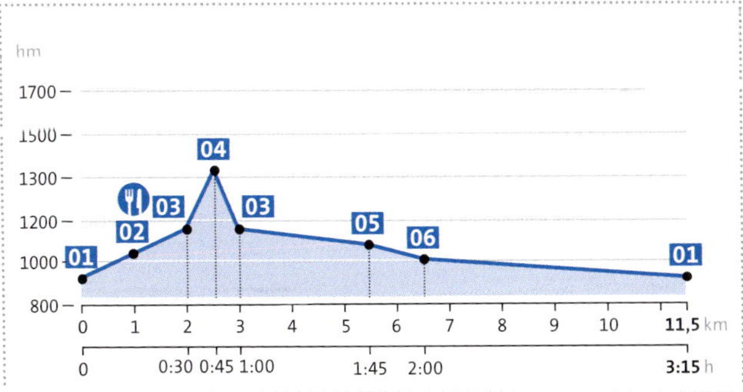

01 920 m, Aussichtspunkt Ospedale; 02 1030 m, Cartalanovu; 03 1171 m, Sattel Foce Alta; 04 1314 m, Punta di a Vacca Morta; 05 1068 m, Col de Mela; 06 1004 m, Agnarone

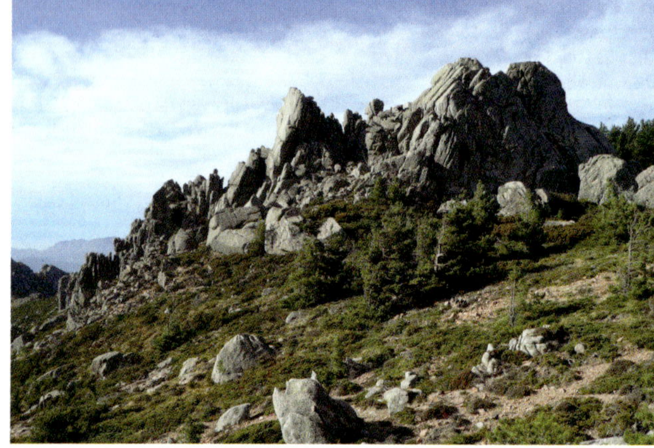

Der zerklüftete „Gipfel" der Punta di a Vacca Morta

der man die gesamte Bucht von Porto Vecchio überblickt. Serviert werden korsische Spezialitäten, Crepes, Kuchen, Sandwiches und Frühstück.

▶ Vom **Aussichtspunkt** 01 südlich von **L'Ospedale**, der einen weiteren Rundblick über das südöstliche Korsika erlaubt und bei klarem Wetter bis Sardinien reicht, gehen wir auf der Hauptstraße ca. 150 m in Richtung Ort, bis nach links die orange markierte Route des Weitwanderweges abzweigt. Dieser führt breit und gut trassiert stets leicht aufwärts durch herrlichen Kiefernwald bis zum kleinen Örtchen **Cartalavonu** 02 mit der Gîte d'étape, die sich als erster Rastplatz mit Spielwiese im schattigen Kiefernwald anbietet.
Wir bleiben am orange markierten Weitwanderweg Mare a Mare Sud, um zum Gipfel der Punta di a Vacca Morta zu wandern. Die Route läuft nordwärts in die mit Macchie bewachsenen Hänge hinein. Wir folgen dem gut markierten Verlauf teilweise etwas steil zumeist durch Waldgebiet, bis wir nach etwa 30 Minuten den **Sattel Foce Alta** 03 erreichen. Hier treffen wir auf eine mit Wegweisern gekennzeichnete Gabelung und wählen zuerst den Weg geradeaus in Richtung Punta di a Vacca Morta. Von Steinmännchen begleitet überqueren wir den Panoramaplatz des Sattels und beginnen halbrechts den steilen Aufstieg zum Gipfelplateau, das wir über einen teils rutschigen Pfad erreichen. Das blockübersäte Plateau ist voll von herrlichen Tafoni-Felsen und windgebeugten Kiefern. Steinmännchen weisen nach rechts und leiten uns zum eigentlichen **Gipfel** 04 samt Holzkreuz (1314 m). Trotz der geringen Höhe ist die Aussicht weitreichend und schließt das Alta Rocca sowie im Osten das Becken rund um den Ospédale-Stausee ein.
Wir kehren am selben Weg zum **Sattel Foce Alta** 03 zurück und halten uns bei der Weggabelung links in Richtung Col de Mela. Der Weitwanderweg hat uns wieder und bringt uns zuerst fast eben

und dann mit einer leichten Abwärtspassage durch Waldgelände zum Sattel **Col de Mela** 05 auf 1068 m. Hier setzen wir die Rundtour in Richtung Agnarone fort. Dazu verlassen wir den Weitwanderweg, der weiter nach Norden verläuft und benützen den nach rechts abgehenden Waldweg. Nach der Querung einer Asphaltstraße begleiten uns schwach gefärbte rote Markierungen. Der Weg überquert eine flache bewaldete Kuppe und steuert in einer Abwärtspassage auf die nächste Weggabelung zu. Hier entscheiden wir uns für den schmaleren, geradeaus führenden Weg, der gleich anschließend einen Bachgraben quert und zu einem runden Wasserbehälter hinaufführt. Anschließend benützen wir die breite Waldstraße, die uns bei einer weiteren Weggabelung nach rechts in die kleine Feriensiedlung **Agnarone** 06 bringt. Hier folgen wir der asphaltierten Dorfstraße nach rechts, kommen an der Quelle Fontaine d'Agnaronu vorbei und erreichen bei einem Schotterplatz den Dorfausgang. Gleich dahinter führt ein Waldweg nach rechts von der Asphaltstraße weg, der nach 200 m auf einen Waldweg stößt, dem wir nach links folgen. Dieser bringt uns nach Querung der Zufahrtsstraße nach Cartalavonu parallel zu einem romantischen Waldbach an die D 368 heran. Knapp davor schwenken wir nach links auf einen Schotterweg ein, der in die D 368 mündet. Wir folgen dieser 550 m am gut begehbaren rechten Straßenrand, bis wir in einer Linkskurve auf den von L'Ospedale heraufkommenden Weitwanderweg treffen und die Wanderrunde schließen.

Zum **Aussichtspunkt** 01 sind es 150 m geradeaus der Hauptstraße entlang.

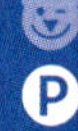

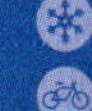
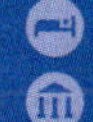

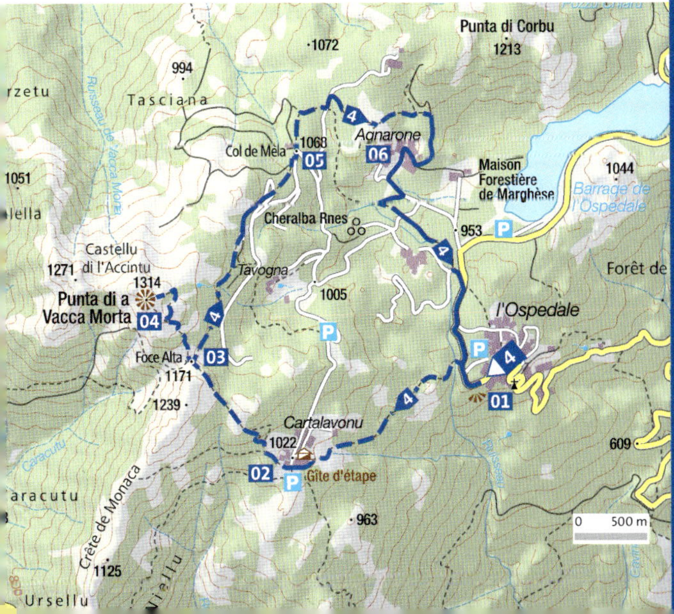

5

PISCIA DI GALLU

Ein magischer Wasserfall

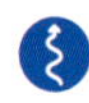 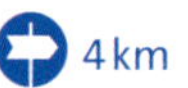 4 km  1:30 h  140 hm  140 hm 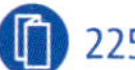 2251

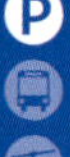
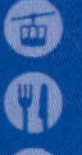
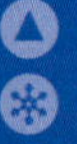
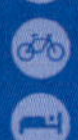

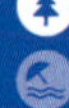

START | Parkplatz an der D 268 (920 m), von Porto Vecchio nach L'Ospédale und weiter vorbei am Stausee in Richtung Zonza, großer, gebührenpflichtiger Parkplatz etwa 3,5 km hinter der Querung der Staumauer
[GPS: UTM Zone 32 x: 517.228 m y: 4.613.706 m]
CHARAKTER | Leichte, viel begangene Wanderung auf Forststraße und Wald- und Felssteig, im untersten Bereich steiler Abstieg bis zu einem felsigen Aussichtsbalkon gegenüber dem Wasserfall.

Eine der beliebtesten Kurztouren Korsikas bringt uns zu einem eigentümlichen, fast magischen Wasserfall, der sich hoch über Porto Vecchio im Forêt de l'Ospédale befindet. Der „Hahnenpiss", wie die wörtliche Übersetzung lautet, stürzt als Kaskade 50 m aus einem Felsloch über eine Granitwand in ein paradiesisches Felsbecken. Vor allem im Frühjahr zur Schneeschmelze, wenn der Osu-Fluss satt mit Wasser gefüllt ist, gestaltet sich das Schauspiel am spektakulärsten. Im Sommer hingegen kann sich der Fall zu einem kümmerlichen Schleier verkleinern. Neben diesem Naturschauspiel begegnen wir auch noch einem Wackelstein. Zu berücksichtigen ist lediglich, dass der Anstieg im zweiten Teil der Wanderung zu absolvieren ist. Das schattenlose Gelände kann sich im Sommer zum Backofen erwärmen, und die Erfrischung am

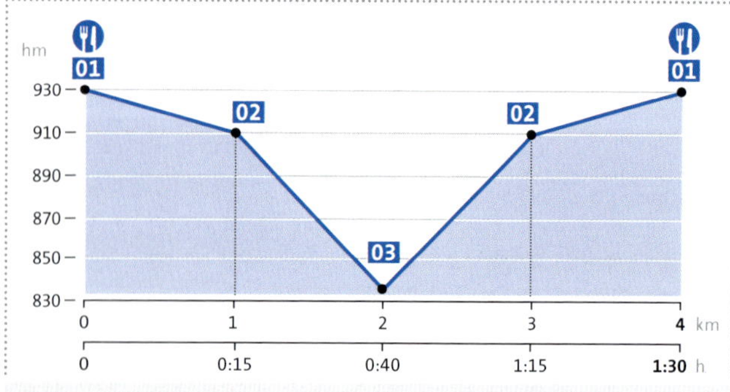

01 920 m, Parkplatz an der D 268; 02 910 m, Felskante; 03 836 m, Wasserfall Piscia di Gallu

Wasserfall ist bald vergessen. Das Schwimmen im Felsbecken ist eigentlich verboten, was aber stets missachtet wird.

▶ Am **Parkplatz** 01 mit den Snackbuden nimmt die gut mit gelben Tafeln markierte Route ihren Ausgang und verläuft zunächst auf dem gut begehbaren Weg in den Einschnitt des Oso-Baches hinab. Nach einer Brücke wird der Steig zum breiten Schotterweg, überquert den Bachlauf nach links und steuert einige Hundert Meter später im mit Felsen durchsetzten Gelände auf einen auffälligen, freistehenden Wackelstein zu. Nun beginnt der Abstieg über eine **Felskante** 02 hinweg, an der von rechts der frühere Zugangsweg einmündet. Sobald der Wasserfall zu sehen ist, geht der trassierte Pfad auf den letzten Metern in einen anspruchsvolleren Felssteig über. Die Blicke auf den Piscia di Gallu (836 m) werden immer beeindruckender. Zuletzt durchqueren wir einen mit Gebüsch verwachsenen Hang und erreichen eine plateauartige Felskante oberhalb des Felsbeckens

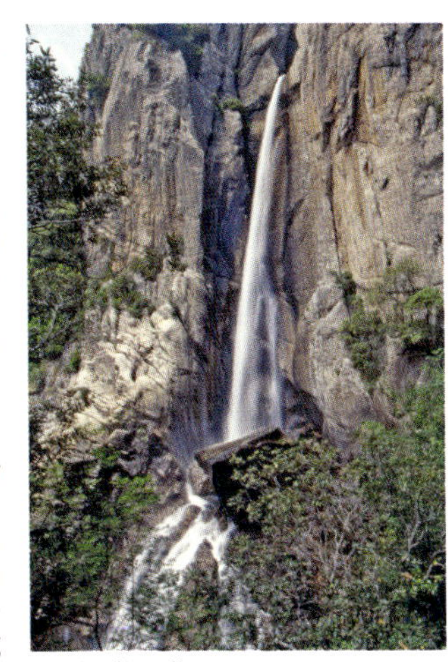
Piscia di Gallu

und gegenüber dem **Wasserfall** 03. Wegen des Sprühnebels kann diese feucht und schlüpfrig sein. Wir kehren auf demselben Weg in etwas mehr als einer dreiviertel Stunden zum Parkplatz zurück. Es ist nicht anzuraten, weiter in die Schlucht vorzudringen, obwohl es verlockend ist, denn das Gelände wird abenteuerlich und ist nur mit Klettertechniken zugänglich.

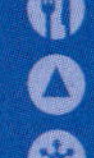

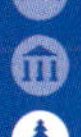

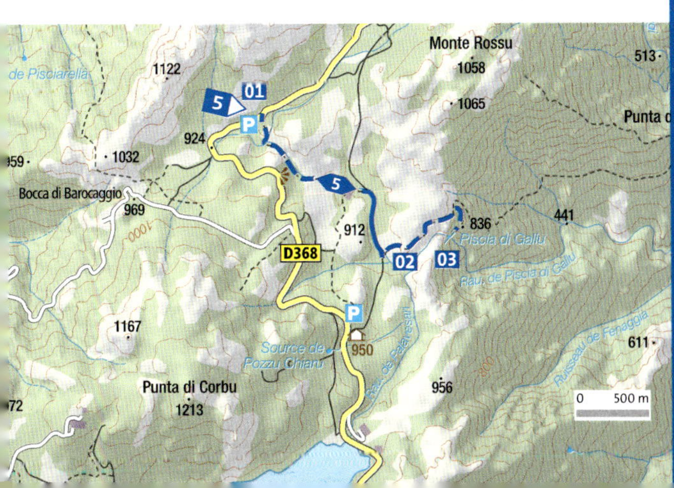

6

DÖRFERTOUR BEI QUENZA

Beschauliche Wanderrunde im Alta Rocca

  18 km 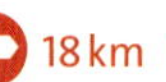 6:00 h 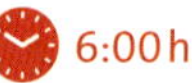 340 hm  340 hm  2251 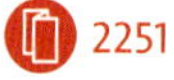

START | Quenza (813 m) an der D 420; Parkplätze bei der Pfarrkirche
[GPS: UTM Zone 32 x: 511.438 m y: 4.623.805 m]

CHARAKTER | Ambitionierte Rundwanderung, die nur durch die Länge und eventuell durch die Tageserwärmung schwierig wird. Die Tour verläuft zum Teil entlang des Weitwanderweges Mare e Mare Sud über Hirtenpfade und Feldwege, Orientierungssinn ist von Vorteil.

Unter Alta Rocca versteht man den südöstlichen Teil des zentralen korsischen Gebirges, das im Osten von den Bavellatürmen und im Süden vom Cagna-Massiv begrenzt wird. Das sehr ursprüngliche Bergland ist nach dem Geschlecht der Rocca benannt, das jahrhundertelang den Südwesten der Insel beherrschte. Ein gutes Dutzend Dörfer, die girlandenartig über die Berghänge verstreut sind, zieren diese Waldlandschaft.

▶ Diese abwechslungsreiche Rundwanderung, die auf Hirtenpfaden, Höhen- und Hohlwegen durch das Plateau Pianu sottanu führt und die Punta di a Cuciurpula (1164 m) umrundet, beginnt in **Quenza** 01 (813 m). Das Örtchen mit der unter Denkmalschutz stehenden Kirche St. Georges aus dem 16. Jh. gilt mittlerweile als heimliches Zentrum eines sanften Tourismus, der sich im Alta Rocca entwickelt hat und durch

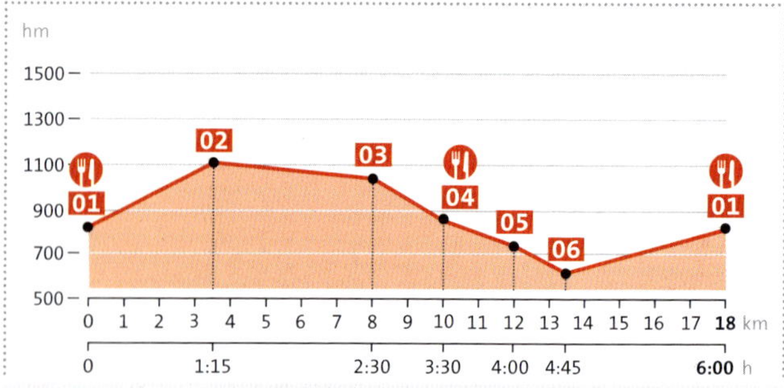

01 813 m, Quenza; 02 1107 m, Jallicu; 03 1040 m, Bocca d'Arja la Foce; 04 817 m, Serra-di-Scopamene; 05 720 m, Sorbollano; 06 620 m, Ruisseau de Codi

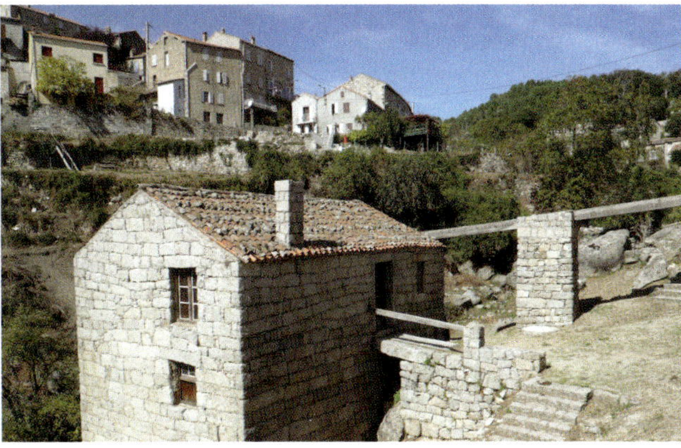
Die restaurierte Mühle bei Serra-di-Scopamène

Wandern, Pferdeausflüge und das Pflegen alter Traditionen gekennzeichnet ist.
Quenza liegt am Weitwanderweg Mare e Mare Sud, der uns am Beginn der Tour die Richtung vorgibt. Wir schwenken unmittelbar bei der Kirche St. Georges auf diesen ein und folgen den orangen Markierungen nach Westen (hölzernes Hinweisschild „Sérra-di-Scopamène"). Nach wenigen Hundert Metern wechseln wir auf einen Schotterweg, der zum Einschnitt des Ruisseau San Pet eru hinabführt. Hier sind Reste einer alten Mühle samt Stauwehr erhalten, daneben führt ein Eisensteg auf das andere Bachufer, wo sich unsere Route nach oben strebend fortsetzt. Dabei halten wir uns leicht rechts, auf einem gut gepflasterten Weg immer den orangen Markierungen folgend, und lassen Stichwege, die in die Schlucht des Baches führen, unberührt. Nach 30 Minuten ab Quenza passieren wir einen Wirtschaftsweg, folgen aber den Serpentinen des Weitwanderweges weiterhin durch kühlen Steineichenwald aufwärts (Beschilderung Jallicu). Knapp unterhalb von Jallicu stoßen wir auf einen breiten Feldweg und wenden im spitzen Winkel nach links. Nach wenigen Minuten erreichen wir den Weiler **Jallicu** **02** auf 1107 m Höhe. Jallicu – oder korsisch Ghjallicu –, ca. 3,5 km von Quenza entfernt, besteht aus einigen Steinhäuschen, einem alten öffentlichen Backofen und aus der Gite Équestre, einem Reiterhof.
Hier befindet sich die nördliche Wende unserer Wanderrunde, die wir in Richtung Sérra-di-Scopamène fortsetzen und zunächst Jallicu durchqueren. Nach einiger Zeit wechseln wir in einer Kurve nach rechts auf den Maultierpfad, der nach Sérra-di-Scopamene führt. Die nächste Station entlang unserer Wanderung bildet eine ehemalige Kastanienmühle, die an einem schattigen Waldbach knapp unterhalb der Bergerie von Lavu Donacu liegt. Wir überqueren den Bach und wandern kurz auf einem steil aufwärts führenden Pfad bis zur Schotterpiste nahe der Bergerie. Hier dürfen

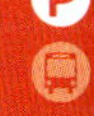

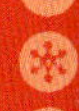

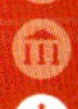
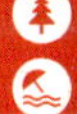

wir nicht der Fahrstraße folgen, sondern dem Wiesenpfad, der in der ersten Kurve nach rechts abzweigt. Ein längerer Quergang bringt uns zum Bocca d'Arghia Petrosa (1000 m), wo wir auf eine weitere Schotterpiste treffen, dieser aber nur kurz folgen. Dann durchqueren wir das mit dornigen Gebüschen bewachsenes Gelände zwischen der Punta di a Cuciupula und dem Arja la Foce, ehe wir auf der Passhöhe **Bocca d'Arja la Foce** 03 zum ersten Mal das Örtchen Sérra-di-Scopamène sehen. Nach einer Passage auf einem Feldweg erreichen wir nach weiteren 15 Minuten Gehzeit die Bocca di Paradisu am nördlichen Ortsrand von Serra-di-Sopramene, ehe uns eine asphaltierte Straße vorbei an Camping municipal, Reitstall und Tennisplatz, nach bisher mehr als 3 Stunden nach **Serra-di-Scopamène** 04 bringt.

Wir biegen nach links auf die D 420 ein und durchqueren den ehemaligen Hauptort des Alta Rocca. Die Häuser liegen zerstreut über dem Berghang verteilt und durchsetzen Obst-, Oliven- und Kastanienhaine. Vorbei an der Gîte d'étape zweigen wir unterhalb des Caffé à Scopa nach rechts auf eine Rampe ab, die uns zur alten, von der Verwaltung des Parc Régional liebevoll restaurierten Ölmühle hinabführt. Sie liegt in einem Taleinschnitt und wird von einem großen, hölzernen Wasserrad an der Rückseite angetrieben. Danach folgt ein holpriger Abschnitt über einen alten Saumpfad, der vor der Errichtung der D 420 unsere nächste Station Sorbollano mit Serra-di-Scopamène verbunden hat. In einer Rechtskurve zweigt ein Weitwanderweg ab, während wir nach links biegen und an einer alten Quellfassung vorbeikommen. Wenig später ist **Sorbollano** 05 auf der oberen Dorfstraße erreicht. Vorbei an der Kirche bleiben wir auf dieser und kommen nach der Durchquerung des Dorfes an die Kreuzung der D 420 mit der D 20 nach Ste-Lucie heran.

Um nach Quenza, unserem Ausgangsort zu gelangen, queren wir die D 20 und finden die Fortsetzung des Wanderpfades etwa 150 m nach rechts mit einem orangen Holzpfeil markiert vor. Auf einem Waldpfad geht es zum lauschigen **Ruisseau de Codi** 06 hinab, wo bei einer Holzbrücke

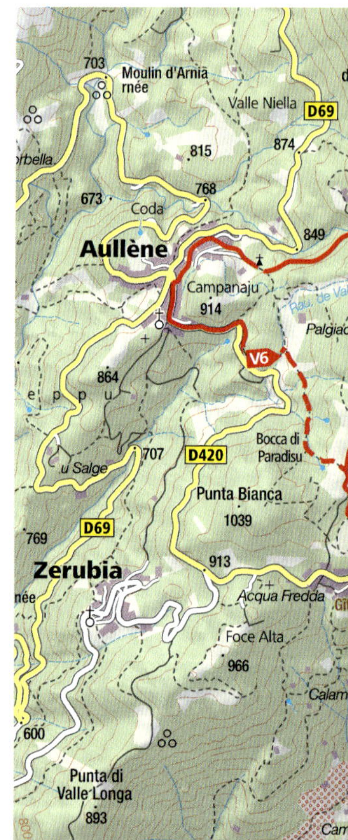

schöne Bademöglichkeiten bestehen. Nach der Überquerung des Bachgrabens wandern wir südwärts in einem weiten Bogen um das Plateau Cuvu herum und steigen ein vorletztes Mal in einem Hohlweg auf ein bewaldetes Plateau bergan. Nach der 20-minütigen Aufwärtspassage treffen wir auf einen Schotterweg, in den wir nach links einbiegen. Wir umlaufen ein eingezäuntes Gehege und folgen der Schotterpiste gut 20 Minuten, bis ein geradeaus verlaufender Waldweg abzweigt (778 m). Auf diesem geht es zuerst auf steinigem, dann auf sandigem Untergrund dem Zielpunkt Quenza entgegen. Knapp vor dem Ort biegen wir nach links von der markierten Route ab und folgen der Schotterstraße, die vorbei an einem Schweinestall ansteigend zur pisanischen Kapelle Santa Maria führt. Diese gehört zu den bedeutendsten Sehenswürdigkeiten des Alta Rocca, sie stammt aus dem 11. Jh. und ist im romanischen Baustil errichtet.

Von der Kapelle führt eine Dorfstraße nach rechts bis zur Pfarrkirche von **Quenza** 01, St.-Georges, bei der wir vor etwa 6 Stunden die Rundtour begonnen hatten.

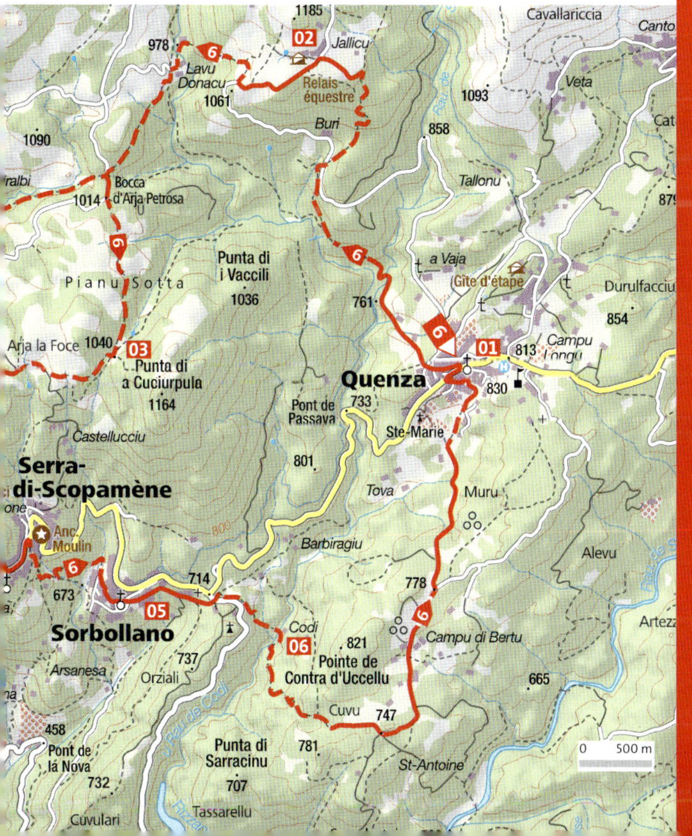

RUNDWANDERUNG IN DER ALTA ROCCA

Auf alten Saumpfaden von Dorf zu Dorf

  15 km 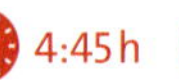 4:45 h 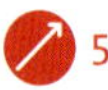 500 hm 500 hm 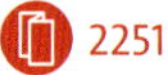 2251

START | Zonza, größeres Gebirgsdorf der Alta Rocca mit guter touristischer Infrastruktur, etwa 25 km von Porto Vecchio entfernt auf der D 368 zu erreichen, D 268 zum Bavella-Pass und D 420 in Richtung Aulléne
[GPS: UTM Zone 32 x: 514.251 m y: 4.621.709 m]
CHARAKTER | Mittelschwere Wanderung auf alten Saum- und Waldpfaden, am Rückweg teils entlang der Route des Weitwanderweges Mare e Monti Sud. Wegen der vielen Verzweigungen ist Orientierungssinn gefragt.

Die Alta Rocca ist eine reizvolle, stille Landschaft im Süden Korsikas, die früher zum Besitz der Feudalherren von Rocca gehörte und nicht, wie der Name es vermuten lassen könnte, mit hohen Felsen zu tun hat. Die sehr verschlafene Gegend wird von dichten Wäldern und kleinen Ortschaften geprägt, die sich in die wie ein gefaltetes Tuch ausgebreitete Landschaft schmiegen. Alte Verbindungswege sowie Routen von Weitwanderwegen ermöglichen es, verschiedene Rundwanderungen von Dorf zu Dorf zu unternehmen. Eine der acht angebotenen Touren beginnt in Zonza, das als touristisches Zentrum des Alta Rocca gilt. Hier befinden sich neben Hotels und Restaurants auch Geschäfte, die Souvenirs und

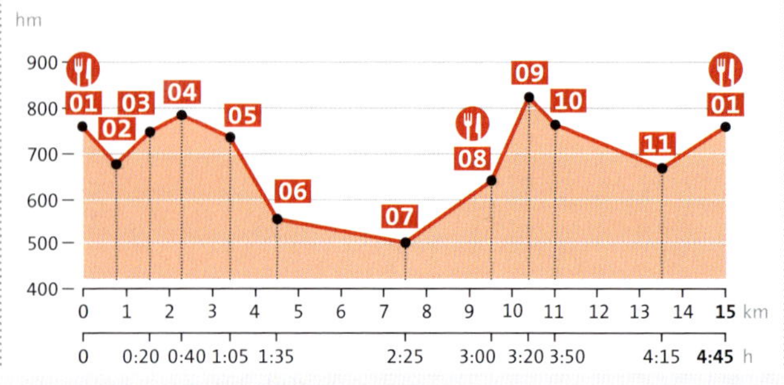

01 760 m, Zonza; 02 689 m, Brücke; 03 750 m, Hang; 04 790 m, Straße D67; 05 703 m, Pacciunituli; 06 570 m, Carabona; 07 500 m, Gualdaricciu; 08 699 m, San-Gavino-di-Carbini; 09 820 m, Aussichtsterrasse; 10 760 m, Abzweigung; 11 680 m, Brücke

Produkte aus der Region verkaufen. Ferner hat es eine Bedeutung als Straßenknotenpunkt in Richtung Bavella-Pass oder nordwärts zum Col de Verde.

Wir starten an der Hauptstraße von **Zonza** 01 nahe dem Kreisverkehr und folgen der Fahrstraße in südlicher Richtung. Vorbei an einer Hotelanlage biegt von rechts die Rückroute ein. Wir bleiben auf der Fahrstraße und wandern weiter auf der Straße in die Bachtalung des Ruisseau de Pian hinein. Nach der **Brücke** 02, die eine Spitzkehre bildet, zweigt die orange markierte Route des Weitwanderweges nach rechts ab und steigt steil in einem bewaldeten **Hang** 03 an. Später flacht die Route ab und durchquert einen hochstämmigen Kiefernwald, bis sie auf die **Straße D 67** 04 nach San-Gavino-di-Carbini trifft. Wir wandern kurz auf dieser und folgen gleich wieder dem markierten Saumpfad nach rechts. Wir stoßen auf eine Schotterstraße, von der nach ein paar Hundert Metern der

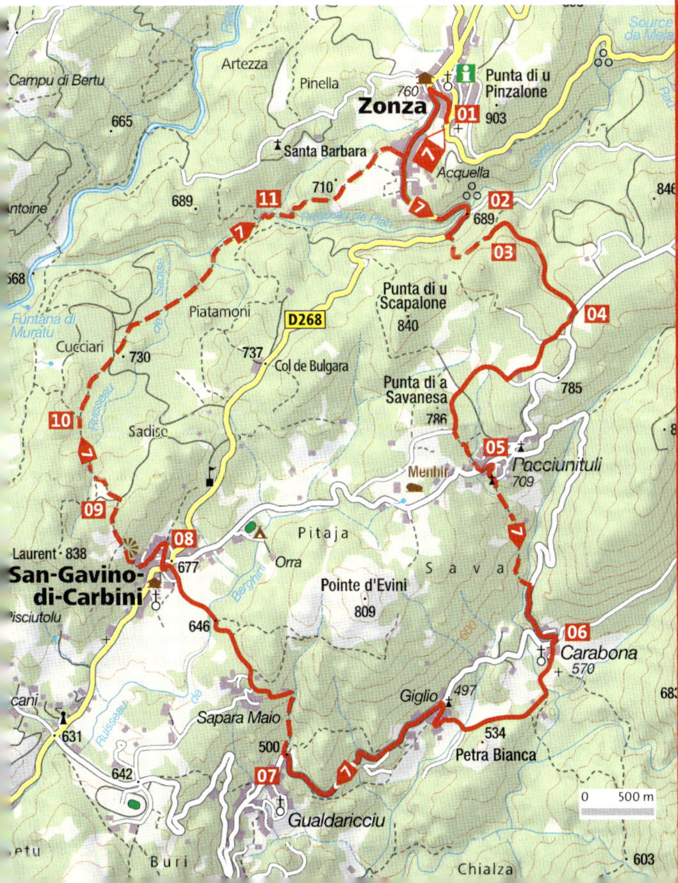

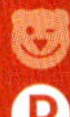
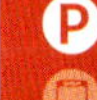
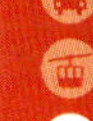

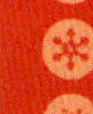

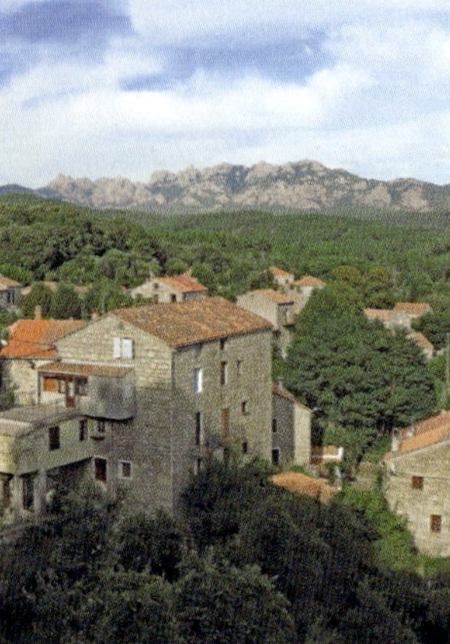

Das verschlafene Alta-Rocca-Dörfchen San-Gavino-di-Carbini

Pfad in einer Rechtskurve nach links abzweigt und zum ersten Dorf entlang unserer Rundtour, nach **Pacciunituli** 05, absteigt.
Von der Dorfstraße gehen wir nach rechts zur Kirche hinab, dort beginnt der alte Verbindungsweg nach **Carabona** 06, der durch herrliche Kastanienwälder abwärts führt. Nach der Querung eines idyllischen Waldbaches mündet die Route in die Zufahrtsstraße D 166, der wir in den Ort hinein folgen. Zwischen Kirche und Friedhof setzt sich der Saumpfad etwas verwachsen fort, die Markierungen sind aber weiterhin ersichtlich. Entlang von Weidegelände gelangen wir auf einen Feldweg, der leicht aufwärts zum Weiler Giglio führt. Hier nutzen wir nun die Fahrstraße D 66, um nach **Gualdariccìu** 07 zu gehen, da die Route des Saumpfades teilweise unterbrochen und schwer ersichtlich ist. Im Ort (500 m) führt die Straße in einen Taleinschnitt, in dem sich der Rundweg als Saumpfad fortsetzt. In der Spitzkehre zweigt die markierte Route ab und folgt dem Taleinschnitt auf ein höher liegendes Plateau, das wir beim Weiler Sapara Maio (634 m) erreichen. Dort wechseln wir auf eine Asphaltstraße, die uns geradewegs nach **San-Gavino-di-Carbini** 08 (677 m) bringt. Hier befinden sich eine Bar mit kleinem Laden sowie eine Übernachtungsmöglichkeit.
Die letzte Etappe bringt uns nach Zonza zurück. Wir biegen auf der Hauptstraße nach links und folgen sogleich der nach rechts abgehenden Straße aufwärts. Nach einer **Aussichtsterrasse** 09 mit schönem Blick auf den Ort biegt die Route zuerst auf einen Treppenweg und dann wieder auf den Saumpfad ab. Nach dem letzten Haus erreichen wir wieder den Kastanienwald und müssen eine Weile aufwärtswandern, bis wir eine bewaldete Kuppe überwunden haben. Wir queren einen Forstweg, benutzen später ein Stück eines anderen Forstweges und kommen an die **Abzweigung** 10 heran, bei der ein Verbindungsweg in Richtung Castellu di Cucurazzi (Freilichtmuseum, siehe Tour 8) sowie nach Levie (südwärts) oder Quenza (nordwärts) führt. Wir bleiben auf dem gemütlichen Waldpfad, der bequem dahinzieht und später ins Tal des Ruisseau de Pian eintritt. Eine Weile wandern wir den romantischen Bachlauf entlang, bis eine **Brücke** 11 ans rechte Ufer führt. Es folgt nun der Schlussanstieg zurück nach Zonza, der mit mehreren Serpentinen den bewaldeten Hang hinaufführt. Zuletzt treffen wir auf einen Schotterweg, der in die Fahrstraße nach Zonza mündet. Nach links geht es ins Dorfzentrum zurück, rechts befindet sich das Restaurant Ferme „A Stadda“, in dem wir einkehren können.

BEI LEVIE

Zu bedeutenden torreanischen Festungen

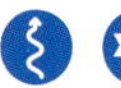  6 km  2:15 h  200 hm  250 hm  2251

START | Albertacce, Hauptort des Niolu an der D 84 [GPS: UTM Zone 32 x: 510.183 m y: 4.616.659 m]
CHARAKTER | Mittelschwere Wanderung auf alten Saum- und Waldpfaden, die jedoch am Rückweg Orientierungssinn verlangen.

Levie ist der Hauptort des Alta Rocca, denn hier spielt sich das gesellschaftliche Leben des südlichen Berglandes ab. Darüber hinaus befindet sich hier das Musée de l'Alta Rocca, das als archäologisches Museum eine große Bedeutung hat. In den Wäldern nördlich von Levie siedelten einst die Ur-Korsen, zahlreiche Funde werden seit 1963 zusammen mit weiteren Schaustücken des Neolithikums ausgestellt. In Capula hat man ein weibliches Skelett samt Grabbeigaben gefunden, das zusammen mit dem mit ca. 9000 Jahren ältesten auf Korsika gefundenen Menschenskelett ausgestellt wird.

▶ Levie liegt an der Route des Weitwanderweges Mare e Monti Sud, den wir für eine Kurzwanderung zum Castellu di Capula und Castellu di Cucurazzu nutzen können. Dabei handelt es sich um zwei bedeutende prähistorische Fundstellen, die als Freilichtmuseum besichtigt werden können. Die orange markierte Route startet unmittelbar an der **Hauptstraße** in **Levie** 01 des etwas verschlafenen Ortes, wo sich kleine Bars und Restaurants befinden. Wir steigen über Treppen in nördlicher Richtung zu einer schmalen Dorfstraße auf und folgen ihr bis zum Ende, wo sich die Route des Weitwanderweges fortsetzt. Der breit trassierte und später von

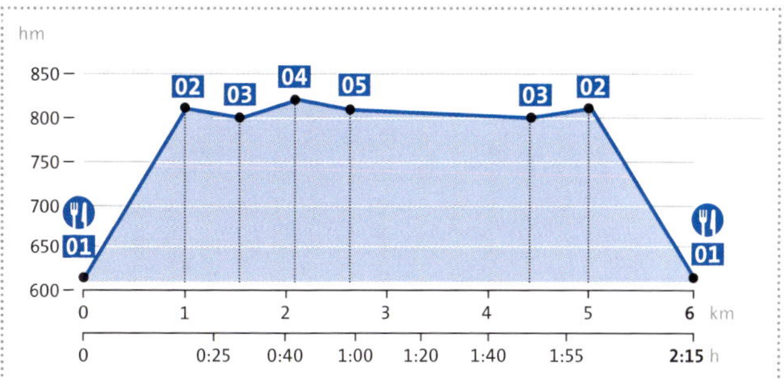

01 612 m, Levie, Hauptstraße; 02 811 m, Forstweg; 03 800 m, Museum; 04 820 m, Castellu di Cucurazzu; 05 810 m, Castellu di Capula

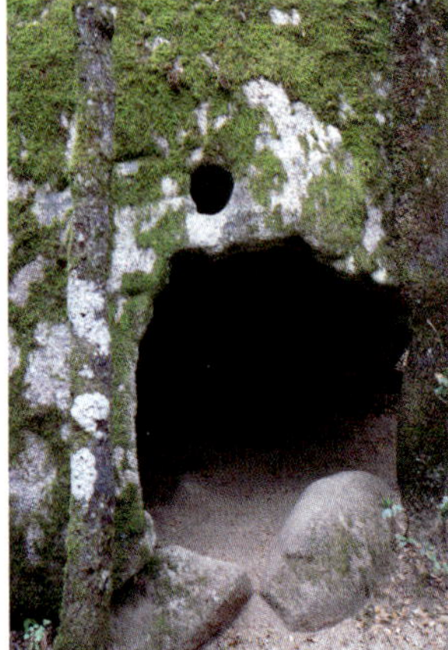

Eine neolithische Wohnhöhle

Steinmauern gesäumte Weg zieht mit mäßiger Steigung in den Kastanienwald hinein. Nach 25 Minuten mündet von rechts ein **Forstweg** 02 ein, danach liegt ebenfalls rechts des Weges eine Schottergrube mit Ausweichparkplätzen für das Freilichtmuseum. Dann endet der nun zum Schotterweg gewordene Pfad an der Zufahrtsstraße zum Freilichtmuseum, der wir nach rechts folgen (Wegweiser). Nach mehreren Hundert Metern erreichen wir den großen Parkplatz samt dem Infohäuschen für das **Museum** 03, das links hinter dem Parkplatz im Wald steht. Hier beginnt eine Rundwanderung, die mehrere Sta-

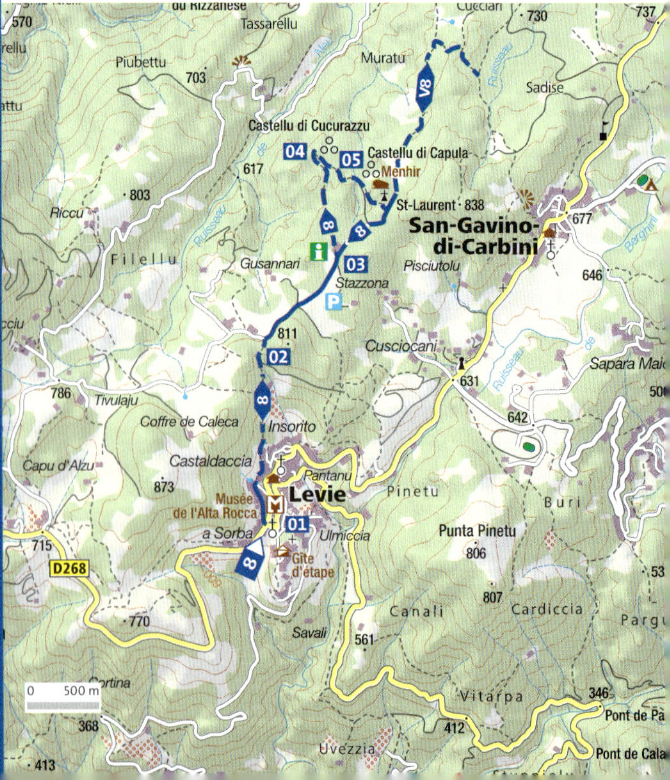

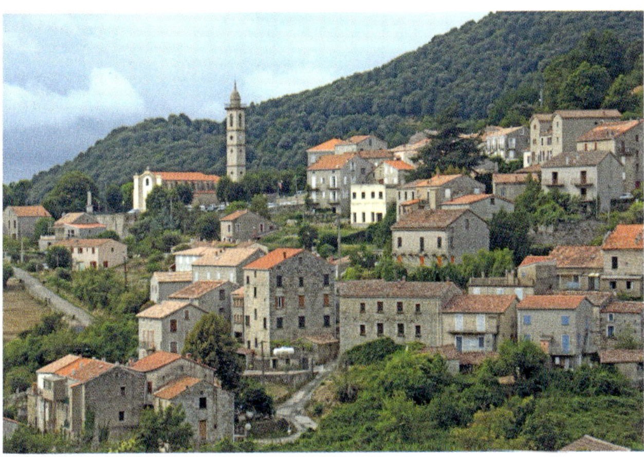
Das Alta-Rocca-Dorf Levie ist Sitz des archäologischen Museums

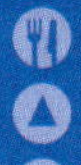
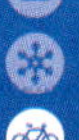

tionen aufweist. Man bekommt ein „Guide-Book" geliehen, das es in mehreren Sprachen gibt und die insgesamt zehn Sehenswürdigkeiten entlang der 2 km langen Runde vorstellt. Dabei treffen wir auf so bedeutsame Sehenswürdigkeiten wie das **Castellu di Cucurazzu** 04, einer ehemaligen Felsenfestung, die mitten im Wald aufragt und von mehreren Familien bewohnt wurde. Die zweite historische Burg, das **Castellu di Capula** 05, wirkt noch spektakulärer, denn hier türmen sich mächtige Felsen zu einer stattlichen Wehrburg auf. Es handelt sich um zwei der imposantesten torreanischen Siedlungen auf Korsika, in denen man auch auf Knochenfunde stieß und Gegenstände des täglichen Lebens ausgraben konnte. Für die Besichtigung sollte man sich ein bis zwei Stunden Zeit nehmen. Danach kehren wir am selben Weg nach Levie zurück und können dem Museum einen Besuch abstatten.

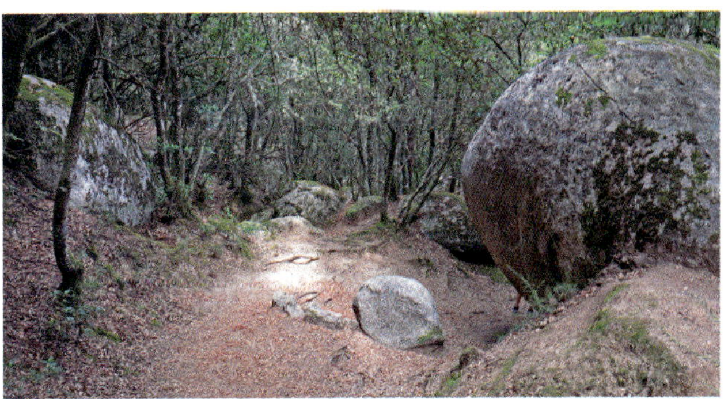
Die Tafoni-Felsen von Cucurazzu

PUNTA DI CAMPOMORO

Küstentour mit zahlreichen Attraktionen

 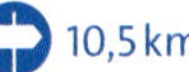 10,5 km  4:10 h  260 hm  260 hm 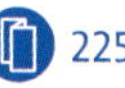 2251

START | Campomoro (Meeresniveau), an der Strandpromenade [GPS: UTM Zone 32 x: 484.802 m y: 4.608.615 m]
CHARAKTER | Gehtechnisch einfache Wanderung auf gut ausgebauten, geschotterten oder sandigen Küsten- und Macchienpfaden, die im Sommer jedoch untertags sehr heiß werden kann; die Höhenunterschiede werden teilweise auf Erdstufen überwunden.

Die Halbinsel im Abendlicht

Der Südwesten Korsikas überrascht mit zahlreichen eindrucksvollen Buchten. Eine davon ist die Punta di Campomoro, die den Golf von Valinco an der Südseite begrenzt. Das kleine Fischerdorf Campomoro ist schon für sich eine Reise wert, die etwas abseits von den Hauptverkehrsrouten eine längere Anfahrt in Anspruch nimmt. Die Halbinsel liegt etwa eine Autostunde westlich von Propriano und kann auf der D 121

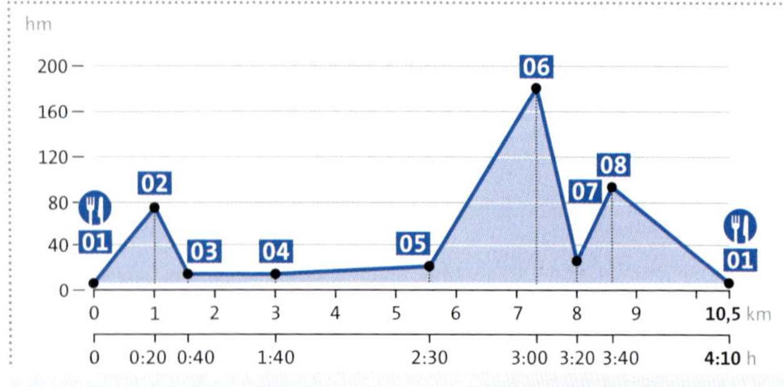

01 0 m, Campomoro; 02 78 m, Torre di Campomoro; 03 5 m, Punta di Campomoro; 04 5 m, Punta di Scogli Longhi; 05 15 m, Cala d'Aguila; 06 180 m, Punta di Manna Mulina; 07 20 m, Canusellu; 08 90 m, Dreschplatz

erreicht werden. Die Wanderung führt von diesem Ort aus ständig der bizarren Küste entlang und umrundet das Kap. Am höchsten Punkt thront der Torre di Campomoro, einer jener genuesischen Wehrtürme, die einst zum Schutz rund um die gesamte Insel errichtet worden sind.

▶ Wir starten unsere gemütliche Küstentour im Zentrum von **Campomoro** 01 und wandern zunächst westwärts aus dem Dorf hinaus. Wir kommen am Cam-

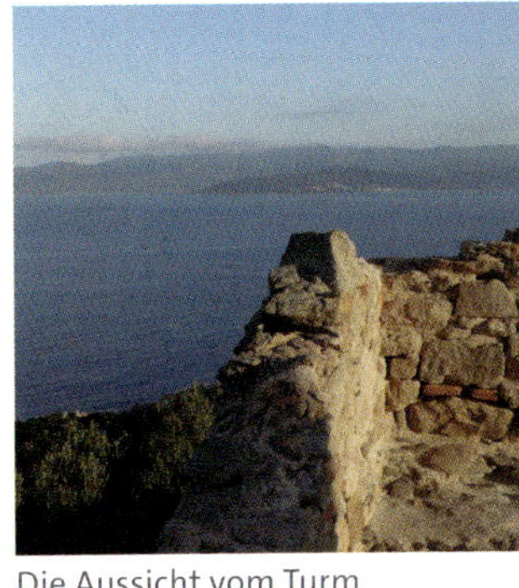
Die Aussicht vom Turm

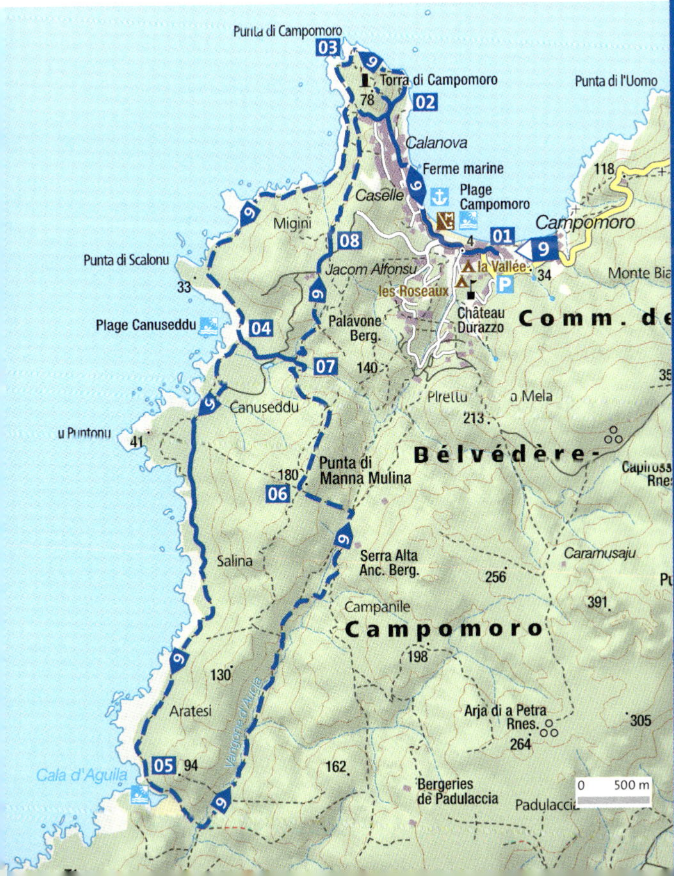

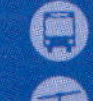
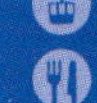

pingplatz vorbei, durchqueren den Ortsteil Callanova, eine Villensiedlung, und folgen der Straße bis zur Zufahrt zum **Torre di Campomoro** **02**. Wenn wir zuerst zum Turm hinaufsteigen wollen, müssen wir links auf die Betonpiste wechseln und in gut 10 Minuten zum 78 m hohen Gipfel des Kaps hinaufsteigen. Um mit der Umrundung des Kaps zu beginnen, halten wir uns rechts und folgen dem Pfad, der durch eine Informationstafel gekennzeichnet ist. Der markierte Pfad wird bald zu einem Steig, der durch die felsige Küstenlandschaft führt. Schon nach kurzer Zeit erreichen wir die **Punta di Campomoro** **03**, die von bizarren Tafoni-Felsen geprägt wird. Bereits hier fallen uns die zahlreichen Badebuchten auf, die besonders am Morgen in einem traumhaften Licht erstrahlen. Der Weg wendet hier in südliche Gegenrichtung und folgt ständig der Küste, sodass wir den Verlauf sehr leicht finden können. Nach einiger Zeit wird das Gelände etwas weitläufiger und wir steuern auf die **Punta di Scogli Longhi** **04** zu. Über eine saftig grüne Wiese wandern wir zum kleinen Sandstrand, der diese Bucht malerisch prägt. Nach einer kurzen

Achtung

Das gesamte Gebiet des Kaps ist als Naturschutzgebiet im Rahmen der RAMSAR-Schutzkonvention sowie als Natura-2000-Gebiet der EU ausgewiesen. Wildes Campen, Feuer machen und das Verwenden von motorisierten Fortbewegungsmitteln sind daher verboten.

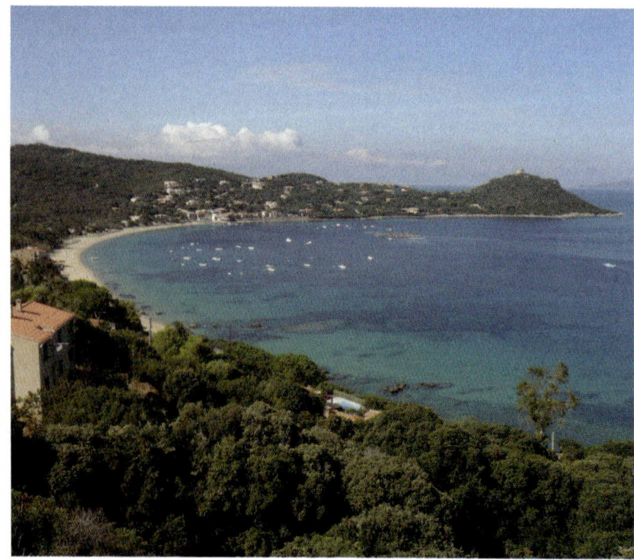

Die malerische Bucht von Campomoro mit der Halbinsel

Hinweis

Um ausgiebige Badefreuden zu erleben, genügt es, nur einen kleinen Teil dieser Wanderung zu absolvieren, etwa bis zur Punta di Scogli Longhi. In Campomoro gibt es zwei Campingplätze (Peretto Les Reseaux, La Vallée, www.campomoro-lavallee.com) und kleinere Fischrestaurants, die entlang der kleinen Strandpromenade mit romantischen Terrassen zu schmackhaften Fischgerichten einladen: Fischlokal Bar des Amis in Calanova, Hotel Le Ressac am östlichen Ortsende von Campomoro, Strandbar mit Tauchverleih neben der Post
(Campomoro Plongée, www.campomoro-plongee.com).

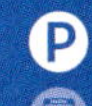
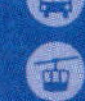

Rast setzen wir die Wanderung in südlicher Richtung fort und steuern auf die Punta di Scalone zu. Der Weg führt in eine Sandebene hinein, wobei wir bald eine weitere Weggabelung erreichen. Hier könnten wir nach links abbiegen und landeinwärts wandern, um auf unseren späteren Rückweg zu treffen. Wir folgen aber weiterhin dem Küstenpfad, schneiden eine Halbinsel etwas im Landesinneren ab und gelangen gleich wieder an die bizarre Felsküste. Wir schlendern mit gemütlichem Verlauf durch diese herrliche Küstenlandschaft, bis wir nach etwa eineinhalb Stunden die Badebucht **Cala d'Aguila** **05** erreichen. Der Wanderweg führt direkt an dem kleinen Sandstrand vorbei, der die Bucht an der Rückseite abschließt. Wenn wir noch etwa 100 m weitergehen, kommen wir zu einer T-Kreuzung, bei der sich der Küstenweg nach Süden weiter fortsetzt. Wir wenden hier, aber folgen dem Fahrweg nach links in das nun ansteigende Küstengelände hinein. Die Route führt durch eine kleine Talung, die als Vangone d'Aucia bezeichnet wird. Nach etwa 30 Minuten wechseln wir auf die östliche Talseite und folgen den breiten Pfadspuren, wobei wir andere, von der Hauptroute abzweigende, unberücksichtigt lassen. Unser Weg beschreibt eine deutliche Linkskurve und steigt zur 180 m hohen **Punta di Manna Mulina** **06** an.
Dieser Aussichtspunkt bietet ein lohnendes Panorama über die gesamte Küstenlandschaft von Campomoro. Wir überqueren die Kuppel und folgen nun wieder dem Weg in nördlicher Richtung, der die Ebene von **Canusellu** **07** hinabführt. Teilweise wandern wir über Erdtreppen entlang des gut trassierten Pfades. In der Ebene, in der wir ein Bachbett überqueren, biegt von links der zum Küstenpfad hinabführende Verbindungsweg ein. Wir wandern aber geradeaus in nördlicher Richtung ein wenig bergauf und erreichen einen alten **Dreschplatz** **08**.
Wir überwinden einen kleinen Geländesattel und gehen nun leicht bergab, wobei wir den Genueserturm stets im Blickfeld haben. Knapp davor schwenken wir nach rechts, um zum Küstenweg an der Ostseite der Bucht von Campomoro zu gelangen.
Sobald wir ihn erreicht haben biegen wir nach rechts darauf ein und folgen ihm zurück in das Fischerdorf.

10

SARTÈNE

Prähistorische Wanderung zu den Alignements de Stantari und Plaggiu

 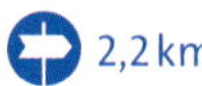 2,2 km  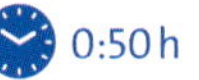 0:50 h  50 hm  50 hm  2251

START | Plateau di Cauria in der Sartène, Parkplatz zu den Alignements de Stantari und Dolmen de Fontanaccia, Parkplatz zum Alignement Palaggiu
[GPS: UTM Zone 32 x: 490.152 m y: 4.599.547 m]
CHARAKTER | Einfache Wanderung auf Feld- und Schotterwegen, teilweise Hinweisschilder bei den Parkplätzen.

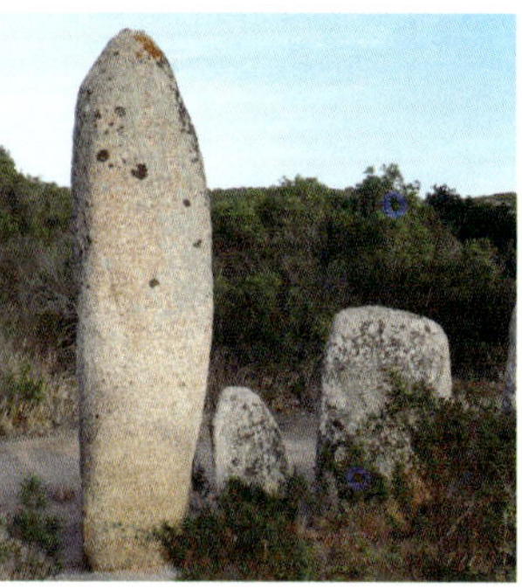

Menhir von Palaggiu

Korsika gehört zu einer der führenden Fundstätten der europäischen Megalithkultur. Als Zeugen dieser Epoche findet man gerade rund um Sartène im Südwesten der Insel zahlreiche Menhire und Dolmen. Als Menhire werden senkrecht aufgestellte Steinsäulen bezeichnet, die zu den einfachsten Steinmalen der Megalithkultur gehören. Auf Korsika zählt man 730 Menhire und damit 40 % aller in Frankreich gefundenen Steinsäulen, während Sardinien nur zwei besitzt. In der idyllischen Landschaft rund um Sartène, die vor allem im Frühjahr zur Blütezeit einen melancholischen Charme versprüht, können wir

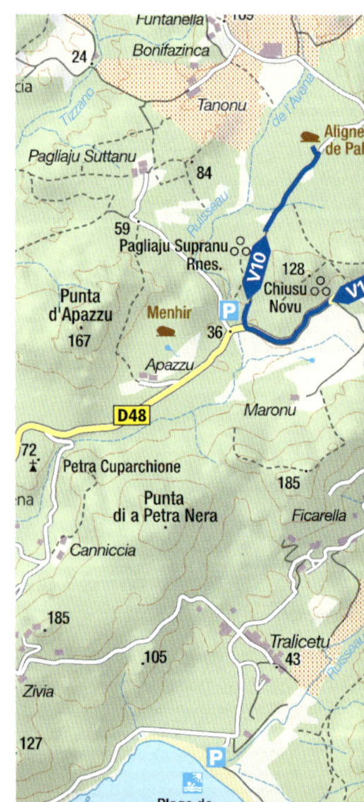

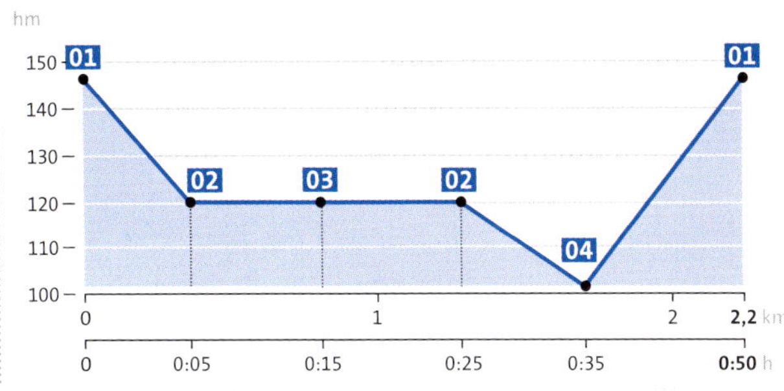

01 146 m, Ende Fahrstraße; **02** 120 m, Dolmen de Fontanaccia; **03** 120 m, Alignement de Renaju; **04** 100 m, Alignement de Stantari

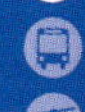
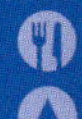

Kurzwanderungen zu Fundstellen unternehmen. Dazu müssen wir schmale Nebenstraßen benützen, um zu den mitten in der offenen Landschaft liegenden Gebilden zu gelangen.

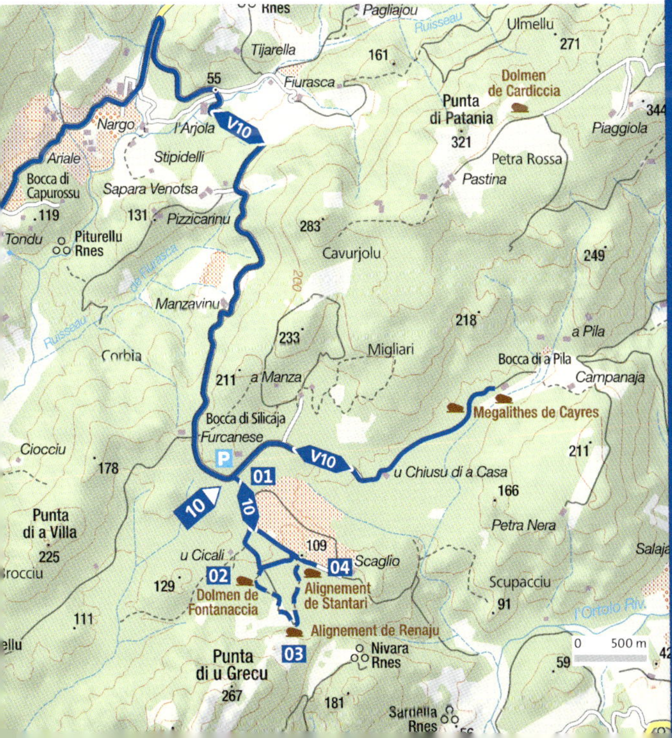

Sartène liegt nur eine halbe Autostunde von der Tour entfernt an

den Südwesthängen des Monte Rosso hoch über dem Tal des Rizzanese-Flusses. Es wurde von Paul Valéry als Stadt beschrieben, die nach allen Seiten ihr kriegerisches Aussehen präsentiert. Andere sprechen von der korsischsten aller korsischen Städte. Die finster wirkende Ansiedlung besteht aus 5- bis 6-stöckigen Granithäusern, die mit mächtigen Mauern gegen Eindringlinge geschützt wurden. Die Altstadt besteht aus einem Labyrinth aus Treppen, dunklen Hinterhöfen und verwinkelten Gassen. Manche sind so eng, dass kaum eine Person durchgehen kann. Es scheint, als sei die Zeit hier stehen geblieben, denn bis heute blieb das mittelalterliche Viertel Santa Anna fast unversehrt. Am Place de la Libération, der das Zentrum von Sartène bildet, befinden sich die Kirche Église Ste-Marie von 1766 und ganz in der Nähe das Hôtel de Ville (Rathaus). Das sehenswerte Musée de Préhistoire Corse ist im ehemaligen Gefängnis untergebracht.

▶ **Plateau de Cauria:** Ausgehend von der D 48 nach Tizzano führt die D 48 A zu insgesamt drei Fundorten. Wir parken das Auto am vorgesehenen Platz am **Ende der Fahrstraße** 01 und besuchen zunächst die westlichsten Fundstellen, den **Dolmen de Fontanaccia** 02, einem 4000 Jahre alten Steingrab, das mit einer riesigen Granitplatte bedeckt ist, sowie etwas weiter die **Alignement de Renaju** 03. Mit Alignement werden linienförmig aufgestellte Reihen von Menhiren bezeichnet. Die 43 Menhire sind klein und weisen keinerlei Eingravierungen auf. Wenn wir ein wenig zurückgehen, können wir über einen Feldweg in östlicher Richtung zum Zugangsweg zu den **Alignement de Stantari** 04 gelangen, die zu den

Filitosa

Filitosa ist die bedeutendste prähistorische Fundstätte Korsikas. Nahe der fruchtbaren Taravo-Ebene haben sich schon vor mehreren Tausend Jahren Menschen niedergelassen und erste primitive Siedlungen gegründet. 1946 begann eine Gruppe engagierter Archäologen um Roger Grosjean, die Licht in das Dunkel der korsischen Geschichte bringen wollten, mit den Ausgrabungen.
Die erste Einwanderung eines Menschen in Korsika geht auf das 7. Jahrtausend v. Chr. zurück. Die Nähe der fruchtbaren Tavaro-Ebene, das Vorhandensein eines kleinen Hügels und die zahlreichen Schutzmöglichkeiten unter Felsen haben die Anlage von Filitosa vom 6. bis 1. Jahrtausend gefördert. Dieser Zeitraum ist mit der Epoche des Neolithikums gleichzusetzen. Die Menschen, die diese Siedlung begannen, lebten ausschließlich von der Jagd, vom Fischen und vom Sammeln wild wachsender Früchte. Den größten archäologischen Wert besitzen die Menhire, die rund um Filitosa gefunden wurden. Dazu kommen Keramikreste wie Vasen und Obsidiane, die zu Pfeilspitzen und Werkzeugen verarbeitet wurden. Die Fundstätte wird heute als Freilichtmuseum betrieben und kann entlang eines Rundganges besichtigt werden.

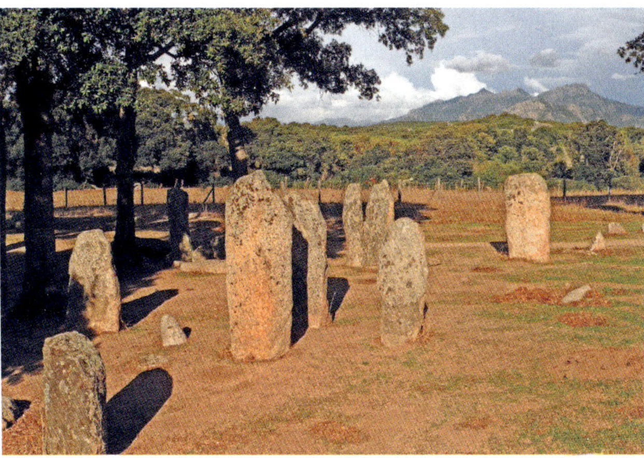
Die Alignement de Stantari mit den Menhiren

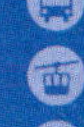

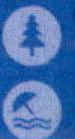

bedeutendsten Funden auf Korsika gehören. Als Besonderheit weisen die Steinsäulen oben Löcher auf, die vielleicht der Befestigung von Hörnern dienten. Zurück zum Parkplatz, bei dem ein Feldweg (nördliche Abzweigung) in östlicher Richtung zu den **Megalithes de Cayres** führt (hin und retour, 2 km).

Alignement de Palaggiu: Die D 48 verläuft weiter Richtung Tizzano zu einem Parkplatz bei Chiusu Nova. Von hier führt ein Weg in nördlicher Richtung in die Wiesenlandschaft hinein und bringt uns in 15 Minuten mit leichtem Auf und Ab zum **Alignement de Palaggiu**. 258 Steinsäulen stehen inmitten der lieblichen Landschaft, manche sind schon umgekippt, alle jedoch ebenfalls 4000 Jahre alt. Was die immer in Nordsüd-Richtung aufgestellten Menhire darstellen sollen, ist nicht wirklich bekannt.

Die Besichtigungen können mit einem Besuch des Fischer- und Ferienortes Tizzano abgeschlossen werden.

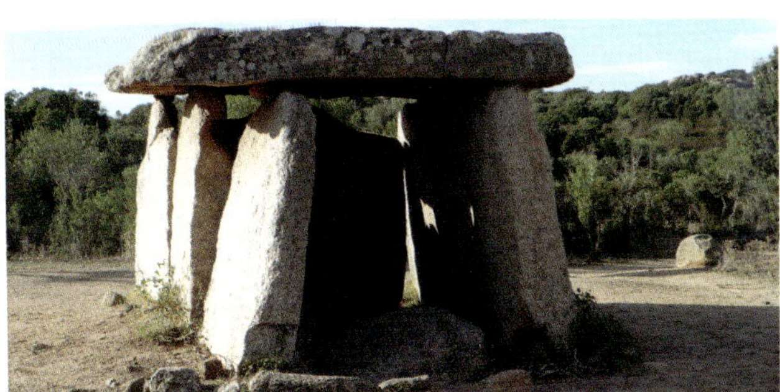
Das 4000 Jahre alte Steingrab von Fontanaccia

CAPU DI MURU

Schutzgebiet, Turm und Badespaß

 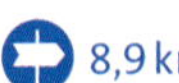 8,9 km 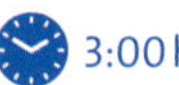 3:00 h  120 hm  120 hm  2251

START | Weiler Cascionu (117 m) am Ende der D 155 von der Bocca di Filippina kommend
[GPS: UTM Zone 32 x: 474.584 m y: 4.621.558 m]
CHARAKTER | Einfache Wanderung mit geringen Höhenunterschieden auf gut ausgetretenen Küstenpfaden, für Kinder sehr gut geeignet, etliche Bademöglichkeiten; besonders im Frühjahr bei der Blüte der Macchie zu empfehlen, die dann durch die Tageserwärmung einen herrlichen Duft verströmt. Im Sommer kann man trotz Hitze stets mit einer kühlenden Brise rechnen.

Die geschützte Küstenlandschaft rund um den Landsporn des Capu di Muru gehört zu den schönsten an der Westküste Korsikas. Die Halbinsel teilt den Golf von Ajaccio im Norden vom Golf de Valinco im Süden und ermöglicht einen einladenden Halbtagsausflug mit einer genüsslichen Wanderung und Badefreuden an einsamen Buchten. Im Frühjahr, wenn die Macchie blüht, baden die Wanderer auch im Duft der Zistrosen, des Lavendels und der Pistazien sowie in den tausend Farben der Blüten. Wichtig ist es, genügend Trinkwasser mitzunehmen, da die letzte Verpflegungsmöglichkeit im Ausgangsort Cascionu besteht und man die vom Meer umtoste

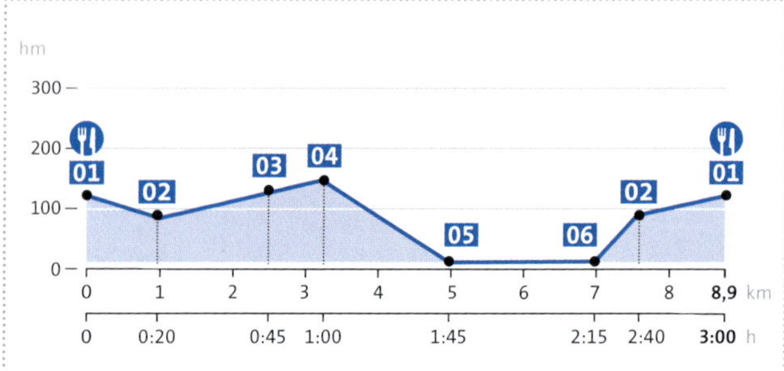

01 117 m, Cascionu; 02 89 m, Chiappa Rossa; 03 118 m, Tour de Capu Muru; 04 141 m, Casa de Capu di Muru; 05 0 m, Capu di Muru; 06 0 m, Cala di Muru

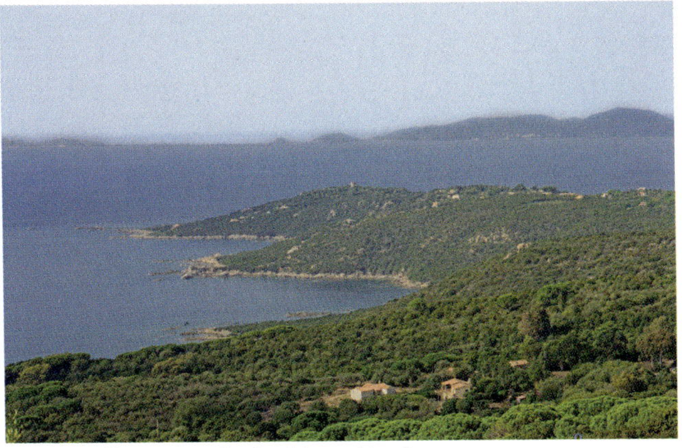
Das Capu di Muru vor der Bucht von Ajaccio

Küstenlandschaft mit dem leichten Wind in Bezug auf die Dehydrierung unterschätzen kann.

▶ Zum Ausgangspunkt der Tour gelangen wir über die Küstenstraße D155, die Ajaccio mit Propriano verbindet. Im kleinen Örtchen **Cascionu** 01 lässt sich das Auto in den Gassen am Straßenrand parken, um zum Beginn des Wanderpfades bei der Bar Relais de la Tour de Capo di Muro zu gelangen. Wir folgen der schmalen Fahrstraße in Richtung Westen. Nach wenigen Minuten biegt von links eine mit einer Kette versperrte Straße ein, bei der wir die Richtung geradeaus beibehalten. Die Route strebt durch

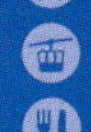
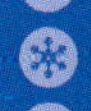

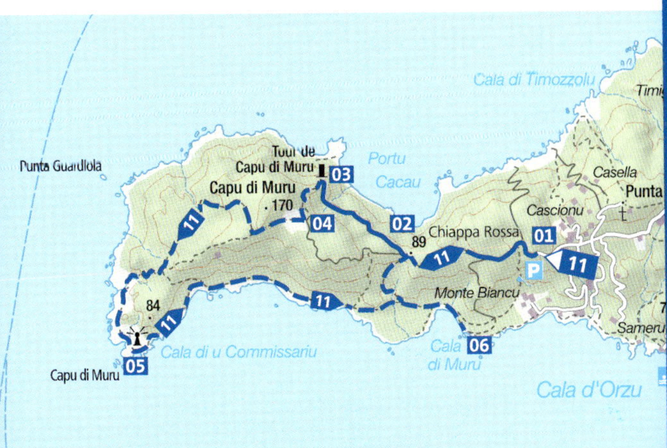

Macchiengelände auf den Sattel **Chiappa Rossa** 02 zu (89 m). Vorbei am Schild, das uns das Schutzgebiet Capu di Muro anzeigt, wandern wir auf dem nun schmäleren Pfad durch Macchiengebüsch dem **Tour de Capu di Muru** 03 entgegen. Den auf 118 m Höhe über dem Meer aufragenden Wehrturm erreichen wir nach insgesamt 45 Minuten. Über eine Außentreppe können wir ins Innere vordringen und zur oberen Plattform gelangen, die über die Zinnen hinweg einen herrlichen Blick nach Norden über den Golf von Ajaccio eröffnet. Bei gutem Wetter reicht der Blick bis zu Korsikas Hauptstadt und zu den Bergen der Zentralkette.

Wir können vom Turm aus eine Wegrunde anschließen, die uns bis zur Kapspitze und an die Südseite der Halbinsel bringt. Dazu folgen wir dem in südlicher Richtung vom Turm wegführenden Pfad. Nach 15 Minuten biegen wir bei einer Weggabelung nahe dem Steinhaus **Casa de Capu di Muru** 04 (141 m) rechts ab und wandern links am höchsten Punkt des Landsporns, dem **Capu di Muru** (170 m), vorbei. Am Boden aufgemalte Markierungen leiten zur „Chapelle A Madonnuccia" und gleich wenig später an einem alten Steinbackofen vorbei. Der deutliche Pfad überwindet die Kammhöhe und beginnt danach, sich kontinuierlich bis zur Küste abzusenken. Bei einer weiteren Abzweigung bleiben wir am rechten Pfad, der durch einen Hangeinschnitt zur Punta Rinella hinabführt. Wir folgen nun der felsigen Küstenlinie bis an die äußerste Kapspitze des **Capu di Muru** 05 unterhalb des kleinen weißschwarzen Leuchtturms. Hier befindet sich auch eine Madonnenstatue samt Kapelle in Form einer halb offenen Andachtsstätte sowie ein Picknickplatz.

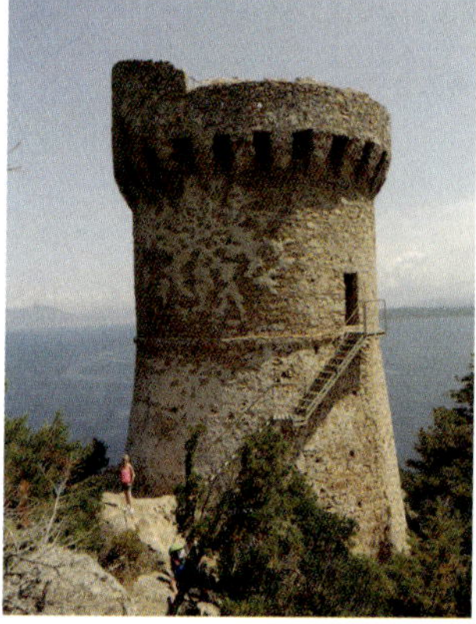

Der Tour de Capu di Muru

Der Rückweg verläuft nun ständig entlang der Südküste der Halbinsel, die dem Golf von Valinco zugewandt ist. Teilweise über Felsblöcke erreichen wir gleich einen Bootssteg, von dem wir mit leichtem Auf und Ab der zerklüfteten Küste in östlicher Richtung folgen. Auf Höhe des Sattels Chiappa Rossa zweigt nach links ein Pfad ab, der uns zur Fahrstraße auf dem Kamm zurückbringt. Geradeaus kann man noch etwa 15 Minuten bis zur einsamen Bucht von **Cala di Muru** 06 und den Rochers de Monte Biancu weiterwandern, muss dann aber umdrehen, da die Wegverbindung von der Bucht aus über den Monte Biancu als Privatbesitz gesperrt ist. Also folgen wir dem westlichen Weg hinauf zum Sattel **Chiappa Rossa** 02 und wenden uns am Hauptweg nun nach rechts, um am bereits bekannten Weg leicht aufwärts in etwa 25 Minuten den Ausgangspunkt **Cascionu** 01 zu erreichen und uns an der kleinen Bar erfrischen können.

FORÊT DE CHIAVARI

Beschauliche Waldwanderung durch Myrte und Eukalyptus

  12,3 km  4:00 h  480 hm  480 hm  2251

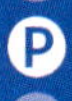

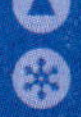
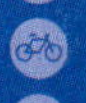
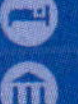
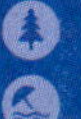

START | Schnittpunkt des Weitwanderweges Mare e Monti Sud mit der D 55 etwa 2 km nördlich von Coti-Chiavari (503 m)
[GPS: UTM Zone 32 x: 481.671 m y: 4.625.167 m]
CHARAKTER | Einfache Waldwanderung auf Waldstraßen und Forstwegen, schattig und kühl, unterwegs stehen Picknickplätze zur Verfügung; kaum Orientierungsschwierigkeiten, ideale Familientour.

Am südlichen Golf von Ajaccio befindet sich nur unweit von der Küste entfernt der Forêt de Chiavari, ein geschlossenes Waldgebiet, das von mehreren Wegen durchzogen wird. Die dem Meer zugewandten Flanken des Monte Russelo und Monte Sapara Poreaja sind mit einem dichten Eukalyptus- und Kastanienwald

Coti-Chiavari

Das Dorf Coti-Chiavari blickt auf eine lange Geschichte zurück. Während Coti bereits im 16. Jh. erwähnt wurde, geht die Gründung von Chiavari auf 1714 zurück, als sich genuesische Siedler hier niederließen. Der Bau der Gefängnisse geht auf Napoleon III. zurück. Zwischen 1855 und 1904 waren hier 200 bis 800 Gefangene stationiert, die ihre Strafen mit Straßen- und Hausbau verbrachten. So errichteten sie zum Beispiel die Straßenverbindung zwischen Ajaccio, Chiavari und der Küste. Aber auch Gemüse- und Weinanbau gehörte zu ihren Pflichten. Die Eukalyptuswälder, die heute die Westhänge wie ein grüner Teppich überziehen, wurden zum Teil von diesen Gefangenen gepflanzt. Viele Häftlinge starben aber vorzeitig an Malaria, die damals noch nicht zur Gänze ausgerottet war. Die Ruinen der Gefängnisse befinden sich etwa 3 km von unserem Ausgangspunkt entfernt an der D 55 und wurden auf einem aussichtsreichen Plateau inmitten der Waldung errichtet. Der kleine Stausee mit einem Inhalt von 24.000 km^3 stammt von 1870 und diente damals wie heute der Bewässerung für den Gemüseanbau. Rund um die Gebäude zeugen alte Steinmauern, Zisternen oder kleine Friedhöfe, die sich in der Macchie verstecken, vom Leben und Arbeiten der damaligen Insassen.

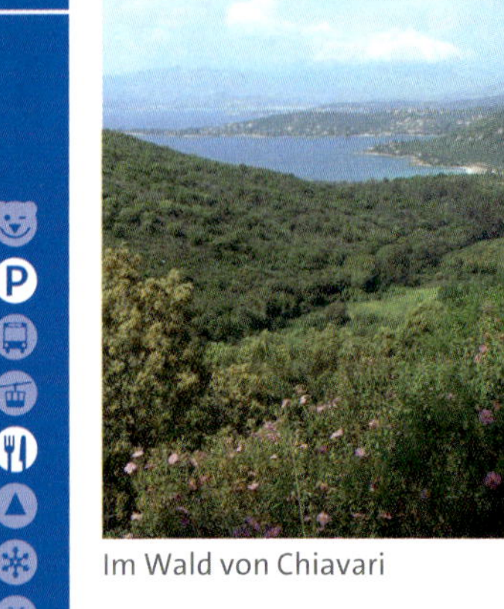
Im Wald von Chiavari

bewachsen, dennoch ergeben sich immer wieder Blicke auf den Golf und die satt-grüne Küste sowie nach Nordosten bis zum Cinbto-Massiv. Entlang der Zufahrt zum Ausgangspunkt kommen wir an den Ruinen eines ehemaligen Gefängnisses vorbei, das als „Ancien Pénitencier de Chiavari" bekannt ist und bereits 1906 geschlossen wurde. An diesem Ort existiert auch ein geheimnisvoller Friedhof, darüber hinaus erreicht man in wenigen Minuten einen idyllisch gelegenen Stausee, der inmitten des dichten Waldes liegt.

▶ Entlang der Kammhöhe des Forêt Dominale de Chiavari verläuft der Weitwanderweg Mare e Monti Sud, dem wir am Beginn dieser Tour bis zu unserer nördlichen Wende folgen. Der Weitwanderweg führt mit fünf Etappen von Porticcio nach Propriano und bildet eine der fünf großen Streckenwanderungen der Insel. Als **Ausgangspunkt** **01** dieser gemütlichen Rundwanderung wählen wir den Schnittpunkt der Weitwanderroute mit der D 55 etwa 2 km nördlich der Ortschaft Coti-Chiavari in 510 m Seehöhe. Der weiß-rot-weiß markierte Weg folgt zunächst dem bewaldeten Hauptkamm, um dann über eine Forststraße durch die Westhänge zurück zum Ausgangspunkt zurückzukehren.

Von der D 55 folgen wir dem Weitwanderweg, der von Coti-Chiavari kommt und nach Pietrosella verläuft, in östlicher Richtung (Schild „Pietrosella"). Dieser zieht auf den Kamm, der mit Eichen und Baumerika bewachsen ist. Durch Lücken im Waldsaum erhaschen wir Blicke auf den Golf von Valinco, die Strände von Cortigliolo, auf das Kap Laurosu und die Montagna di Cagna im Süden. Einmal führt ein Seitenpfad nach links zu einem Aussichtspunkt auf den Golf von Ajaccio sowie den Monte d'Oro und Rotondo. Etwa 1:15 Stunden nach dem Start wird der Waldpfad zu einem breiten, ausgewaschenen Weg, der zum **Punta di Gradello** **02** führt.

Direkt hinter dem **Restaurant A' Baracca** in **Bocca di Gradello** **03** setzen wir die Tour nun in Richtung Norden fort und wandern auf einem Waldweg rund 15 Minuten abwärts. Dann schwenken wir nach links auf eine Piste ein und kommen zu einem Schranken. Gleich danach trifft die Route auf die **Piste de Laticapso** **04**, die uns in wenigen Minuten zu den Ruinen des alten Gefängnisses von Laticapso bringt. Diese liegt etwas nördlich abseits des Weges im dichten Waldgelände. Zurück zum Hauptweg folgen wir diesen in westlicher Richtung und wandern entlang der Piste de Cortonu. Bei der nächsten Gabelung schwenken wir nach rechts und bleiben auf dem, Waldweg in Richtung Cortonu. Der geschwun-

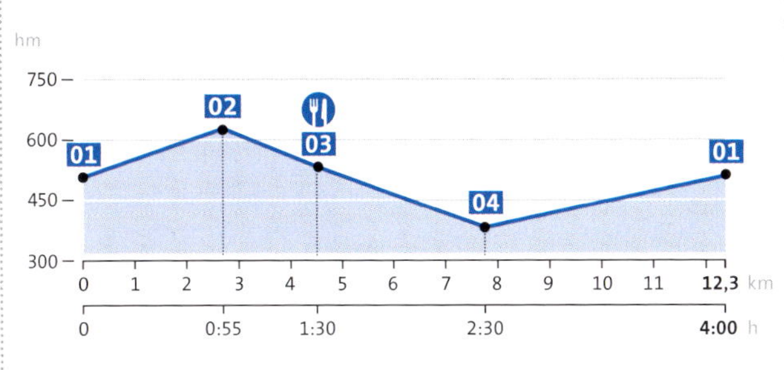

01 510 m, Ausgangspunkt; 02 620 m, Punta di Gradello; 03 530 m, Bocca di Gradello; 04 380 m, Piste de Laticapso

gene Weg führt durch einen Kiefernforst, nach einer markanten S-Kurve halten wir uns rechts und folgen nicht der Forststraße. Wir umgehen einen felsigen Rücken, steigen leicht bergan und treffen später wieder auf die Piste. Wir überqueren sie und folgen einem Pfad, der leicht ansteigt, nach links biegt und wieder zur Forstsraße führt. Dieser folgen wir nach rechts und kehren zum **Ausgangspunkt** 01 der Rundwanderung zurück.

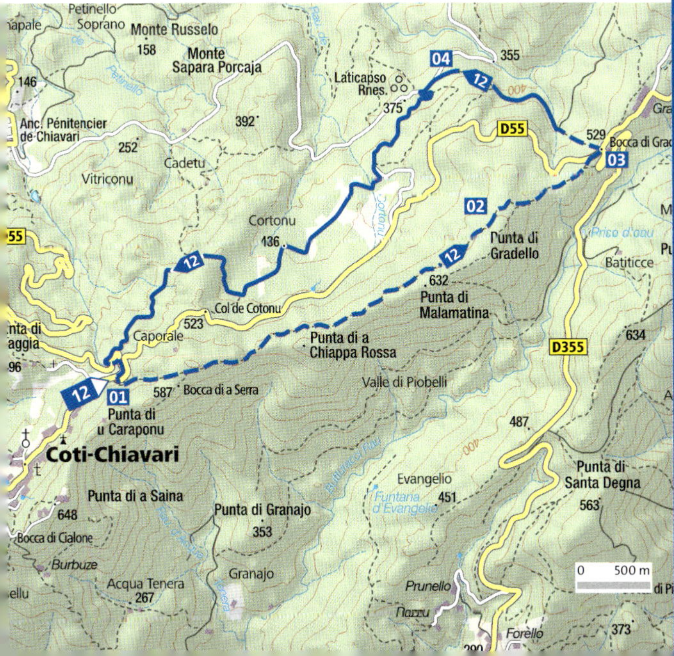

KÜSTENWANDERUNG VOR DEN SANGUINAIRES-INSELN

Die äußerste Landspitze bei Ajaccio

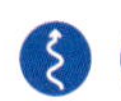  10,2 km  3:00 h  100 hm  100 hm 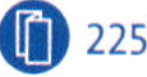 2251

START | Parkplatz beim Restaurant Sanguinari am Ende der Straße „Route des Sanguinaires", die am Westrand von Ajaccio der Küste folgt
[GPS: UTM Zone 32 x: 468.389 m y: 4.639.039 m]
CHARAKTER | Einfache Küstenwanderung auf guten Wanderpfaden und durch sandige Buchten, von Ajaccio werden Bootstouren zur größten Sanguinaires-Insel unternommen; die Tour empfiehlt sich vor allem im Mai, wenn die Macchie und die violetten Blütenteppiche der Levkojen voll entfaltet sind.

Es gibt Autoren, die preisen die Bucht von Ajaccio als die schönste des Mittelmeeres. Mögen solche Bewertungen stets kritisch und subjektiv zu betrachten sein, die Landspitze des Cap La Parata mit den vorgelagerten Îles Sanguinaires zählt wohl allgemein zu den Orten mit dem Prädikat „sehenswert". Die schmale, sturmumtoste Landspitze erweckt den Eindruck, als würde sie wie eine Schlange ins Meer fließen und draußen in der Fortsetzung der Halbinsel mit einigen Buckeln nochmals auftauchen, ehe sie in den Fluten verschwindet. Wehrturm und Leuchtfeuer markieren die strategisch wichtigen Kapspitzen, die Feinde abhielten oder den Seefahrern den Weg leiteten. Die Nähe zur korsischen Hauptstadt

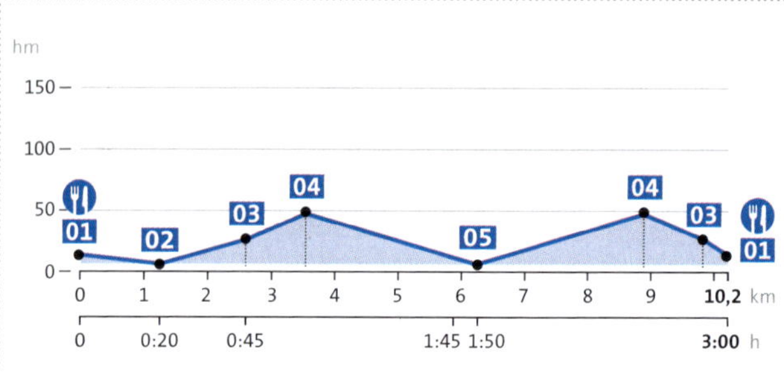

01 10 m, Restaurant Sanguinari; 02 0 m, Tour de la Parata; 03 25 m, Cala di Reta; 04 49 m, Rocher d'escalade; 05 0 m, Plage de Ste Antoine

lässt diese Destination zu einer der beliebtesten Tagesausflüge für die einheimische Bevölkerung werden. Auch, weil das Panorama nie gleich ist und mit dem Wechsel des Tageslichts oder der Jahreszeit immer neue Facetten entfaltet. Vor allem der Sonnenuntergang verwandelt das Kap in einen Ort mit paradiesischer Südseestimmung. Nicht zuletzt bieten die Wege Erlebnisse für die gesamte Familie, aber auch für Mountainbiker.

▶ Neben dem **Restaurant Sanguinari** 01 beginnt ein viel begangener Weg und führt unterhalb des Wachturmes vorbei am Kunstwerk von Ball Trap in wenigen Minuten zum **Pointe de la Parata** 02, dem westlichsten Punkt der Halbinsel. Hier scheint die erste Sanguinaires-Insel wie zum Greifen nahe, doch es trennen uns fast 1 km tosendes Meer von diesem Eiland, das von einem Leuchtturm beherrscht wird. Starke Westwinde führen zu eindrucksvollem Wellengang mit hoher Gischt und salzigen Schwaden. Wir umrunden die Landspitze mit dem Wehrturm und kommen bei einer alten Absperrung wieder zu einer Straße und zum Restaurant zurück. Wer die Tour hier beenden möchte, muss unbedingt noch den Hügel hinter dem Restaurant erklimmen, denn von dort bietet sich der schönste Blick auf die wie Perlen entlang einer Kette aufgereihten Felsinseln.
Die Wanderung lässt sich aber in nördlicher Richtung noch einige

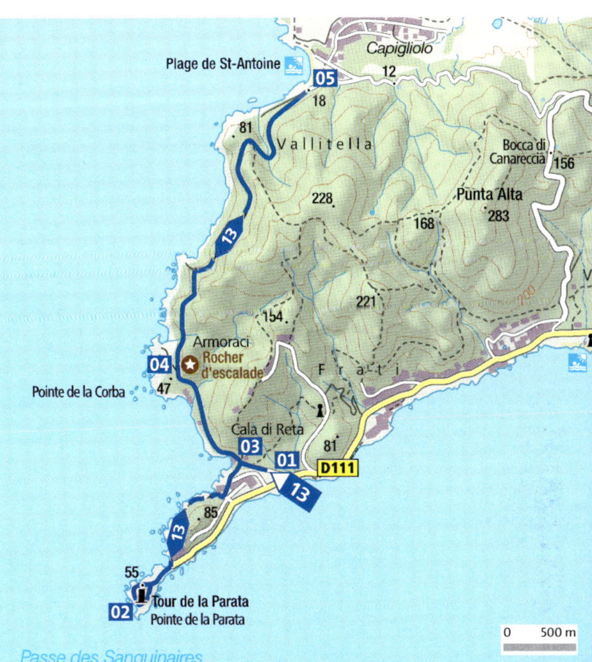

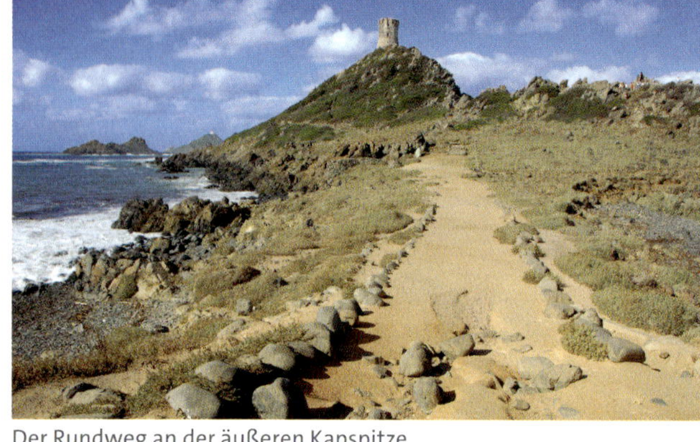

Der Rundweg an der äußeren Kapspitze

Zeit ausdehnen, denn hier warten feine Sandbuchten auf Badegäste, vor allem bei der kleinen Ortschaft Capigliolo. Wir folgen der Fahrstraße vom Parkplatz weg in nördlicher Richtung (**Cala di Reta** 03). Nach etwa 30 Minuten geht sie in einen Küstenpfad über, wobei wir uns bereits 100 Meter über dem Meeresspiegel befinden. Hier hat man die Felsen mit Haken ausgestattet, um ein Trainingsgelände zu bieten (**Rocher d'escalade** 04). Der gemütliche Weg durchquert die mit Macchie bewachsenen Flanken und steigt danach zur Strand von **Capigliolo** 05 ab. Der Weg verläuft rechts an einem Ferienhaus vorbei bis auf Meeresniveau. Hier bietet sich die erste Bademöglichkeit, aber auch die Fortsetzung der Küstentour bis zur Anse de Minaccia (ca. 40 Min. hin und retour), oder gar bis zum Capo di Feno an der nordwestlichen Landspitze der Halbinsel (2 Std. hin und retour), wo sich ebenfalls ein Sandstrand befindet.

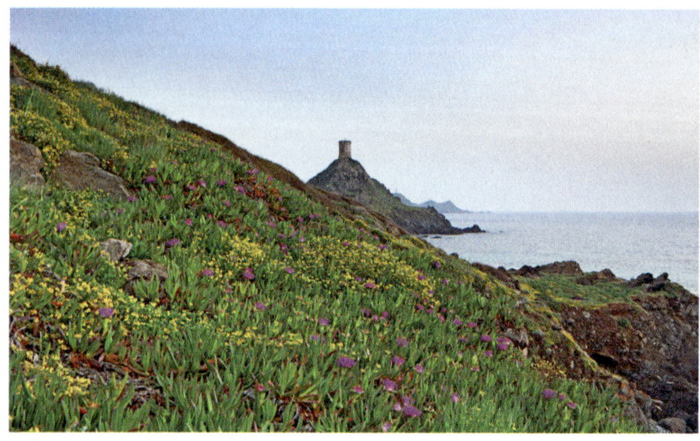

Salzresistente Mittagsblumen an der Westseite des Kaps

DIE BUCHTEN ROCCAPINA UND ERBAJU

Zwei der schönsten Badebuchten Korsikas

  5 km  1:30 h  130 hm  130 hm  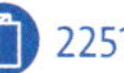 2251

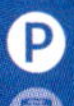
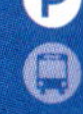

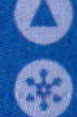
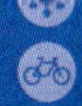

START | Parkplatz an der Cala Roccapina bzw. am Pass Bocca di Curali, 35 km südlich von Propriano und 32 km nördlich von Bonifacio
[GPS: UTM Zone 32 x: 494.507 m y: 4.593.934 m]
CHARAKTER | Einfache Küstenwanderung auf felsigen Pfaden durch Macchie und über freie Bereiche, teilsweise verwachsen oder ausgewaschen, an den Stränden über losen Sand; für Kinder gut geeignete Tour.

Mit Roccapina und Erbaju verbinden Korsikakenner weißen Sandstrand, Einsamkeit und tiefblaues Meer. Die beiden Buchten liegen an der Südwestseite der Insel nicht weit von Bonifacio entfernt und gehören zu den schönsten der Insel. Zur Cala Roccapina führt zwar eine Schotterstraße, der Plage d'Erbaju kann hingegen nur zu Fuß erreicht werden. Schon von der N 196, der Küstenstraße, wird die Felsformation sichtbar, die als „Löwe von Roccapina" bekannt ist und aus einem großen Tafoni-Felsen besteht. Dieser gleicht der Form eines liegenden Löwen, der aufs Meer hinausschaut. Beim Sonnenuntergang färben sich die Felsen leuchtend rot, die sich aus dem türkisfarbenen Meer heben. Die Zufahrt zweigt von der B 196 am Bocca di Curali ab und führt als relativ schlechte Schotterstraße vorbei an einem Campingareal hinab zur Bucht Cala di Roccapina mit dem rund 150–200 m langen Sandstrand, wo 2 Parkplätze zur

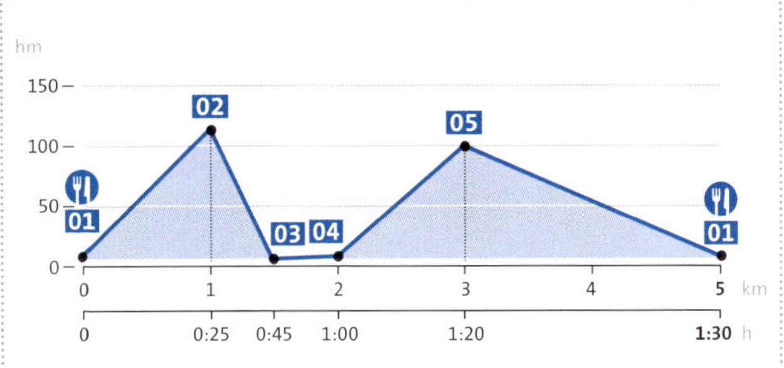

01 5 m, Parkplatz; 02 112 m, Tour de Roccapina; 03 0 m, Plage d'Erbaju; 04 5 m, Fahrweg; 05 100 m, Gratrücken

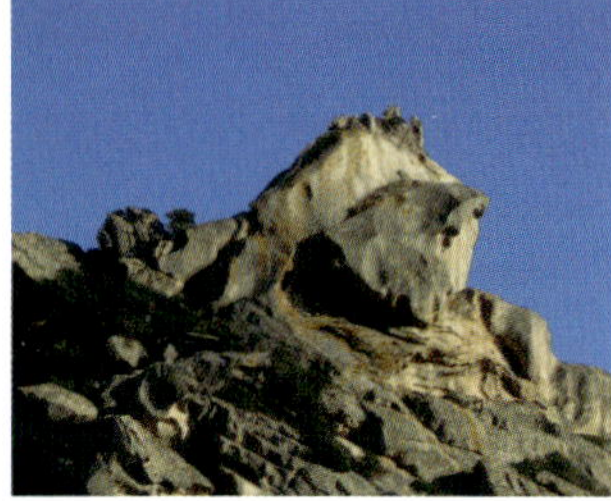

Der „Lion de Roccapina"

Verfügung stehen. Im Nordwesten ragt das Kap als felsiger Sporn weit ins Meer hinaus. Der sehr feine Sand und das seichte klare Wasser macht Roccapina zu einem Paradies für Kinder. Entlang der felsigen Küsten der Kaps empfiehlt sich das Schnorcheln. Dementsprechend finden sich im Sommer viele Badefreunde hier ein.

▶ Am westlich gelegenen **Parkplatz** 01 wenden wir uns dem Steig zu, der in Ufernähe in die mit Macchie bewachsenen Hänge zieht. Wir müssen etwas mehr als 130 Höhenmeter bergan steigen, um zum **Tour de Roccapina** 02 zu gelangen, der am Ende eines nach rechts abzweigenden Stichweges zu erreichen ist. Im Gegensatz zu vielen anderen ist dieser jedoch versperrt und kann nicht bestiegen werden. Der famose Rundblick öffnet sich aber auch vor dem Turm und lässt die Lage des Landsporns zwischen den beiden Buchten Roccapina und Erbaju sehr gut erkennen.

Zurück zum Hauptweg folgen wir diesem nach rechts, um den Kammrücken der Halbinsel zu überqueren und zum **Plage d'Erbaju** 03 hinabzusteigen. Der stellenweise felsige Pfad lässt sich aber gut begehen und hat stets den langen Sandstrand im Blick. Wir erreichen den Plage d'Erbaju am Südende und genießen die Einsamkeit dieses abgeschiedenen Ortes.

Für den Rückweg gehen wir einigen Hundert Meter den Strand entlang in nördlicher Richtung, bis im Saum der Wacholdersträucher

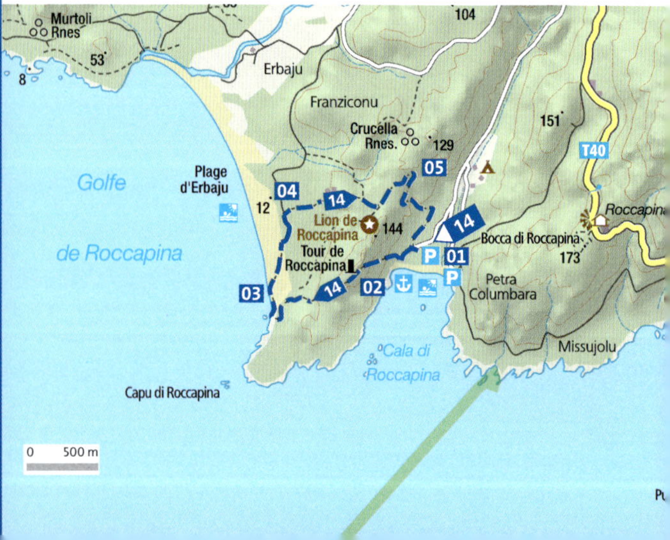

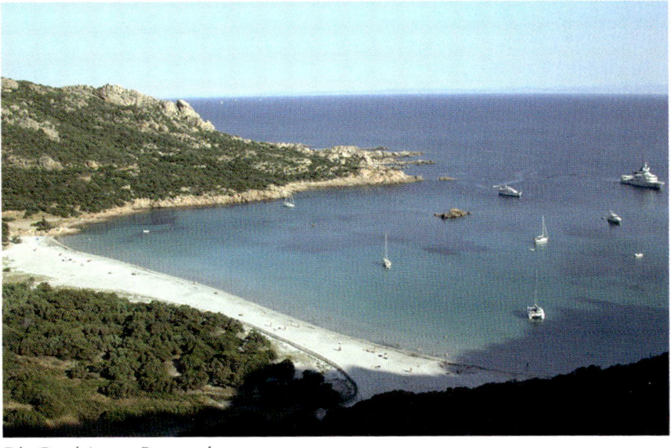

Die Bucht von Roccapina

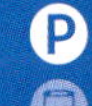

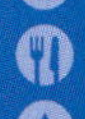
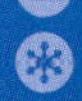

und Ginstergebüsche ein **Fahrweg** 04 beginnt. Dieser bringt uns sogleich zum Abzweig eines Steiges, der mit einem Schild „Roccapina" gekennzeichnet ist. Nun gilt es wieder, die zuvor verlorenen Höhenmeter zurückzugewinnen, um den Landsporn in Richtung Cala di Roccapina zu überwinden. Beim Anstieg haben wir den Löwen im Blickfeld, später gehen wir nördlich der auffälligen Felsformation vorbei, wobei der Weg eine Schlinge rund um den **Gratrücken** 05 bildet und ein wenig Höhe haltend parallel zu diesem verläuft. Dann beginnt der Abstieg, der uns zum Ende eines Fahrweges bringt, der direkt zum **Parkplatz** 01 hinter dem Strand führt. Der Dünenstreifen ist vom Sandstrand durch einen Zaun getrennt. Dies dient der Erhaltung der Dünenvegetation, die durch den Badebetrieb zerstört würde und sollte unbedingt respektiert werden. Landeinwärts befinden sich auch einige Tümpel, die vom verlandeten Fluss stammen, der durch die Talung ins Meer fließt.

Sonnenuntergang über dem Lion de Roccapina

ZUM STRAND VON FAUTEA

Sandbucht und Genueserturm

  1,9 km 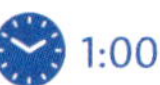 1:00 h  50 hm  50 hm  2251

START | Campingplatz Fautea an der N 198
[GPS: UTM Zone 32 x: 533.305 m y: 4.618.432 m]
CHARAKTER | Einfache Wanderung auf Küstenpfad und Sandstrand, keine Markierung; ideale Tour für Badefreunde

Wenn man auf der N 198 von Porto Vecchio nach Norden fährt, fällt ein paar Kilometer nach Ste. Lucie de Porto Vecchio ein Genueserturm auf, der auf einem Kap hoch über dem Meer aufragt. Zu diesem Turm führt ein Macchienpfad, der südlich des Areals des **Campingplatzes Fautea** **01** beginnt. Nach Passieren einer Schranke folgen wir dem Schotterweg, von dem gleich der Pfad zum **Tour Génoise de Fautea** **02** nach links abzweigt und durch hohe Macchien hindurch ein wenig ansteigend zum alten Wachturm führt. Obwohl der Zugang zum Turm versperrt ist, können wir die herrliche Aussicht auf die Punta di Fautea genießen. Am selben Weg geht es zurück, bis ein weiterer Pfad nach links abzweigt. Dieser bringt uns nach wenigen Metern zum feinen Sandstrand **Punta di Fautea** **03**.

Wir können von hier aus zum Plage de l'Ovu Santu weiterwandern. Der Küstenpfad beginnt am Südende des Strandes und führt in den Waldsaum hinein. Bei der Weggabelung halten wir uns links und gelangen sogleich auf den schmalen Pfad, der in dichter Macchie der Küste entlangläuft. Wir umrunden einen Felskopf und steigen etwa 30 Höhenmeter an. Das **Gelände** **04** bricht steil ins türkisblaue

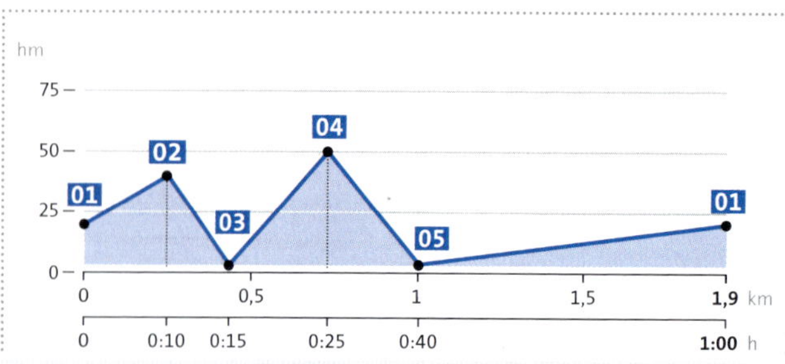

01 20 m, Camping Fautea; **02** 35 m, Tour Genoise de Fautea;
03 0 m, Punta di Fautea; **04** 50 m, Punta; **05** 0 m, Plage de l'Ovu Santu

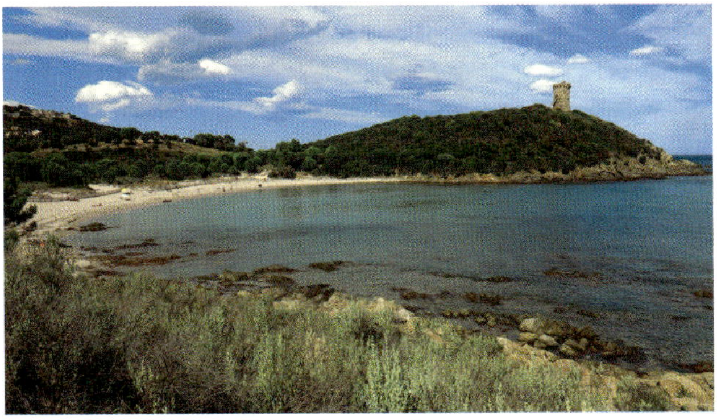
Die Bucht von Fautea mit dem Genueserturm

Meer ab, und bald rückt der lange Strand **Plage de l'Ovu Santu** 05 ins Bild.
Über mehrere Serpentinen steigen wir durch teils felsiges, aber ungefährliches Gelände zur weiten Sandbucht hinab. Wenn die Saison der Franzosen Ende August vorbei ist, hat man den weiten Strand fast für sich allein. Zurück zum Ausgangspunkt benützen wir die Schotterstraße, die am Nordende des Strandes von Ovu Santu zur N 198 hinaufführt. Wir biegen nach rechts auf die Hauptstraße ein und folgen ihr 800 m bis zum **Campingareal** 01.
Auch der Strand nördlich des Campingplatzes in der Bucht von Fautea lohnt sich für einen Badeausflug. Er liegt zwar sehr nahe an der N 198, ist dafür aber noch leichter zu erreichen als die beiden entlang unserer Wanderrunde.

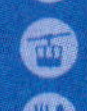

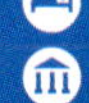
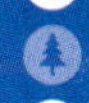

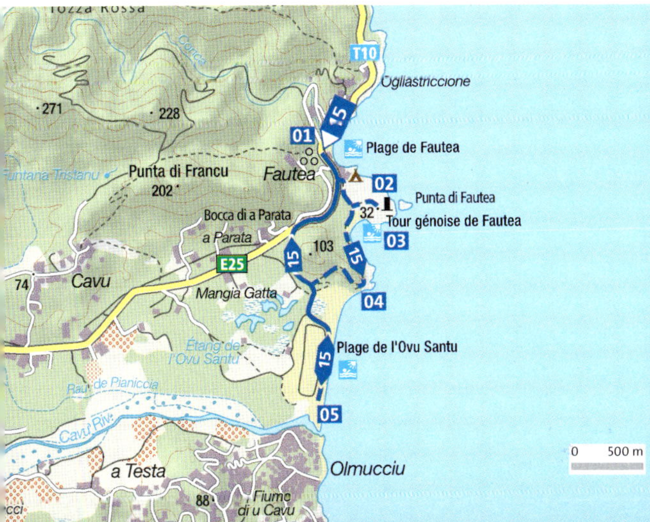

16

MONTE SANTU

Gipfel an der Ostküste

  4 km 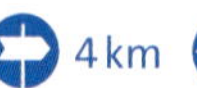  2:00 h  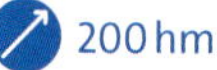 200 hm  200 hm  2251

START | Sari-Solenzara, 400 m
[GPS: UTM Zone 32 x: 531.030 m y: 4.631.456 m]
CHARAKTER | Einfache Wanderung fast durchwegs in bewaldetem Gelände; etwas Orientierungsprobleme im Ort.

Eine ideale Kurztour, um sie mit der Wanderung 15 zu kombinieren, bietet sich bei **Sari-Solenzara** 01, einem Bergdorf an der Ostküste am Ausgang des gleichnamigen Tales. Man fährt bei Solenzara von der N 198 ca. 6 km auf eine Höhe von knapp 400 m und hat somit schon den größten Anstieg hinter sich gebracht. Vom Hauptplatz bei der Kirche, auf dem sich wenige Parkmöglichkeiten bieten, führt die Straße weiter aufwärts durch das Dorf. Bei der ersten Möglichkeit biegen wir nach rechts ein und folgen einer schmalen Straße zunächst mäßig, dann über eine Betonpiste steil aufwärts, bis diese bei einem Wasserreservoir endet. Hier setzt sich am Waldrand der gelb markierte **Wanderpfad** 02 fort, der durch dichten Wald aus Baumerika und Steineiche führt. Der Erdpfad schlängelt sich mäßig steil durch den Wald und ist nicht zu verfehlen, denn es gibt weder Abzweigungen noch Seitenwege. Erst nach ca. 45 Minuten biegt er nach einer Weggabelung, bei der wir uns rechts halten, aus dem Dickicht hinaus, um über teils felsiges Gelände die letzten Meter bis zum **Gipfel** 03 zu überwinden (599 m). Noch ist nicht zu glauben, dass sich von diesem eine famose Rundsicht ergibt, vor allem hinüber zur Bavella-Gruppe, aber auch auf die Ostküste. Denn der Gipfel ragt zwar nur wenige Meter aus dem Waldsaum heraus, dies aber mit südexponierten Steilwänden, die sogar zum Klettern geeignet

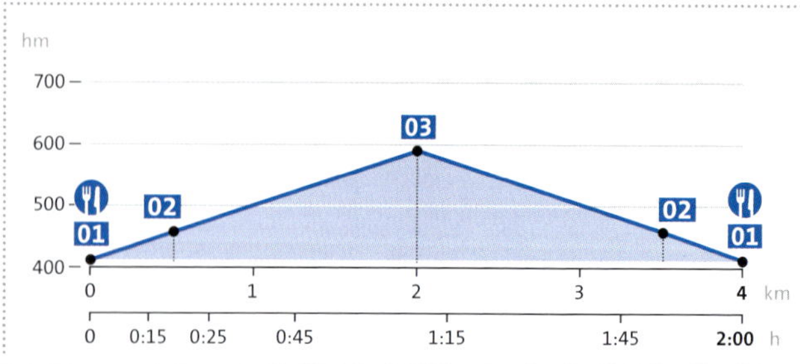

01 400 m, Sari-Solenzara; 02 450 m, Wanderpfad; 03 599 m, Monte Santu

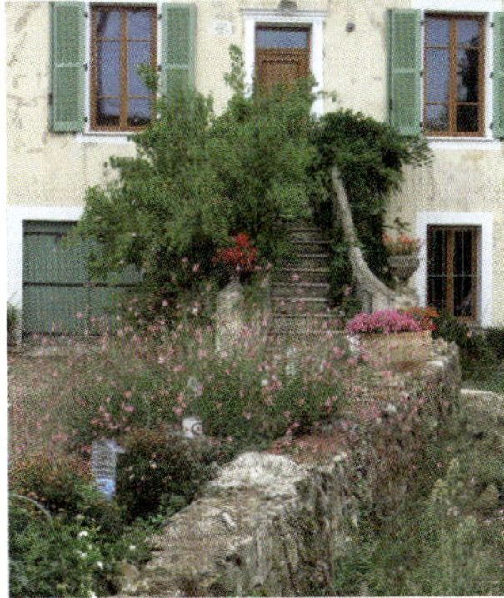
Altes Wohnhaus in Sari-Solenzara

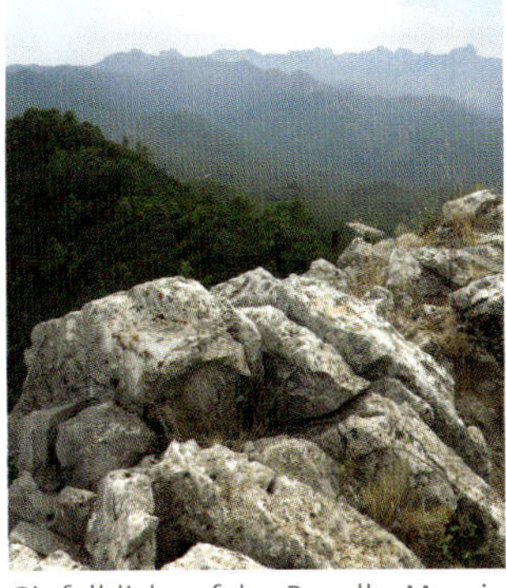
Gipfelblick auf das Bavella-Massiv

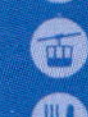

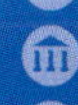
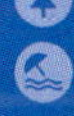

sind und einige befestigte Routen aufweisen. Von der Abbruchkante, die starke Verwitterungsformen zeigt, ist auch die Klosteranlage Monastére de Bethléem zu sehen, die mitten im bewaldeten Gelände des Monte Santu liegt. Ein Pfad führt zu Füßen des Monte Santu den bewaldeten Grat entlang, zuerst zur Punta di Pascialella und dann zum Kloster hinab. Von dort folgt man für 2 km der Zufahrtsstraße, bis man die Straße nach Sari-Solenzara in einer Serpentine erreicht. Von dort sind es noch 600 m auf der Asphaltstraße bis zum Hauptplatz. Diesen Weg können geübte Wanderer als Alternative wählen, um eine Rundtour zu absolvieren, sonst kehrt man auf dem Aufstiegsweg nach **Sari-Solenzara 01** zurück.

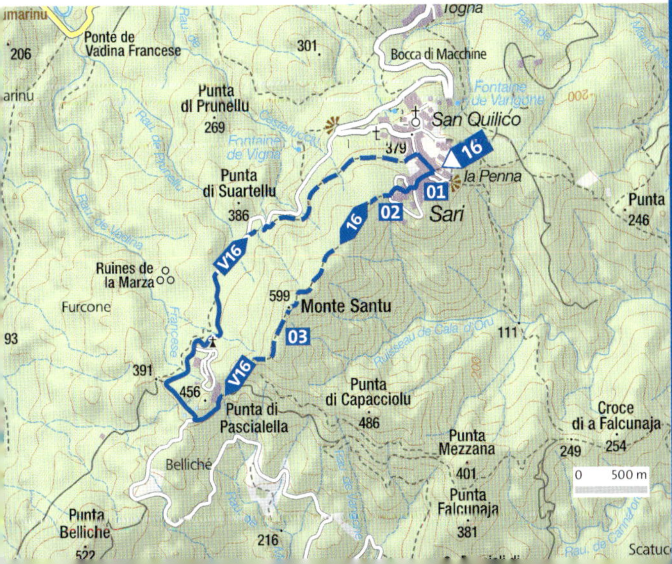

17

ZUR PALIRI-HÜTTE

Die vorletzte Etappe des GR 20

  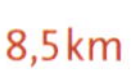 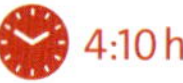 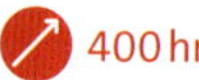  

8,5 km | 4:10 h | 400 hm | 400 hm | 2251

START | Bavella-Pass (1218 m), über die D 268 zu erreichen; zahlreiche Parkplätze samt Info-Tafeln auf der Passhöhe [GPS: UTM Zone 32 x: 518.687 m y: 4.627.145 m]

CHARAKTER | Kurze, aber dennoch anstrengende Halbtagestour (Streckenwanderung), bei der insgesamt drei Abwärtspassagen und drei Gegenanstiege zu überwinden sind. Im Sommer macht sich bald am Morgen die Hitze bemerkbar. Am Rückweg sind zwei Anstiege zu überwinden, deshalb muss etwas mehr Zeit eingeplant werden; Gîte d'étape und Bars am Col de Bavella.

Die Bergwelt rund um den Col de Bavella bietet zahlreiche Wandermöglichkeiten unterschiedlichen Charakters. Diese Tour führt zur Selbstversorgerhütte Refuge de Paliri, die am Südostabfall des bizarren Bavellagebirges liegt und zur Route des Weitwanderweges GR 20 gehört. In den schroffen Felshängen halten sich gerne Mufflons auf, die während der Wanderung gesehen werden können.

▶ Vom **Parkplatz am Col de Bavella** 01 (1218 m) folgen wir zuerst der Passstraße abwärts bis zum Einstieg des **Wanderweges** 02, der in der ersten Serpentine beim Village de Bavella nahe der Gîte d'étape beginnt. Die mit weißroten Markierungen gekennzeich-

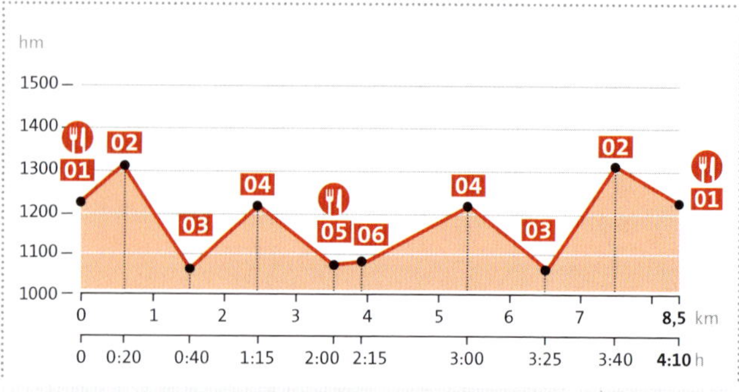

01 1218 m, Col de Bavella; 02 1313 m, Wanderweg; 03 1050 m, Senke Volpajola-Bach; 04 1214 m, Foce Finosa; 05 1055 m, Refuge de Paliri; 06 1091 m, Punta di l'Anima Damanta

nete Trasse des GR 20 verläuft anfänglich auf einer schmalen Forststraße, ehe sie sich nach einem Brunnen zu einem Waldpfad verjüngt. Unser Weg beginnt sogleich durch den lichten Föhrenwald ein wenig steil abzufallen, um nach etwa 45 Minuten Wanderung auf einen breiten Forstweg zu münden. Wir folgen diesem nach rechts in die **Senke des Volpajola-Baches 03,** überqueren ihn auf einer bequemen Betonbrücke und bleiben noch ungefähr 100 m auf dieser Schotterpiste. Dann zweigt ein Waldsteig nach rechts ab, auf dem wir den steilen, 30-minütigen Anstieg zur **Foce Finosa 04** beginnen. Dabei genießen wir eine herrliche Aussicht auf den Bavella-Pass mit den dahinter aufragenden Bavella-Türmen.

Nach insgesamt 1:15 Std. ist der Übergang der Foce Finosa (1206 m) erreicht, ein schroffer Felsgrat, der mit knorrigen Föhren besetzt ist. Auch der Blick auf die Ostseite des Gebirges ist überwältigend. Ein tiefes, unwegsames Tal mit Felstürmen, Graten und schroffen Einschnitten liegt vor uns, links ragt der mächtige Blick-

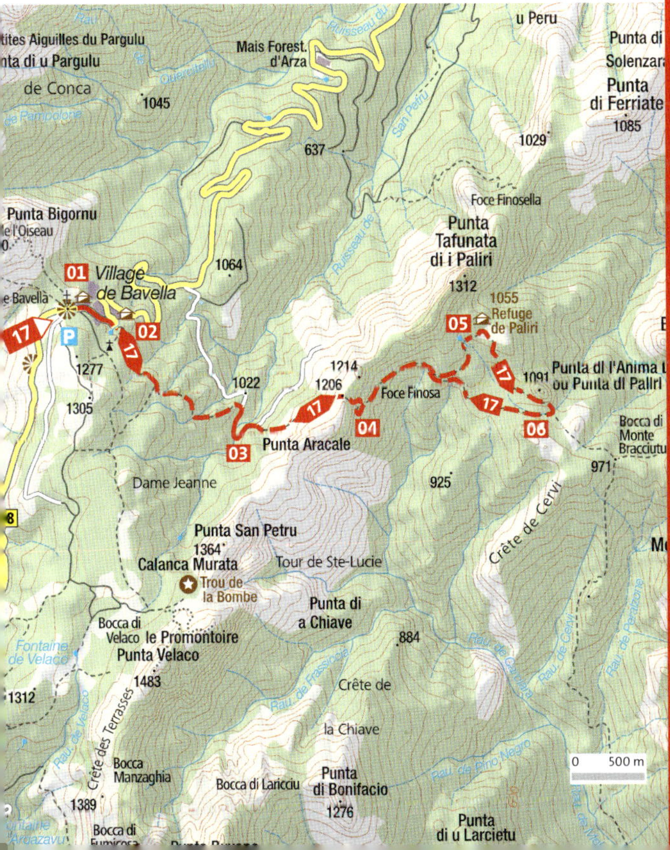

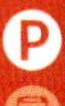

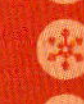

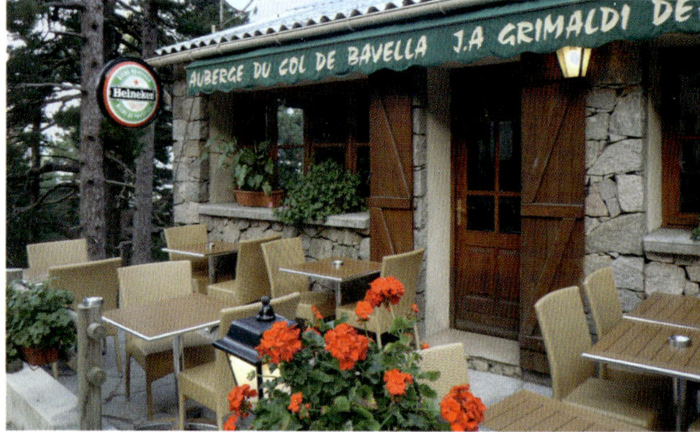

Gemütliche Einkehr direkt am Bavella-Pass

fang der Punta Tafunata auf, der die gebirgige Kulisse für die Paliri-Hütte bildet. Wir müssen nun gut 160 Höhenmeter bis zur Hütte absteigen. Der steile, über Felsabsätze führende, aber an keiner Stelle ausgesetzte Weg windet sich durch den schütter bewaldeten Hang hinab, bis er über einen Quergang unterhalb der Crête de Tafunata der Hütte entgegenstrebt. Zuletzt umlaufen wir noch

Tipp

Die südostexponierten Hänge der Punta Tafunata sind als Revier der Mufflons, der korsischen Wildschafe, bekannt. Diese bevorzugen die einsamen Bergwälder rund um den Bavella-Pass. Auf dieser Wanderung hat man gute Chancen, früh am Morgen im Bereich zwischen Foce Finosa und Paliri-Hütte, das eine oder andere Schaf zu sehen. Sie sind jedoch sehr scheu und flüchten, sobald sie einen Wanderer erspähen.

einen bewaldeten Hangrücken, ehe wir bei der **Selbstversorgerhütte Refuge de Paliri** **05** (1055 m, 2 Std.) angekommen sind. Diese liegt auf einem äußerst reizvollen und einsamen Platz zu Füßen der Punta Tafunata (1213 m) und bietet zusätzlich zur Schutzhütte auch Kochstellen und Picknickplätze im Freien an.

Für den Rückweg benützen wir eine Wegschleife, die von der Hütte in südöstlicher Richtung zur **Punta di l'Anima Damanta** **06** (1092 m) verläuft und von dort mit einer Spitzkehre zur Hauptroute zurück kehrt. Wir treffen sie knapp vor der Face Finsoa, zu der wir ebenso wie zum Village de Favela aufsteigen müssen.

Es sind also am Rückweg zwei Gegenanstiege zu überwinden, während der Hinweg nur einen Anstieg beinhaltete, weshalb wir retour 2:15 Stunden einplanen müssen. Die Tour wird dadurch auch anstrengender, als es die reinen Höhenmeter vermuten lassen. Denn der Aufstieg zur Foce Finosa ist zumeist am späteren Vormittag bereits voll der Sonne ausgesetzt.

ZUM TROU DE LA BOMBE

Waldwanderung zu einem Felsenloch

  8 km  2:30 h  150 hm  150 hm  2251

START | Col de Bavella (1218 m) am Übergang der D 268 zwischen Solenzara und Porto Vecchio
[GPS: UTM Zone 32 x: 518.687 m y: 4.627.145 m]
CHARAKTER | Einfache Rundwanderung meist durch lichten Kiefernwald, nur der Aufstieg zum Felsenloch verläuft über einen schmalen Bergsteig, auf dem Trittsicherheit von Vorteil ist.

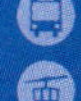
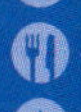
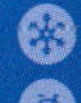

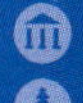
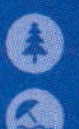

Der Col de Bavella bietet einige Möglichkeiten zu Wanderungen, die zu den östlichen Formationen der bizarren Bergwelt führen. Neben dem schwierigen Aufstieg zum Gipfel Punta de Velaco zählt aber die Kurzwanderung zum „Bombentrichter", einem Felsenloch in der östlichen Bavella-Kette, zu den beliebtesten und spektakulärsten Unternehmungen.

▶ Der Ausgangspunkt dieser viel begangenen Rundwanderung befindet sich am Parkplatz an der Ostseite des **Col de Bavella** **01**. Wir folgen dem breiten Forstweg in südöstlicher Richtung, der mit Holzpflöcken markiert ist und sogleich als Panoramaweg mit herrlichen Aussichten beinahe eben durch einen prächtigen Wald aus Lariciokiefern verläuft. Später schwenkt der Weg nach rechts, durchläuft einen Taleinschnitt und kommt an eine Abzweigung heran, wo wir uns links halten. Die Markierungen, die diesen Rundweg kennzeichnen, leiten uns problemlos. Nach der Überquerung

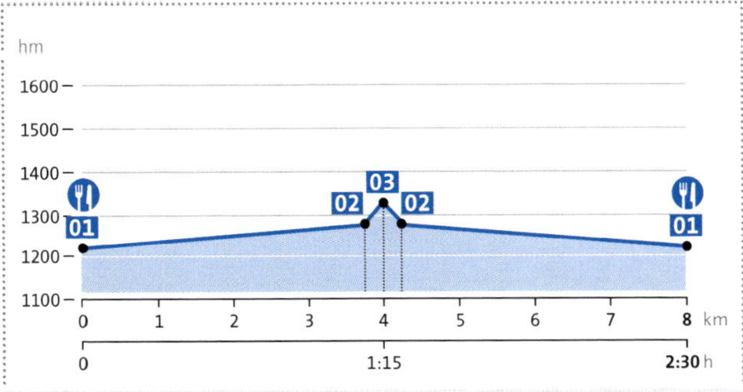

01 1218 m, Col de Bavella; **02** 1280 m, Bocca di Velaco;
03 1325 m, Trou de la Bombe

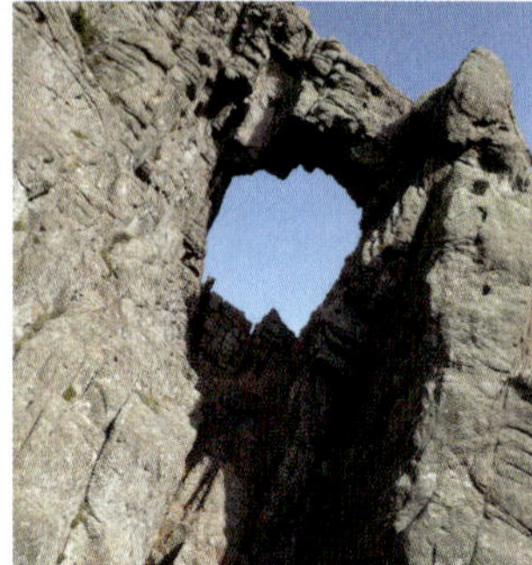
Das Felsenloch „Trou de la Bombe“

des **Bocca di Velaco** 02, der mehr einer Waldlichtung, als einem Sattel gleicht, führt der Weg leicht abwärts und erreicht eine weitere Weggabelung, wo nach links unser Rückweg abzweigt. Geradeaus beginnt der Stichweg, der in gut 20 Minuten zum Felsenloch hinaufführt. Leicht ansteigend wandern wir über einen teils steinigen Bergpfad in den lang gestreckten Bergrücken der Promontoire hinein. Im letzten Abschnitt leiten uns rote Pfeile über Steilstufen, die an die bizarren Felsformationen rund um das **Trou de la Bombe** 03 heranführen. Zuletzt ist diese 8 m hohe und breite Lücke durch eine Kalksteinmauer verstellt, die wir durch einen Spalt überwinden können. Danach fehlen noch 20 m steiler Aufstieg hinauf in das **Felsenloch**. Dahinter bricht das Gelände senkrecht mehrere Hundert Meter in die **Schlucht der Aracale** ab und eröffnet im wahrsten Sinne des Wortes atemberaubende Blicke. Das Naturgebilde ist entstanden, weil ein Bogen aus hartem Granitgestein über dem Kalkstein liegt und damit das Einstürzen der durch Erosion entstandenen Lücke verhindert.

Um zum Rückweg zu gelangen, steigen wir zunächst über den schmalen Bergpfad zur **Bocca di Velaco** 02 ab. Bei der Weggabelung wählen wir nun den rechten Weg, der uns als gut begehbarer Waldpfad mit leichtem Auf und Ab zum **Bocca Furesita** bringt. Danach folgen Abwärtspassagen, ehe nach Durchlaufen eines Taleinschnittes samt Bachlauf bei zwei Wegweisern je ein Seitenweg nach links und 100 m später nach rechts abzweigen. Nach rechts führt ein Verbindungsweg zum GR 20 hinab (Anschlussmöglichkeit zur Paliri-Hütte). Geradeaus erreicht der Rundweg nach gut 15 Minuten die Wallfahrtskapelle

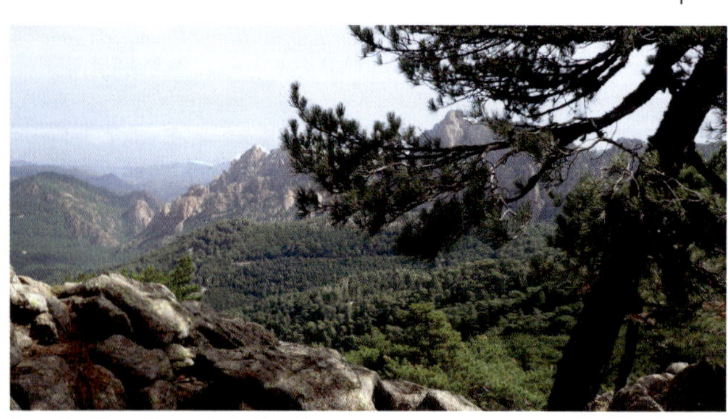
Bavella-Pass, Trou de la Bombe

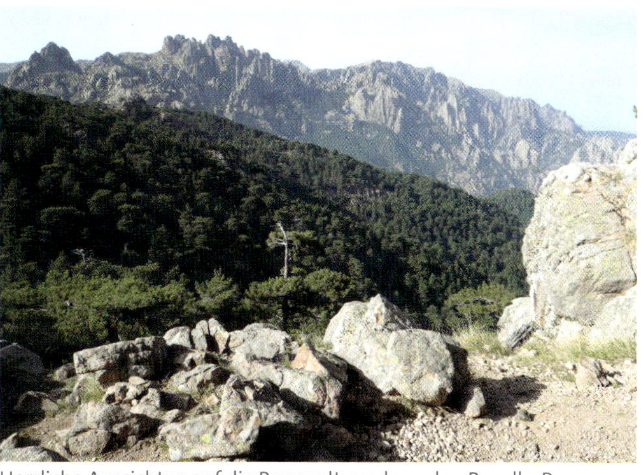

Herrliche Aussichten auf die Bergwelt rund um den Bavella-Pass

Fontaine di a Cannone, die auf einer Lichtung steht. Während nach rechts ein Pfad zur Gite d'étape Col de Bavella führt, wandern wir geradeaus dem **Parkplatz** 01 am Pass entgegen, den wir bald auf dem fast ebenen Waldweg erreichen.

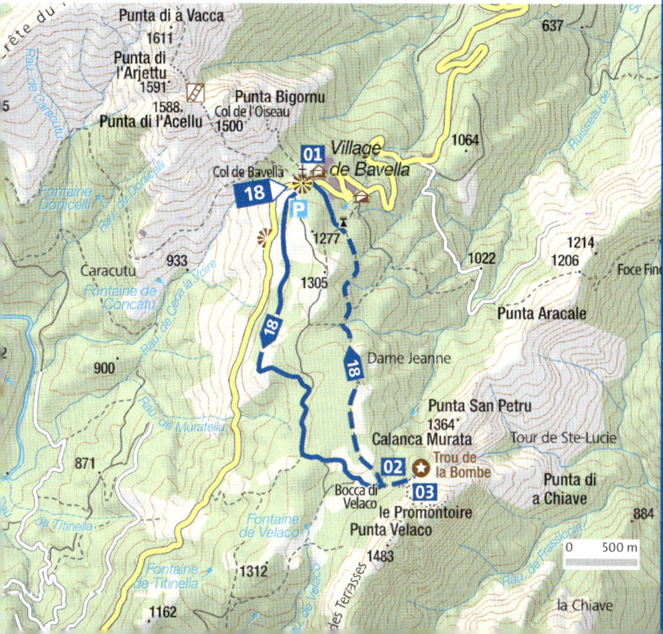

19

AM COL DE BAVELLA

Durch die „Dolomiten“ Korsikas

  11 km  6:30 h  800 hm  800 hm  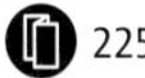 2251

START | Col de Bavella (1218 m)
[GPS: UTM Zone 32 x: 518.687 m y: 4.627.145 m]
CHARAKTER | Ausgiebige Tagestour (Rundwanderung) auf steilen Berg- und Felspfaden, Abstieg auf Schutthängen; Trittsicherheit und Schwindelfreiheit von Vorteil.

Der Col de Bavella und das Ospédale-Massiv im Hinterland von Porto Vecchio und Solenzara stellen äußerst eindrucksvolle Gebirgslandschaften im Südosten Korsikas dar. Zunächst führt die Bergstraße mit zahlreichen Serpentinen durch Korkeichenwälder, um nach dem Stausee von Ospédale in die Hügellandschaft des Alta Rocca mit den Bergdörfern Zonza oder Quenza zu gelangen. Ziel ist die fantastische Gebirgslandschaft der Aiguilles de Bavella am gleichnamigen Pass (1218 m), die wegen der turmartigen Formationen auch „Dolomiten Korsikas“ genannt werden. Überall tritt das schroffe Granitskelett der Insel zwischen den lichten Wäldern und grünen Gebirgswiesen zutage. Einen landschaftlichen Höhepunkt stellen aber vor allem die bizarren, aus Granit und Porphyr aufgebauten Bavella-Türme dar, die je nach Sonneneinstrahlung gelblich bis rötlich schimmern. Die turmartigen Gebilde, deren äußere Form tatsächlich den aus Kalk aufgebauten Dolomiten gleicht, werden von den Korsen liebevoll „Eselsohren – Cornes d'Asinao“

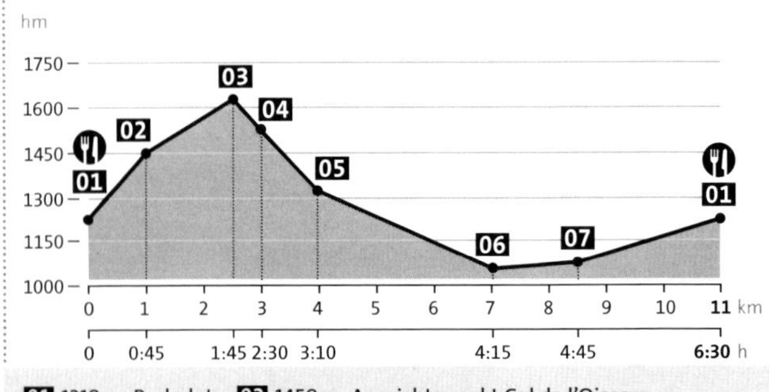

01 1218 m, Parkplatz; 02 1450 m, Aussichtspunkt Col de l'Oiseau; 03 1611 m, Punta di a Vacca; 04 1530 m, Bocca di u Pargulu; 05 1320 m, Einmündung GR 20; 06 1046 m, Quelle; 07 1055 m, Ceca-la-Volpe-Tal

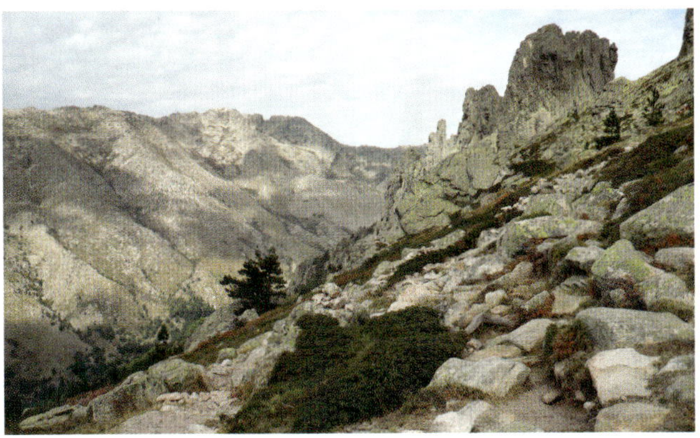

Von der Punta Longa sieht man zum Incudine-Massiv hinüber

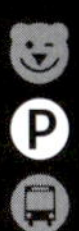
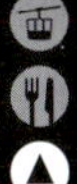
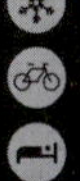

genannt. Sie blieben erhalten, weil sie während der Eiszeit nicht von Gletscherströmen überflossen wurden. Denn die geschlossene Vergletscherung endete im Bereich des nahen Monte Inducine, wo nebenbei auch Kalkeinsprenkelungen zu beobachten sind. Der Sattel selbst wird von mächtigen Laricio-Kiefern eingenommen, die mehr als 500 Jahre alt sein sollen. Die spaltenreichen Felstürme locken den gesamten Sommer über Felskletterer an, die sich an den bis zum VI. Schwierigkeitsgrad reichenden Touren erfreuen. Viele Touristen fahren aber einfach mit dem Auto zur Passhöhe, um die Ausblicke zu genießen. Manche Naturfreunde empfinden den Ansturm an Tagesgästen im Sommer beinahe als unangenehm, angesichts der großen Parkflächen, die man geschaffen hat. Doch der Pass übt eine derart große Anziehungskraft aus, weil sich hier immer neue Impressionen ergeben, vor allem wenn am Vormittag passatnebelähnliche Wolkenschleier einfallen und das Schauspiel der schroffen Grate und bizarren Wände noch verstärken. Besonders eindrucksvoll werden die Gebirgsketten aber im Licht der untergehenden Sonne, wenn das ohnedies schon rötliche Gestein durch die orangefarbene Abendsonne regelrecht aufglüht. Die langen Schatten der Felstürme und die Silhouetten der riesigen Kiefern machen die Szenerie noch bizarrer.

▶ Wir starten hier zu einer abwechslungsreichen Wanderung rund um die Bavella-Türme, auch Königstour genannt, und kehren auf einem Abschnitt des GR 20 durch das Asinao-Tal zum Pass zurück. Vom **Parkplatz 01** folgen wir nordostwärts zuerst dem Fahrweg in das Wiesengelände hinein und treffen sogleich auf den Pfad, der zum steilen Felshang führt. Nach wenigen Minuten wählen wir den Weg rechts, der mit einem gelben Doppelstrich die Alpinvariante des GR 20 kennzeichnet. Nach links führt die rot-weiß markierte „Normalroute" des GR 20, auf der wir am Ende der Tour zum Col de Bavella zurückkehren werden. Der heftige Anstieg von gut 45 Minuten durch steiles, felsiges Gelände,

Hinweis

In der Bar des Village de Bavella, einem beliebten Bergsteigertreff, zieren spektakuläre historische Aufnahmen der Berggegend, zum Beispiel vom Felsenloch Trou de la Bombe (Tour 17 + 18), die Wände.

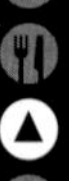
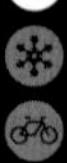
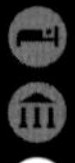

das ab und zu noch mit einzelnen Kiefern durchsetzt ist, bringt uns durch eine steile Rinne auf einen Sattel des **Col de l'Oiseau** **02** auf 1588 m. Hier bietet sich ein herrlicher Blick auf die Südgruppe der Bavella-Türme, und wir erkennen den weiteren Verlauf unserer Wanderung, der sich zwischen den Türmen hindurchschlängeln wird.
Wir steigen sogleich steil in dem mit Kiefern leicht bewaldeten Gelände ab und müssen bei Steilstufen ein wenig die Hände zu Hilfe nehmen. Sobald wir den Fuß des Turms I (Punta di l'Acellu) erreicht haben, biegt der Weg nach links in felsiges Gelände ein. Hier müssen wir uns auf die Markierungen konzentrieren, da die Pfadführung unübersichtlich und der mit Grobblöcken durchsetzte Steilhang schwer einsehbar ist. Wir umrunden den Turm I an der Basis und steigen dahinter leicht aufwärts. Anschließend queren wir durch Grobblockgelände hinüber zum Fuß des Turms II (Punta di l'Arjettu, 1591 m). Hier dürfen wir nicht durch die links aufwärts führende Scharte steigen, sondern durch den engen Felsschluff, durch den wir auf einen stark geneigten, durch Stahlseile gesicherten Plattenschuss gelangen. Diese Passage erfordert Trittsicherheit, denn ein Ausrutschen würde zu einem Absturz führen. Nun ist die schwierigste Stelle überwunden und wir steigen zu einer Scharte aufwärts, die zwischen Turm II und III (**Punta di a Vacca** **03**) liegt. Bei klarem Wetter sehen wir bis zur Ostküste rund um Solenzara hinab. Tief unter uns schneidet das Tal des Polischellu-Baches in die Waldhänge ein, die im Mittelteil 17 Kaskadenbecken ausbildet (siehe Tour 20 + 21). Wir umrunden den Turm III an der Nordostseite und müssen nochmals zu einem Sattel aufsteigen, der nördlich zwischen Turm III und Turm IV liegt.
Der Weg wechselt nun auf die westliche Talseite, und unter uns rückt das Asinao-Tal immer mehr ins Blickfeld. Ein 15-minütiger Quergang führt zu Füßen des Turm IV zur **Bocca di u Pargulu** **04**, wo der Abstieg ins Asinao-Tal beginnt. Obwohl wir uns immer noch auf der Alpinvariante des GR 20 befinden, wird die Wegführung nun unübersichtlich. Wir müssen so weit wie möglich den Felshängen entlang nordwärts wandern und dürfen nicht zu früh mit dem Abstieg beginnen. Erst unterhalb des Turms V zieht der Weg ins Tal hinab und läuft durch eine steile, schuttgefüllte Passage unterhalb der Punta Longa in zahllosen kleinen Serpentinen auf den Waldrand des Asinao-Tales zu. Bei etwa 1300 m Seehöhe treffen wir auf den schön trassierten **GR 20** **05**, dem wir nach links in Richtung Col du Bavella folgen. Der beinahe ebene Weg führt eine Stunde lang durch die oberen Hänge des Asinao-Tales und wir begegnen einem regen

Wechsel aus Kiefernwäldern und Zwergstrauchbüschen. Die heute mit Buschwerk bewachsenen Lichtungen wurden früher zu Weidezwecken gerodet und blühen im Frühjahr in leuchtendem Gelb. Wir wandern auf den Einschnitt des Ravin du Paragulu zu, der von einem kleinen Bächlein durchflossen und von Birken begleitet wird. Dann durchqueren wir einen lichten Laricio-Kiefernwald, ehe die Route in Felshänge und baumloses Gelände hinausläuft. Der Weg quert einen zweiten Hangrücken und biegt danach auf die südexponierte Hangseite des Bavellakammes ein. Nach einer steilen, durch Garrigue abwärts führenden Passage gelangen wir durch Macchiengestrüpp zu einem Wiesensattel, in dem wir auf eine kühle Quelle treffen (sourci). Gleich anschließend tritt der Weg wieder in dichtes Gestrüpp ein und kommt an einer weiteren **Quelle** **06** vorbei, ehe wir den Taleinschnitt des Ruisseau d'Aja Murata durchwandern und nach einem bewaldeten Hangrücken in den Graben des Ruisseau de Caracutu gelangen. Für diese Durchquerung benötigen wir etwa 40 Minuten und müssen einige Steilstufen und Gegenanstiege überwinden. Danach führt der Weg durch einen mit Laricio-Kiefern bewaldeten Hang aufwärts und kreuzt einige Felsnasen, während sich der Graben unter uns zum bewaldeten **Ceca-la-Volpe-Tal** **07** eintieft. Bis zum Endpunkt der Wanderung wartet nun noch ein Gegenanstieg von ca. 45 Minuten auf uns, der meist durch felsige Dornbuschfluren führt. Je näher wir zum Pass kommen, umso mehr nehmen die Laricio-Kiefern zu.

Schließlich erreichen wir den **Parkplatz** **01** nach etwa 6 Std. Gehzeit.

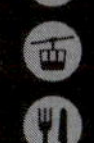

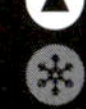

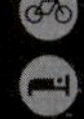

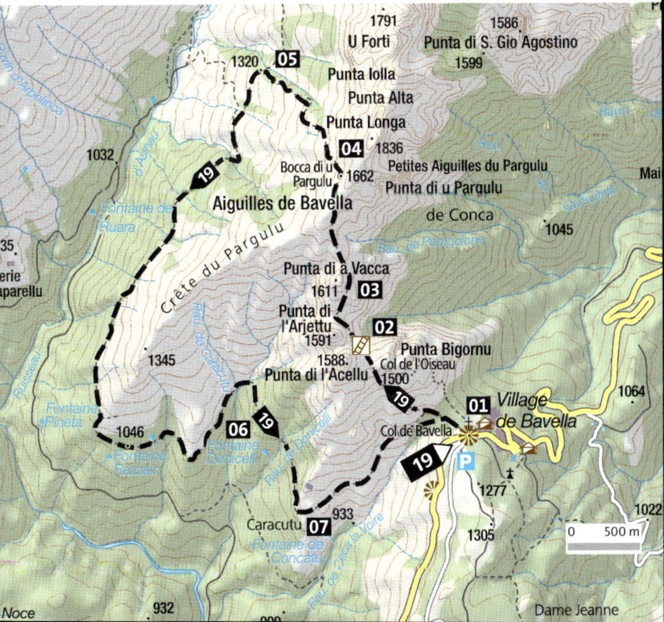

CASCADES DE POLISCHELLU

Wasserfall und paradiesisches Felsbecken

 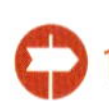 1 km  1:00 h  70 hm  70 hm 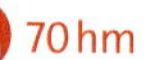  2251

START | Parkplätze bei der Straßenbrücke (480 m) an der D 268 über den Polischellu; die D 268 verbindet Solenzara an der Ostküste mit dem Col de Bavella und führt zuerst über den Bocca di Larone, die Straßenbrücke über den Polischellu befindet sich 3,5 km nach dem Bocca di Larone und 9,5 km vom Col de Bavella entfernt. [GPS: UTM Zone 32 x: 521.585 m y: 4.629.985 m]

CHARAKTER | Abenteuerliche Gumpentour durch Wasserbecken und über Felsstufen mit unterschiedlichen Anforderungen bis zur 5. Kaskade, danach schwarze Route, die Kletter- und Canyoningerfahrung erfordert.

Tipp

Nur unweit von Polischellu entfernt befindet sich die Cascade de Purcaraccia, die vom Bocca di Larone aus über einen bequemen Waldpfad zu erreichen ist. Dieser läuft fast eben in das Tal des Purcaraccia-Baches hinein. Zuletzt folgt eine weglose Strecke auf Kiesel und über Blockwerk. Nach der 5. Kaskade versperrt eine etwa 15 m hohe, blank geschliffene Granitwand die Talung, über die ein Wasserfall in ein türkisfarbenes Becken fällt. Die reine Gehzeit für Hin- und Rückweg beträgt etwa eine Stunde.

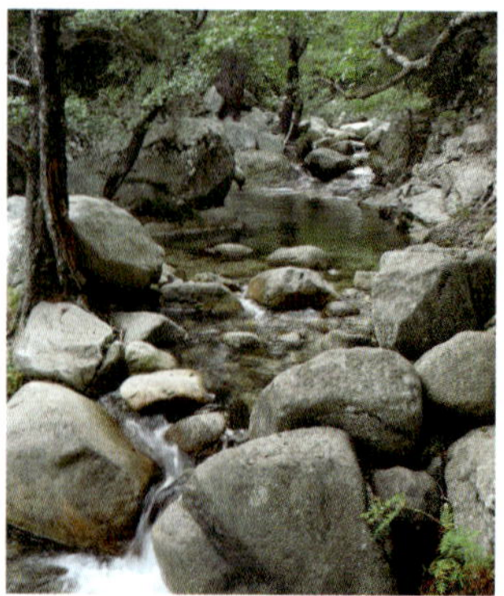

Der Wildbach Polischellu

▶ Korsika ist reich an wilden Gebirgsbächen, die aufgrund des Granitgesteins traumhafte Gumpen, Kaskaden und Wasserfälle ausbilden. Diese entpuppen sich im Sommer als lohnende Alternative zu den überfüllten Stränden, an denen die Hitze größer und der Andrang an Badefreudigen größer ist. Eine der bekanntesten Kaskaden sind die Cascade de Polischellu nördlich des Col du Bavella und im Hinterland von Solenzara. Der Polischellu-Bach, der nahe dem Bocca di Maro im Bavella-Massiv entspringt, bildet im unteren

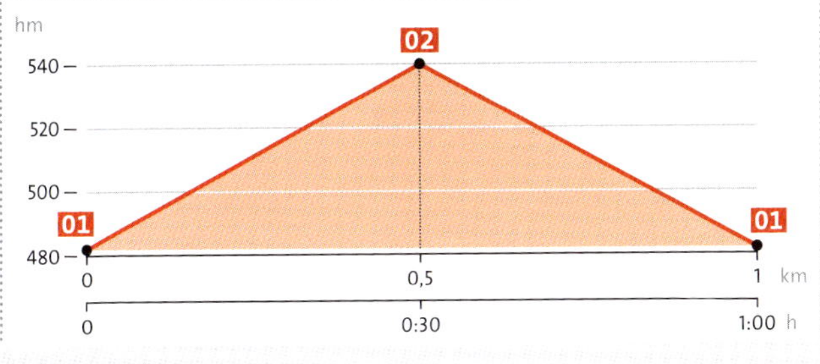

01 480 m, Parkplätze an der D 268; 02 540 m, 5. Kaskade

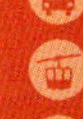
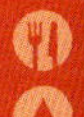
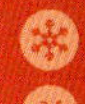

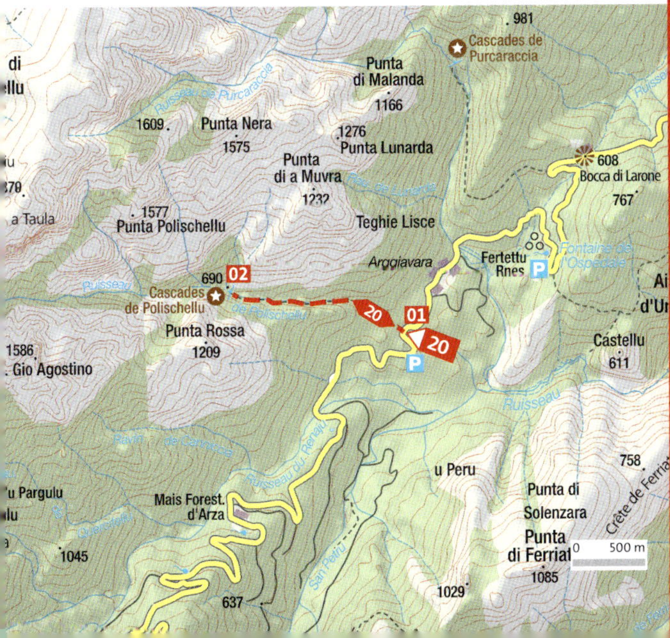

Verlauf etwa 15–20 Kaskaden mit nachfolgenden Becken aus, die entlang einer spannenden Tour erkundet werden können. Eine echte Wanderung entlang eines deutlichen Weges ist dies keinesfalls, vielmehr müssen wir immer wieder Becken durchschwimmen oder an den Felsen neben den Wasserfällen emporklettern. An der Straße befinden sich rund um die Straßenbrücke über den Polischellu-Bach ein paar **Parkplätze 01**, der Pfad beginnt am westlichen Straßenrand bei einer Info-Tafel und führt mit deutlichen Spuren in den Wald hinein. Zur ersten Kaskade gelangen wir auf dem Pfad, der das Gebüsch am linken Ufer durchquert. Auch die zweite Kaskade ist noch ohne Wasserkontakt zu erreichen, dann müssen die Becken durchschwommen und die Kaskadenstufen durch Klettern überwunden werden.

Bis zur **5. Kaskade** 02 zu kommen, ist bei einiger Abenteuerlust nicht allzu schwierig. Mit Kindern wird der Aufstieg nur bis zur 3. Geländestufe empfohlen. Der weitere Aufstieg hängt vom Geschick und Können jedes Einzelnen ab, wobei Trittsicherheit, Erfahrung und Schwimmkenntnisse notwendig sind.

Bis zur letzten Kaskade müssen über 200 Höhenmeter überwunden und auch an den Rückweg gedacht werden. Denn dann ist es notwendig, über glatte Kaskadenstufen ins darunterliegende Becken zu rutschen. Erholung und Erfrischung erlebt man aber genauso gut an den ersten Kaskaden, auch wenn diese stärker frequentiert sind.

Hinweis

Es empfiehlt sich die Mitnahme von Outdoor-Sandalen, die einen festen Halt am Fuß gewährleisten und über profilreiche Sohlen verfügen. Einfache Sandalen sind im Bereich der Felsen wenig geeignet. Vorsicht ist in jedem Fall bei Gewittern geboten, die Wassermassen können die Bäche rasch in reißendes Wildwasser verwandeln.

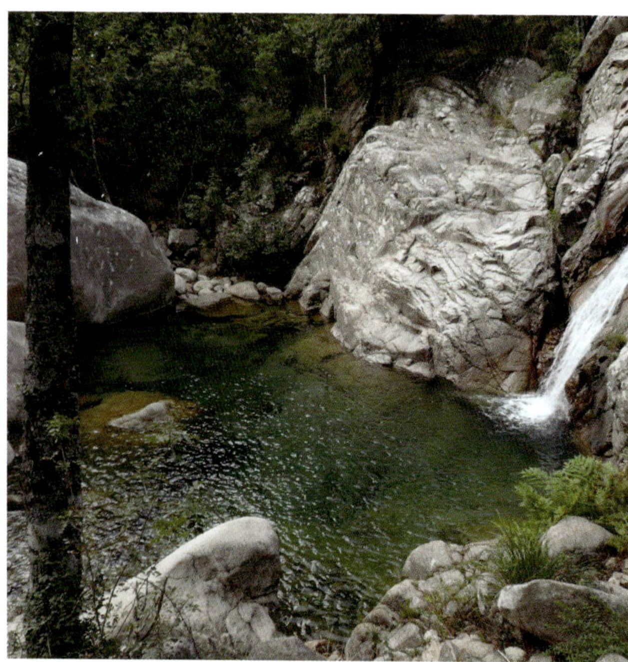

Eine Kaskade des Polischellu-Baches

CASCADES DE PURCARACCIA

Zwei der schönsten Kaskadenstrecken Korsikas

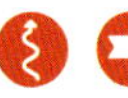  6 km  1:30 h  70 hm  70 hm  2251

START | Sattel Bocca di Larone (608 m) an der D 268 Solenzara–Col de Bavella
[GPS: UTM Zone 32 x: 522.844 m y: 4.631.145 m]
CHARAKTER | Mittelschwere Kurzwanderung auf zunächst deutlichem Weg, zuletzt mit Abschnitten im Bachbett bis zur Cascade de Purcaraccia, teils über Grobblock und durch wassergefüllte Gumpen. Es empfiehlt sich die Mitnahme von Outdoor-Sandalen, die einen festen Halt am Fuß gewährleisten und über profilreiche Sohlen verfügen.

Nur unweit von den Cascades de Polischellu entfernt erwartet uns eine weitere Bachwanderung, die jedoch diesmal einen Wasserfall zu bieten hat. Der Ausgangspunkt befindet sich am Sattel Bocca di Larone, der über einen großen Parkplatz verfügt.

▶ Wir folgen vom breiten **Parkplatz** am **Pass** 01 der Fahrstraße in westlicher Richtung abwärts, wo in der nächsten Haarnadelkurve der Wanderpfad zu den Kaskaden in den Wald hineinführt. Zuerst verläuft der Weg fast eben wie in einem Tunnel durch das hohe Gebüsch, läuft aber später ins offene Gelände hinein und biegt nach rechts in das Tal des Purcaraccia-Baches ein. Der teils felsige, aber gut begehbare Pfad steigt mit

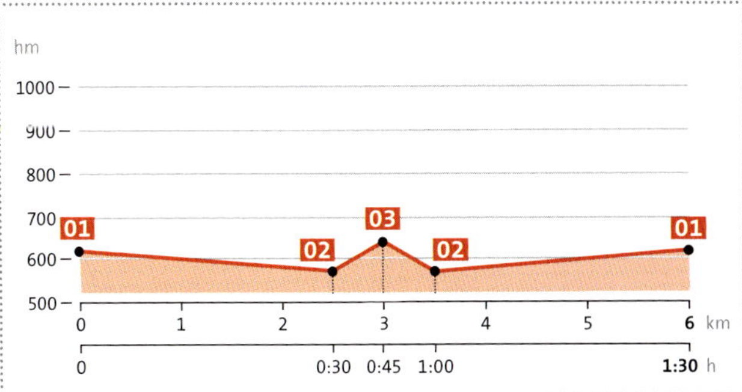

01 608 m, Bocca di Larone; 02 580 m, Purcaraccia-Bach;
03 640 m, Kaskadenbecken

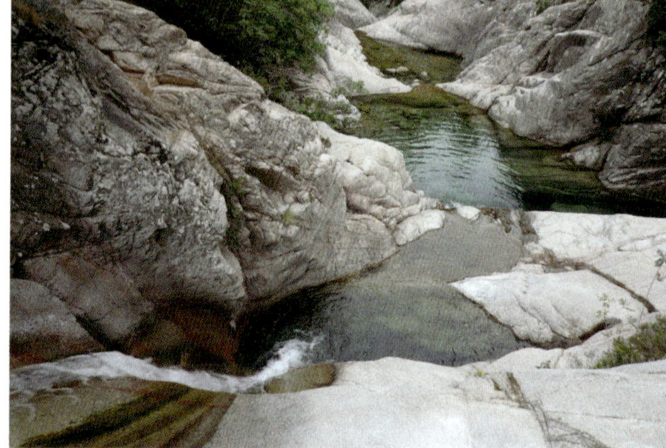

Der gumpenreiche Bachlauf unterhalb des Wasserfalls

leichtem Auf und Ab zum Bach hinab. Beim **Purcaraccia-Bach** 02 angekommen finden wir nur noch Pfadspuren oder Steinmännchen vor, die uns im Gewirr an Steinen und Gumpen leiten. Die Anordnung ist jeweils ein Produkt des letzten Hochwassers. Wir überwinden die Kaskadenbecken, die je nach Jahreszeit mehr oder weniger tief sind und bei Niedrigwasser umgangen werden können, bis wir nach der **5. Kaskade** 03 bei der letzten Gefällestrecke angelangt sind. Dort versperrt ein etwa 15 m hoher Wasserfall samt türkisfarbenem Becken die Talung und verhindert das Weiterwandern. An den glatten Felsen hat man Felsanker für Canyoning-

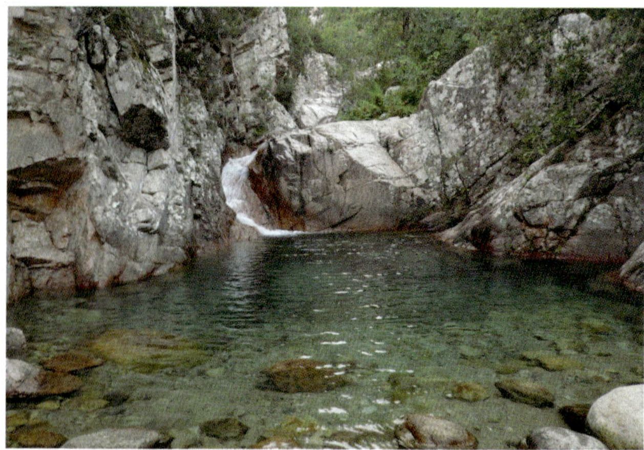

Das Becken bei der 5. Kaskade des Polischellu-Baches

Aktivitäten montiert, sodass man Kletterseile zum Einsatz bringen könnte, um die „Wanderung" fortzusetzen. Das verlangt jedoch alpine Erfahrung und ist den Spezialisten vorbehalten. Vorsicht ist in jedem Fall bei Gewittern geboten. Nach einer ausgiebigen Rast samt Bad im Wasserfallbecken kehren wir am selben Weg zum Ausgangspunkt zurück, die reine Gehzeit für Hin- und Rückweg beträgt etwas mehr als eine Stunde. Die Wanderung sollte man nur bei gutem Wetter unternehmen. Drohen Gewitter, ist abzuraten, denn die Wassermassen können Bach und Wasserfall rasch in reißendes Wildwasser verwandeln.

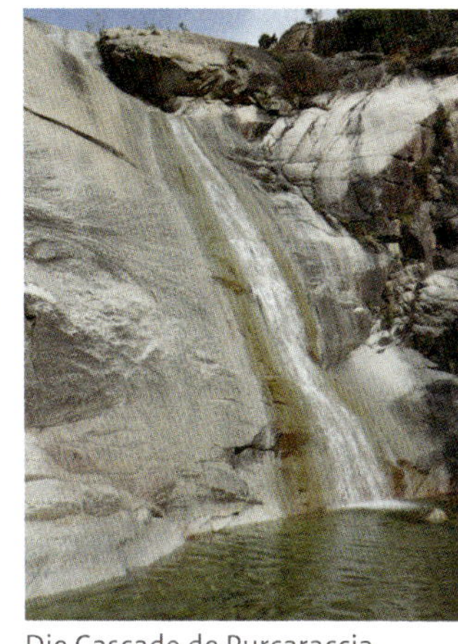

Die Cascade de Purcaraccia

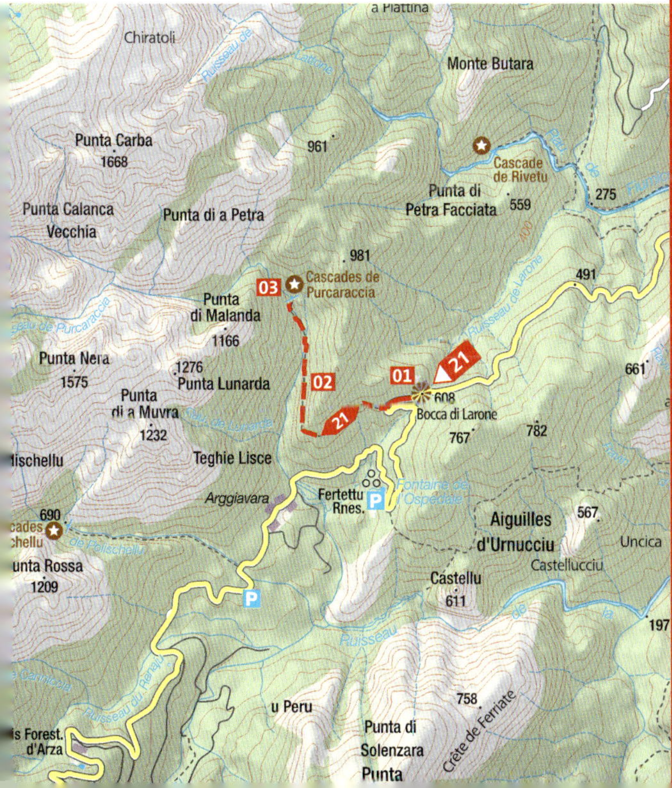

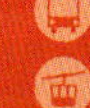
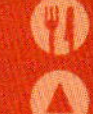

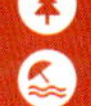

MONTE INCUDINE

Der südlichste Zweitausender Korsikas

 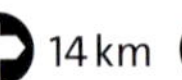 14 km 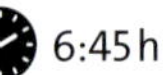 6:45 h  1300 hm 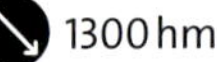 1300 hm 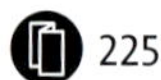 2251

START | Scapa di Noce am Ende der Straße, die von Quenza und auf der D 520 nach Prugna zu erreichen ist
[GPS: UTM Zone 32 x: 514.779 m y: 4.626.119 m]
CHARAKTER | Gehtechnisch mittelschwere Wanderung auf Bergpfaden, jedoch mit großem Höhenunterschied.

Der Monte Incudine ist die südlichste Erhebung Korsikas über 2000 m. Über den Gipfel verläuft auch die Alpinvariante des GR 20, der wir im letzten Abschnitt der Tour folgen. Die häufiger begangene Route führt vom Nordwesten her über das Coscione-Plateau, erfordert jedoch eine langwierige und teils holprige Anfahrt. Der Aufstieg vom Süden her beginnt in **Scapa di Noce** **01**. Wir verlassen den Ort in nördlicher Richtung und treffen gleich nach den letzten Häusern auf eine Forststraße, der wir ins Tal hinein folgen. Nach Passieren der

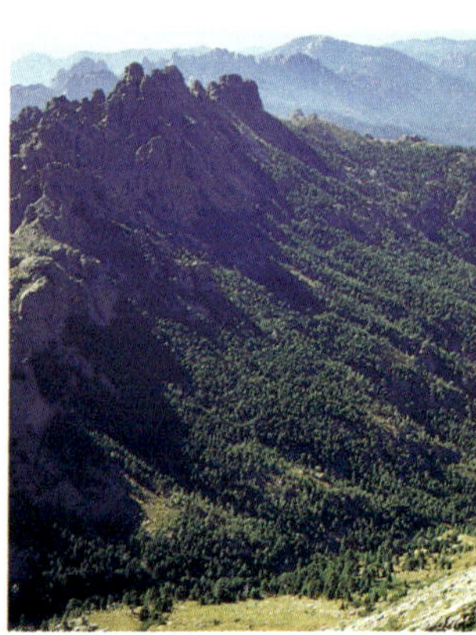

Monte Incudine

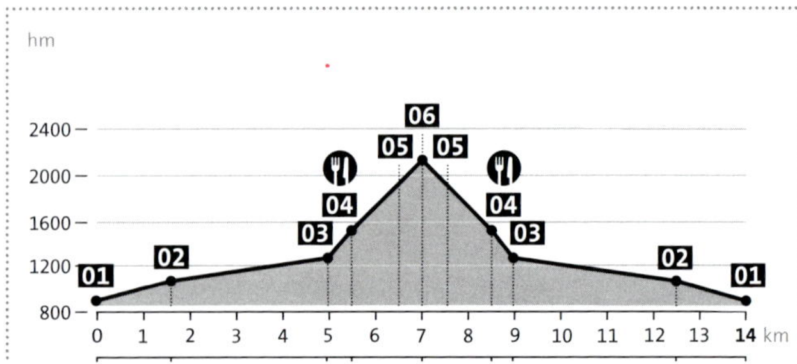

01 896 m, Scapa di Noce; **02** 1050 m, Bergerie de Saparellu; **03** 1386 m, Abzweig GR 20; **04** 1536 m, Refuge d'Asinau; **05** 2025 m, Bocca Stazzunara; **06** 2134 m, Monte Incudine

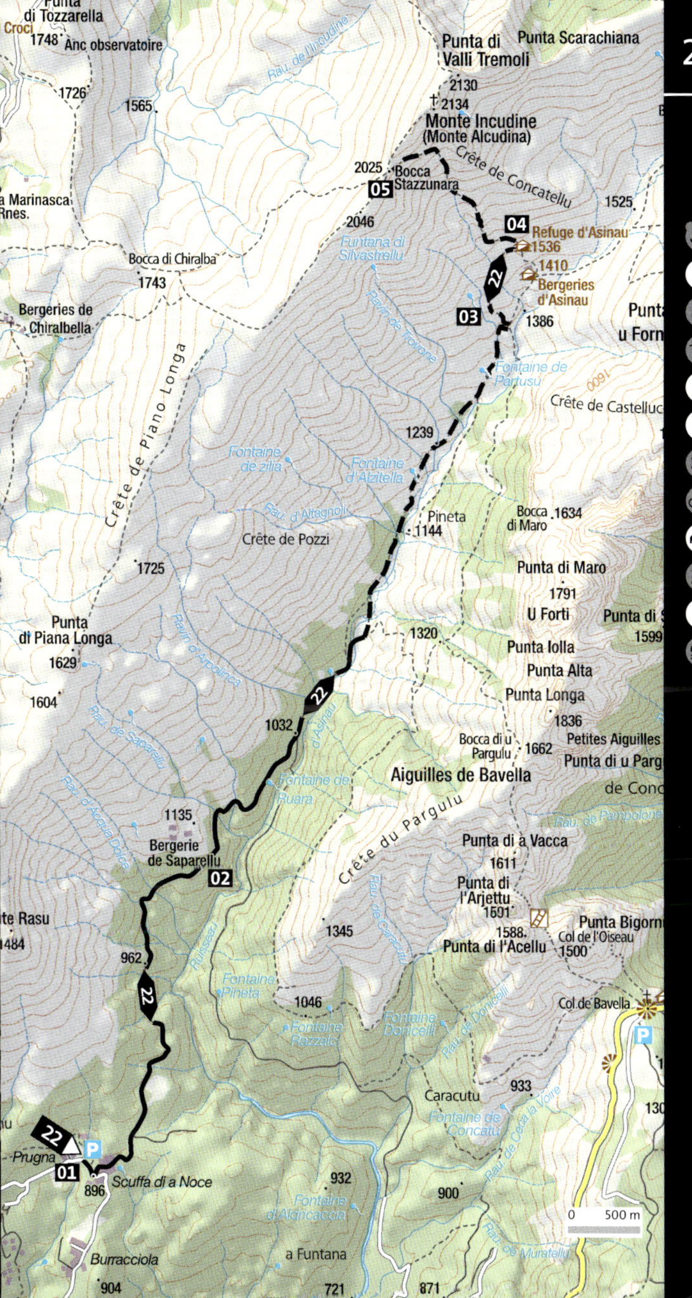

Punta di Tozzarella
1748
Anc observatoire
1726
1565
Rau. de l'Incudine
Punta di Valli Tremoli
Punta Scarachiana
2130
2134
Monte Incudine
(Monte Alcudina)
Crête de Concatellu
2025
Bocca Stazzunara
05
a Marinasca
Rnes.
1525
2046
04
Refuge d'Asinau
1536
Funtana di Silvastrellu
1410
Bergeries d'Asinau
Bocca di Chiralba
1743
22
03
1386
Bergeries de Chiralbella
Ravin de Trovone
Fontaine de Partusu
Crête de Piano Longa
1600
Crête de Castelluc
1239
Fontaine de zilia
Fontaine d'Alzitella
Rau. d'Altagnoli
Pineta
1144
Bocca di Maro
1634
Crête de Pozzi
1725
Punta di Maro
1791
U Forti
Punta di Piana Longa
Ravin d'Arpoinca
1320
1599
1629
Punta Iolla
Punta Alta
Punta Longa
1604
1836
Rau. de Saparellu
1032
d'Asinau
Bocca di u Pargulu
1662
Petites Aiguilles
Fontaine de Ruara
Aiguilles de Bavella
Rau. d'Acqua Dolce
1135
Crête du Pargulu
Rau. de Pampolone
Bergerie de Saparellu
Punta di a Vacca
1611
02
Punta di l'Arjettu
1591
1345
Rau. de Caracutu
1588
Punta Bigorn
Col de l'Oiseau
1500
Punta di l'Acellu
962
Ruisseau
Fontaine Pineta
1046
Col de Bavella
Fontaine Razzalci
Fontaine Donicelli
Rau. de Donicelli
933
Caracutu
Fontaine de Concatu
Rau. de Ceca la Voire
22
Prugna
01
896
Scuffa di a Noce
932
900
Fontaine d'Alancaccia
0
500 m
Rau. de Muratellu
Burracciola
a Funtana
904
721
871

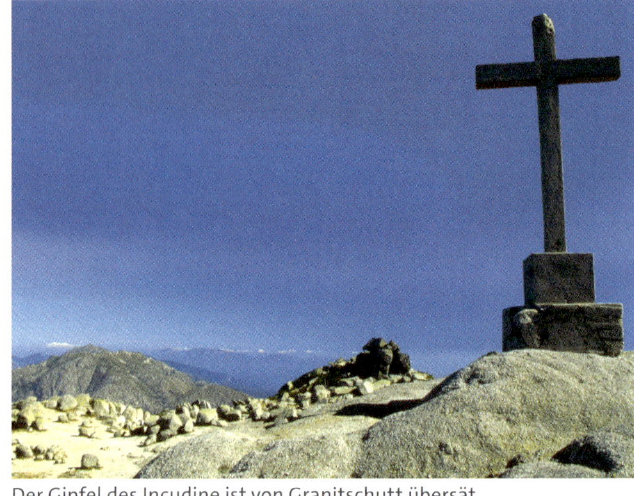

Der Gipfel des Incudine ist von Granitschutt übersät

Bergerie de Saparellu **02** und der Fontaine de Ruara mündet von rechts kommend eine Fahrstraße ein. Wir wandern weiter taleinwärts, überqueren den Asinau-Bach und wechseln oberhalb einer Staumauer auf den Bergpfad. Der gelb markierte Weg zieht mit mäßiger Steigung taleinwärts, quert ein zweites Mal den Asinau und später mehrere Seitenbäche. Im nun baumlosen Gelände streben wir dem Talschluss zu, in dem der Hauptanstieg beginnt. Nach der Quelle Fontaine de Partusu treffen wir bei 1386 m Seehöhe auf die weiß-rot markierte Route des **GR 20** **03**.

Wir folgen dem Weg nach links und steigen 200 Höhenmeter zur **Refuge d'Asinau** **04** auf (1538 m). Der steile Bergpfad verläuft nun beinahe in der Falllinie und schraubt sich den südöstlich exponierten Hang des Monte Incudine empor, wobei die Landschaft immer mehr an alpinem Charakter gewinnt. Teilweise müssen wir über glatte Steinplatten steigen oder mannshohes Erlengebüsch durchqueren. Am **Bocca Stazzunara** (2025), einem Vorgipfel am südlichen Grat, wendet unsere Route nach rechts – die Alpinvariante des GR 20 –, während die Hauptroute nach links abwärtsführt. Der plateauartige Grat, der mit zahllosen Steinen übersät ist, steigt noch gut 100 Höhenmeter bis zum Gipfel des **Monte Incudine** **05** auf 2134 m an. Der höchste Punkt ist mit Holzschildern markiert und nur vage als „Gipfel" zu erkennen. Von hier verläuft die Route hinab zum Coscione-Plateau, wo sich am Übergang von den Berghängen zu der Plateaulandschaft ein schöner, schattiger Lagerplatz in Bachnähe befindet. Wir kehren am selben Weg zum Ausgangspunkt zurück. Wer einen alternativen Abstiegsweg wählt, ist auf ein zweites Auto angewiesen, da es in der Alta Rocca kaum brauchbare Busverbindungen gibt.

SAN PETRU – MONTE INCUDINE

Der südlichste Zweitausender Korsikas

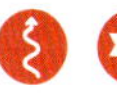  19 km  5:45 h 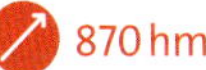 870 hm  870 hm  2251

START | Chapelle San Petru (1400 m)
[GPS: UTM Zone 32 x: 512.311 m y: 4.636.297 m]
CHARAKTER | Eindrucksvolle Streckenwanderung auf Schotterstraßen, Wald- und Bergpfaden sowie einem Teilstück des GR 20; im Gipfelbereich führt die Route über Felsplatten und Grobblockhalden; Markierung: Gelbe Punkte am Beginn der Wanderung, rot-weiße Striche im Verlauf des GR 20.

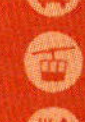
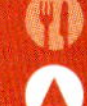
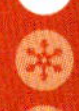
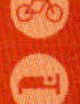
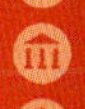
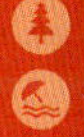

Die Anfahrt zum Ausgangspunkt ist etwas kompliziert, daher muss zu Beginn darauf eingegangen werden. Die Zufahrt zum Hochplateau zweigt 4,5 km nach dem Col de Vaccia von der D 69 (Aullène-Zivaco) bzw. 10 km nach Zivaco als D 428 ab. Die schmale und kurvenreiche Waldstraße führt zum Plateau du Coscione hinauf. Nach ca. 10 km kommt sie an der Bergerie de Bassetta vorbei und erreicht mit einer weit ausladenden Kurve das Plateau. In einer Linkskurve zweigt die Zufahrt zum Freizeitgelände rund um die Chapelle San Petru ab.
Völlig unerwartet öffnet sich auf den letzten Metern die plateauartige Landschaft, die sich zu Füßen des Monte Incudine ausbreitet. Die Hochebene, die von einigen kleinen Bächen durchzogen wird, dient als Pferde- und Ziegenwei-

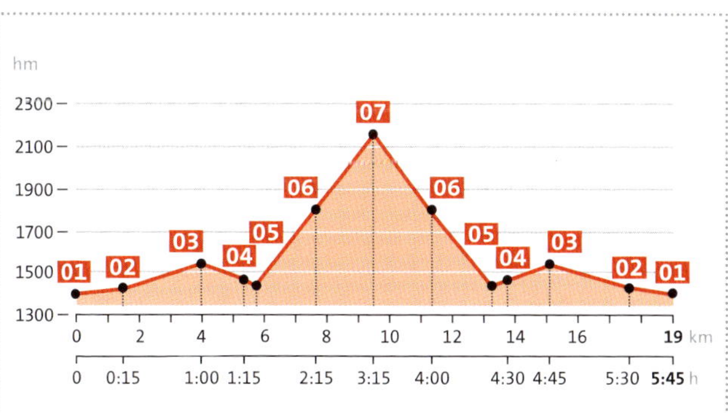

01 1390 m, Bergerie San Petru; 02 1410 m, rechts; 03 1521 m, Bergerie Cavallara; 04 1470 m, Weggabelung GR 20; 05 1430 m, Hängebrücke; 06 1805 m, Col de Luana; 07 2134 m, Monte Incudine

de. Einige Holzbrücken und Markierungen verraten, dass hier im Winter der Skilanglaufsport ausgeübt wird. Insgesamt handelt es sich um eine sehr einsame, weitab von größeren Städten gelegene Gegend, die aus dieser Abgeschiedenheit ihren Reiz bezieht.

▶ Beim **Picknickgelände** 01 beginnt der zunächst gelb markierte Wanderpfad, der zuerst einen eichenbewachsenen Hangrücken überquert und nach 15 Minuten wieder auf die Schotterpiste trifft, die zugleich mit einer Schranke versperrt ist. Diese führt nun leicht ansteigend durch Wiesengelände und biegt oberhalb des **Ruisseau de Vegracolongu** nach **rechts** 02 (20 Min.). Wir bleiben nun auf dieser Schotterstraße, die mit einigen Kehren durch Wiesen- und Waldgelände führt, bis wir nach etwa 45 Minuten zur Weggabelung bei der **Bergerie Cavallara** 03 kommen (1521 m). Jetzt dürfen wir nicht der Straße zu dem klei-

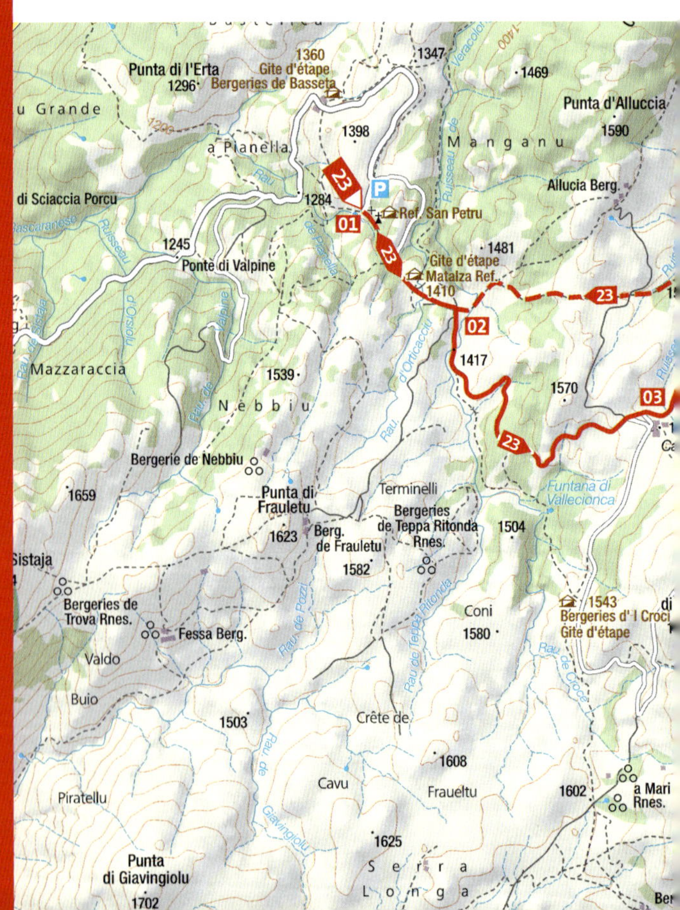

nen Gehöft folgen, sondern müssen auf den nach links abgehenden Fahrweg einbiegen. Dieser folgt dem Flusstal des **Ruisseau de Cavallara**, verläuft teilweise leicht abwärts, und trifft nach einer markanten Rechtskurve auf die Route des **GR 20** **04**.

Der weiß-rot markierte Weitwanderweg bringt uns zunächst ins Tal des **Ruisseau de Forcinchesi**, wo sich unter den stattlichen Buchen ein herrlicher Rast- und Lagerplatz befindet. Hier beginnt der Aufstieg zum Monte Incudine mit einer schaukelnden **Hängebrücke** **05**. Die Route verläuft stetig ansteigend über Wald- und Bergpfade durch den Buchenwald und erreicht nach 30 Minuten und einigen Steilstufen das waldfreie Plateau der ehemaligen **Bergerie Pedinielli** (1620 m), wo sich heute eine Biwakhütte befindet. Mit stetiger Steigung führt der Weg durch zwergstrauchbewachsenes Gelände in östlicher Richtung auf einen deutlichen Hangeinschnitt

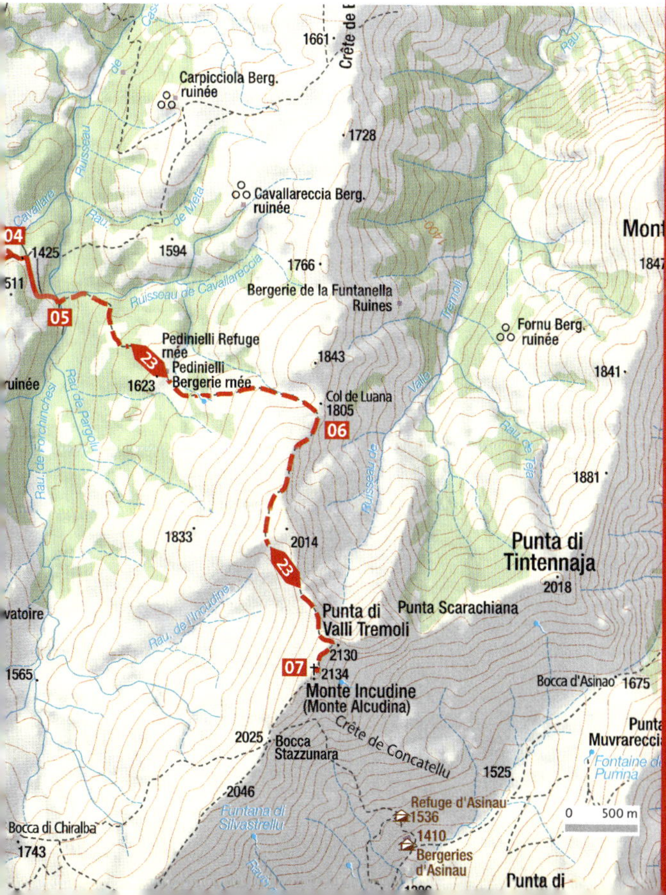

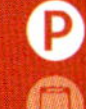
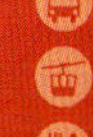
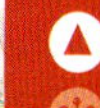
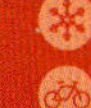

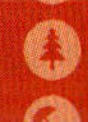

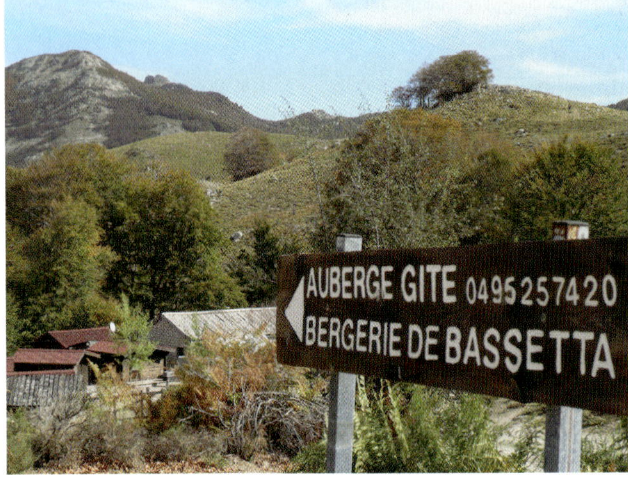

Das kleine Gehöft am Weg zum Coscione-Plateau

zu und weiter zum Sattel des **Col de Luana** **06** (1805 m). Hier schwenkt die Aufstiegsroute nach Süden und folgt dem breiten Grat, der ohne ausgesetzte Stellen in die westlichen Hänge unterhalb des Monte Incudine zieht. Etwa eine halbe Stunde vor dem Gipfel verlässt der Weg ein wenig den Grat, läuft um einen 2014 m hohen Seitengipfel herum, um vorbei an der **Punta di Valli Tremuli** nach 3:15 Stunden den Gipfel des **Monte Incudine** **07** auf 2134 Metern zu erreichen. Hier erwartet uns ein traumhaftes Panorama. Bei klarem Wetter reicht der Blick bis an die Südspitze Korsikas und nach Sardinien. Der Gipfel selbst muss eher als Plateau mit glatt ge-

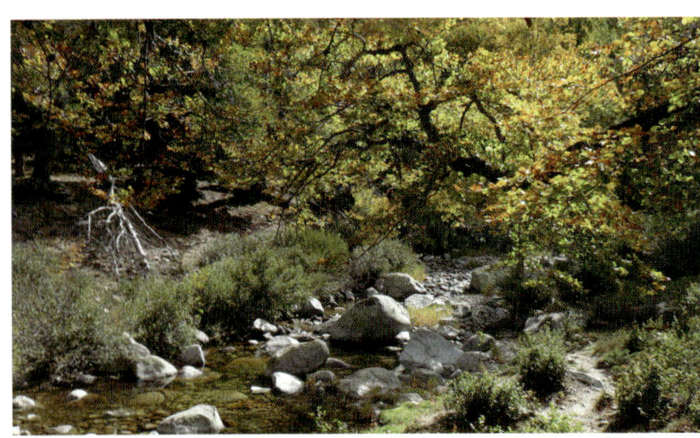
Der lauschige Rastplatz am Beginn de Aufstiegsweges zum Gipfel

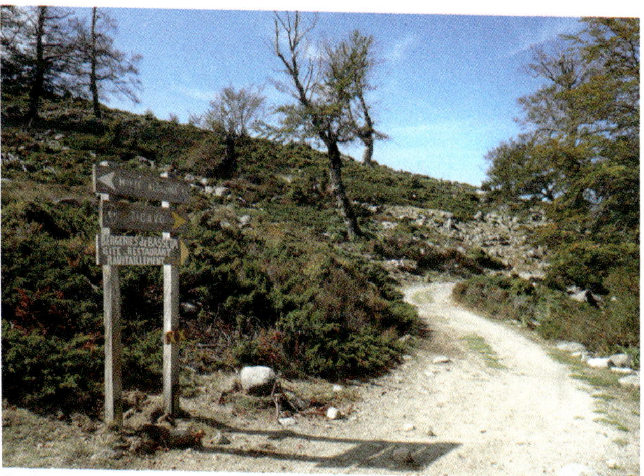

Breite Wege ziehen über das Coscione-Plateau, im Winter sind es Langlaufloipen

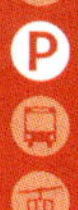

schliffenen Granitplatten bezeichnet werden, das mit Grobblöcken und Kieselsteinen übersät ist.

Der Abstieg erfolgt bis zum Rastplatz am **Ruisseau de Forcinchesi** und erfordert etwa 1:45 Stunden. Bei dieser Weggabelung folgen wir weder dem Weitwanderweg, der von hier aus zum Col de Verde verläuft, noch dem Fahrweg, auf dem wir am Beginn der Wanderung gekommen sind, sondern dem Pfad, der in der nächsten Linkskurve der Schotterstraße geradeaus nach Westen ins Wiesengelände zieht (gelbe Markierung). Ein bequemer Wiesenpfad zieht durch das plateauartige Gelände. Wir überqueren den **Ruisseau de Cavallara** und wandern auf dem weichen Pfad durch herrliches Weidegebiet. Parallel zum Taleinschnitt des **Ruisseau d'Allucia** treffen wir auf eine Schotterstraße, überqueren diese und folgen dem Steig, der aufwärts auf eine Kuppe zuläuft. Zuerst durch lockeres Buschwerk und später durch Buchenwald überqueren wir diese Kuppe, um an der Nordseite zum Tal des **Ruisseau de Vegracolongu** abzusteigen. Plötzlich erkennen wir vor uns die Fahrstraße, auf der wir unsere Wanderung begonnen haben. Wir steigen am gegenüberliegenden Bachufer zu dieser auf und folgen ihr abwärts auf selber Route bis zum **Ausgangspunkt 01**.

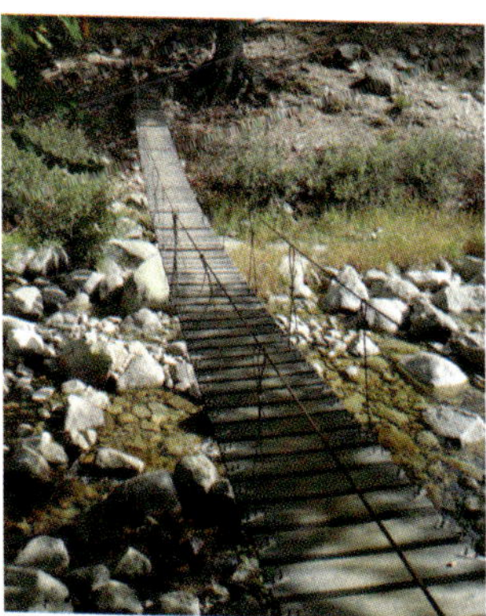

Die Hängebrücke am GR 20

ÉTANG D'URBINO

Naturschutzgebiet und Badefreuden

  9,3 km  2:20 h  5 hm  5 hm  2251

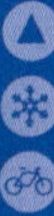

START | Ghisonaccia bzw. Strand von Vignale am Ende der D 144, 4,5 km östlich von Ghisonaccia
[GPS: UTM Zone 32 x: 537.880 m y: 4.650.369 m]
CHARAKTER | Einfache Wanderung auf Wald- und Küstenwegen sowie sandigen Waldstraßen. Die Orientierung ist im nördlichen Abschnitt wegen zahlreicher Parallel- und Seitenwege etwas problematisch.

An der Ostküste Korsikas treffen wir mehrmals auf große Inlandsbuchten und Sümpfe, die ins Landesinnere einschneiden und als Brut- und Futterplätze für Zugvögel und Wasservögel eine große Bedeutung haben. Meistens sind auch an Land Naturschutzgebiete angeschlossen, so wie am Étang d'Urbino, das an der Südseite von ausgedehnten Kiefernwäldern umgeben ist. Es handelt sich dabei um Dünen und verlandete Sumpfgebiete, die sich im Laufe der Zeit zu Kiefernwäldern entwickelt haben, oder um Regenerationszonen des 1993 abgebrannten Waldes. Im Gebiet sind die Sizilianische Eidechse, Fischadler, Kormoran, Seidenreiher sowie der Grünspecht heimisch.

▶ Mehrere Wege verlaufen durch die als Conservatoire de Pinia bezeichnete Waldzone, durch die eine für PKW zwar befahrbare, aber mit Fahrverbot belegte Schotterstraße verläuft. Diese führt zu Küstenabschnitten und dient den Badegästen als Zugang zum ausgedehnten Sandstrand. Daneben besteht ein Netz aus Pfa-

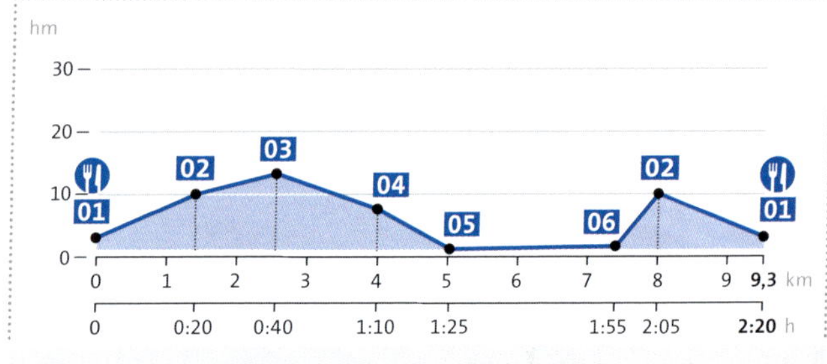

01 3 m, Parkplätze; 02 10 m, Stichstraße; 03 12 m, Schranke; 04 8 m, roter Hydrant; 05 1 m, Strand; 06 2 m, Abzweig vom Strand

den, die zum Wandern einladen. Wir lassen das Auto auf einem der **Parkplätze** **01** am Ende der D 144 nahe dem Wehrturm von Vignale stehen und gehen 300 m auf der Straße zurück. Hier biegt die Fahrstraße ab, die parallel zur Küstenlinie das Waldgelände durchschneidet und bald zur Schotterstraße wird. Wir passieren die Zufahrt zum Restaurant und Ferienclub **Perla di Mare** und erreichen nach 500 m eine markante Barriere samt Gatter, das Fahrzeugen, die höher als 2 m sind, die Zufahrt verhindert. Nach rechts geht eine **Stichstraße** **02** zur Küste hinab, diese werden wir am Rückweg verwenden. Hinter dem Gatter ist eine Parkfläche entstanden,

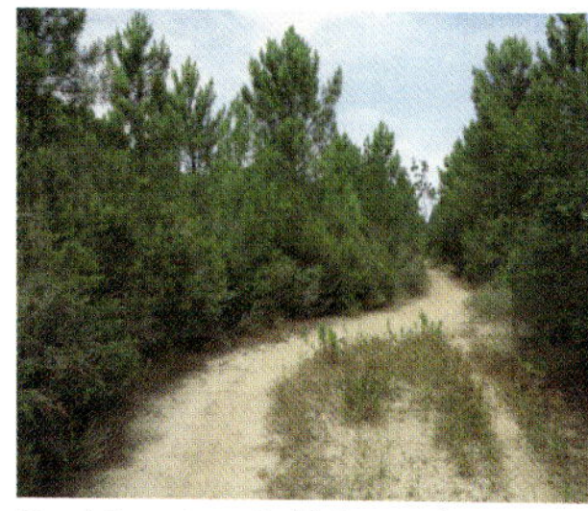

Der Wanderpfad hinter dem Sandstrand

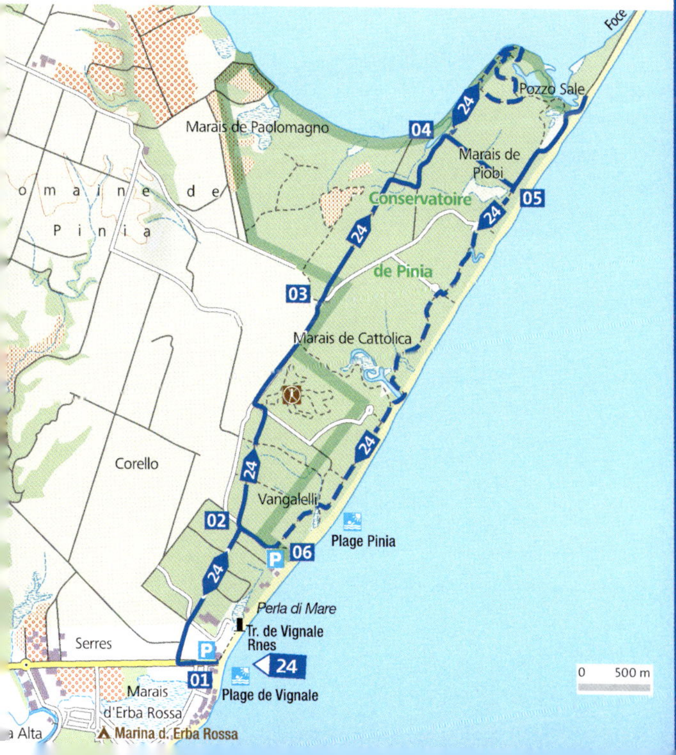

ein Hinweisschild deutet auf das Naturschutzgebiet hin. Geradeaus setzt sich ein Waldpfad fort, der etwa 100 m östlich der Fahrstraße parallel zu dieser verläuft. Nach ca. 700 m treffen wir auf

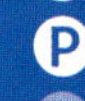
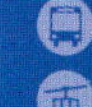
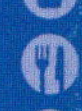
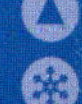

die nächste Zufahrtsstraße und biegen nach links auf die Piste ein. 100 m später geht es wieder rechts und nun immer geradeaus, bis sich die Waldstraßen gabeln. Wir biegen links ab, treffen auf eine verschlossene **Schranke** **03** und wandern nun geradeaus in dichteren Wald hinein. Bei der nächsten Weggabelung, die durch einen **roten Hydranten** **04** auffällt, biegen wir nach rechts ab und folgen dem Verlauf der Straße durch eine 90°-Kurve hindurch, bis in der nächsten Rechtskurve bei Holzbohlen ein Waldpfad abgeht. Dieser zieht als Wegschlinge durch das äußere Waldgebiet (Pozzi Sale) am Inlandsbecken und erreicht Aussichtspunkte und Salzsümpfe. Es gibt jedoch keinen Ausgang, daher kommt man zum Abzweig zurück. Für die Wanderrunde folgen wir weiter der Fahrstraße, die nun direkt zum Strand hinabzieht. Je näher wir dem Meer kommen, umso sandiger wird das Gelände, denn es handelt sich um alte, mittlerweile verwachsene Sanddünen. Schließlich erreichen wir den **Strand** **05**, der etwa 1–2 m zum Wellensaum abbricht und aus feinem, weißen Sand besteht. Parallel zur Küstenlinie verläuft ein Waldpfad, der auch auf den lang gezogenen Landsporn von Foce de Fieroscuti führt. Wir wenden aber nach rechts und folgen dem Verlauf der Küste bis zur ersten Zufahrtsstraße etwa 600 m vor Vignale. Hier verlassen wir den **Strand** **06**, da das nachfolgende Gelände als Privatbesitz versperrt ist. Auf der sandigen Fahrstraße kommen wir zum ersten Parkplatz und zur Durchfahrtsbarriere, nach links geht es in 15 Minuten zu den **Parkplätzen** **01** zurück.

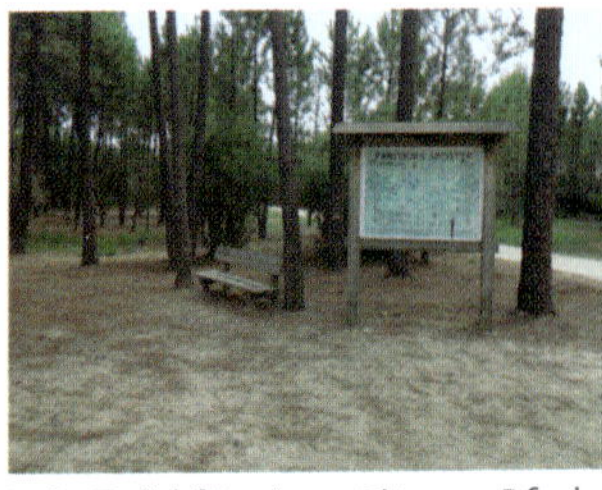

Info-Tafel für einen Fitness-Pfad

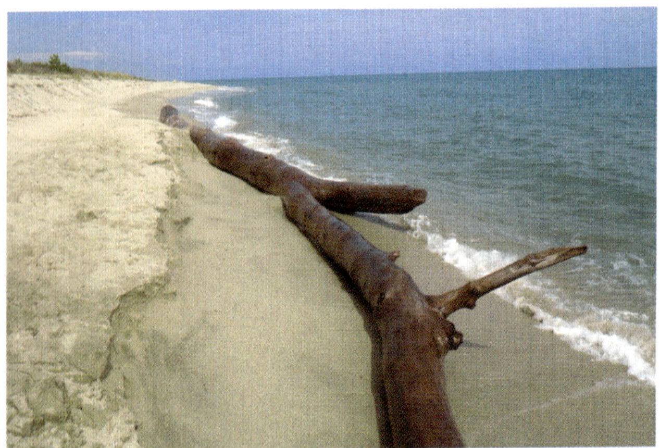

Der einsame Sandstrand im nördlichen Teil der Tour

REFUGE DE PRATI

Schutzhütte am GR 20

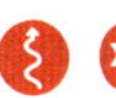  8 km  4:00 h  540 hm 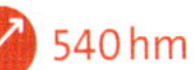  540 hm  2251

START | Col de Verde (1289 m) an der D 69 zwischen Zivacco und Ghisoni
[GPS: UTM Zone 32 x: 516.144 m y: 4.652.947 m]
CHARAKTER | Mittelschwere Bergtour auf gut trassierten und markierten, stark frequentierten Bergpfaden und einer Waldstraße zu Beginn.

Wenn man aus dem Alta Rocca von Aulléne oder Zivaco kommend entlang der D 69 dem zentralen Gratrücken des südkorsischen Gebirges in Richtung Norden folgt, dringt man in eine ganz stille Gegend der Insel vor. Das Tal gewinnt allmählich an Höhe und erreicht am Col de Verde den Übergang in den Talkessel des Forêt de Marmano mit dem Hauptort Ghisoni. Der 1268 m hohe Pass bildet auch den Übergang für die Route des Weitwanderweges GR 20, der hier auf die östliche Seite des Gebirgszuges wechselt. Deswegen hat man hier eine Gîte d'Etappe eingerichtet, weil der Pass mit dem Auto zu erreichen ist und daher gut versorgt werden kann. Wir benützen diesen im dichten Kiefernwald gelegenen Ort als Ausgangspunkt, um eine klassische Berghütte entlang des GR 20 kennenzulernen. Die Refuge de Prati liegt nur etwa 2 Gehstunden vom Col de Verde entfernt und kann gehtechnisch leicht über einen gut trassierten Bergpfad erreicht werden. Haben wir den Hauptanstieg hinter uns gebracht, erwarten uns herrliche Aussichten auf die Ostküste rund um Galeria und Ghisonaccia sowie auf die südlichen Bergkämme.

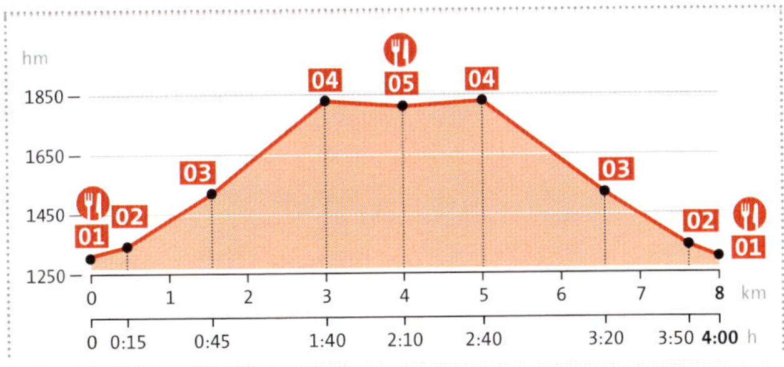

01 1289 m, Col de Verde; **02** 1340 m, links ab; **03** 1520 m, Bachquerung; **04** 1840 m, Bocca dell'Oru; **05** 1840 m, Refuge de Prati

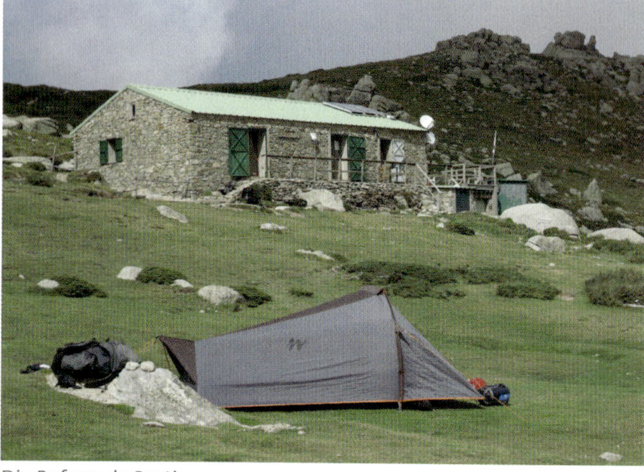

Die Refuge de Prati

Wem die Tour bis zur Hütte nicht ausreicht, der kann noch den Punta della Capella mit 2041 m Seehöhe besteigen.

▶ Wir folgen am **Col de Verde 01** der weiß-rot markierten Route des GR 20, die östlich der Straße nach halbrechts leicht ansteigend einem breiten Waldweg folgt. Von diesem zweigt bald der Steig nach **links ab 02**, der sich nun teils mit steilem Verlauf durch den Wald windet. Nach 45 Minuten erreichen wir offenes, mit Ginstergebüsch bewachsenes Gelände, in

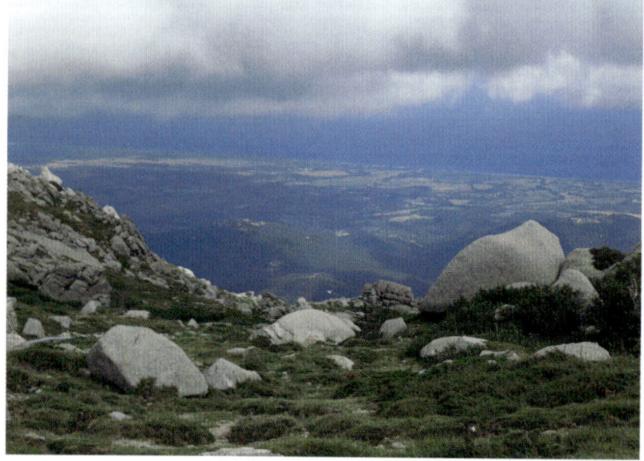

Von der Hütte bietet sich ein Blick auf die Ostküste Korsikas

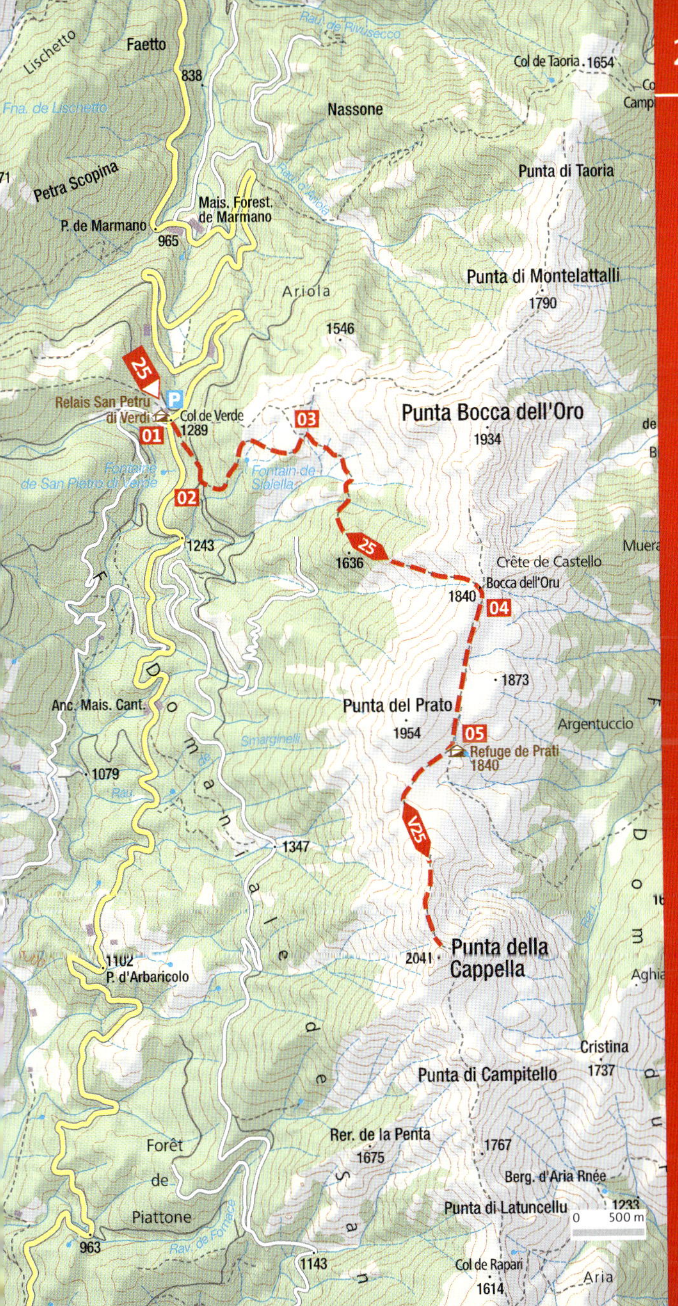
Faetto
Lischetto
838
Fna. de Lischetto
Nassone
Col de Taoria
1654
Petra Scopina
Punta di Taoria
Mais. Forest. de Marmano
P. de Marmano
965
Ariola
Punta di Montelattalli
1790
1546
25
Punta Bocca dell'Oro
1934
Relais San Petru di Verdi
Col de Verde
1289
01
03
Fontaine de San Pietro di Verde
Fontain de Sialella
02
1243
1636
Crête de Castello
Bocca dell'Oru
1840
04
Muera
1873
Anc. Mais. Cant.
Punta del Prato
1954
05
Argentuccio
Refuge de Prati
1840
Smarginelli
1079
V25
1347
1102
P. d'Arbaricolo
2041
Punta della Cappella
Aghia
Cristina
1737
Punta di Campitello
Rer. de la Penta
1675
1767
Forêt de Piattone
Berg. d'Aria Rnée
Punta di Latuncellu
1233
0 500 m
963
Rav. de Fornace
1143
Col de Rapari
1614
Aria

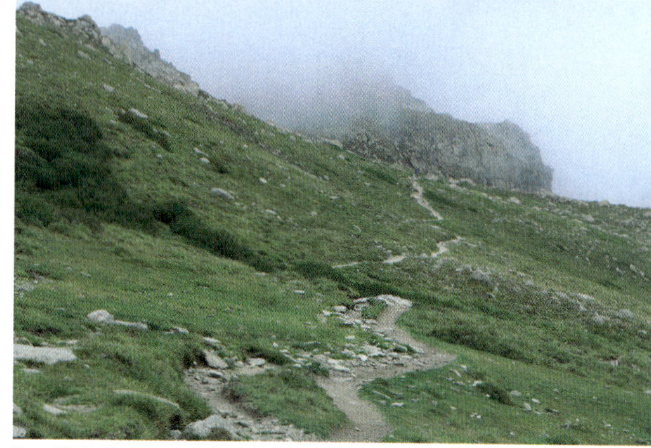

Der GR 20 knapp vor der Hütte

dem der Weg in eine kleine Talung hinabführt und einen kleinen **Bach** 03 überquert. Nun folgt ein längerer Quergang mit mäßiger Steigung, ehe der Weg wieder einen steileren Verlauf nimmt und mit zahlreichen Serpentinen durch einen mit Buchen bewachsenen Hang führt. Wir erreichen die Waldgrenze und haben nun noch einen Anstieg durch offenes Gelände vor uns, der durch einen nach oben zum Grat hin schmäler werdenden Hang am oberen Rand des Taravo-Tales erfolgt. Hier gilt es infolge der Erosion rutschige, mit Steinen und Schotter übersäte Passagen zu absolvieren. Ist der Grat erreicht, liegt der Hauptanstieg hinter uns und wir befinden uns in einer bizarren Gebirgslandschaft aus sanften Wiesen und schroff verwitterten Kalkfelsen. An diesem Sattel macht uns ein Schild auf unser Ziel, die Refuge de Prati, aufmerksam. Der nun zum Wiesenweg werdende Pfad biegt nach rechts und durchläuft das plateauartige Gelände. Mit leichtem Auf und Ab arbeiten wir uns zum **Bocca dell'Oru** 04, einem Felskopf, und nach weiteren 10–15 Minuten zur **Hütte** 05 vor, die auf einem leicht nach Südosten geneigten Plateau errichtet wurde. Zahlreiche Zelte auf dem sanften Wiesengelände rund um die Hütte künden von den zahlreichen Wanderern, die den GR 20 absolvieren. Die Hütte bietet ein paar Schlafplätze, Essen und verschiedene Getränke, verfügt über einige Tische im Freien sowie über einen Unterstand mit Gaskocher und frischem Quellwasser. Dies wird auch von den Pferden genutzt, die hier im Sommer weiden. Der Rückweg zum Col de Verde erfolgt über dieselbe Route. Der Aufstieg zur Punta de Cappella bedarf etwas mehr berggeherischer Fähigkeiten, denn es gibt etwas ausgesetzte, felsige Stellen und im Gipfelanstieg eine leichte Kletterei zu überwinden. Bei klarem Wetter eröffnet die 2041 m hohe Erhebung aber einen grandiosen Ausblick auf die südliche Insel. (Hin und retour ab der Hütte knapp 2 Std.)

MONTE RENOSO

Einfache Bergpfade zum Dach der Insel

  10 km  4:45 h  770 hm  770 hm  2251

START | Bergerie de Capannelle (1586 m), vom Col de Vizzavona auf der D 69 nach Ghisoni, später über die D 169 zur Skistation [GPS: UTM Zone 32 x: 512.468 m y: 4.658.320 m]
CHARAKTER | Einfache und abwechslungsreiche Gipfeltour auf leicht begehbaren Bergpfaden, teilweise über Geröllfelder; grandiose Aussichten, ein Gebirgssee und hochalpine Landschaften.

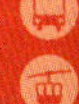

Einer der südlicheren Gipfel Korsikas, der noch dazu sehr leicht zu besteigen ist, ist der Monte Renoso (2352 m). Die Wanderung beinhaltet auch einen der schönsten korsischen Gebirgsseen, der allein schon als Ziel dieser Wanderung dienen kann. Lediglich die Auffahrt zur Skistation von Capannelle gestaltet sich etwas langwierig, da diese ziemlich abseits der Hauptverkehrsrouten liegt.

▶ Bei der Skistation befinden sich die **Bergerie de Capannelle** und die Schutzhütte des GR 20 **„U Fugone“** 01 (1586 m). Dies ist zugleich der Ausgangspunkt für diese Streckenwanderung, die anfänglich der Skipistentrasse entlangführt, aber bald auf den **Bergpfad** 02 wechselt. Wir halten mit einigen Serpentinen auf die Bergstation des Schleppliftes zu und wandern durch subalpine Gebüschfluren. Die Baumgrenze liegt bereits hinter uns und Ätna-Berberitzen, Grünerlen und Wacholder wachsen am Wegesrand. Der Bergpfad ist stets gut ersichtlich und gewinnt allmählich an Höhe,

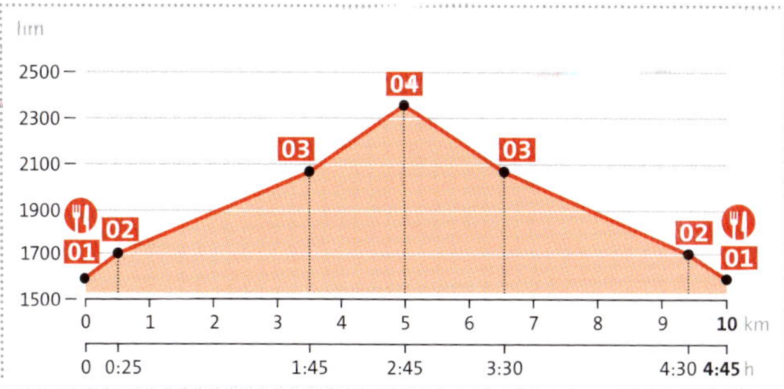

01 1586 m, Bergerie de Capannelle e U Fugone; 02 1700 m, Bergpfad; 03 2089 m, Lac de Bastani; 04 2352 m, Monte Renoso

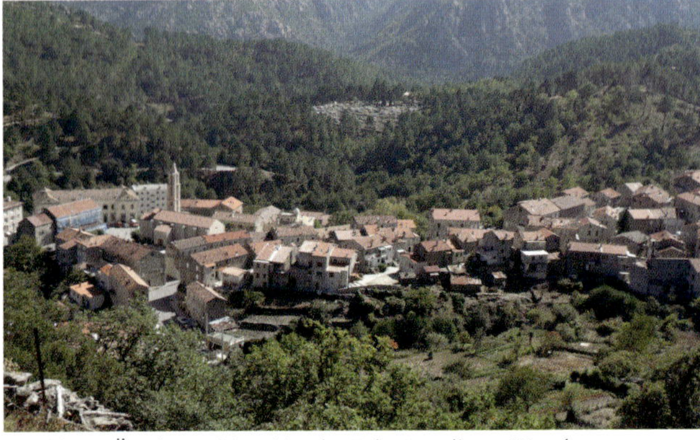
Das kleine Örtchen Ghisoni ist der Talort zu dieser Wanderung

bis wir eine Senke erreichen. Hier können wir die als Pozzines bezeichneten Wasserbecken und Wasserläufe sehen (siehe Kasten), die das satte Grün der Bergwiesen durchschneiden. Nun müssen wir einmal den Pizzolo-Bach queren, später kleinere Wasserläufe, bis wir nach einem Hochtal eine weitere Karstufe erreichen. Diese liegt auf 1840 m Seehöhe und wird von einem Bach durchflossen. Nun fehlt nur noch der Anstieg über den Hang der Karstufe hinauf zum **Lac de Bastani** **03**, bei dem wir nach 1:45 Stunden ankommen. Dazu weichen wir vor dem See vom Hauptweg ab und folgen dem mit Steinmännchen markierten Pfad. Das traumhaft schöne Gewässer, in dem sich der Gipfel des Monte Renoso im türkisblauen Wasser spiegelt, geht auf die Eiszeitgletscher zurück. Diese haben zum einen die bis zu 24 m tiefe Wanne ausgeschürft, zum anderen den Moränenwall hinterlassen, an dem sich der See aufgestaut hat.
Um zum Gipfel zu kommen, gehen wir zum Hauptweg zurück und folgen diesem am Nordwestufer des Sees vorbei. Wir steigen in einer weit gezogenen Serpentine durch den schuttgefüllten Hang auf den weitläufigen Geländerücken der Punta Bacinello (2247 m) hinauf. In diesem Gewirr aus Blöcken und Schutt helfen uns die roten Markierungen, um dem Gipfel entgegenzustreben. Denn das Hochplateau ist so flach, dass der **Monte Renoso** **04** nur durch eine Steinsäule samt lottrigem Gipfelkreuz erkenntlich ist. Die Aussicht aber gehört zum Besten, was Korsikas Berge zu bieten haben. Bei klarem Wetter können wir einen Blick über die gesamte Insel erhaschen, inklusive Monte Incudine, Monte Rotondo und Paglia Orba. Der Weg zurück zur Bergerie de Capannalle ist mit der Aufstiegsroute identisch und in knapp zweieinhalb Stunden zu bewältigen.

Variante: Konditionsstarke Wanderer können die Tour knapp unterhalb des Gipfels auf dem nach Süden führenden Steig fortsetzen und zu einer Rundwanderung verlängern (gesamt 5 Std.). Wir folgen dem Steig über den Grat, an dem immer wieder kleinere Gipfel wie zuerst die Punta di Valle Longa (2281 m) und später die Punta Orlandino (2273 m) aufragen. Zwischen den Gipfeln müssen kleinere Mulden und unmerkliche Gegenanstiege überwunden werden. Kurze Felspassagen führen weiter zum Monte Torto (2262 m), von wo wir dem Grat der Crête de Pietradione folgen. Dieser nach Südwesten sanft abfallende Rücken leitet uns an den Col de Pruno (1972 m) heran, wo der Abstieg zur Bergerie de Pozzines beginnt. Wir schwenken bei Steinmännchen nach Süden und wandern auf dem in weiten Serpentinen angelegten Bergpfad abwärts. Schon von hier aus erkennen wir die merkwürdige Sumpflandschaft, die sich in einer Senke hinter der Alm ausbreitet. Es sind Pozzines, ein korsischer Typ von Mooren, die nach der Eiszeit durch die Verlandung von Gletscherseen entstanden sind. Von der Bergerie, die aus kleinen Steinhütten besteht und auch einen Unterstand für die Wanderer anbietet, gehen wir auf dem deutlich ausgetretenen und rot markierten Pfad ostwärts. Nach einem Bacheinschnitt durchqueren wir die mit Berberitzen und Kiefern schütter bewaldeten Hänge unterhalb der Punta Capella und streben stets abwärts dem Hochplateau Gialgone entgegen.

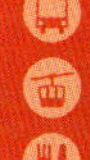

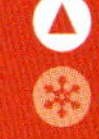

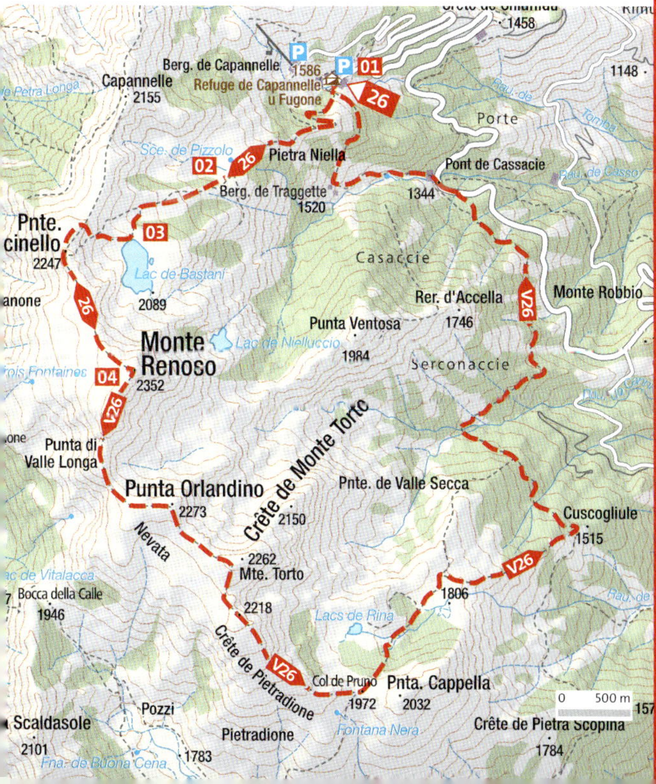

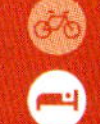

Pozzine

Der Begriff „Pozzine" wurde 1910 vom Botaniker J. Briquet eingeführt. Damit werden verlandende Gebirgsseen bezeichnet, deren Entstehung eng mit der Vergletscherung Korsikas zusammenhängt. Das Wort setzt sich aus *pozzi* – Brunnen oder Wasserloch – und der Endung *-ine* – abgeleitet von *alpine* – zusammen. Pozzines sind also kurzrasige alpine Flachmoorwiesen, die von zahlreichen kleineren und größeren Tümpeln, Wasserlöchern und Bachläufen durchsetzt sind. Das Wechselspiel aus Grün und Blau weist eine hohe landschaftliche Attraktivität auf und gehört sicherlich zu den auffälligsten Phänomenen der korsischen Gebirgsnatur.

Markante knorrige Bergahorne, die auf dem von Weiden und Zwergsträuchern bedeckten Hochplateau wachsen, bilden die Kulisse für die Wegkreuzung mit der Route des Weitwanderweges GR 20, auf den wir sogleich nach links (in Richtung Vizzavona) einbiegen (1591 m).

Nun wandern wir in nördlicher Richtung durch herrlichen Buchenwald beinahe eben dahin, wobei immer wieder Bacheinschnitte wie der Ruisseau de Lischetto zu queren sind. Nach einer Stunde ab der Abzweigung queren wir den Graben des Ruisseau de Cannareccia, anschließend beginnt der Weg durch die Hänge des Serconaccie abzusteigen. Ein Quergang führt an die Zufahrtsstraße zur Bergerie de Capannelle heran (1344 m), wo der Gegenanstieg zurück zum Ausgangspunkt dieser langen Rundwanderung beginnt.

Wir folgen dem Weg am orografisch linken Ufer des Ruisseau de Casso aufwärts und treffen auf das Gelände der Bergerie de Traggette. Von hier erreichen wir in 15 Minuten ebenen Weges den Endpunkt am Parkplatz unterhalb der Refuge „U Fugone" (8 Std.).

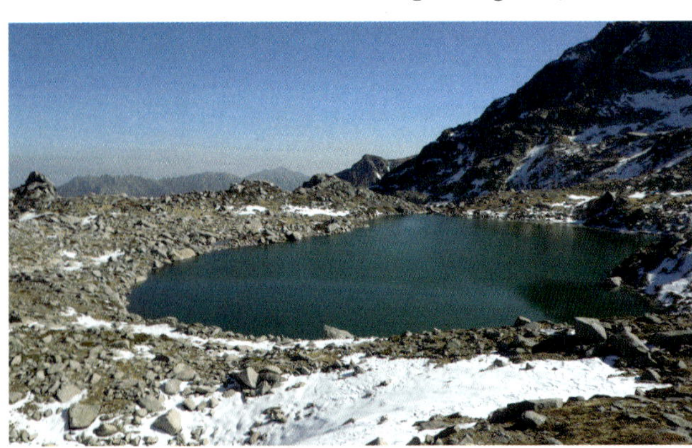

Der Lac de Bastani unterhalb des Monte Renoso

ZUR PUNTA DELL'ORIENTE

27

Ein Aussichtsbalkon über dem Col de Vizzavona

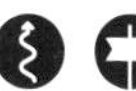  8 km  5:15 h  950 hm  950 hm  2251

START | Col de Vizzavona, knapp vor der Passhöhe (1163 m)
[GPS: UTM Zone 32 x: 509.245 m y: 4.662.207 m]
CHARAKTER | Bis zur Punta Scarpiccia einfache Bergwanderung auf Almsteig durch Buchenwald, später in offenem Terrain auf steinigem teils etwas rutschigen Bergpfaden; bei gutem Wetter problemlos zu bewältigen; zur Punta dell'Oriente alpiner Pfad in teils felsigem Gelände, der letzte Abschnitt beinhaltet eine leichte Kletterei, bei der die Hände zu Hilfe genommen werden müssen.

Vielen Korsika-Besuchern ist der Pass von Vizzavona nur aus dem Auto auf dem Weg von oder nach Ajaccio bekannt. Der 1163 m hohe Übergang teilt das Département Haute-Corse vom Corse-du-Sud und schmiegt sich tief in die Bergwelt der Zentralkette ein. Hoher Baumbewuchs verstellt den Blick nach Süden, doch dieser ist bald erreicht, wenn wir zu einer Wanderung in die Osthänge der Punta dell'Oriente aufbrechen.

▶ Die weniger bekannte, aber umso reizvollere Gipfeltour beginnt an der Nordseite knapp vor der Haarnadelkurve des **Col de Vizzavona** 01. Hier zweigt ein Fahrweg in östlicher Richtung ab, der zu einem Sendemast führt. Mit einer Holzleiter überwinden wir

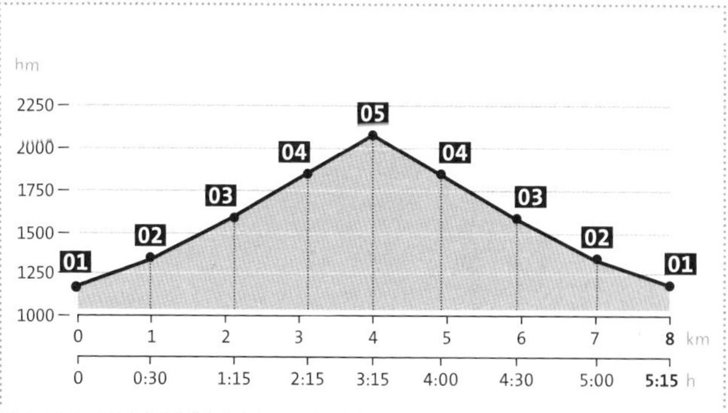

01 1163 m, Col de Vizzavona; 02 1330 m, Bergerie des Pozzi; 03 1573 m, Punta Grado; 04 1812 m, Punta Scarpiccia; 05 2060 m, Punta de l'Oriente

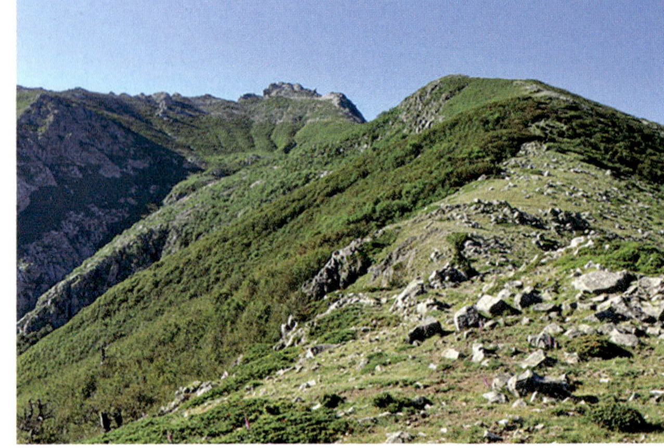

Am Aufstiegsweg zur Punta Scarpiccia und Punta dell'Oriente

den Zaun und folgen ihm, bis die Straße in einen Almsteig übergeht. Über zahlreiche Serpentinen steigen wir durch den herrlichen Buchenwald aufwärts und erreichen nach gut einem Kilometer die **Bergerie des Pozzi 02** (1377 m). Die mächtigen, bis zu 2 m dicken Buchen weichen zurück und machen einer Almweide Platz, die mit einzelnen windgepeitschten Exemplaren durchsetzt ist. Wir verlassen das romantische Almgelände auf dem weiterführenden Weg, der an der linken Seite des Kammes aufsteigt. Später wechselt er an die rechte Seite, wobei sich der Blick zum Monte d'Oro öffnet. Sobald wir die Kammhöhe erreicht haben, rückt auch der

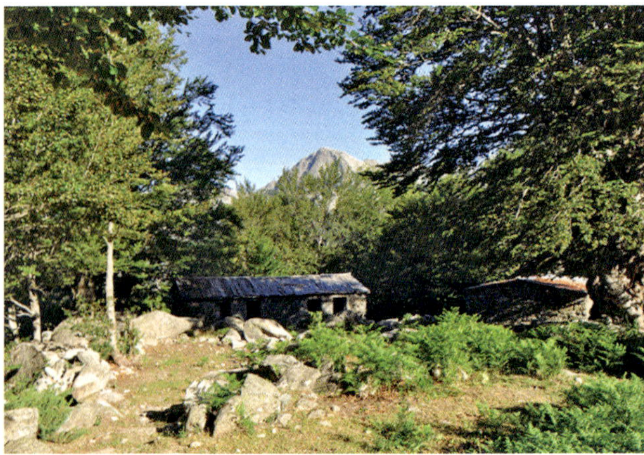

Die Bergerie de Pozzi

Monte Cardo ins Bild. Durch ein kleines Buchenwäldchen steuern wir auf die markanten Felsen zu, die sich am Sattel und Aussichtsbalkon La Madonuccio (1483 m) befinden. Hier schwenkt der Weg scharf in südliche Richtung und folgt dem Gratrücken aufwärts. Den Wald haben wir längst hinter uns gelassen und wandern über Bergweiden und alpine Rasen der nächsten Erhebung innerhalb des Grates entgegen, der **Punta Grado** **03** (1602 m).
Der Weg wird steiniger und die Landschaft rauer, ansonsten bietet sich bis zur **Punta Scarpiccia** **04** das gleiche Bild (1813 m). Wanderer werden hier den Schlusspunkt des Aufstieges setzen, während erfahrenere Bergfreunde die Tour bis zur **Punta dell'Oriente** fortsetzen können. Das Gelände wird zusehends alpiner, zuletzt folgt eine felsige Rinne, bei der wir leicht klettern und somit die Hände zu Hilfe nehmen müssen. Der **Gipfel** **05** selbst wird schließlich durch ein kleines Holzkreuz markiert. Der Rundblick schließt die umgebenden Berge ein, vor allem den Monte Renoso, die Plaine Orientale, das Tal von Vizzavona und den Monte d'Oro. Wir kehren am selben Weg zum **Col de Vizzavona** **01** zurück.

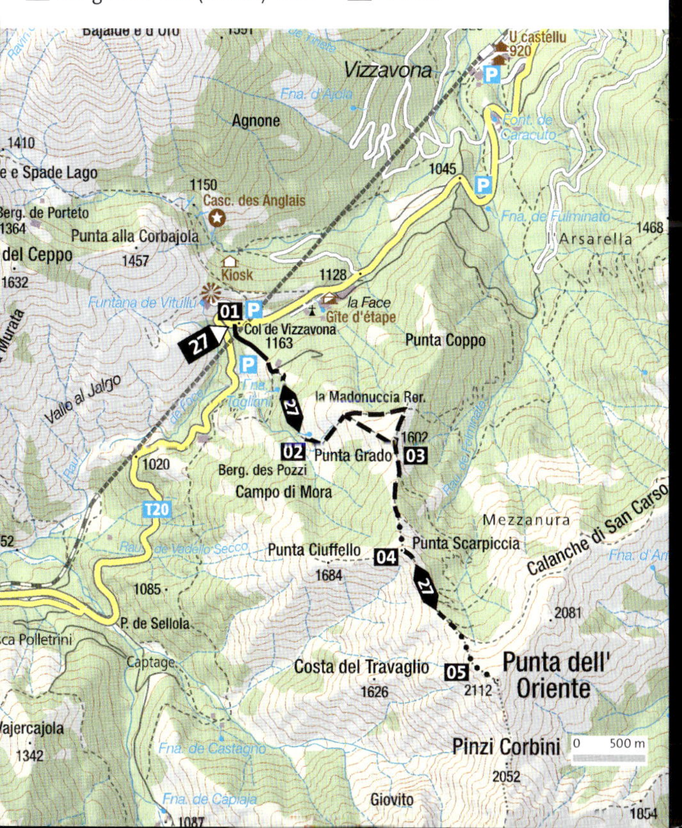

MONTE D'ORO

Paradeberg im Zentrum

  19 km  9:00 h  1500 hm  1500 hm  2250

START | Bahnhof von Vizzavona an der Bahnlinie Bastia–Ponte Leccia–Ajaccio, mit dem Auto auf der N 193 erreichbar; Parkmöglichkeiten bieten sich rund um den Bahnhof [GPS: UTM Zone 32 x: 510.934 m y: 4.663.918 m]
CHARAKTER | Anspruchsvolle Bergtour, die gute Kondition, Trittsicherheit und Schwindelfreiheit erfordert; die Route verläuft auf schmalen Wald- und Bergpfaden, über Grobblock, durch eine steile Felsrinne und über Gratwege; durchwegs markiert, dennoch ist die Wegfindung ab und zu herausfordernd, vor allem bei schlechter Sicht (Nebel)

Der Monte d'Oro beherrscht als mächtiger Gipfel das Talbecken von Vizzavona rund um die Passstelle. Der 2389 m hohe Berg kann entlang einer ausgedehnten Rundwanderung bestiegen werden, wenn wir an der Südseite ein Stück des GR 20 in unsere Runde einbinden. Dabei kommen wir zum Abschluss der Tour an zahlreichen Kaskadenbecken vorbei, die nach den Anstrengungen zu einem herrlichen Bad einladen.

▶ Vom **Bahnhof 01** folgen wir der Markierung des GR 20 in südlicher Richtung, gehen eine Asphaltstraße aufwärts und biegen nach der folgenden Spitzkehre bei Wegweisern nach rechts auf einen Waldweg ab. Dieser bringt uns zu insgesamt drei Brücken über Seitenbäche und den Agnone. Knapp danach erreichen wir eine T-Kreuzung mit einem Forstweg, wo uns ein Schild „Monte d'Oro" nach rechts leitet. Wir folgen ein wenig der breiten Waldstraße, bis nach der Brücke über die Ravine de Ghilareto ein ebenfalls mit einem Schild gekennzeichneter Waldpfad nach links abzweigt. Wir steigen mäßig steil aufwärts, bis wir auf einen weiteren Forstweg treffen. Dieser wird überquert, um wieder auf den Pfad zu wechseln. Mit etwas steilerem Verlauf gelangen wir wieder zu einer Straße, der wir nun nach rechts folgen und ein Bachbett durchqueren. In der Folge wiederholt sich dieses Spiel immer wieder, denn Serpentinen der Forststraße werden dreimal von Stichpfaden abgekürzt. Schließlich bleibt der Forstweg zurück und wir steigen durch mit Kiefernwald, später mit Birkengebüsch und Hochstauden bewachsenes Gelände steil aufwärts. Der teilweise undeutliche und verwachsene Weg überwindet Steilstufen und Felsplatten, wobei gut auf die gelben Markierungen zu achten ist. Die Route zieht allmählich in die Ravine de Speloncello hinein, die mit einem dichten Gebüsch aus Grünerlen bewachsen ist. Wir überqueren den **Bachlauf**

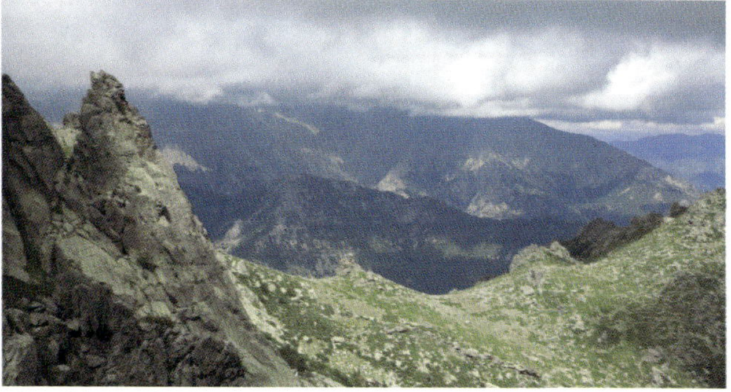

Die wilde Berglandschaft im oberen Gipfelbereich

02, passieren die Wiesenflächen der ehemaligen **Bergerie de Pozzatelli** **03** (1526 m), um weiterhin parallel des Baches steil in Richtung eines Bergkessels aufzusteigen. Knapp davor biegt unsere Route nach links, während der geradeaus verlaufende Weg im von Wiesen geprägten Kessel endet. Ein Quergang durch Grünerlen und Grobblock führt uns an den Fuß einer steilen Felsrinne heran, die **La Scala** **04** genannt wird. Hier gilt es, besonders gut auf die Markierungen zu achten, dann lässt sich der Aufstieg über gut 200 Höhenmeter mit etwas Kletterei bei guter Trittsicherheit gefahrlos bewältigen. Bis weit in den Sommer können sich hier Schneereste halten, die mit Vorsicht zu überwinden sind. Die Rinne endet auf einem sanften, plateauartigen und mit Bergwiesen bewachsenen Gelände; etwas unterhalb befindet sich eine Quelle, auf die gelbe Pfeile und die Aufschrift „Fonte" aufmerksam machen. Nun folgt der Gipfelanstieg, der als klassischer Bergpfad durch felsiges, schütter bewachsenes Gelände verläuft. Der Aufstieg endet an ei-

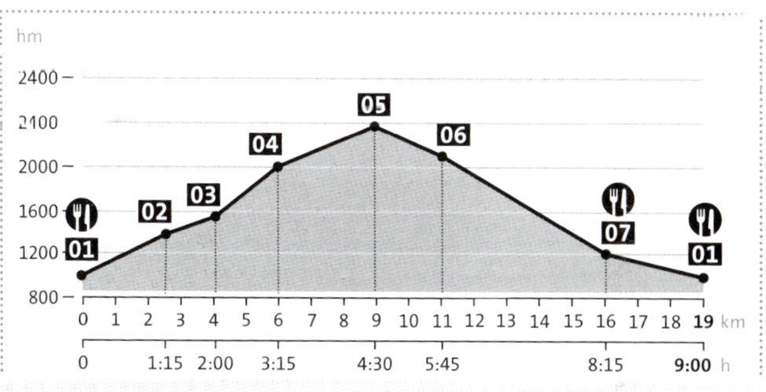

01 915 m, Bahnhof; **02** 1350 m, Bachlauf; **03** 1526 m, Bergerie de Pozzatelli; **04** 2000 m, La Scala; **05** 2389 m, Monte d'Oro; **06** 2100 m, GR 20; **07** 1200 m, Cascades des Anglais

nem Grat und trifft auf die Route Richtung GR 20 (unser Abstiegsweg), während der Gipfelanstieg nach rechts abgeht. Wir folgen den gelben Markierungen und haben etwas Kletterei über den mit Grobblock übersäten Gipfel zu absolvieren. Ein, zwei ausgesetzte Stellen bringen uns zum obersten Gipfelhang, auf dem bereits das Kreuz des **Monte d'Oro** **05** (2389 m) zu erkennen ist.

Retour zur Abzweigung unterhalb des Gipfels, wenden wir nun nach rechts und folgen der ebenfalls markierten Route zunächst steil abwärts. Die gelben Farbpunkte leiten uns durch das felsige, steile Gelände, ab und zu am Grat oder von einer Seite zur anderen wechselnd. Wir verlieren an Höhe und streben auf einen markanten Felskopf zu, der Bocca di Porco (2159 m) genannt wird. Ein Stück noch dem Grat folgend, dann durch einen mit Felsen durchsetzten Hang abwärts, erreichen wir die weißrot markierte Route des **GR 20** **06**, die von der Refuge de l'Onda kommt und bis zum Col de Vizzavona verläuft. Dementsprechend breit wird nun der teils steil abwärtsziehende Weg, der mehrere Geländestufen und rund geschliffene Felsrücken überwindet. Die Route gleicht einem Gang durch ein urzeitliches Gelände, das deutlich die Arbeit der Gletscher erkennen lässt. Nachdem wir kurzzeitig bewaldetes Gelände und eine Erlenflur gequert haben, erreichen wir die Brücke von Tortetto, die über den Agnone-Bach führt. Der Weg verläuft nun auf der orografisch rechten Seite und tritt bald in den Buchenwald ein. Das Tal senkt sich nun deutlich zu Füßen des Monte d'Oro und der Punta de Ceppo (1632 m) ein. Zuletzt begleiten uns zahlreiche Kaskaden und Felsbecken, die der Agnone-Bach aus dem Granitgestein geschliffen hat und die mit klarem, türkisblauen Gebirgswasser gefüllt sind. Sie werden im untersten Abschnitt **Cascades des Anglais** **07** genannt (siehe Tour 29). Im Sommer lohnt sich hier ein Badeaufenthalt, es ist nicht nur ein erfrischender, sondern auch ein landschaftlich äußerst beeindruckender Ort. Nahe den Cascades zweigt die Route des GR 20 nach rechts ab, um zum Col de Vizzavona zu führen. Wir bleiben am Weg, der dem Bachlauf folgt, und kommen zu einem Kiosk, der Erfrischungen anbietet. Eine Brücke führt ans linke Ufer des Agnone zurück, dem wir nun durch Buchenwald abwärts folgen. Zuletzt wird die Route zum

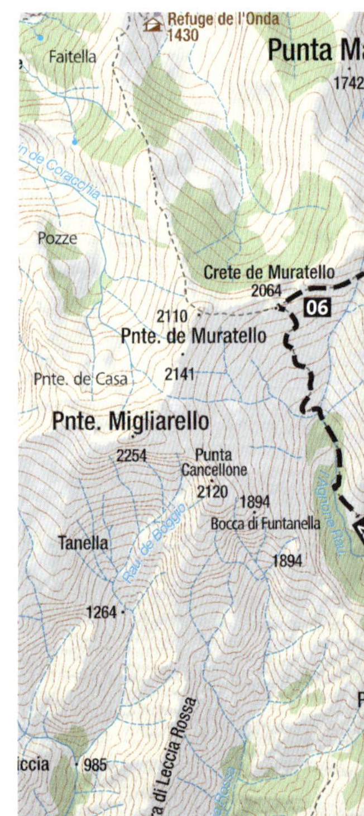

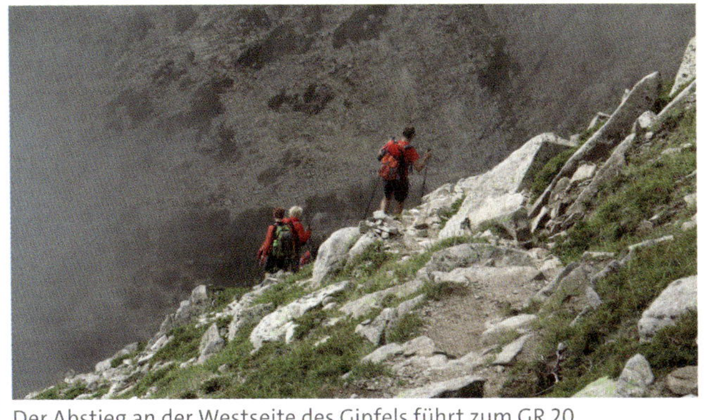

Der Abstieg an der Westseite des Gipfels führt zum GR 20

schattigen Forstweg, bis wir die T-Kreuzung erreichen, bei der wir am Morgen die Rundwanderung begonnen haben. Nach rechts geht es über die drei Brücken und den bereits bekannten Wegabschnitt zum **Bahnhof** **01** von Vizzavona zurück.

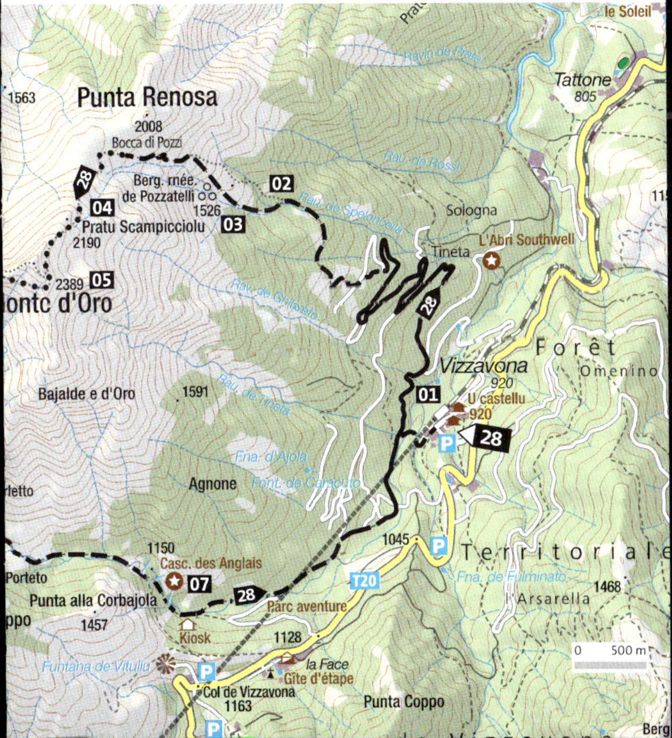

29

IM FORÊT DE VIZZAVONA

Zur Cascade des Anglais

 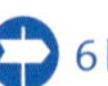 6 km 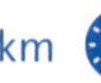 1:40 h 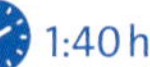 200 hm 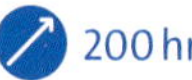 200 hm  2250 

START | Bahnhof am Col de Vizzavona (915 m) an der N 193 von Corte nach Ajaccio
[GPS: UTM Zone 32 x: 510.934 m y: 4.663.918 m]
CHARAKTER | Einfache Waldwanderung auf Waldpfaden und Forstwegen, die nur im Bereich der Cascade des Anglais größere Steigungen aufweisen und etwas beschwerlich zu begehen sind.

Etwa im Zentrum von Korsika befindet sich der Col de Vizzavona, der gleichsam die Insel in einen Nord- und Südteil trennt. Hier befindet sich noch heute die politische Grenze zwischen dem Nordteil, auch Haute-Corse genannt, und dem Süden mit dem französischen Namen Corse du Sud. Während die Eisenbahnlinie die Passhöhe durch einen Tunnel unterquert, führt die breite Hauptstraße in Richtung Ajaccio über den tief in die Bergwelt eingeschnittenen Sattel. Etwa 2 km nördlich befindet sich die Bahnstation von Vizzavona, die am nördlichen Portal des Tunnels errichtet wurde. Der gesamte Talkessel wird von der Kulisse des mächtigen Monte d'Oro beherrscht. Auch der GR 20, der berühmte Weitwanderweg von Korsika, wird hier am Pass von Vizzavona in einen nördlichen und südlichen Abschnitt geteilt. Vizzavona erfuhr 1889 durch den Bau der Eisenbahnlinie von Bastia nach Ajaccio eine Bedeutung und entwickelte sich bald zum noblen Kurort. Noch heute stehen hier einige Ruinen der früheren Hotels; mittlerweile kommen die Besucher vor allem wegen der schattigen Waldwan-

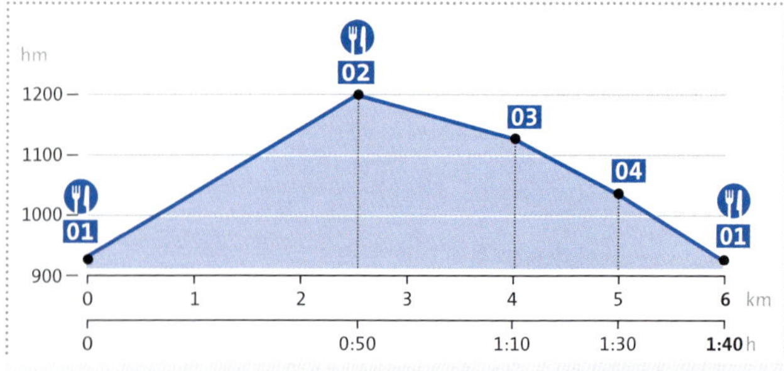

01 915 m, Bahnhof; 02 1200 m, Cascades des Anglais; 03 1128 m, Querung N 193; 04 1045 m, Hauptstraße

derungen, die selbst im Sommer absolviert werden können. Die bekannteste bringt uns zu den herrlichen Stromschnellen des Agnonebaches, der im Oberlauf einige der schönsten Kaskadenbecken in das harte Granitgestein geschürft hat. Hier kann man im Sommer ausgiebig in glasklarem Gebirgswasser baden und so der Hitze der Badestrände an den Küsten entkommen. Für den Anmarsch zu den Kaskadenbecken können wir teils breite, schattige Waldstraßen und gut angelegte Wege benützen, wobei wir im Bereich der Kaskaden ein kurzes Stück des GR 20 entlanggehen. Eine gemütliche Raststation sowie ein Seilklettergarten ermöglichen eine erfrischende Einkehr und eine zusätzliche Aktivität inmitten des Kiefernwaldes.

▶ Wir starten am **Bahnhof** 01 und gehen die Asphaltstraße in südlicher Richtung aufwärts, bis wir in der ersten Spitzkehre bei Wegweisern nach rechts auf den breiten Waldweg wechseln. Dieser läuft in den Wald hinein und bringt uns mit eindeutigem Verlauf zu insgesamt drei Brücken,

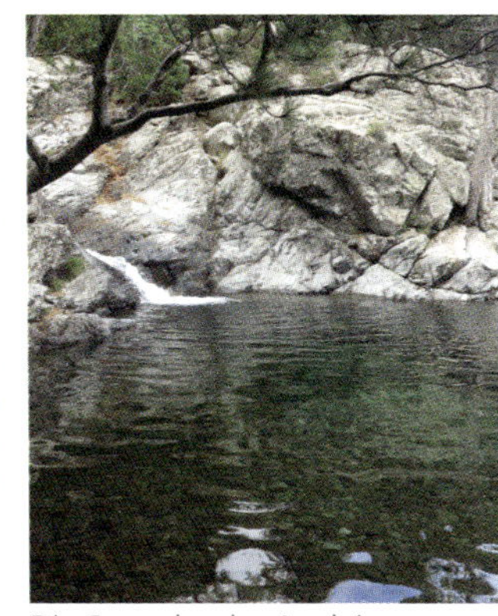
Die Cascades des Anglais

die letzte davon überquert den Agnonebach. Am linken Ufer treffen wir auf einen Forstweg, auf den wir nach links einschwenken. Wir folgen ihm stets durch den hochstämmigen Wald, bis sich die Waldstraße zu einem Wanderweg verjüngt und weiterhin dem Flusslauf folgt. Sie führt uns zu einer Brücke über den nun bereits in Kaskadenbecken fließenden Fluss, ein weiterer idyllischer Platz entlang unserer Wanderung. Wir sind nun wieder am rechten Ufer angelangt; hier befindet sich das klei-

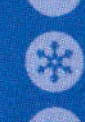

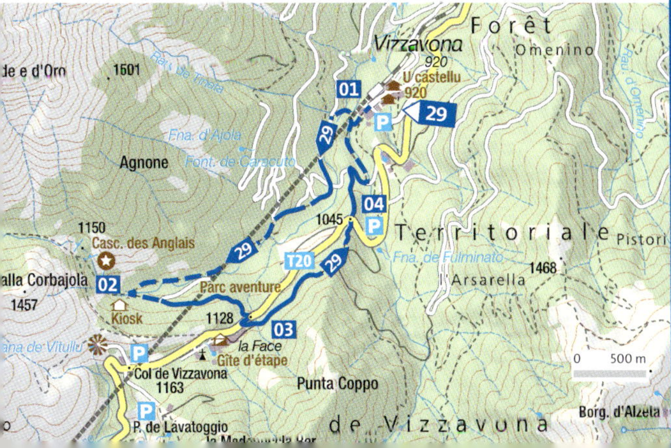

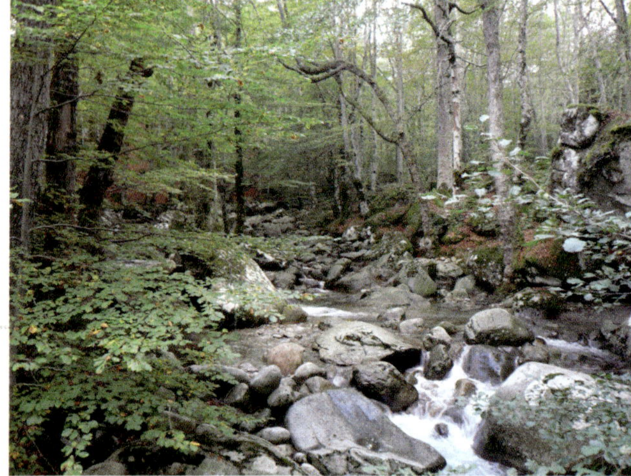

Die Wanderung folgt eine Weile dem romantischen Agnonebach

ne Chalet, das mit Erfrischungen und kleinen Speisen die Wanderer versorgt. Wir folgen nun dem Pfad, der sich rechts am Ufer ins Tal des Agnone hineinzieht. Wir steigen über ein paar Geländestufen bergan und erreichen bald die Abzweigung des GR 20, die nach links zur Passhöhe und zur Gîte d'Etape am Col de Vizzavona führt. Wenn wir von hier aus noch einige Minuten aufwärts durch das Tal steigen, reiht sich ein Kaskadenbecken an das andere und die Wahl fällt schwer, welches sich am besten zum Baden eignet. Diese Örtlichkeit wurde schon am Beginn des 19. Jahrhunderts von den Engländern entdeckt und als **Cascades des Anglais** 02 bezeichnet. Wir befinden uns nun in einem schattigen und reizvollen Buchenwald, der sich mit einer Fläche von knapp 700 Hektar an der Nordseite des Passes zu Füßen des Monte d'Oro ausbreitet. Er stockt hauptsächlich auf dem Schutt einer Gletschermoräne, die auch das gesamte Tal abriegelt und für die einstmals schwierige Überquerung des Passes verantwortlich war. Wir treten den Rückweg an und wandern zunächst zur Buvette hinab, bleiben aber nun auf der rechten Bachseite. Wir folgen der breiten Waldstraße, die einerseits zum Seilklettergarten führt, andererseits aber auch zur **Querung der N 193** 03.

Am gegenüberliegenden Straßenrand beginnt der mit Sentier de la Femme perdu gekennzeichnete Weg, der etwas oberhalb der Straße parallel zu dieser durch das Waldgelände führt. Nach einem Quergang beginnt der Abstieg in Richtung Vizzavona, wobei wir gleich wieder die **Hauptstraße** 04 überqueren und dem Weg abwärts durch einen Waldhang folgen. Zuletzt treffen wir auf die Zufahrtsstraße zum **Bahnhof** 01, der wir abwärts bis zum Vorplatz folgen. Hier laden zwei Bars zu einer Rast ein.

REFUGE DE PETRA PIANA

Am Fuße des Monte Rotondo

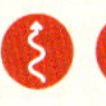  21 km  7:00 h  1150 hm  1150 hm  2250

START | Canaglia, kleine Ortschaft am Ausgang des Manganellotales, von der N 193 über eine 6 km lange Nebenstraße zu erreichen [GPS: UTM Zone 32 x: 511.456 m y: 4.667.688 m]
CHARAKTER | Gehtechnisch einfache, jedoch sehr lange Bergtour auf Waldwegen und Bergpfaden, die Orientierung ist einfach und die Route durchgehend markiert.

Zwei Abschnitte von Weitwanderwegen ermöglichen es, tief in die Bergwelt im Zentrum Korsikas vorzudringen, ohne den GR 20 in seiner Gesamtheit absolvieren zu müssen. Die lange, aber von der Wegbeschaffenheit einfache Tour kann sogar teilweise zu einer Rundwanderung ausgebaut werden, wenn wir der Alpinvariante des GR 20 folgen und zwei Tage mit Übernachtung auf der Refuge de Petra Piana einplanen. Unweit des Col de Vizzavona zweigt bei Tattore eine schmale Nebenstraße nach Canaglia ab, ein kleiner Weiler im Agnonetal. Knapp danach mündet der Manganello ein, dem wir durch die herrliche Talung bis zur Quelle folgen.

▶ Die öffentliche Fahrstraße endet in **Canaglia** 01, hier stehen ein paar Parkplätze zur Verfügung, setzt sich aber als Forstweg fort, der an der Südseite des Manganellotales verläuft. Gleich hinter dem Ort beginnt der Forstweg mit einem Fahrverbotsschild und Hinweistafeln auf den GR 20 bzw.

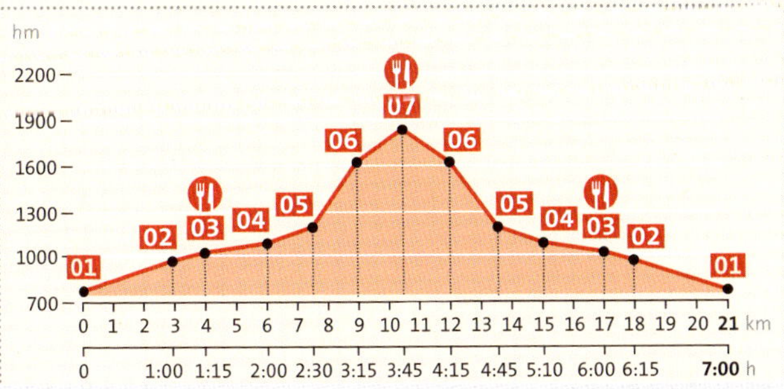

01 720 m, Canaglia; 02 942 m, Tollabrücke; 03 1011 m, Bergeries de Tolla; 04 1067 m, Quelle; 05 1200 m, Talschluss; 06 1609 m, Bergerie de Gialgo; 07 1842 m, Refuge de Petra Piana

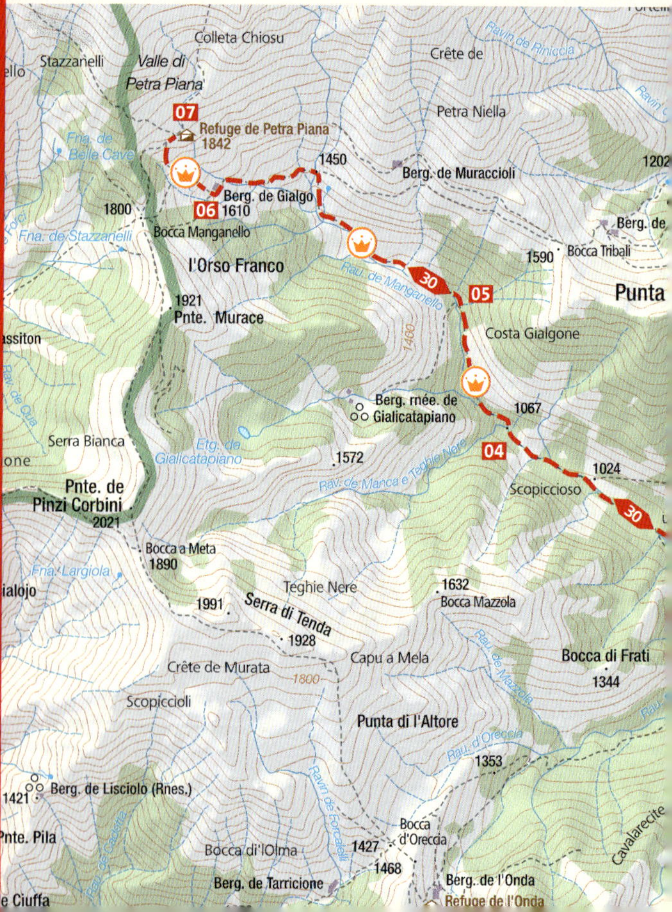

auf eine Variante des Weitwanderweges Mare a Mare Nord, dem wir eine Weile folgen. Nach einem Kilometer auf dem Forstweg und dem Passieren eines Eisengatters zweigt die Wanderroute in einer Linkskurve nach rechts ab und verläuft zunächst noch als breiter Weg zum Bachlauf hinunter. Wir wandern stets durch lichten Kiefernwald und haben das herrliche Bachbett mit zahlreichen Felsbecken und Gumpen im Blickfeld. Ab und zu sind Wegabschnitte durch Bachschutt verlegt, im Wesentlichen folgen wir aber stets dem rechten Ufer des Manganello. Dann führt die Trasse einige Meter über nackten Fels, ehe in einem Seitental der Ruisseau de Meli mit einem schleierförmigen Wasserfall über eine Felswand herabfließt und mehrere Kaskaden bildet. Wenig später erreichen wir die Weggabelung, bei der wir auf die Route des GR 20 treffen. Der Weitwanderweg kommt aus dem Manganellotal und verläuft nun entlang dem Ruisseau de Grottaccia aufwärts zur Refuge de L'Onda. Wir folgen dem GR 20 nach rechts und überqueren den Ruisseau de Grottaccia knapp vor dessen Mündung in den Manganellobach auf der **Tollabrücke** 02. Unterhalb der Brücke sind herrliche türkisblaue Felsbecken ausgebildet. Durch bewaldetes Gelände gelangen wir am Eingang des oberen Manganello-Tals nach 1:15 Std. Gehzeit zur **Bergeries de Tolla** 03 (1011 m), einer ehemaligen Alm, die zu einer Jausenstation umgebaut worden ist. Das einstige Wiesengelände ist dicht mit Adlerfarn verwachsen, dennoch weiden hier ein paar Pferde und ein Esel. Danach führt der breite Weg am linken Manganelloufer entlang in den herrlichen Kiefernwald hinein. Die bequeme Route steigt eine ganze Weile nur unmerklich an und kommt immer wieder an Bachgumpen und Kaskadenbecken vorbei. Nach etwas mehr als einer Stunde ab der Bergerie

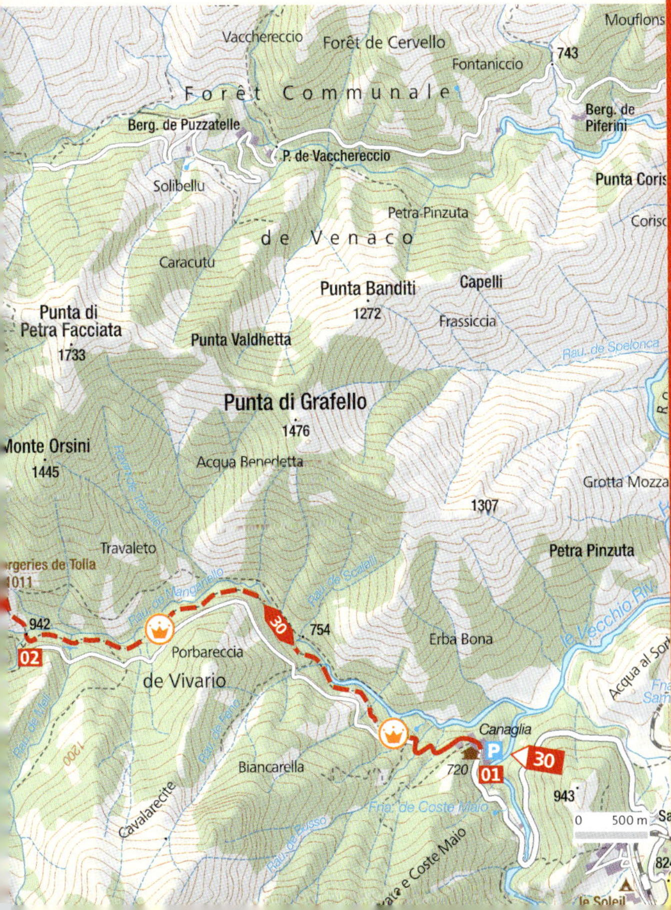

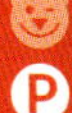
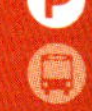

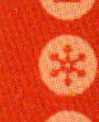

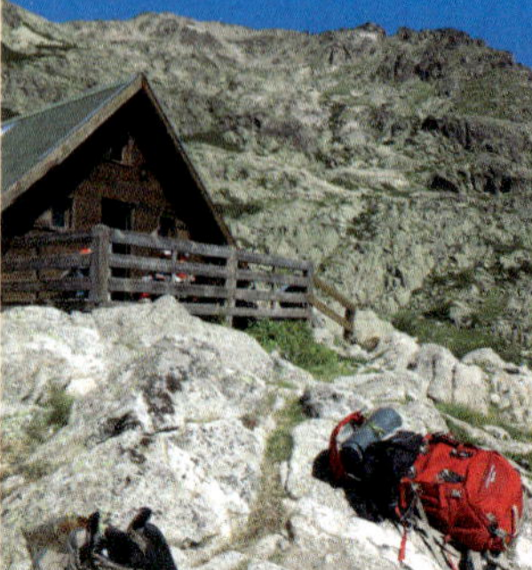

Die Petra-Piana-Schutzhütte

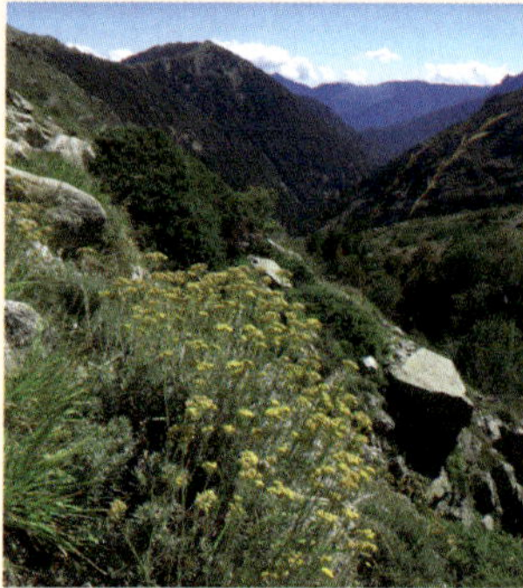

Hoch über dem Manganellotal

tritt rechts des Weges eine kleine **Quelle** 04 hervor, die in einem kleinen Steinbecken gefasst wird. Ab hier beginnt die Steigung zuzunehmen und die Route schwenkt im Verlauf des Tales nach Nordwesten. Der Wald tritt zurück, das Gelände wird felsiger und ist von Felsblöcken durchsetzt. Wir passieren eine kleine Steinhütte, danach müssen seichte Seitenbäche gequert werden.

Wir befinden uns im **Talschluss** 05 des Manganellotals, das mit mächtigen einzelnen Kiefern bestanden und von blanken Granitfelsen umgeben ist. Der Weg führt nach rechts aufwärts, um einen Seitenbach zu überqueren, und beginnt anschließend mit dem Aufstieg über eine steile Geländestufe bis zur **Bergerie de Gialgo** 06 (1609 m). Die Trasse ist mit Steintreppen und zahlreichen Serpentinen ausgebaut, zuletzt ist in dichtem Grünerlengestrüpp ein Bach zu queren. Die Alm von Gialgo dient im Sommer als Ausweichquartier, wenn die Refuge de Petra Piana zu überfüllt ist. Nun steht noch der letzte Aufstieg zur Hütte an, der durch felsiges Gelände steil aufwärtsführt und fast 250 Höhenmeter überwindet.

Bis zuletzt ist die Hütte, die auf einer Felsterrasse hoch über dem Manganellotal und zu Füßen des Monte Rotondo liegt, nicht einzusehen. Hat man die Geländeterrasse erreicht, führt ein Quergang durch Grünerlen zur **Refuge de Petra Piana** 07 (1842 m) hinüber. Diese besteht aus einem Hauptgebäude mit dem Bettenlager, einem Dienstgebäude, das einer Alm gleicht und in dem die Verpflegung zubereitet wird sowie einem Dusch- und WC-Gebäude, natürlich nur mit Kaltwasser. Die Hütte dient als beliebter Aufenthaltsort für Wanderer auf dem GR 20, aber auch zur Besteigung des Monte Rotondo. Der Rückweg erfolgt auf derselben Route.

Wer auf der Hütte übernachtet, kann der Alpinvariante des GR 20 folgen, die dem Kamm westlich des Manganellotals entlangführt. Dabei sind zweimal Anstiege zu Gipfeln wie der Punta Murace (1921 m) oder dem Pinzi Corbini (2027 m) zu überwinden. Die Route trifft bei der Refuge de L'Onda auf die Hauptroute des GR 20, der man durch das Grottacciatal abwärts bis zur Tollabrücke folgt und über die Variante des Mare a Mare Nord nach Canaglia zurückkehrt.

IM MANGANELLOTAL

Anschlusstouren zwischen Monte d'Oro und Pietra-Piana-Hütte

  9,5 km  5:30 h  1060 hm  175 hm  2250

START | Pont de Tolla (970 m)
[GPS: UTM Zone 32 x: 508.339 m y: 4.668.424 m]
CHARAKTER | Zuerst einfache Talwanderung dem Fluss entlang, dann klassischer Hüttenanstieg. Im baumfreien Gelände alpiner Pfad, Trittsicherheit ist erforderlich; Schneefelder in den Hochlagen bis in den Sommer möglich.

Diese Wanderung stellt eine Verbindung der beiden Touren zur Petra-Piana-Hütte (Tour 30) sowie zum Monte d'Oro (Tour 28) dar und bietet die Möglichkeit, in der Bergwelt von Vizzavona zwei- oder dreitägige Wanderungen zu unternehmen. Der erste Teil des Weges ist mit der Wanderung zur Petra-Piana-Hütte identisch. Etwa 10 Minuten nach der Cascade de Meli erreichen wir sozusagen den Ausgangspunkt, die **Pont de Tolla 01**. Während die Route zur Petra-Piana-Hütte nach rechts über den Fluss führt, wenden wir uns dem Bergweg zu, der nach links ansteigt. Wir verlassen das Manganellotal und folgen nun dem Tal des Ruisseau de Grottaccia. Es handelt sich dabei um einen Abschnitt des GR 20, der

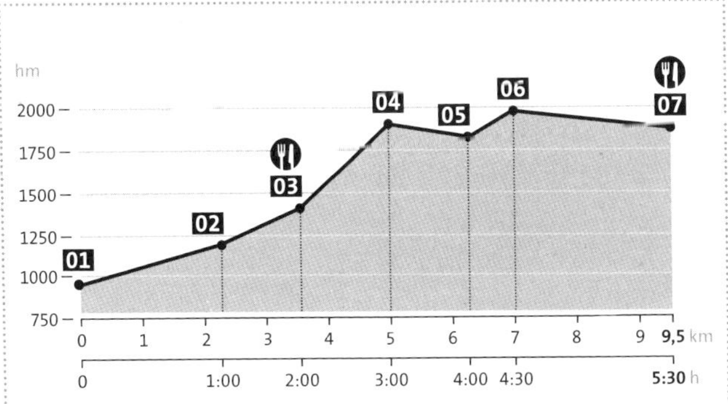

01 965 m, Pont de Tolla; 02 1210 m, Querung; 03 1430 m, Refuge de l'Onda; 04 1928 m, Crête de Murata; 05 1890 m, Bocca a Meta; 06 2021 m, Punta de Pinzi Corbini; 07 1842 m, Petra-Piana-Hütte

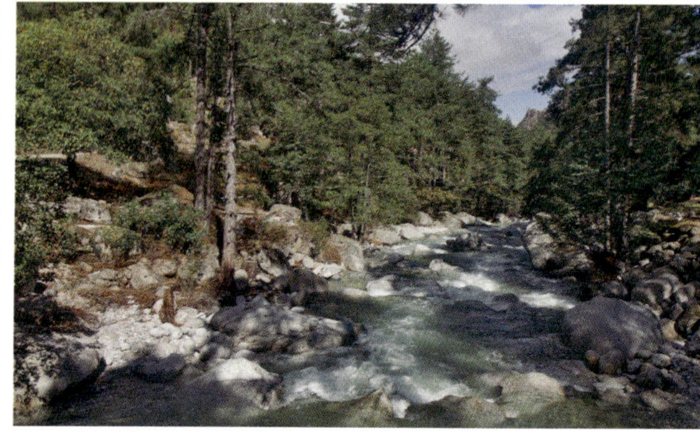

Der wildreiche Manganello-Bach im ersten Abschnitt der Wanderung

aus dem hinteren Manganellotal kommend über diese Route wieder zurück in die Bergwelt zieht. Nach wenigen Minuten überqueren wir eine Forststraße und folgen nun dem Weg, der weiter zum Bach rückt. Mit mäßiger Steigung wandern wir durch den herrlichen Kiefernwald aufwärts. Bei 1190 Höhenmetern kommen wir links des Weges an einer Quellfassung vorbei. Weiter gewinnen wir unter gewaltigen Exemplaren an Lariciokiefern an Höhe, während sich der Pfad vom Bachlauf entfernt. Nach einigen Zickzackkurven und der **Querung** **02** von zwei Bachläufen durchqueren wir etwa 20 Minuten vor unserem Ziel einen Buchenhain und kommen knapp unterhalb der Refuge zu den Bergeries de l'Onda. Nach weiteren 5 Minuten erreichen wir die kleine **Refuge de l'Onda** **03** (1430 m), die 16 Schlafplätze bietet und im Sommer auch kleine Zelte verleiht.

Hier gilt es zu entscheiden, welchen Weg man einschlägt, um die Tour fortzusetzen. Wer eine ausgedehnte Tagestour unternehmen will, kann von der Hütte in südlicher Richtung steil zur Punta de Muratello (2064 m) ansteigen und damit der Normalroute des GR 20 folgen. Der Weg geht bald in felsiges Gelände über und zieht der Scharte entgegen, auf der sich auch die Abzweigung des Aufstiegsweges zum Monte d'Oro befindet. Der Abstieg von der Scharte ist mit der zweiten Weghälfte der Monte d'Oro-Besteigung iden-

Die Pont de Tolla im Manganello-Tal

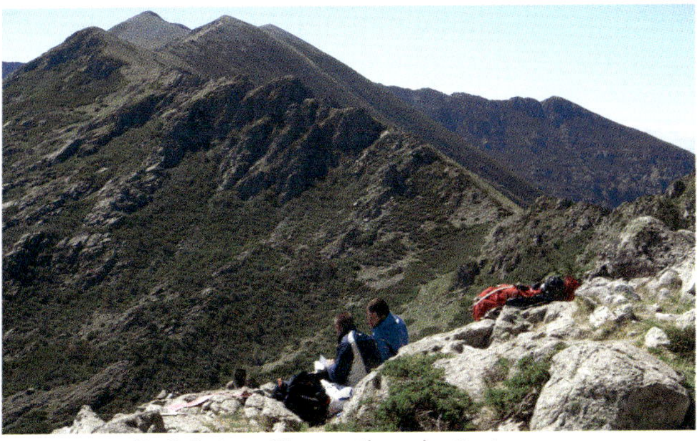

Die Route verläuft fast zur Gänze entlang des Grats

tisch, die bei Tour 28 beschrieben wird. Der langwierige Abstieg verläuft durch ein bizarres Tal mit vielen Blöcken und rauen Granitrücken, die Gletscher aus der Würmzeit zurückgelassen haben. Vorbei an zahlreichen Gumpen, Kaskaden und den 30 m m hohen Cascades des Anglais dringt der Weg schließlich in den Forêt de Vizzavona vor.

Andererseits bietet die Refuge de l'Onda auch die Möglichkeit, der alpinen Variante des GR 20 in nördlicher Richtung zu folgen und zur Refuge de Pietra Pana zu wandern.

Die über Kuppenhöhen verlaufende kürzere, aber anstrengendere Route bietet zwar schöne Aussichten auf die Bergwelt südlich des Monte Rotondo, es können aber bis in den Sommer hinein Schneefelder vorhanden sein. Bei klarem Wetter erlaubt der auf Französisch „Pointe de Pinzi Corbini" genannte höchste Punkt der Route sogar den Blick bis zum Meer. Ferner gibt es weder Quellen, noch Schatten, sodass ein früher Aufbruch empfehlenswert ist. Die kürzere, aber anstrengendere Bergvariante enthält je zwei Anstiege und Abwärtspassagen und sollte bei schlechtem Wetter nicht gewählt werden. Wir folgen von der Hütte weg dem orange markierten Pfad in nördlicher Richtung und steigen steil zur Bocca d'Oreccia (1427 m) an. Von dort zieht die Route dem Grat entlang über die **Crête de Murata** **04** (1928 m), den **Bocca a Meta** **05** (1890 m) und die **Punta de Pinzi Corbini** **06** bis zur Punta Murace (1921 m) und weiter zur Bocca Manganello, die bereits auf Höhe der Pietra-Pana-Hütte liegt. Nach wenigen Minuten erreichen wir durch etwas Blockwerk und über kleine Bachläufe hinweg die herrlich gelegene **Petra-Pana-Hütte** **07** auf 1842 m Seehöhe.

Nach einer Übernachtung lässt sich der Monte Rotondo von der Südseite besteigen (4–5 Std. hin und retour, alpiner Steig mit leicht ausgesetzten Passagen) oder wir treten den Rückweg nach Canaglia über die Route der Tour 30 an. In jedem Fall lohnt es sich aber, diesen Logenplatz inmitten der korsischen Bergwelt zu genießen oder gar ein bis zwei Tage hier zu verweilen.

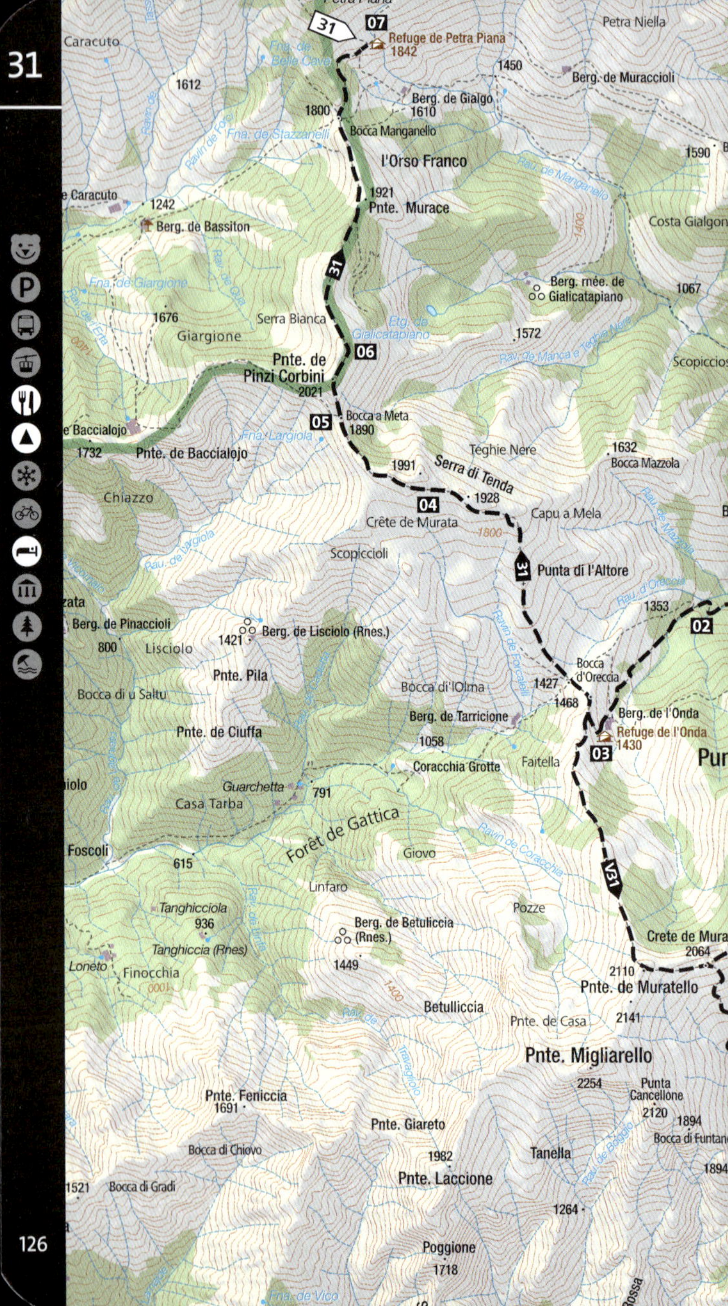
Petra Piana
Refuge de Petra Piana 1842
Petra Niella
Caracuto
Fna. de Belle Cave
1612
1450
Berg. de Muracciuli
Berg. de Gialgo 1610
1800
Bocca Manganello
Fna. de Stazzanelli
Ravin de Foce
l'Orso Franco
1590
Rau. de Manganello
Caracuto
1242
1921
Pnte. Murace
Berg. de Bassiton
Costa Gialgone
Fna. de Giargione
Rau. de Qua
Berg. rnée. de Gialicatapiano
1067
1676
Serra Bianca
Giargione
Etg. de Gialicatapiano
1572
Rav. de Manca e Teghie Nere
Scopiccios
Pnte. de Pinzi Corbini
2021
Bocca a Meta 1890
Baccialojo
Fna. Largiola
1732
Pnte. de Baccialojo
Teghie Nere
1632
Bocca Mazzola
1991
Serra di Tenda
1928
Chiazzo
Capu a Mela
Crête de Murata
1800
Rau. de Largiola
Scopiccioli
Punta di l'Altore
Rau. d'Oreccia
1353
Berg. de Pinacciuli
1421
Berg. de Lisciolo (Rnes.)
800
Lisciolo
Ravin de Forcaletti
Bocca d'Oreccia
Pnte. Pila
1427
Bocca di u Saltu
Bocca di l'Olma
1468
Berg. de l'Onda
Berg. de Tarricione
Refuge de l'Onda 1430
Pnte. de Ciuffa
1058
Coracchia Grotte
Faitella
Guarchetta
791
Casa Tarba
Forêt de Gattica
Foscoli
Ravin de Coracchia
615
Giovo
Linfaro
Tanghicciola
Pozze
936
Berg. de Betuliccia (Rnes.)
Crete de Murata
2064
Tanghiccia (Rnes)
Loneto
Finocchia
1449
2110
Pnte. de Muratello
1400
Betulliccia
Pnte. de Casa
2141
Pnte. Migliarello
2254
Punta Cancellone
2120
1894
Bocca di Funtane
Pnte. Feniccia
1691
Pnte. Giareto
Bocca di Chiovo
Tanella
1982
Pnte. Laccione
1894
1521
Bocca di Gradi
1264
Poggione
1718
Fna. de Vico

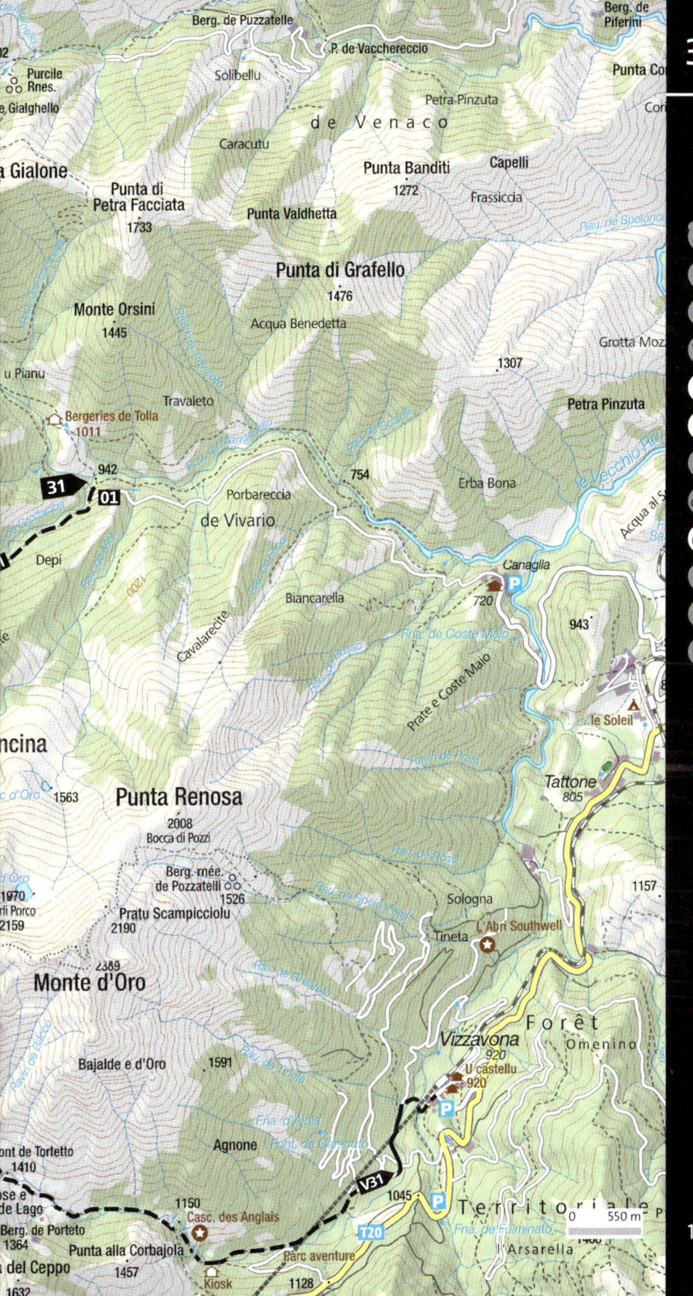

Forêt Communale
Berg. de Puzzatelle
Berg. de Piferini
P. de Vaccherecciо
Purcile Rnes.
Gialghello
Solibellu
Petra-Pinzuta
de Venaco
Caracutu
Gialone
Punta Banditi
1272
Capelli
Frassiccia
Punta di Petra Facciata
1733
Punta Valdhetta
Punta di Grafello
1476
Monte Orsini
1445
Acqua Benedetta
Grotta Moz
1307
Petra Pinzuta
u Pianu
Travaleto
Bergeries de Tolla
1011
942
754
Erba Bona
31
01
Porbareccia
de Vivario
Depi
Canaglia
720
Biancarella
943
Cavalarecite
Prate e Coste Maio
le Soleil
ncina
Tattone
805
1563
Punta Renosa
2008
Bocca di Pozzi
Berg. rnée. de Pozzatelli
1526
1970
2159
Pratu Scampicciolu
2190
Sologna
1157
L'Abri Southwell
Tineta
2389
Monte d'Oro
Forêt
Vizzavona
920
Omenino
U castellu
920
Bajalde e d'Oro
1591
Agnone
Font. de Caracuto
1410
1150
V31
1045
Territoriale
de Lago
Casc. des Anglais
T20
Berg. de Porteto
1364
Punta alla Corbajola
Parc aventure
Arsarella
1457
Kiosk
1128
1632
0 550 m

VON VIVARIO NACH VENACO

Vielfältige Wanderung am Rande des Parc Régional

  15 km 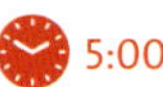 5:00 h  700 hm 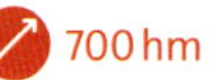 730 hm  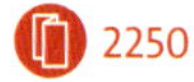 2250

START | Vivario, Bahnhof (650 m)
[GPS: UTM Zone 32 x: 513.920 m y: 4.669.552 m]
CHARAKTER | Ausgedehnte Streckenwanderung auf Waldwegen, Macchienpfaden, Wirtschaftswegen und Dorfstraßen; die Orientierung verlangt etwas Erfahrung, eine Karte sollte unbedingt mitgenommen werden; meist schattenlos; die Wege können stellenweise überwuchert sein.

Eine abwechslungsreiche Streckenwanderung verläuft durch die zwar grüne, aber wie ein Tuch gefaltete Landschaft am Ostrand des zentralen Gebirgszuges zwischen Corte und der Passhöhe bei Vizzavona. Die Route folgt einer Variante des Weitwanderweges Mare a Mare Nord, weshalb uns stellenweise orange Markierungen begleiten.

Das schmucke Örtchen Vivario direkt an der N 193 und der Eisenbahnlinie Ponte Leccia–Ajaccio gelegen, schmiegt sich in die wellige Landschaft am Ostabfall der zentralen Gebirgskette und lässt den Turm der Kirche Saint-Pierre aus dem grünen Saum der bewaldeten Hügel ragen. Im Frühjahr nehmen die baumfreien Hänge das Gelb des Ginsters wie einen

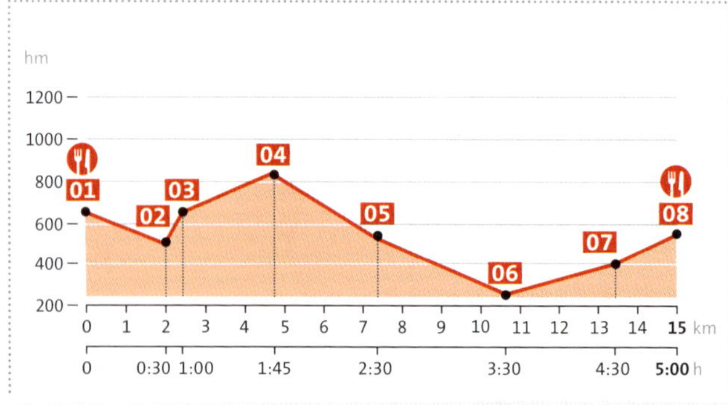

01 650 m, Vivario, Bahnhof; 02 500 m, Talboden; 03 650 m, Kapelle Santa Maria d'Arca; 04 824 m, Pass Bocca Murella; 05 520 m, Noceta; 06 247 m, Pont de Noceta; 07 400 m, Piobicobach; 08 650 m, Venaco, Bahnhof

goldgelben Überzug an, während die Luft vom Duft der ätherischen Öle erfüllt ist. Diese Wanderung ist eine der wenigen, wo wir die Eisenbahn als Transportmittel verwenden können, denn die Tour startet und endet bei einem Bahnhof der „Micheline". Heute verkehren moderne Triebwägen, die Frequenz der Züge wurde nach der Generalüberholung der Gleisanlagen auch deutlich gesteigert. Es empfiehlt sich bei solchen Touren immer, die Bahnfahrt zuerst zu unternehmen und zu seinem Auto zurückzuwandern, das spart Stress und vermeidet, dass der Fahrplan zum Antreiber während des Wanderns wird. So kann man die Reize der Tour besser genießen.

▶ Wir starten in **Vivario** am **Bahnhof** 01, der etwas nördlich des Ortes liegt und wandern zunächst auf der Dorfstraße in südlicher Richtung mit Blick auf den Kirchturm retour. Autofahrern wird nicht der Ort selbst, sondern die weit ausladende Straßenbrücke etwas nördlich bekannt sein, die den tief eingeschnittenen Vecchiu überquert und im Hintergrund vom Eisenbahnviadukt begleitet wird. Wir folgen dem kurvigen Straßenverlauf durch den Ort und biegen nach einer engen Linkskurve nach links in eine Seitenstraße ein. Diese bringt uns nach einer Rechtskurve aus dem Ort in die grünen Hänge hinein, die zunächst mit Macchie bewachsen sind. Bald folgt die Querung der Bahnstrecke, die dem Taleinschnitt des Forcaticcio-Flusses folgt und eine sogenannte Kehrschleife absolviert, um den Höhenunterschied zu bewältigen. Deshalb treffen wir nach wenigen Hundert Metern wieder auf den Gleiskörper, der nun etwas tiefer

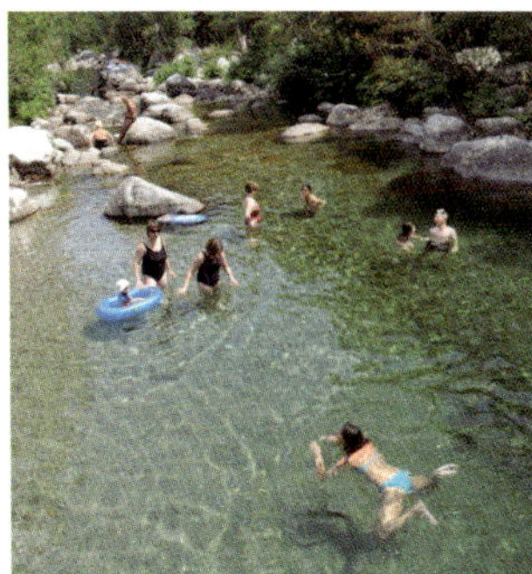

Badegumpen an der Pont Noceta

aus der Talung herausläuft. Gegenüber tritt unser Wanderweg in den schattigen Eichen- und Buchenwald ein und strebt dem **Talboden** 02 mit den beiden Armen des Santa-Maria-Baches entgegen. Nach der Überquerung folgen wir dem Hohlweg, der mit vielen kleinen Kehren die erste Anstiegspassage einleitet. Die Route führt uns zur **Kapelle Santa Maria d'Arca** 03, wenig später wenden wir bei einer Weggabelung scharf nach links und folgen dem Pfad in nördlicher Richtung. Bald kommen wir am Weiler Arca vorbei, der aufgelassen und im Verfallen begriffen ist. Danach wechselt der Weg ins baumfreie Gelände und strebt dem aussichtsreichen **Pass Bocca Murella** 04 (824 m) entgegen, der zugleich der höchste Punkt dieser Tour ist. Hier öffnet sich der Blick auf die höchsten Berge der Insel, die im Westen aufragen und die Kulisse zur sanfteren Landschaft der Vorberge bilden.

An den Osthängen der Pointe d'Occhio Vario geht es munter durch Macchiengelände abwärts in Richtung Noceta. Nach der Querung eines Waldstreifens wandern wir durch die alte Kulturlandschaft stets nordwärts.

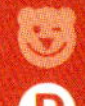
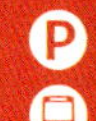

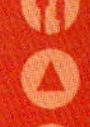
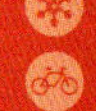
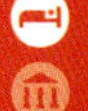
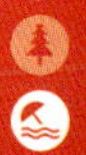

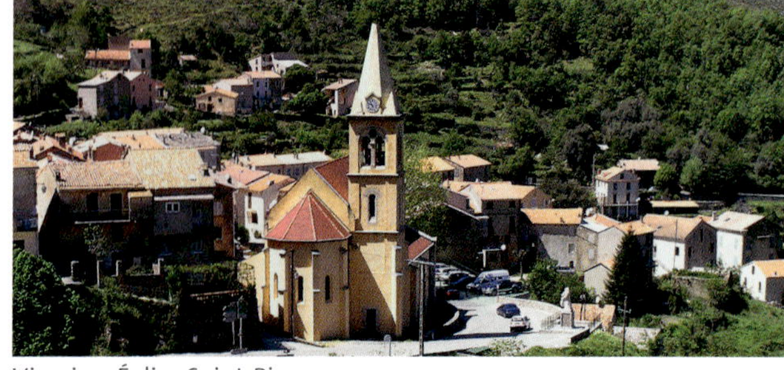
Vivario – Église Saint-Pierre

Nach gut 45 Minuten bleiben wir bei einer Weggabelung auf dem linken Pfad, der eine Straßenkehre abschneidet. Bei der nächsten Kreuzung wenden wir uns dem Fahrweg nach rechts zu, der nach **Noceta** 05 (520 m) führt. In dem einsamen Ort leben etwas mehr als 60 Korsen, als einzige Sehenswürdigkeit gilt der Brunnen mit dem korsischen Wappen, der aus runden Kieselsteinen gefertigt ist. Wir durchqueren den Ort parallel zur Hauptstraße, kreuzen die D 43 und lassen uns von den orangen Markierungen den Einstieg der Fortsetzung anzeigen. Nach einigen Hundert Metern treffen wir wieder auf die D 43 und folgen ihr ein wenig in nördlicher Richtung. Dann biegt ein Pfad nach rechts ab und führt abwärts ins Tal des Cardiglione. Parallel zum Fluss wandern wir am Fuß eines Höhenzuges weiterhin in nördlicher Richtung durch Buchenwald der Pont de Noceta entgegen. Zuvor mündet der Feldweg bei einem Holzgatter in die D 43, der wir nach rechts folgen und über die **Pont de Noceta** 06 den Vecchiu überqueren. Der tief ins Granitgestein eingeschnittene Fluss hat hier herrliche Felsbecken gebildet, die auch von den Einheimischen gerne zum Baden aufgesucht werden. Der D 43 noch ein kurzes Stück folgend, gelangen wir zur Straßenkreuzung auf der Nordseite des Flusstales, an der wir uns der nach links verlaufenden D 143 zuwenden. Wenig später führt die orange markierte Route nach links von der Straße weg, um oberhalb des Vecchiu bald Waldgelände, dann altes Kulturland quert. Nach einer Rechtsbiegung rückt zum ersten Mal Venaco ins Bild, das in den Hängen zu Füßen des Monte Cardo unser Ziel darstellt. Noch sind etwas mehr als 2 Kilometer zurückzulegen, wobei der nun teilweise schattige Weg zum **Piobicobach** 07 hinabführt. Nach dessen Überquerung folgt der letzte Anstieg hinauf nach Venaco. Bei einem Holzschild mit der Aufschrift „Pont de Noceta" haben wir die D 43 am unteren Dorfrand erreicht. Nach wenigen Metern biegen wir nach rechts in eine aufwärtsführende Gasse ein, die uns an alten Steinhäusern vorbei hinauf in den Ort bringt. Dabei bemerken wir nicht, dass die Bahnlinie mit einem Tunnel das Dorf unterquert. Die Betonpiste führt nach rechts zur Zufahrt zum **Bahnhof** von **Venaco** 08 (650 m), den wir nochmals nach rechts nach Durchlaufen einer S-Kurve erreichen.

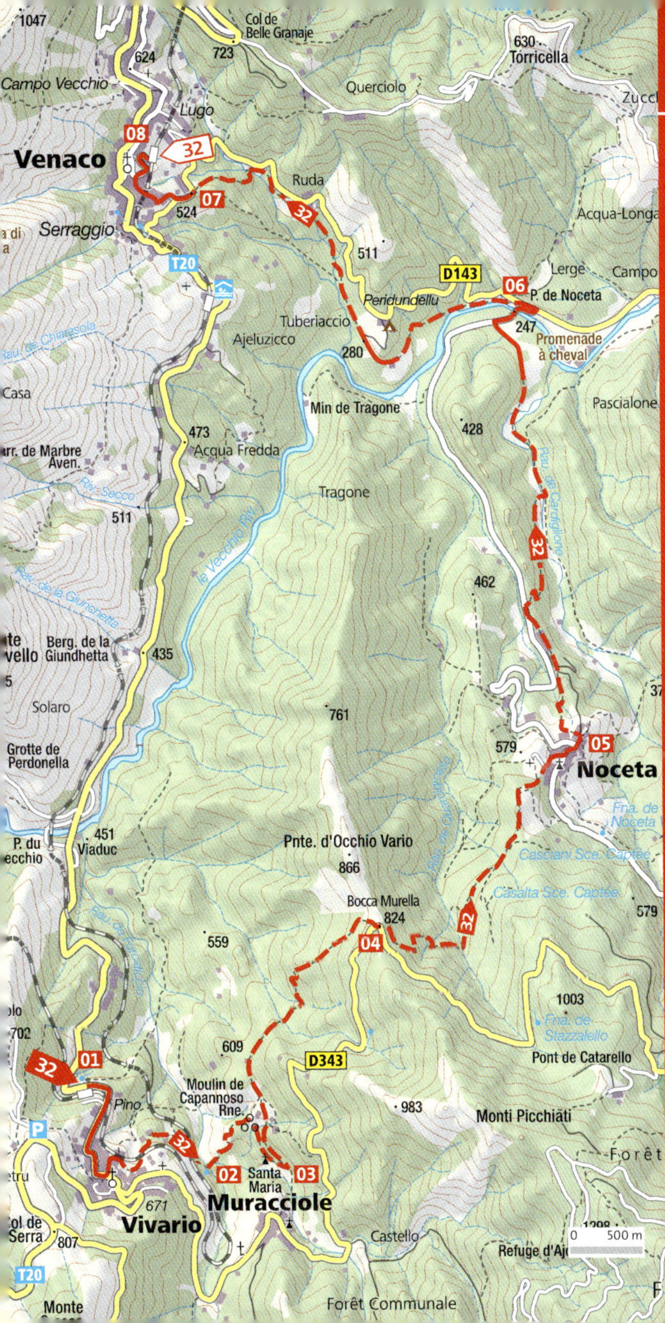

Venaco
Lugo
Campo Vecchio
Serraggio
Col de Belle Granaje
Querciolo
Torricella
Ruda
Acqua-Longa
Lerge
Campo
D143
P. de Noceta
Peridundellu
Tuberiaccio
Ajeluzicco
Promenade à cheval
Pascialone
Min de Tragone
Acqua Fredda
Tragone
Berg. de la Giundhetta
Solaro
Grotte de Perdonella
P. du Vecchio
Viaduc
Noceta
Pnte. d'Occhio Vario
Bocca Murella
Monti Picchiati
Pont de Catarello
D343
Moulin de Capannoso Rne.
Santa Maria
Muracciole
Vivario
Pino
Castello
Refuge d'Aj
Forêt Communale
Monte
T20

MONTE ROTONDO

Der zweithöchste Berg Korsikas

 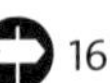 16 km  8:30 h  1650 hm  1650 hm 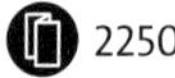 2250

START | Restonicatal bei der Pont de Tragone (943 m), 10,5 km von Corte, wenige Parkplätze nur bei der Bar „Chez Cesar"; beim Ausgangspunkt des Wanderweges keine Parkmöglichkeit [GPS: UTM Zone 32 x: 505.767 m y: 4.678.057 m]

CHARAKTER | Klassische Gipfeltour zuerst auf teils steilen Wald- und Bergpfaden bis zum Lac del'Oriente, danach anstrengender Aufstieg durch Fels und über Grobblock bis zum Gipfel, der Abschnitt ab dem See ist mit Steinmännchen und Farbpunkten gut gekennzeichnet; durch den großen Höhenunterschied anstrengend, Trittsicherheit absolut erforderlich, jedoch keine ausgesetzten Wegstellen.

Das wildreiche Restonicatal, das von Corte aus die Bergwelt einschneidet, ist Ausgangspunkt für die Besteigung des zweithöchsten Berges der Insel, des Monte Rotondo (2622 m). Der Berg galt lange Zeit als höchster Berg Korsikas, bis eine genaue Vermessung des Monte Cinto knapp 80 Höhenmeter mehr ergab. Die Tour kann dennoch als eine Wanderung der Superlative bezeichnet werden, denn sie beinhaltet alles, was sich Bergfreunde von einer Gipfelbesteigung erwarten. Trotz des großen Höhenunterschiedes, den es zu überwinden gilt, gestaltet sich der Aufstieg nicht allzu schwierig. Voraussetzungen sind, dass man genügend Kondition mitbringt und die nordexponierten Hänge unterhalb des Gipfelaufbaus

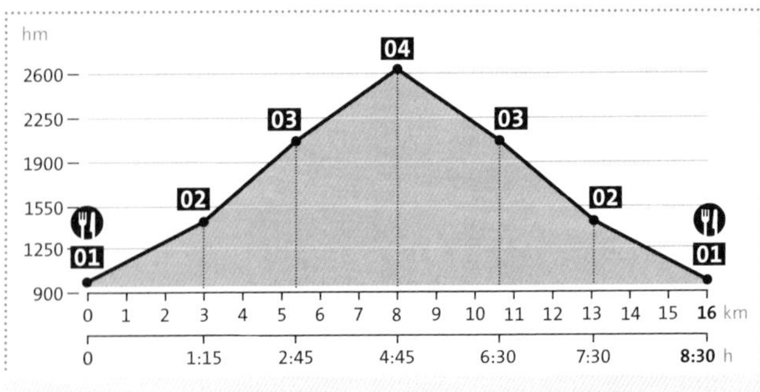

01 943 m, Pont de Tragone; **02** 1513 m, Bergerie de Timozzo; **03** 2061 m, Orientesee; **04** 2622 m, Monte Rotondo

schneefrei sind. Wer es nicht bis zum Gipfel schafft, dem bietet sich mit dem Lavu el Oriente ein sehr lohnendes Ziel. Der Gletschersee liegt inmitten einer sonnendurchfluteten Wanne und wird von saftig grünen Wiesen umgeben.

▶ Der Aufstiegsweg lässt sich in drei Abschnitte unterteilen. Der erste beginnt am Ausgangspunkt im Restonicatal bei der **Pont de Tragone** **01**. Eine schmale Forststraße führt ins Tal des Timozzo hinein. Nach 100 m kommen wir zu einem Schranken. Wir folgen nun dem Bachlauf, bis die Bergerie de Timozzo erreicht ist. Der mäßig steile Aufstieg überwindet 550 Höhenmeter, immerhin bereits ein Drittel des Gesamtanstieges. Der Weg wird zunehmend steiler und verläuft über zahlreiche Serpentinen aufwärts, bis wir zu einer Weggabelung kommen. Der linke Pfad bringt uns zum Almgelände der **Bergerie de Timozzo** **02** (1513 m). Diese Ziegenalm besteht aus einigen grauen Steinhäuschen und liegt in bereits baumfreiem Gelände inmitten eines Talkessels. Der zweite Abschnitt verläuft nun vermehrt durch baumfreies Gelände, wobei wir den roten Pfeilen folgen. Berberitze, Adlerfarn und verschiedene Ginster bilden nun den Bewuchs. Die Route führt wieder auf das Bachtal des Ruisseau Timozzo zu und überwindet ein Steilstück. Knapp vor dem See wird das Gelände felsiger, während wir den Bachlauf nochmals queren. Über einen felsigen Rücken erreichen wir die von den eiszeitlichen Gletschern ausgeschürfte Wanne, in der sich der **Orientesee** **03** aufgestaut hat (2061 m). Hier eröffnet sich ein herrliches Panorama, da diese halbkreisförmige Karstufe vom nochmals 600 m höheren Monte Rotondo an der Südseite abgeschlossen wird.

Bis zum See führt ein deutlicher Bergpfad, der nun im alpiner werdenden Gelände an Steinmännchen zu erkennen ist und teilweise über Geröllfelder und Felsplatten führt. Wegen der Nordexponierung kann sich hier lange Schnee zwischen den Grobblöcken halten, der den Aufstieg erschwert. Wir folgen dem Westufer des Sees, um in das seitlich herabführende Couloir zu gelangen. Wir müssen genau auf die Steinmännchen, Trittspuren und Farbmarkierungen achten, dann gestaltet sich der Anstieg weit einfacher, als es auf den ersten Blick angesichts der urweltlichen Landschaft den Anschein hat. Zu Beginn begleitet uns noch ein wenig Grünerlengebüsch, dann folgen Grobblockhalden und steile Schuttrinnen, in denen wir uns zügig in die Höhe arbeiten. Ein paar Serpentinen, die im lockeren Schutt ausgetreten wurden, helfen dabei. Die Rinne endet unterhalb des Grates, der sich zum Gipfel auftürmt. Hier müssen wir durch mächtige Felsblöcke hindurchkraxeln, um auf die Südseite des Gipfels zu wechseln. Das Gelände ist hier wesentlich einfacher zu begehen, sodass die letzten 30 Höhenmeter kein Problem darstellen. Am **Monte Rotondo** **04** (2622 m) hat man aus Grobblöcken eine kleine Plattform mit einem Wall errichtet. So können wir den grandiosen Ausblick – einen umfassenden Rundblick in alle Himmelsrichtungen – gefahrlos erleben.

In einer Senke unterhalb des Gipfels hat man eine einfache Schutzhütte mit Wellblechdach angelegt, um ein wenig Unterschlupf bei widrigen Witterungsbedin-

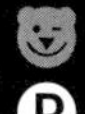

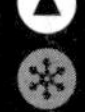

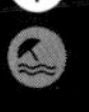

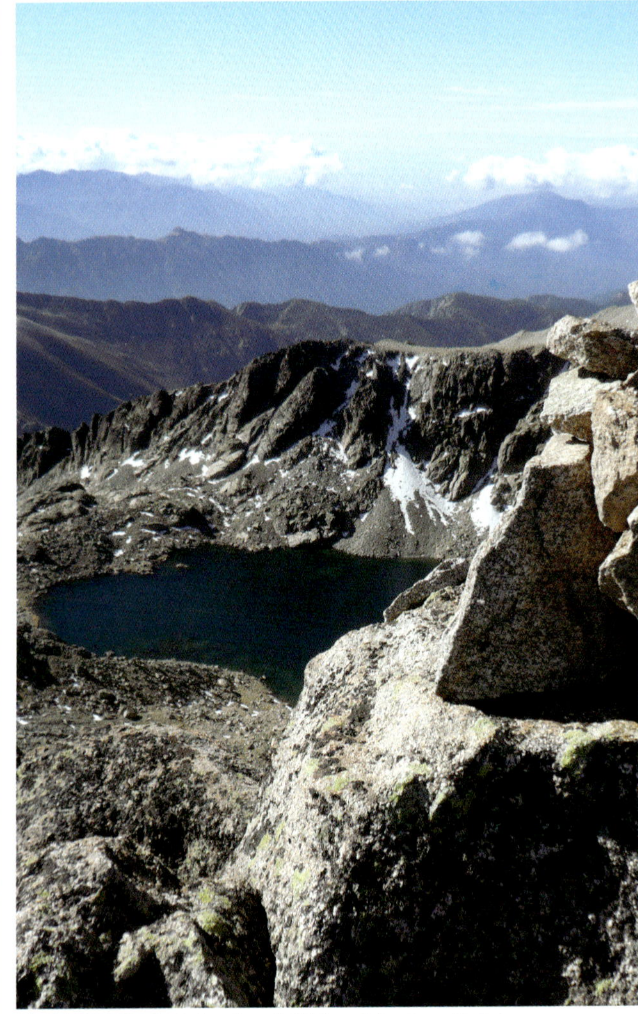
Gipfel des Monte Rotondo mit Blick auf den Lavu Bellebone

gungen zu bieten. Man könnte auf der Südseite des Gipfels in etwa zwei Stunden zur Petra-Piana-Hütte absteigen, wobei diese Route am ebenfalls gletschergeformten Lavu Bellebone vorbeiführt. Wir kehren aber am selben Weg ins Tal zurück, wobei wir bei der Bergerie de Timozzo einen direkten Verbindungsweg als Abkürzung wählen können, um das Almgelände zu umgehen.

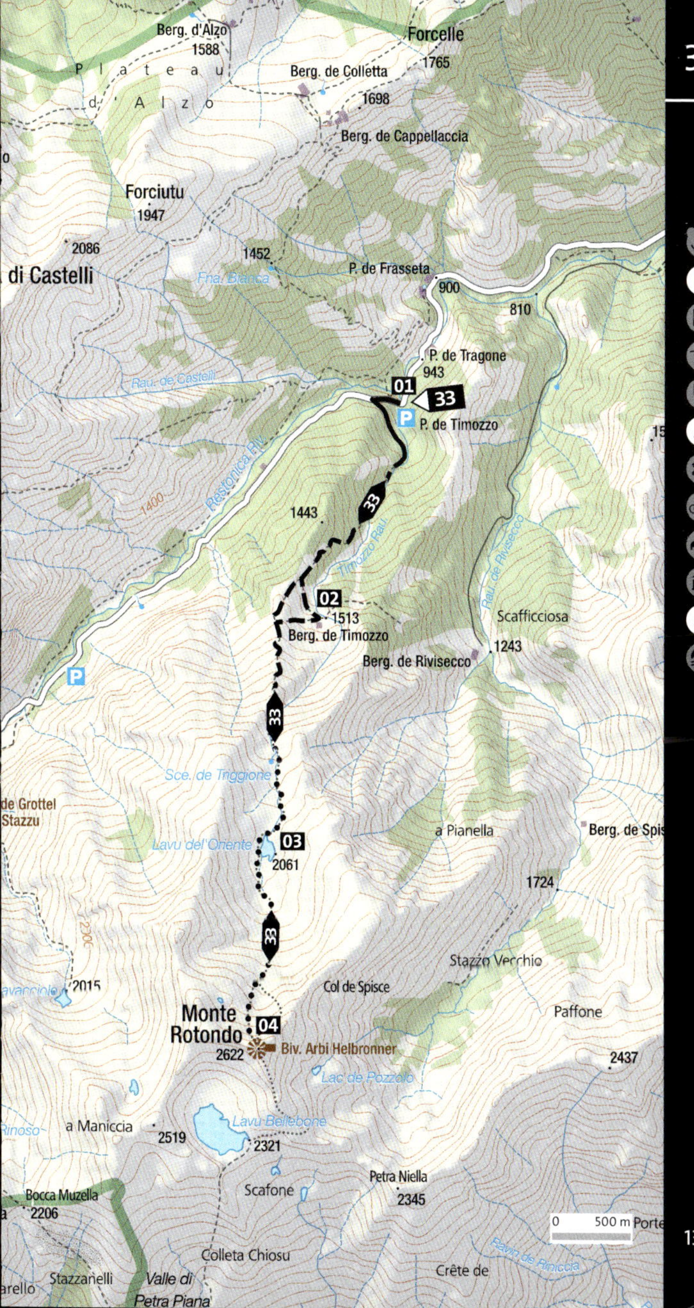
Man. Forest
Berg. d'Alzo
1588
Plateau d'Alzo
Forcelle
1765
Berg. de Colletta
1698
Berg. de Cappellaccia
Forciutu
1947
2086
di Castelli
1452
Fna. Bianca
P. de Frasseta
900
810
P. de Tragone
943
Rau. de Castelli
01
33
P. de Timozzo
Restonica Flv.
1400
1443
Timozzo Rau.
02
1513
Berg. de Timozzo
Rau. de Rivisecco
Scafficciosa
1243
Berg. de Rivisecco
Sce. de Triggione
de Grottel
Stazzu
Lavu dell'Oriente
03
2061
a Pianella
Berg. de Spis
1724
Stazzo Vecchio
2015
Col de Spisce
Paffone
Monte Rotondo
04
2622
Biv. Arbi Helbronner
2437
Lac de Pozzolo
a Maniccia
2519
Lavu Bellebone
2321
Bocca Muzella
2206
Scafone
Petra Niella
2345
0 500 m
Colleta Chiosu
Stazzanelli
Valle di Petra Piana
Crête de
Ravin de Rinicica

LAC DE MELO UND CAPITELLO

Im hintersten Restonicatal zu den schönsten Bergseen Korsikas

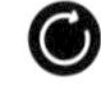 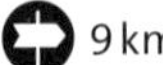 9 km  5:00 h 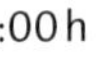  682 hm 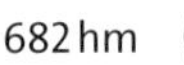  682 hm 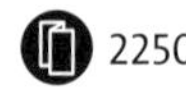 2250

START | Bergerie de Grottelle (1370 m)
[GPS: UTM Zone 32 x: 502.515 m y: 4.675.207 m]
CHARAKTER | Wanderung auf Bergpfaden durch das zentrale korsische Gebirgsmassiv; am Aufstieg zum Melosee sind an zwei Stellen durch Leitern gesicherte Steilstufen zu überwinden; ab dem Capitellosee befindet man sich in hochalpinem Gelände mit Durchquerung von Schuttrinnen und Passieren eines Gratweges; Trittsicherheit ist erforderlich, Schwindelfreiheit von Vorteil, jedoch ist keine Stelle des Weges ausgesetzt.

Ein beliebtes Ausflugsziel, das von Corte aus leicht erreicht werden kann, ist die wildromantische Restonicaschlucht, die westlich des Ortes in die zentrale Bergwelt führt. Die 17 Kilometer lange Straße verläuft teilweise einspurig durch das schluchtartige Tal bis hinauf zu den Grotelle-Almen, bei denen sich ein gebührenpflichtiger Parkplatz befindet. Im Sommer ist der Andrang so groß, dass die Straße untertags drei Kilometer nach Corte gesperrt wird und die Auffahrt nur noch mit Shuttlebussen möglich ist. Im Talschluss erwarten uns alpine Landschaften mit Gipfeln, Gletscherseen, herrlichen Laricio-Kiefernwäldern und einer farbenfrohen alpinen

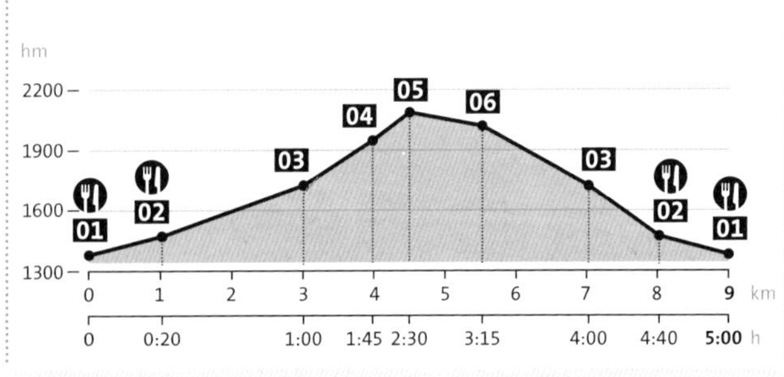

01 1370 m, Parkplatz; 02 1450 m, Bergerie de Melo; 03 1711 m, Melosee; 04 1930 m, Capitellosee; 05 2313 m, Scharte Punta alle Porta; 06 2052 m, Sattel Bocca a Soglia

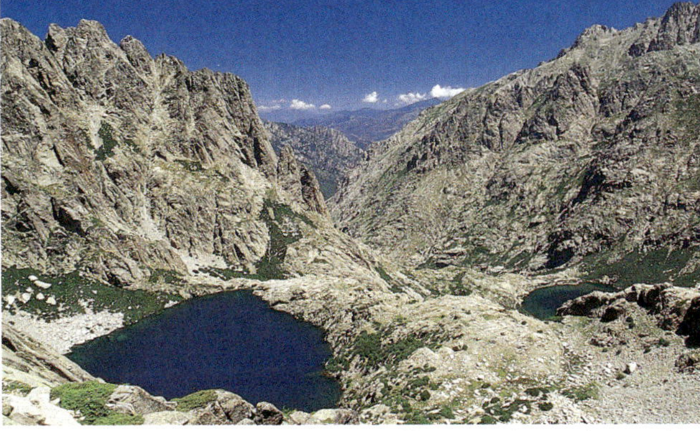

Das Panorama vom Aufstieg zur Punta alla Porta – im Vordergrund der Lac de Capitello, unterhalb der Lac de Melo

Vegetation. Das Tal steht seit 1966 unter Naturschutz und gehört zum Kerngebiet des Parc Naturel Régional de la Corse. Von den Grotelle-Almen führt ein sehr beliebter Wanderweg zum Lac de Melo, der in einer Gletschermulde der oberen Karstufe liegt. Man kann noch weiter zum Lac de Capitello ansteigen und mit einem Abschnitt des GR 20 eine kleine Rundtour durch die Bergwelt hoch über den beiden Gebirgsseen absolvieren.
Schon Ferdinand Gregorovius war 1852 von der Schönheit des Tales angetan, als er schrieb: „In der Nähe Cortes öffnet sich das Tal zu ziemlicher Breite, und da gedeihen Kastanien- und Walnussbäume am Wasser. Weiter hinauf wird es enger und enger, die Uferwände türmen sich schwarz und gigantisch zu beiden Seiten und tiefgrüne Urwälder von alten Kiefern und Lärchen umschatten sie." Damals war die schluchtartige Eintiefung zwischen der Gebirgskette des Venachese und dem Forêt de Tavignano ausschließlich den Wanderern vorbehalten. Durch den Bau der Fahrstraße gehört die Schlucht neben der Landschaft der Calanche zu den meist besuchten Naturattraktionen der Insel.

▶ Wir beginnen mit der Anfahrt in das 17 Kilometer lange Tal in Corte, das mit dem Burgberg und der Zitadelle zu den ältesten und interessantesten Städten Korsikas gehört. Das bald enger werdende Tal lässt auch die Fahrstraße schmäler werden, die ab dem kleinen Informationskiosk oberhalb des Campingplatzes als einspurige Bergstraße steil anzusteigen beginnt. Bald sind 700 Höhenmeter erreicht und wir kommen in eine immer bizarrer werdende Landschaft hinein. Mächtige Strandkiefern überziehen die schroffen Felsen, unterhalb der Straße rollt der tosende Gebirgsfluss durch die schluchtähnliche Talung. Bei der Pont de Frasseta (900 m) liegt der Startpunkt für die Wanderwege zum Alzo-Plateau, das den Übergang ins nördlich anschließende Tavignanotal ermöglicht. Über die Pont de Tragone (943 m) gelangen wir auf die südliche Talseite und erreichen nach dem Taleinschnitt

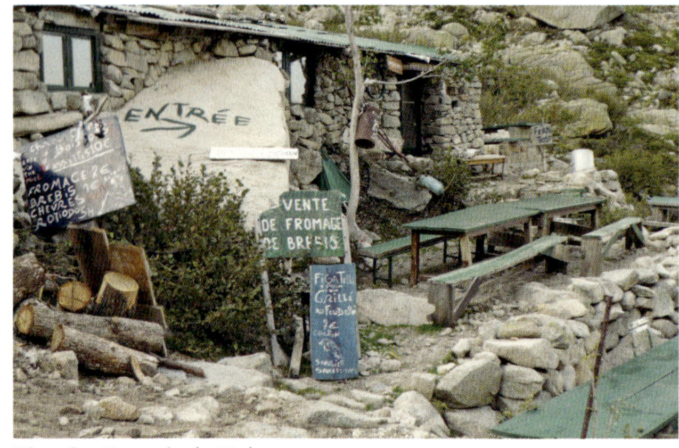

Die urige Bergerie de Melo

des Timozzo ein lang gezogenes Straßenstück, das mit mäßiger Steigung der Pont de Grotelle entgegenstrebt. Bei der Brücke (1260 m) beginnen die Bergpfade zum Monte Rotondo (2622 m, siehe Tour 33), der lange Zeit als höchster Berg Korsikas galt. Bald danach erreichen wir am orografisch linken Ufer die Grotelle-Alm (1370 m), die aus mehreren, in den Bergwiesen verstreut liegenden Steinhütten besteht.
Wir starten die Tour am Südende des **Parkplatzes** **01**, gehen hinter der Bar „U Stazzu" vorbei direkt in das wildromantische Trogtal hinein. Der viel begangene Pfad führt sogleich über Granitblockhalden und überquert Rinnen und Schuttkare. Bald treten auch die letzten mächtigen Lariciokiefern zurück, denn bei 1500 Meter Seehöhe ist die Baumgrenze erreicht. Nun verläuft der Weg immer wieder durch Grünerlengebüsch und erreicht nach einer halben Stunde Gehzeit die **Bergerie de Melo** **02**. Die bereits aufgelassene Alm versorgt im Sommer die Wanderer mit Hüttenkäse, Milch und einigen Getränken. Kurz danach haben wir bei einer Weggabelung die Wahl zwischen dem leichten und dem schwierigen Aufstieg zum Melosee. Für den Aufstieg folgen wir der schwierigeren Variante, die nach rechts ins steiler werdende Gelände führt und mit „Accès difficile" gekennzeichnet ist. Gleich danach müssen wir auf glatten Felsplatten, die mit Seilen gesichert sind, die Hände zu Hilfe nehmen. Wir arbeiten uns in dem steilen Gelände zur Karstufe vor, die den Melosee aufstaut und beinahe senkrecht vor uns aufragt. Man hat Leitern angebracht, um diese Barriere ohne größere Probleme überwinden zu können. Auf diese Weise schaffen wir es, schon nach einer Stunde Gehzeit vor dem Kessel des **Melosees** **03** zu stehen und das herrliche Gebirgspanorama zu genießen. Über dem Gewässer ragt der Gipfel des Pic Lombarduccio (2261 m) auf. Links davon schließt der Monte Rotondo die aufsteigende Kette des Capu a Chiostru ab. Im Hochsommer ermöglicht die angenehme Wassertemperatur so-

gar ein erfrischendes Bad, weshalb der See auch gerne als Ziel dieser kurzen Wanderung gewählt wird. Von hier aus ist es nicht weit bis zum etwas höher gelegenen Gebirgssee, dem Lac de Capitello. Der nun in steinigem Gelände verlaufende Bergpfad setzt sich rechts vom See fort und kommt an einer Schutzhütte der Parkverwaltung vorbei. Wir halten uns links, um nicht in die Schuttrinne Bréche de Goria zu gelangen, die vom Lombarduccio herabzieht. Nach zwei kurzen, einfachen Kletterpassagen überwinden wir nochmals eine steile Geländestufe und erreichen nach zwei Stunden das obere Karbecken am Nordrand des **Capitellosees 04** (1930 m).

Vom äußeren Rand der Felsbarriere, die den See an der Ostseite aufstaut, sieht man zum Melosee hinab. Hier können wir uns ein wenig mit der Entstehung der korsischen Gebirgsseen befassen: Korsika blickt auf eine intensive Vergletscherung zurück, die während der letzten Eiszeit einen Großteil des Inselzentrums bedeckt hatte. Zu dieser Zeit entstanden mehr als 40 Gletscherseen, zu denen auch Melo- (1711 m, 15,5 m tief) und Capitellosee (1930 m, 42 m tief) gehören. Die übereinanderliegenden Wannen wurden von einem sehr großen Gletscher ausgehobelt, der sich aus den zentralen Gebirgen kilometerweit ins Tal vorgeschoben und dabei auch die Restonicaschlucht gebildet hat. Als die Gletscher am Ende der Eiszeiten abzuschmelzen begannen, füllten sich die nun frei werden-

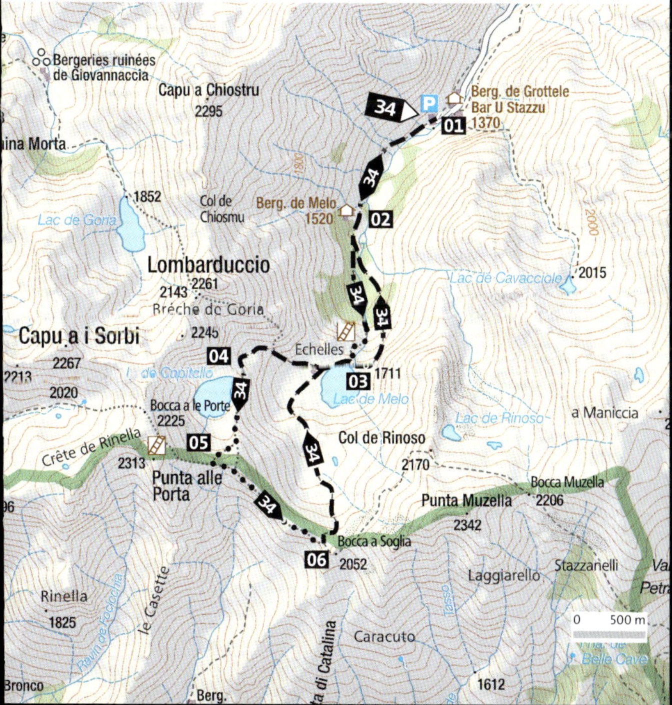

Museen

Das Musée Régional d'Anthropologie in der Citadelle von Corte befasst sich mit der Inselgeschichte und zeigt Wechselausstellungen zur zeitgenössischen korsischen Kunst mit den Themenschwerpunkten Soziologie und Wirtschaft. Im Palais National der Zitadelle ist eine Gemäldesammlung mit Exponaten aus der Kollektion Fesch auf Anfrage im Office de Tourisme zu besichtigen. Zitadelle, Mai–Oktober tgl. 10.00–20.00, sonst 10.00–12.00, 14.00–18.00 Uhr.

den Wannen. Granit ist beinahe wasserundurchlässig, wodurch die Seen bis heute erhalten blieben. Wie überall auf Korsika weist der höher gelegene Capitellosee gegenüber dem darunterliegenden Melosee eine größere Wassertiefe auf.

Die klaren Gebirgsseen beherbergen nur eine heimische Fischart, nämlich den Bachsaibling, der zu den Lachsen gehört. Dieser kann wegen seiner Kälteverträglichkeit diese Bergseen besiedeln, die selbst den kältebewährten Forellen zu kalt sind.

Alpin geübte Wanderer können eine Rundtour absolvieren, die einen Abschnitt des GR 20 miteinbindet und später zum Lac de Melo zurückführt. Wir folgen dem gelb markierten Steig in die steile Schuttrinne zu Füßen der Punta alle Porta hinein und steigen beinahe in der Falllinie auf. Vorsicht ist bei den Schneefeldern geboten, die sich hier ganzjährig halten können. Nach einer Dreiviertelstunde erreichen wir die **Scharte Punta alle Porta 05** auf 2313 Meter und haben somit die Route des GR 20 erreicht. Wir folgen ihr nach links und wandern entlang eines Grates in südöstlicher Richtung. Der schönste Aussichtspunkt auf die beiden Gebirgsseen befindet sich jedoch ein wenig rechts von der Abzweigung in Richtung Nordwesten. Von der Gratschneide aus sehen wir die beiden Seen gestaffelt hintereinander in ihren Karbecken liegen. Wir wandern dann eine halbe Stunde dem Grat entlang bis zum **Sattel Bocca a Soglia 06** auf 2052 Meter und folgen dem Fahrweg nach links, der durch einen gelben Markierungspfeiler gekennzeichnet ist. Der relativ gut begehbare und mäßig steile Weg führt durch Erlengebüsche und Flächen mit alpinem Rasen in etwa einer Stunde zum Melosee hinab. Dabei müssen wir eine weitere Geländestufe überwinden, in der sich jedoch wegen der flachen Wanne kein See bilden konnte. Parallel zu einer schluchtartigen Wasserfallstrecke erreichen wir wieder den Melosee, den wir auf der südlichen Uferseite umrunden. Bei der Geländekante wählen wir nun den rechts abwärtsführenden, einfachen Aufstiegsweg, der mit „Accés facile" gekennzeichnet ist und auf der rechten Talseite bis zur Bergerie de Melo verläuft. Zuvor müssen wir den Auslauf des Sees überqueren und folgen dem deutlichen über Schutt und durch Grünerlengebüsche verlaufenden Weg, der knapp vor der Bergerie de Mela das Tal überquert und auf die vom Anmarsch bekannte Aufstiegsrunde trifft. Dieser folgen wir nach rechts und erreichen nach etwa 20 Minuten den **Parkplatz 01** am Ausgangspunkt.

DURCH DIE TAVIGNANOSCHLUCHT

35

Von Corte ins urwüchsige Hochtal

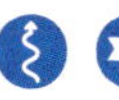 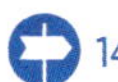 14 km 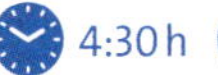 4:30 h 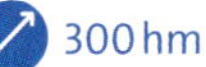 300 hm  300 hm  2250

START | Corte (450 m), Parkplatz in der Rue St. Joseph; Corte liegt an der Bahnstrecke Bastia–Ajaccio, auf der täglich mehrmals Züge in beide Richtungen verkehren; der Ausgangspunkt zur Wanderung liegt etwa 25 Minuten in westlicher Richtung vom Bahnhof entfernt
[GPS: UTM Zone 32 x: 512.330 m y: 4.683.648 m]
CHARAKTER | Einfache Wanderung auf einem alten, zum Teil befestigten Hirtenpfad mit wenigen Steilstellen bis zur Hängebrücke.

Corte gilt als die heimliche Hauptstadt von Korsika. Das Stadtbild wird vor allem von der Zitadelle geprägt, die hoch über der Stadt auf einem Felsen thront. Sie wird deshalb auch als Akropolis Korsikas bezeichnet. Zu Füßen der mächtigen Wehranlage, in der sich heute Museen befinden, drängen sich die pittoresken Häuser der Altstadt zu kleinen Plätzen und der hektischen Geschäftsstraße. Der Vater Korsikas, Pasquale Paoli, gründete hier eine Universität, die fast 200 Jahre geschlossen war und erst 1981 wieder eröffnet wurde. Sie trägt zusammen mit den Studenten und den zahlreichen Touristen dazu bei, dass Corte ein internationales Flair ausstrahlt. Bei einer Stadtbesichtigung darf man auf keinen Fall verabsäumen, die Aussichtsplattform „Bélvedère" am höchsten Punkt der Zitadelle zu erklimmen. Sie bietet einen umfassenden Blick über die

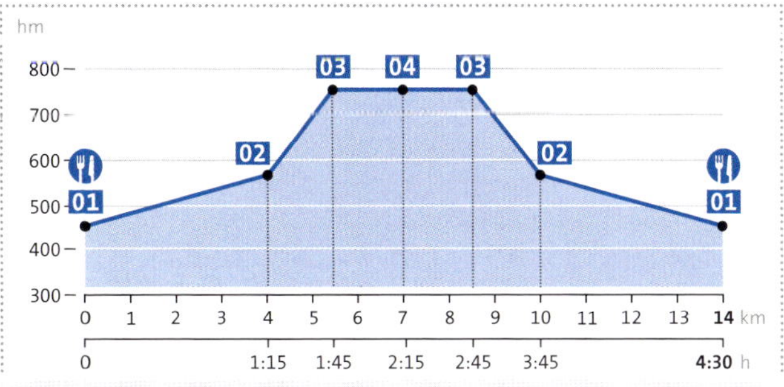

01 450 m, Parkplatz; 02 580 m, Ruisseau d'Antia; 03 760 m, Schluchteingang; 04 760 m, Hängebrücke

gesamte Stadt, die in ein weites, von Bergen umrahmtes Becken eingebettet ist. Westlich von Corte münden zwei Täler in das Becken, die sich tief in die Bergwelt eingeschnitten haben und für Wanderer einen idealen Zugang in diese hochalpine Landschaft eröffnen. Am häufigsten wird man das Restonicatal wählen, um die viel begangenen Touren zum Monte Rotondo, vor allem aber zum malerischen Gebirgssee Lac de Melo zu erreichen.
Im Unterschied zum Restonicatal, das durch eine Straße erschlossen ist, präsentiert sich die Schlucht des Tavignano-Flusses noch ursprünglicher, da sie nur über einen gut angelegten Saumpfad erkundet werden kann. Dieser ist Teil des Weitwanderweges Mare a Mare Nord, der durch die Schlucht bis zur Refuge de la Sega und weiter ins Niolu verläuft. Der alte Saumpfad führt kunstvoll angelegt durch die Nordhänge der Schlucht und ist fast eben zu begehen. Aufgrund des weitgehend baumfreien Geländes erhaschen wir herrliche Blicke auf den türkisblauen Bach, der unter uns Kaskadenstrecken und Gumpen durchfließt. Die Schlucht zählt nicht nur wegen der landschaftlichen Schönheit zu den schönsten Regionen Korsikas, sondern begeistert auch aufgrund der eindrucksvollen Tier- und Pflanzenwelt. In den Gumpen leben zoologische Raritäten wie der Korsische Scheibenzüngler, die mediterrane Rasse des Feuersalamanders sowie der Korsische Gebirgsmolch. Die Vegetation überrascht mit einer herrlichen Felsen-Garrigue aus duftenden Macchiensträuchern wie Lavendel, Rosmarin und Montpellier-Zistrosen. An den felsigen Hängen wachsen Pflanzenpolster der Italienischen Strohblume und der äußerst dekorativen Palisaden-Wolfsmilch. Weiter im Tal treffen wir auf typische Vertreter der Felsvegetation wie Rosenlauch, Sternklee, Kleinfrüchtige Affodill und Schopfige Traubenhyazinthe. Den wildreichen Bachlauf schätzt vor allem die Wasseramsel, die hier einen idealen Lebensraum vorfindet.

▶ Westlich der Zitadelle beginnt bei einem **Parkplatz** **01** der alte Saumpfad, der mit Wegweisern gekennzeichnet ist und dessen Verlauf im äußeren Teil schon vom Ausgangspunkt aus ersichtlich ist. Wir wandern an Ziegenställen vorbei und folgen der Wegbiegung, die nach links in die Talenge hineinzieht. Erst nach einem Bachgraben wird die Garrigue von einem Kiefernwald abgelöst. Eine erste Zäsur bildet nach einer Stunde Gehzeit der Einschnitt des Ficaghiolabaches, wobei wir auf einen mit Kiefern bewachsenen Hangrücken hinaufsteigen. Dabei passieren wir etwas unwegsame Felsrinnen, wobei der Weg ein wenig rutschig sein kann. Bald danach folgt ein

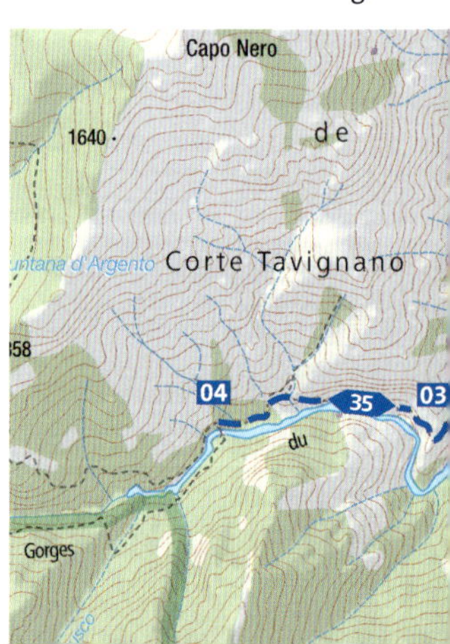

weiterer Einschnitt, der diesmal mit Edelkastanien und Feigenbäumen bewachsen ist. Dann führt die Route nach rechts ein wenig in ein Seitental des **Ruisseau d'Antia** 02 hinein. Hier spendet ein Hain aus Französischem Ahorn kurzzeitig Schatten, dann führt uns der Weg wieder in offene, mit Garrigue bewachsene Hänge. Im letzten Abschnitt folgt der Weg einer Mäanderschlinge des Baches und läuft um einen Felsrücken herum. Es folgt ein kurzer, steiler Anstieg über einige Serpentinen, danach geht es mit welligem Auf und Ab immer weiter in das urwüchsige Schluchtental hinein zum **Schluchteingang** 03.

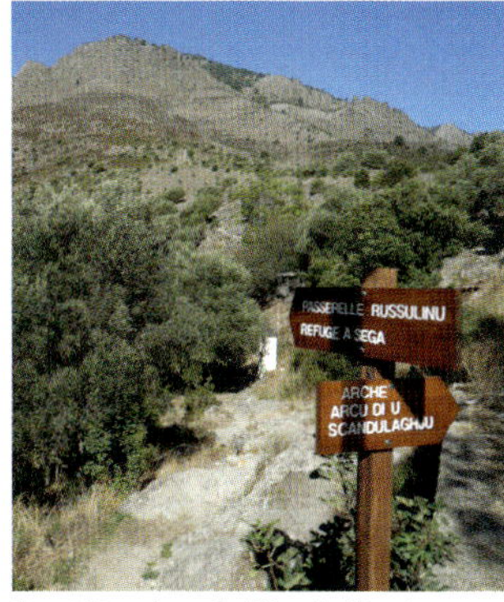

Der Wanderpfad in die Tavignoschlucht beginnt unmittelbar am Ortsrand von Corte

Sobald wir die verfallene Bergerie Rossolino erreicht haben, treten wir nochmals in einen bewaldeten Hangeinschnitt ein. Damit sind wir fast am Ziel unserer Streckenwanderung angekommen, denn zur **Hängebrücke** 04 sind es nur noch 200 m, die wir nach insgesamt zweieinhalb Stunden Gehzeit erreichen. Die türkisblauen Gumpen laden zu einem erfrischenden Bad ein. Von hier aus kann man in knapp drei Stunden zur Refuge de la Sega dem Weitwanderweg folgen und muss insgesamt 400 Höhenmeter überwinden. Der Weg ist zwar einfach zu begehen, wird aber zusammen mit der Etappe bis zur Hängebrücke zu einer ausgedehnten Tagestour, und wir werden auf der Hütte übernachten müssen. Sie verfügt über zehn Schlaflager, Kochstellen und einen Zeltplatz. Wir kehren aber am selben Weg nach Corte zurück und werden dafür etwa zweieinviertel Stunden benötigen.

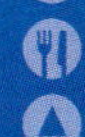

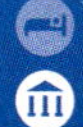

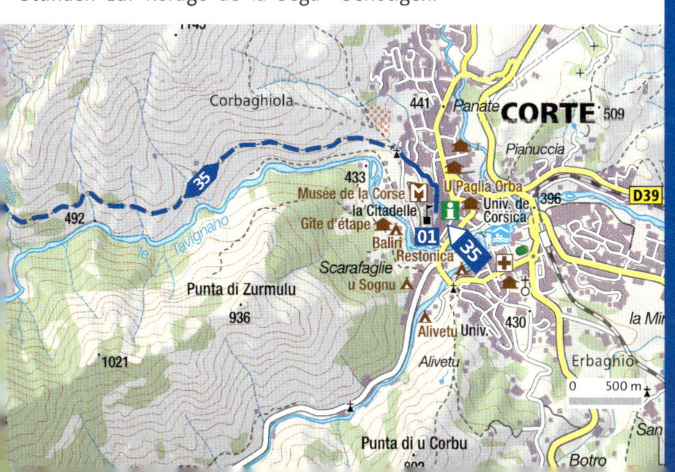

ZUR REFUGE DE LA SEGA

Touren-Stützpunkt im Tavignanotal

 11,4 km 4:00 h 1069 hm 1069 hm 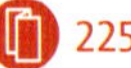

START | Corte (396 m), westlich der Zitadelle am Eingang ins Tal des Tavignano
[GPS: UTM Zone 32 x: 507.621 m y: 4.682.994 m]
CHARAKTER | Lange, aber gehtechnisch nicht allzu schwierige Wanderung auf altem Saumpfad, der mit Stufen, Platten und einer Hängebrücke ausgebaut ist; das Flusstal spendet hin und wieder Schatten.

Die Universitätsstadt Corte mit der belebten Unterstadt und der beschaulichen Oberstadt bildet natürlich auch den Ausgangspunkt zu dieser Wanderung, die eine Fortsetzung der Tour 35 darstellt und zu Mehrtagestouren einlädt. Wenn wir Corte an der Westseite verlassen und die einst heißumkämpfte Zitadelle rasch aus dem Blickfeld rückt, bleibt auch in der gleich einsamen wie eindrucksvollen Tavignano-Schlucht auch rasch die Zivilisation zurück. Begleitet von duftenden Macchiensträuchern und widerstandsfähigen Felspflanzen dringen wir tief in die Bergwelt vor, die uns die Arbeit des Wildbaches in Form dieser Schlucht erschlossen hat. Ein nicht minder kunstvoller Pfad wurde in den Stein gelegt und erleichtert den Zugang beträchtlich. Trotz der Enge bieten sich eindrucksvolle Blicke in die umgebende Bergwelt, aber auch zurück, wo sich talauswärts die Konturen der Berge in der steigenden Sonne in bläulichen Dunst legen.
Die wildreiche Tavignanoschlucht haben wir bereits im Laufe der

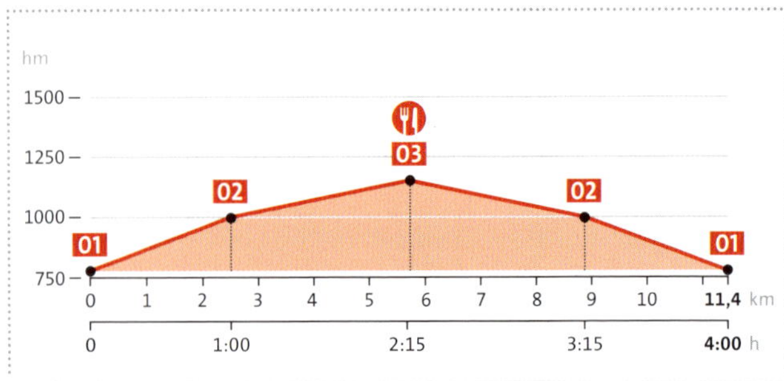

01 760 m, Hängebrücke; 02 1000 m, Seitental; 03 1168 m, Sega-Hütte

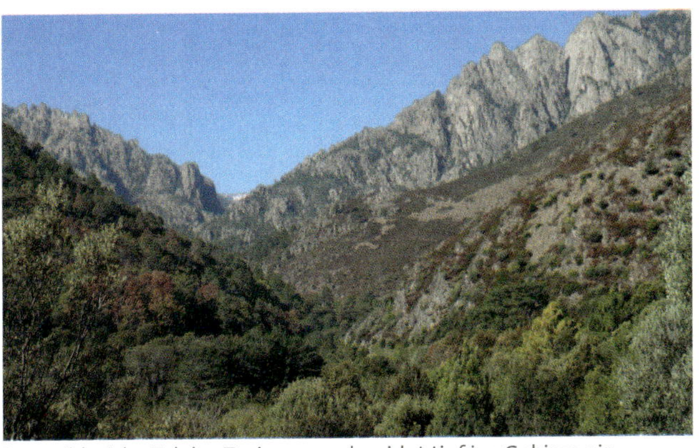

Das wildreiche Tal des Tavignano schneidet tief ins Gebirge ein

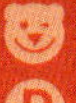
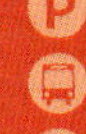

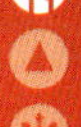
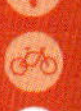
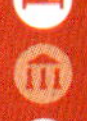

Tour 35 kennengelernt. Für Tageswanderungen wird die Hängebrücke Ziel und Wendepunkt sein, aber es lohnt sich, die Tour in Richtung Refuge de la Sega auszudehnen und 2, 3 Tage in dieser herrlichen Bergwelt zu bleiben. Von der Hütte ziehen Wege auch weiter ins Niolu nach Norden oder nach Süden in die Restonicaschlucht, sodass reichlich Abwechslung geboten ist.

Bei der **Hängebrücke** 01, bei der sich Badegelegenheiten in den Steinbecken des Flusses bieten, wechseln wir auf die orografisch rechte Seite des Tales und beginnen den Aufstieg zur Hütte auf dem nach wie vor sehr gut trassierten Weg. Teilweise helfen Serpentinen die Steilstufen zu überwinden, während riesige Lariciokiefern den Weg säumen. Nach gut einer Stunde verläuft der Weg wieder hoch über dem Schluchtgrund. Wir müssen in einem **Seitental** 02 ein wenig aufwärtssteigen, um den Bachlauf an

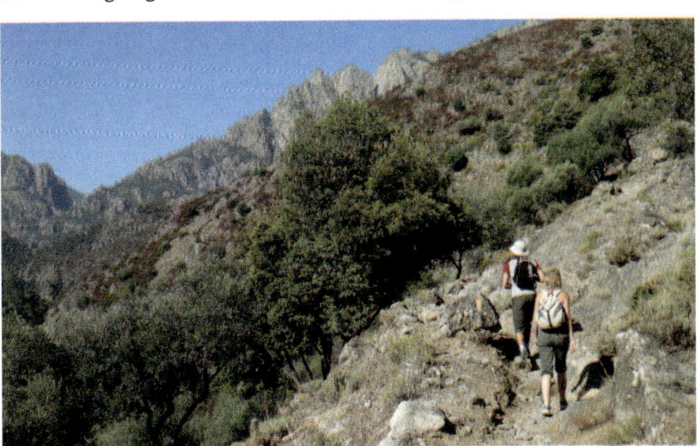

Am gut trassierten Wanderweg an der nördlichen Talflanke

einer Furt zu überqueren. Weiter zieht der Saumpfad mit mäßiger Steigung taleinwärts durch die bizarre Felslandschaft mit teils rötlicher, teils gräulicher Färbung. Nun sind wir wieder eng an den Fluss herangerückt und das Tal beginnt sich zu weiten. Das letzte Wegstück verläuft fast eben, bis wir nach 2:30 Stunden die **Sega-Hütte** **03** erreichen, die wie eine hölzerne Schachtel auf dem nackten Fels steht und vom Kiefernwald eingerahmt wird – ein durch und durch idyllischer Platz zum Verweilen oder Übernachten.

Anschlusstouren führen in etwa 1:30 Stunden zur Bocca a l'Arinella, der den Übergang ins Niolu ermöglicht. Die nach Norden führende Route endet nach 4 Stunden in Calacuccia am gleichnamigen Stausee und weist kaum Schwierigkeiten auf, sofern der lange Abstieg teils über eine Forststraße nicht als unangenehm empfunden wird. Dabei ergeben sich schöne Blicke auf das Golotal rund um den Stausee, das vom Massiv der Paglia Orba und des Monte Cinto eingerahmt wird. Für diese Route überqueren wir bei der Hütte den Tavignano auf einer Hängebrücke. Ohne Flussquerung geht es südwärts in Richtung Restonicatal, wobei dies der beschwerlichere Weg ist. Am Beginn deckt er sich mit der Route zum Lac de Nino, wo wir auf den GR 20 treffen. In Richtung Restonica müssen wir auf das Alzo-Plateau aufsteigen und gelangen zunächst zur Bergerie d'Alzu (siehe Tour 37), später zur Bergerie de Cappellaccia, ehe der lange Abstieg ins Restonicatal ansteht. Die kurvige Wegstrecke wird aber wiederum durch herrliche Bergpanoramen aufgelockert, die sich durch den Saum der Lariciokiefern erspähen lassen.

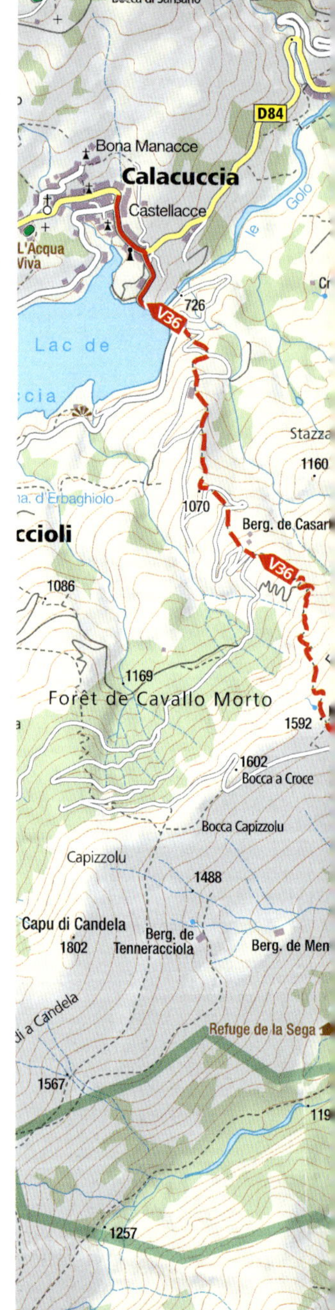

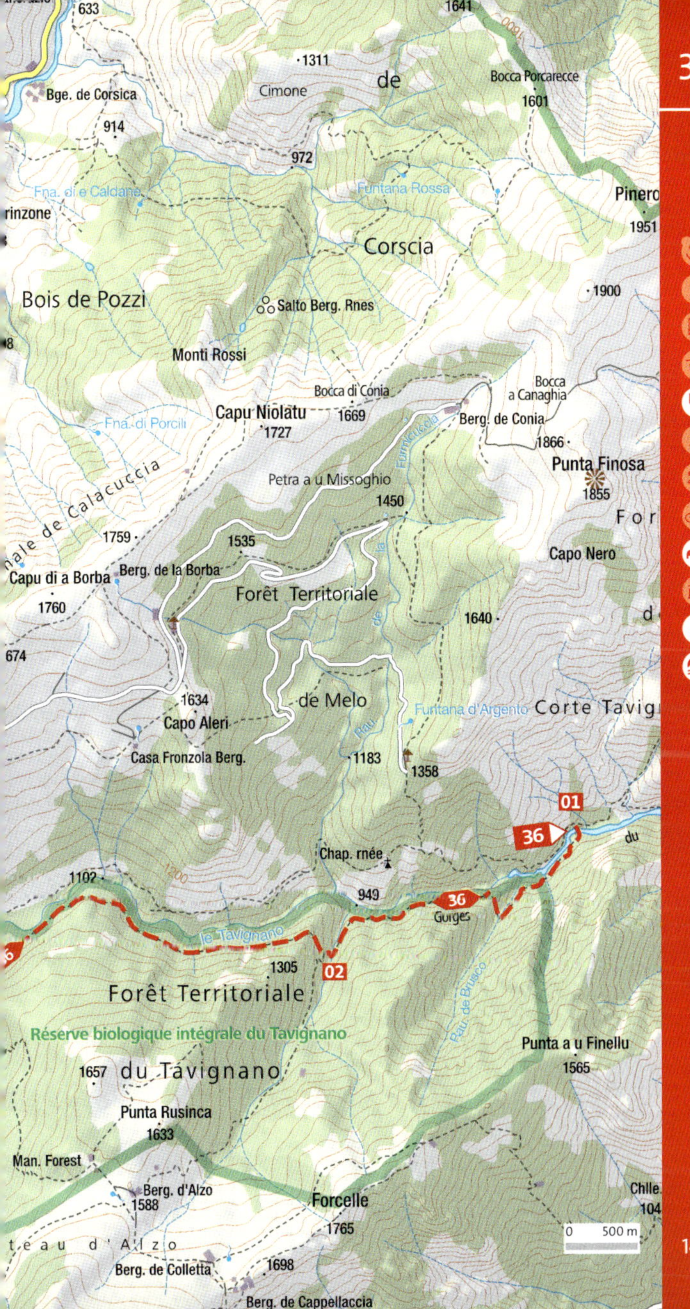

Bge. de Corsica
Cimone
Corscia
Bocca Porcarecce
Funtana Rossa
Fna. di e Caldane
Bois de Pozzi
Salto Berg. Rnes
Monti Rossi
Bocca di Conia
Capu Niolatu
Bocca a Canaghia
Berg. de Conia
Punta Finosa
Fna. di Porcili
Petra a u Missoghio
Capu di a Borba
Berg. de la Borba
Forêt Territoriale
Capo Nero
de Melo
Capo Aleri
Casa Fronzola Berg.
Funtana d'Argento
Corte
Chap. rnée
Gorges
le Tavignano
Forêt Territoriale
Réserve biologique intégrale du Tavignano
du Tavignano
Punta a u Finellu
Punta Rusinca
Man. Forest
Berg. d'Alzo
Forcelle
Berg. de Colletta
Berg. de Cappellaccia
0 500 m

36

37 PLATEAU D'ALZO

Von der Schlucht zu den Almen

  8 km 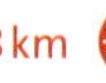 4:00 h 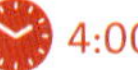 750 hm 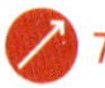 750 hm 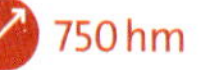  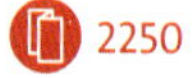 2250

START | Corte am Eingang des Restonicatales; auf der schmalen Schluchtstraße D 623 bis zur Pont de Frassetta (900 m), 9 km südöstlich von Corte; bei der Brücke und der nachfolgenden Alm von Frassetta stehen ein paar Parkplätze zur Verfügung [GPS: UTM Zone 32 x: 506.058 m y: 4.678.892 m]
CHARAKTER | Guter, teilweise markierter Bergpfad, der einen Abschnitt eines Weitwanderweges darstellt.
HINWEIS | In der Hauptsaison kann die Zufahrt ins Tal wegen Überfüllung gesperrt sein, dann kann man nur auf den ersten 3 km bis zum Info-Kiosk des Naturparks fahren.

▶ Von der **Brücke** 01 gehen wir etwa 100 m taleinwärts, dann zweigt nach der Kurve der zunächst breite Forstweg ab, der mit Holzschildern das Plateau d'Alzo ankündigt. Der Weg führt ein paar Meter in den hochstämmigen Föhrenwald hinauf bis zu einem Almgebäude, in das man zur Hauptsaison einkehren kann. Bei einer Parkfläche setzt sich der sehr gut trassierte Wanderweg fort, der mit gemächlicher Steigung durch den Talhang der Restonicaschlucht hinanführt. Der Weg führt mit etlichen Serpentinen durch den Kiefernwald stetig aufwärts, während der Talboden in immer weitere Entfernung rückt und die schroffen Felswände der Schlucht am Gegenhang bizarr aufragen. Bei 1452 m Seehöhe passieren wir die Bachläufe des **Funtana Bianca** 02, danach schwenkt die Route in nordwestliche Richtung und quert die oberen, schon schütter mit Kiefern bewachsenen Hänge. Nach etwa zwei Stunden Gehzeit überwinden wir die letzten Kehren bis zum Sattel, auf dem die Almhütten der **Bergeries de Cappellaccia** 03 (1650 m) errichtet wurden. Die malerischen Steinhütten bedeuten gleichzeitig den höchsten Punkt der Wanderung. Wir können uns hier bei einem Brunnen laben. Nur unweit davon, wenn wir dem rot markierten Pfad in die Hochebene hineinfolgen, kommen wir zu den Bergeries de Colletta. Wer noch ein wenig weiter die Hochfläche

Die Felshänge des Restonicatales

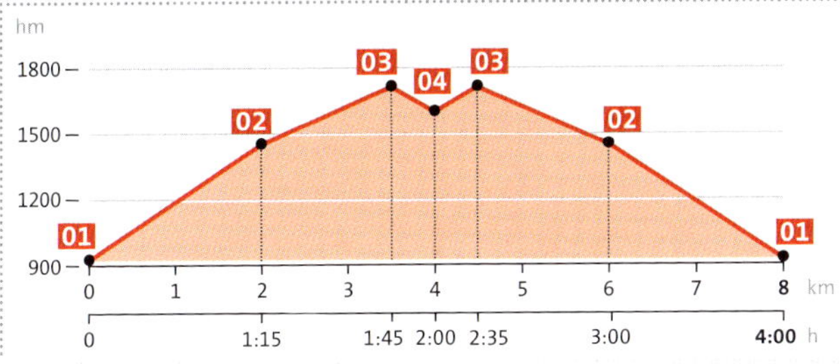

01 900 m, Brücke; 02 1452 m, Funtana Bianca; 03 1698 m, Bergeries de Cappellaccia; 04 1588 m, Bergeries d'Alzo

erkunden will, folgt der markierten Route nochmals 30 Minuten bis zu den **Bergeries d'Alzo** 04, die auf 1588 m Seehöhe inmitten des Hochplateaus liegen. Von hier können wir ein herrliches Panorama bewundern, das vom Monte Rotondo im Süden über den Paglia Orba im Westen bis zum Monte Cinto im Norden reicht. Hier lohnt sich eine ausgiebige Rast. Während sich der Weg nordwärts bis zum Maison Forestiére und weiter bis zur Refuge de la Sega fortsetzt, kehren wir am selben Weg ins Restonicatal zum Ausgangspunkt zurück.

Hinweis

Am 26. und 27. Juli kann man am Plateau d'Alzo ein spektakuläres Himmelsspiel beobachten, sofern keine Bewölkung die Sicht versperrt. Die Sonne geht hinter dem Capu Tafunata unter und erscheint wenig später wieder durch das Felsloch „Trou du Tafunata", während die Hirten der Almen mehrstimmige Gesänge vortragen. Ein unvergesslicher Abend...

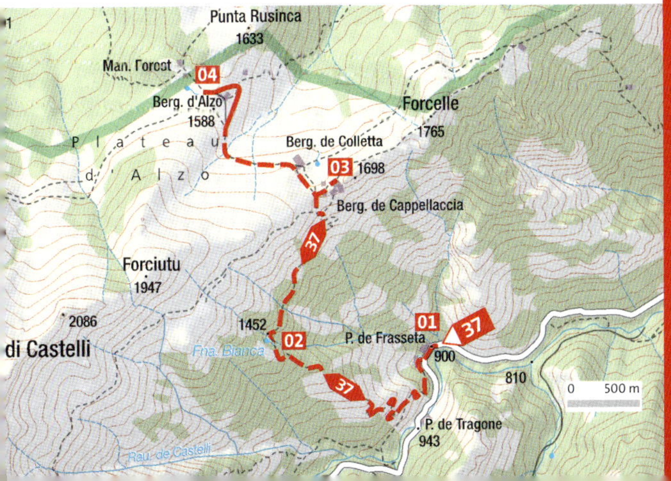

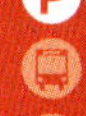
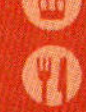
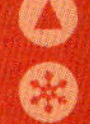
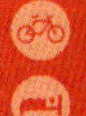
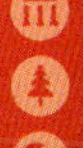

38

DIE SCALA DI SANTA REGINA

Spannende Schluchtentour im Niolu

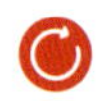 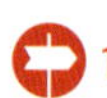 13,5 km  3:45 h  420 hm  420 hm 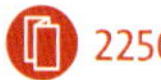 2250

START | Corscia (850 m)
[GPS: UTM Zone 32 x: 503.356 m y: 4.689.115 m]
CHARAKTER | Teils felsige, aber bestens trassierte Berg-, Saum- und Waldpfade; Schotterstraße; im Hochsommer ist mit Hitze innerhalb der Schlucht zu rechnen.

Das Niolu zählt zu den romantischsten Landschaften Korsikas. Am östlichen Ausgang des Hochtales hat sich der Golo tief ins Gestein eingegraben und die bizarre Schlucht Santa Regina gebildet.
Wer von Corte aus Richtung Calacuccia oder weiter nach Evisa fährt, kennt die wildreiche Schluchtenlandschaft der Scala Regina bereits durch die Windschutzscheibe. Doch von der Straße aus bietet sich kaum die Gelegenheit, die ganze Schönheit dieser Engstelle zu erleben. Es gibt kaum Ausweichen, um stehenzubleiben, oder gar Aussichtsplätze, um die bizarren Felsformationen zu genießen. Deshalb wird von Corscia aus ein markierter Wanderweg angeboten, der teilweise den alten Saumpfad nutzt, der bereits im 14. Jahrhundert zum Zwecke der Transhumanz angelegt wurde. Darunter verstehen die Volkskundler eine Form der Wanderviehwirtschaft, die durch einen jahreszeitlichen Wechsel der Weidegebiete charakterisiert ist. Früher zogen Lohn- oder Wanderhirten von Francardo und Corte aus mit den Schafherden durch

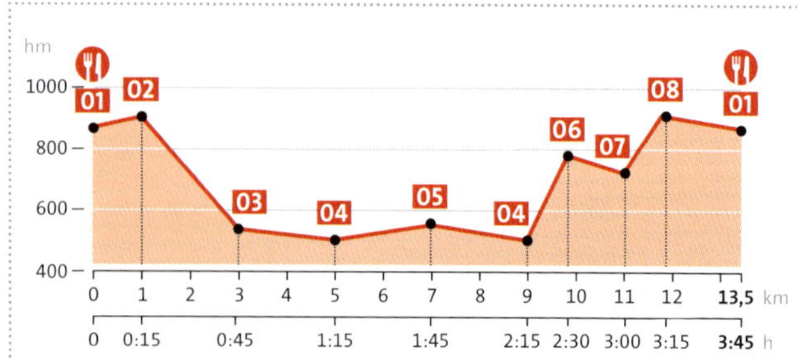

01 850 m, Corscia; 02 887 m, Weggabelung; 03 537 m, Ponte di l'Accia; 04 560 m, Abzweigung; 05 500 m, Quelle Vignente; 06 790 m, Spitzkehre; 07 720 m, Ponte Sottano; 08 898 m, Gedenkstätte

die Schlucht ins Niolu, um die saftigen Sommerweiden zu beziehen. Im Herbst kehrten die Tiere gestärkt von den Hochweiden zur Einstallung für den Winter wieder ins Tal zurück. Die Treppe der Heiligen Königin, die dem Tal ihren Namen gab, soll der Legende nach ein Fluchtweg gewesen sein. Er wurde in die überhängenden Felswände geschlagen, um dem heiligen Martin beim Kampf gegen den Teufel zu helfen. Dabei lösten sich massive Granitbrocken, die sich oben im Tal zum Monte Cinto, zur Paglia Orba und zur Niolu-Hochebene aufgetürmt haben.

▶ Die spannende Rundwanderung samt Abstecher zur Quelle von Vignente beginnt im kleinen Dörfchen **Corscia** 01 am Ostrand des Stausees von Calacuccia. Entlang der Tour erleben wir traumhafte restaurierte Wegstücke, ein Flusstal samt Bogenbrücke mit herrlicher Bademöglichkeit sowie eindrucksvolle Szenerien einer bizarren Felslandschaft. Innerhalb der Kernzone Santa Reginaschlucht wurde der Pfad teilweise kunstvoll in die Felswände gehauen. Er zeugt noch heute von den Mühen, die die Hirten früher zur Anlage der Wegverbindung aufbieten mussten.

Die Tyrrhenische Mauereidechse

Die Schlucht mit ihren sonnenbeschienenen Felsen ist der ideale Lebensraum der Tyrrhenischen Mauereidechse. Dieses bis zu 25 cm große Reptil bevorzugt trockene, mit niederen Gebüschen bewachsene Lebensräume, aber auch Felsschluchten und felsige Bachläufe. Die Männchen sind grünlich mit hellen Rückenseitenstreifen und schwarzen Flecken, oftmals auch einzelnen blauen Tupfen. Die tagaktiven Tiere ernähren sich von Insekten. Man findet sie nur auf Korsika, Sardinien und den vorgelagerten Inseln von der Küste bis etwa 1800 m Seehöhe.

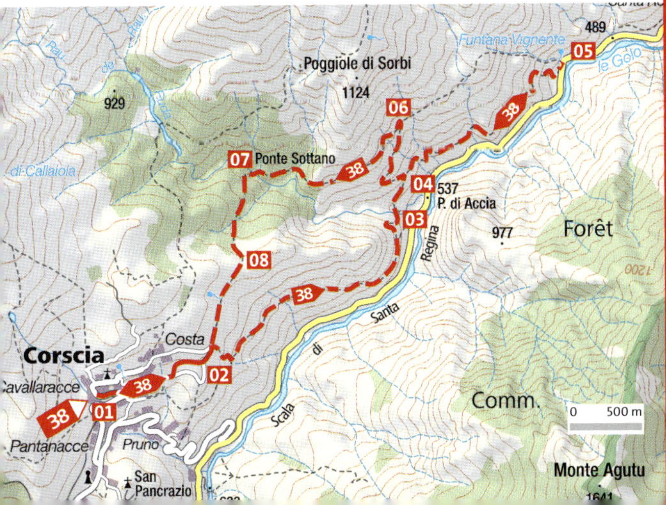

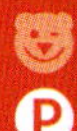
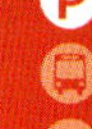
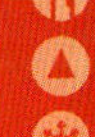
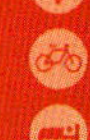
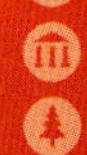

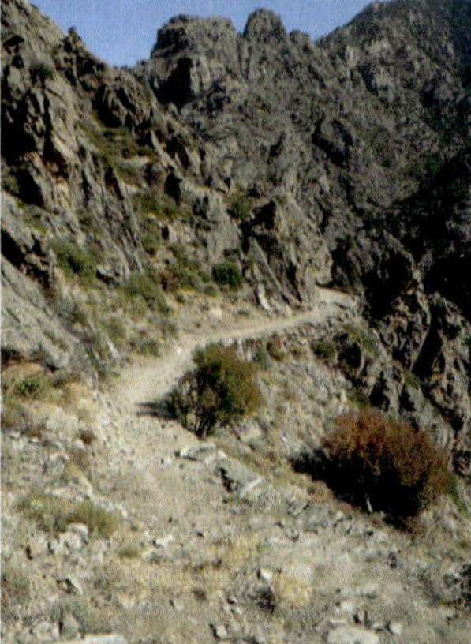

Der alte Saumpfad in der Schlucht

Beim Rathaus von Corscia folgen wir der markierten Route abwärts bis zu einer Spitzkehre, bei der ein Schild auf den Beginn des Weges zur Scala di Santa Regina hinweist. Die roten Wegweiser tragen in der Folge die korsische Bezeichnung „Santa R'Ghjina" samt orangen Markierungen. Wir gehen zunächst auf einer Schotterpiste in östlicher Richtung, bis wir in einer weiteren Spitzkehre nach links auf den Wanderpfad abbiegen. Wir erreichen eine **Weggabelung** 02, bei der wir nach rechts auf den absteigenden Pfad wechseln und in Serpentinen durch Felswände und über Geröll ins Tal des Golo absteigen. Wir befinden uns nun auf dem alten, unmittelbar in die Felshänge hineingebauten Saumpfad, der allmählich abflacht und fast eben hoch oberhalb des Golo in die Schlucht hineinläuft.

Wir steuern auf den Taleinschnitt des Ruda-Flusses zu, der als Seitenbach in den Golo mündet. Über diese Schlucht spannt sich die kunstvolle Steinbrücke **Ponte di l'Accia** 03, die aus zwei Bögen besteht und auf einem im Bachbett liegenden Felsen aufsitzt. Gleich anschließend können wir nach leichtem Gegenanstieg bei der nächsten **Abzweigung** 04 geradeaus einen Abstecher zur **Quelle Vignente** 05 unternehmen, die der Mutter Gottes geweiht ist. Wir kommen auf dem knapp 2 km langen Wegstück der D 84 immer näher, bevor wir knapp oberhalb der Straße die schattige Quelle erreichen. Retour auf gleichem Weg bis zur **Abzweigung** 04, beginnen wir nach rechts den Aufstieg durch das felsige, mit Ginster und Zistrosen bewachsenes Gelände. Wir steigen auf dem gut trassierten Pfad über zahllose, mit Steinen befestigte Serpentinen etwa 200 Höhenmeter bis zu einer **Spitzkehre** 06 auf. Dieser Abschnitt stellt die eigentliche „Scala Regina" dar und ist dementsprechend mit einem Hinweisschild als „Ancienne Scala" gekennzeichnet. Nach einem leichten Sattel steuern wir wiederum auf das Tal der Ruda zu, wobei die Hänge bald von kühlem Eichenwald eingenommen werden. Ein leichter Abstieg bringt uns zu einer besonders romantischen Passage an der **Ponte Sottano** 07, wo uns herrliche Gumpen und kleine Kaskaden im Bachbett der Ruda erwarten. Ein Gegenanstieg von 50 Höhenmetern nach der Brücke bringt uns durch Laubwald an die auf einem leichten Sattel errichtete **Gedenkstätte** 08 für den Flugzeugpiloten Jean Marc Aubcuy heran, der am 25. August 1996 hier abgestürzt ist. Zwischen Trockensteinmauern wandern wir nun in Wiesengelände der Abzweigung entgegen, bei der wir am Beginn der Tour in die Schlucht abgestiegen sind und folgen nun geradeaus der Schotterstraße zurück nach **Corscia** 01.

RUND UM DEN CALACUCCIA-STAUSEE

Panoramaweg im Niolu

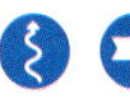 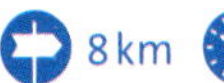 8 km  2:15 h 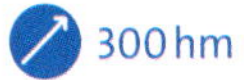 300 hm 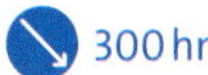 300 hm  2250

START | Calacuccia
[GPS: UTM Zone 32 x: 501.571 m y: 4.687.137 m]
CHARAKTER | Einfache Wanderung auf altem Saumpfad, Küsten- und Macchienwegen, teils im Schatten des Steineichenwaldes; teilweise markiert; ab der Bucht Cala di Paraguaro teilweise Wegweiser und Farbmarkierungen.

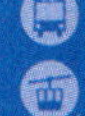

Um den Stausee von **Calacuccia** 01 lässt sich ein Rundweg unternehmen, der als Panoramaweg des Niolu bezeichnet wird. Als Ausgangs- und Endpunkt eignet sich das kleine gleichnamige Dörfchen, das an der Nordostseite etwas oberhalb des Stausees liegt. Wir wandern zunächst der Hauptstraße entlang in südlicher Richtung aus dem Dorf hinaus und folgen der Zufahrtsstraße zur **Staumauer** 02. Wir queren diese und biegen bei der nächsten Abzweigung nach links auf eine aufwärtsführende Straße ab. Markierungen zeigen an, dass es sich hier um die Route des Weitwanderweges Mare a Mare Nord in Richtung Corte handelt. Die Kehren der Straße werden durch Saumpfade abgekürzt, dann folgt eine längere, mäßig steile, gerade Strecke, bis wir die vierte Haarnadelkurve erreicht haben. Hier zweigt ein Saumpfad ab, der als **Panoramaweg** 03 hoch über dem Stausee in Richtung Casamaccioli verläuft. Wir unterqueren eine Druckwasserleitung, dann zieht der Weg durch teils offenes, teils buschiges Gelände oder von Steinmauern begleitet abwärts. Wir erreichen den Weiler bei einem Wohnhaus

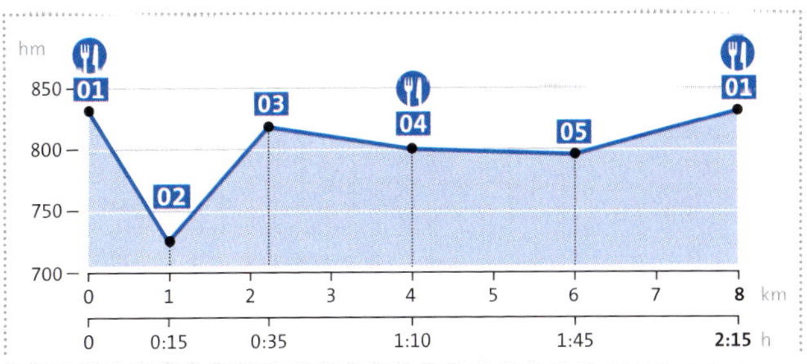

01 830 m, Calacuccia; 02 726 m, Staumauer; 03 820 m, Beginn Panoramaweg; 04 800 m, Casamaccioli; 05 795 m, Sidossi

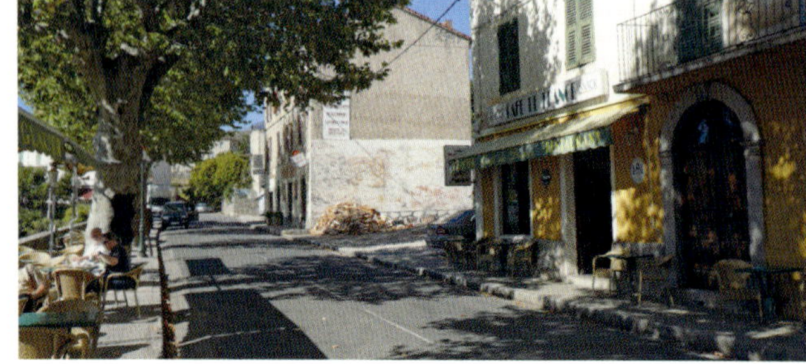

An der pittoresken Hauptstraße von Calacuccia startet diese Tour

und kommen über dessen Zufahrt zur Fahrstraße D 128 hinab. Bei der nächsten Kreuzung in **Casamaccioli** 04 biegen wir nach rechts ab und gehen in Richtung Dorfende. Zuvor zweigt die nun markierte Route nach links in eine schmale Dorfgasse ab, die gleich ins Waldgelände wechselt und eine Schlinge der Straße am Nordufer des Stausees abkürzt. Bei einem Wegweiser erreichen wir die Straße wieder und folgen ihr dem Ufer entlang, überqueren einen Seitenarm des Stausees und treffen kurz danach wieder auf die Route des Weitwanderweges Mare a Mare Nord. Diese erreicht nach einigen Hundert Metern **Sidossi** 05, durchquert das Örtchen und umläuft eine Seitenbucht. Danach zweigt die markierte Route nach links ab und steigt durch die mit Trockenbusch bewachsenen Hänge in Richtung Calacuccia auf. Knapp davor mündet der Pfad in einen Feldweg, der uns zur Hauptstraße bringt. Nach links gelangen wir zum Ausgangspunkt in **Calacuccia** 01 zurück, das über kleine Restaurants, Bars und einen Supermarkt verfügt.

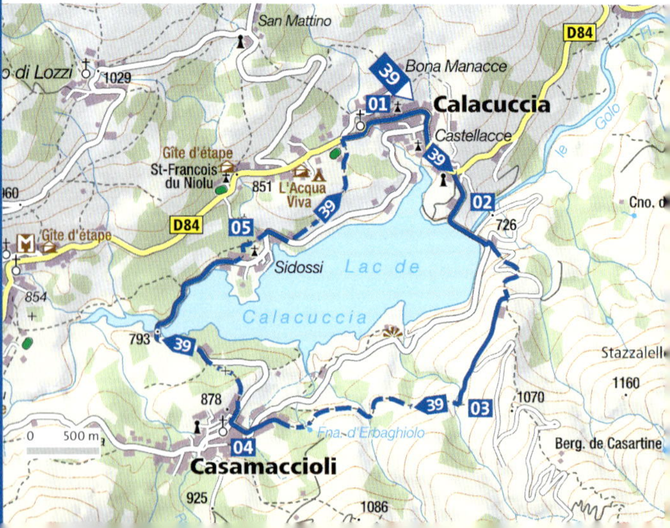

DÖRFERWANDERUNG IM NIOLU

Von Calacuccia zu Dörfern des Niolu

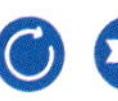  14 km  4:15 h 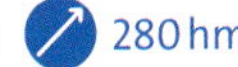 280 hm  280 hm  2250

START | Calacuccia (840 m) an der D 84, Dorfzentrum an der Hauptstraße
[GPS: UTM Zone 32 x: 501.010 m y: 4.686.881 m]
CHARAKTER | Mittelschwere Rundwanderung auf alten Saumpfaden und Dorfverbindungswegen, teilweise führt die Route entlang des Weitwanderweges Mare a Mare Nord.

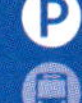

Diese beschauliche Wanderrunde verläuft durch die einsame Hochebene des Niolu, die durch die schluchtartige Talung der Scala di Santa Regina oder den Col de Vergio zu erreichen ist. Das Niolu gilt als traditionsreiches Land der Hirten und besitzt die höchstgelegenen Dörfer Korsikas, die allesamt über 800 m Seehöhe liegen. Die weite Beckenlandschaft im oberen Abschnitt des Golotales ist zwischen den Gebirgen des Monte Cintu im Norden, der Paglia Orba im Westen und der Punta Artica im Süden eingebettet ist. Das Hochtal, das extreme landschaftliche Gegensätze aufweist, wird auch gerne als Herz Korsikas bezeichnet und gilt als Hort pastoraler Traditionen und Mythen. Um den 10. September feiern die Bewohner von Casamaccioli am Südufer des Stausees das Marienfest Santa di u Niolu, das mit einem großen Vieh- und Jahrmarkt verbunden ist.

In der Natursteinhöhle „Abri Albertini" am Westrand von Albertacce hat man prähistorische

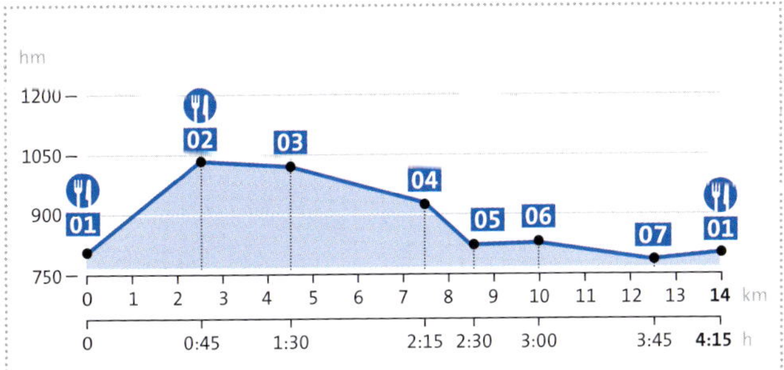

01 830 m, Calacuccia; **02** 1040 m, Lozzi; **03** 1029 m, Poggio di Lozzi; **04** 930 m, 2. Querung D 518; **05** 850 m, Pont de Muricciolu; **06** 854 m, Querung D 84; **07** 800 m, Sidossi

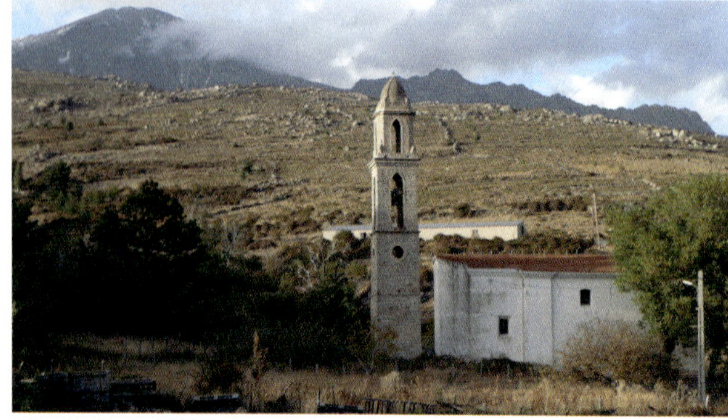

Alte Kirche bei Sidossi am Calacuccia-Stausee

Fundstücke ausgegraben, die eine Besiedelung dieses Talbeckens bereits im 6. Jahrtausend vor Christus belegen. Ins Niolu hat man erst vor wenigen Jahrzehnten eine Straßenverbindung gebaut, die von Francardo aus durch die Schlucht der Scala di Santa Regina führt. Zuvor waren die Dörfer nur über Saumpfade zerreichbar, die wir zum Teil entlang unserer Rundwanderung benützen. Ein Teil der Rundwanderung verläuft auch über den alten „Transhumanz-Pfad", der wieder restauriert wurde. Unter Transhumanz versteht man die jahreszeitliche Wandertätigkeit der Hirten der Balagne, die im Sommer mit ihren Schaf- und Ziegenherden in die Berge zogen, während sie die Winter in den Weiden entlang der Küste verbrachten.

▶ **Calacuccia** 01 liegt oberhalb des gleichnamigen Stausees und gilt als Hauptort des Niolu. Die Hauptstraße von Calacuccia wird von schattigen Platanen, dem Touristenbüro, dem kleinen Supermarkt, der Bar und dem Hôtel des Touristes gesäumt. Wir gehen Richtung Westen ein wenig aufwärts, um nach dem Restaurant La Brasserie Acquaviva nach rechts auf die mit Wegweisern gekennzeichnete Dorfstraße einzubiegen. Vorbei an der Kirche

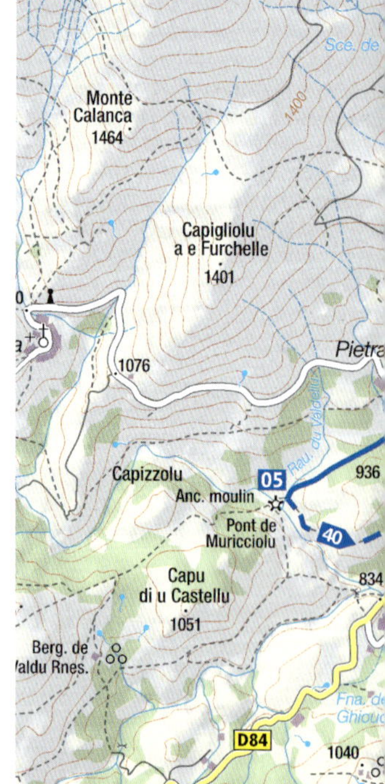

steigen wir zum Gebäude der Gendarmerie aufwärts, wo zuvor der Saumpfad in Richtung Lozzi beginnt. Wir wandern durch Weidegelände oberhalb von Calacuccia, um stets aufwärts und von Steinmauern gesäumt zur Straße nach **Lozzi** **02** zu gelangen. Wir queren diese, um gegenüber die Tour am Saumpfad fortzusetzen. Weil der alte Dorfverbindungsweg ab hier bis Lozzi verfallen ist, müssen wir Pfadspuren folgen, um wieder zur D 218 nach Lozzi zu gelangen. Wir biegen nach links auf diese ein und folgen ihr 1 km lang bis an den unteren Rand des Dorfes (991 m). Bei der Straßenkreuzung biegen wir nach rechts, um das Dörfchen bergan zu durchqueren. Gegenüber der Bar führt ein gepflasterter Dorfweg zum Ortsteil Acquale hinauf, wo wir nach links wieder in die Fahrstraße einbiegen. Diese bringt uns an den Beginn des Saumpfades in Richtung Poggio di Lozzi.

Westlich des Dorfes wechseln wir wieder auf einen Feldweg, der entlang von Steinmauern durch offenes Weidegebiet führt. Bald zweigt nach rechts der restaurierte „Transhumanz"-Verbindungsweg (Hinweisschild) nach Albertacce ab. Wir halten die Richtung und wandern mit leichtem Gefälle dem Weiler **Poggio di Lozzi** **03** entgegen. Zuletzt mündet dieser in die D 518 ein, der wir geradeaus vorbei an einer Kapelle in den Ort folgen (1010 m).

Wir bleiben auf der Fahrstraße, schwenken in östliche Richtung, um in der Rechtskurve nach dem

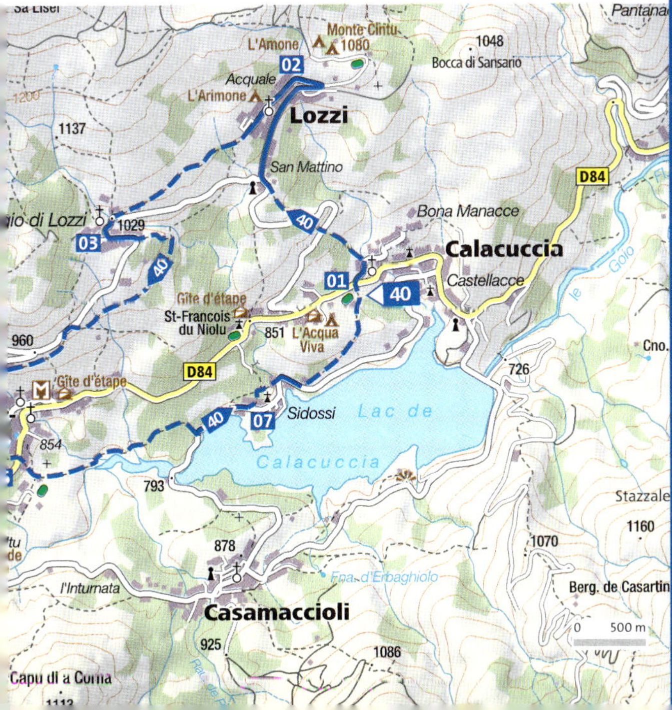

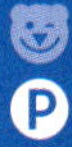
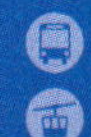

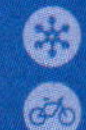
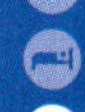

Tipp

In Albertacce hat man ein kleines Archäologisches Museum eingerichtet, das sich mit der Besiedlungsgeschichte des Niolu befasst. Früher hieß es nach den Ureinwohnern Musée de Licninoi. Zu sehen sind unter anderem Pfeilspitzen, Tongefäße, Steinwerkzeuge aus der Abri Albertini und ein rekonstruiertes Steinkistengrab.

Ort bei einem großen Holzkreuz von der Straße abzubiegen. Ein teilweise verwachsener und undeutlicher Pfad bringt uns entlang einer Steinmauer über einen Hangrücken abwärts zum breiten „Transhumanz"-Verbindungsweg Lozzi–Albertacce, auf den wir nach rechts einschwenken. Der gut 2 m breite Saumpfad kommt an einem Hofgelände vorbei und verläuft anschließend stets durch offenes Weideland. Dann folgt ein Abzweig nach links in Richtung Gîte d'étape nach Albertacce, wo wir aber nach rechts aufwärts weiter dem Transhumanz-Pfad folgen und bald auf die D 518 (Albertacce–Poggio di Lozzi) gelangen. Wir bleiben etwa 30 m auf dieser, um die Tour nach links auf dem Saumpfad fortzusetzen. Nach zwei Zaunquerungen passieren wir einen Bachgraben, ehe wir kurz danach wieder auf die **D 518** **04** stoßen. Wir queren diese und folgen dem Schotterweg weiter in westlicher Richtung. Nach dem Überqueren eines größeren Schotterplatzes samt Strommasten wechseln wir wieder auf den Saumpfad, der durch offenes Weidegebiet stets abwärts dem Virutal entgegenstrebt. Dort treffen wir auf die Route des orange markierten Weitwanderweges Mare a Mare Nord, auf dem wir nach links weiterwandern. Zuvor können wir noch einen Abstecher zur Bogenbrücke **Pont de Muricciolu** **05** (850 m) machen, die knapp 200 m von dieser Wegkreuzung entfernt ist. Es handelt sich dabei um einen äußerst romantischen Platz unmittelbar am Viru, der von einem dichten Saum aus Nussbäumen, Erlen und Macchiengebüschen umgeben ist. Die alte Steinbogenbrücke führt über das türkisblaue Wasser des Viru. Hier nutzte einst eine Mühle die Wasserkraft des Wildbaches, heute ist davon noch eine Steinruine erhalten geblieben. Das teilweise schattige, aber sehr romantische Gelände rund um Brücke und Mühle eignet sich besonders gut für eine Rast, wobei man in den tiefen Felsbecken des Viru baden kann.

Der letzte Teil der Tour bringt uns Richtung Albertacce. Wir benützen die gut trassierte Route des Weitwanderweges Mare a Mare Nord, die zuerst mit steiniger Oberfläche aufwärts aus dem Virutal auf eine kleine Anhöhe zusteuert. Dann queren wir Kulturland und kleine Wäldchen und erreichen nach einer Abwärtspassage nun auf sandigem Terrain die eindrucksvollen Felsblöcke „Abri Albertini". Diese prähistorische Fundstätte, die jedoch heute teilweise als Unterstand für das Vieh genutzt wird, gilt als wertvollste kulturhistorische Sehenswürdigkeit der Region. Die Fundgegenstände, die hier zwischen den Felsen der Nachwelt erhalten blieben, werden im kleinen archäologischen Museum von Albertacce ausgestellt. Wir wandern ein wenig aufwärts in ein Wäldchen hinein, queren einen kleinen Bachlauf, um durch mit Olivenbäumen bewachsenes Weideland zur D 84 westlich von Albertacce zu gelangen.

Eine Erdrampe führt zur Straße hinab, die wir **queren** 06, um den letzten Abschnitt der Rundwanderung in Angriff zu nehmen.

Dieser führt uns nach Calacuccia zurück. Dazu wandern wir parallel zu Steinmauern abwärts und halten uns bei der nächsten Weggabelung links. Durch Olivenhaine geht es abwärts, bis wir den Seitenbach Mulinellu queren und nahe an den breiten Einlauf des Stausees herankommen. Durch eine teilweise mit Brombeerranken verwachsenen Passage gelangen wir zu einem Hohlweg, der uns nach rechts zum Stausee hinabführt. Dort schwenken wir nach links auf die schmale Fahrstraße ein, um nach **Sidossi** 07 (800 m) zu gelangen. Der kleine Weiler unmittelbar am Stausee verfügt über einen kleinen Campingplatz und einen Badeplatz, wo auch der Surfsport angeboten wird. Wir wandern auf der Straße in den Ort hinein, folgen der Dorfstraße wenige Hundert Meter, um nach links (markiert) auf den alten Saumpfad zu wechseln, der den Ort an der Nordseite umläuft. Am Ostende gelangen wir über eine Rampe wieder auf die Fahrstraße zurück, um ihr 300 m zu folgen. Dann biegt der Saumpfad wieder nach links ab und steigt durch Weideland stetig in Richtung Calacuccia an. Es geht unterhalb des Camping- und des Fußballplatzes vorbei, ehe die Route in die Dorfstraßen von Calacuccia einbiegt. Wir überqueren die D 84, gehen an der Kirche vorbei und treffen auf den Beginn unserer Wanderroute. Nach rechts geht es abwärts in die Hauptstraße von **Calacuccia** 01 zurück.

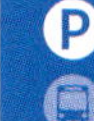

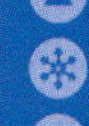
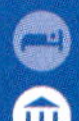

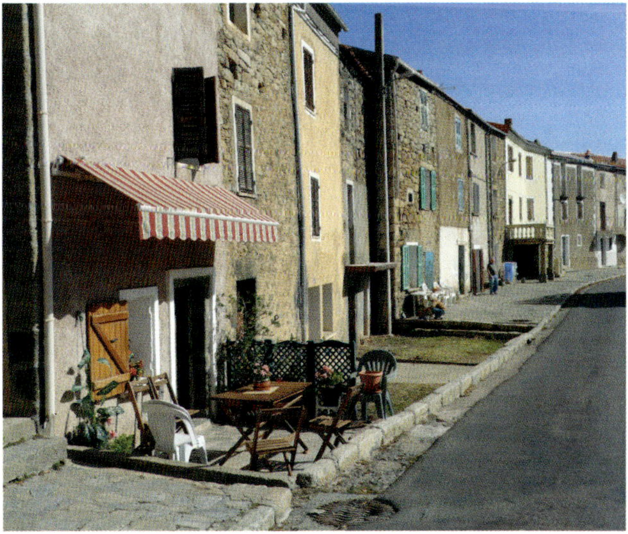

Die Hauptstraße von Albertacce mit der alten Häuserzeile

41

BEI ALBERTACCE

Zwischen Viru und Golo

 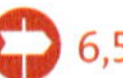 6,5 km  2:20 h   150 hm  150 hm  2250

START | Albertacce, Hauptort des Niolu an der D 84, etwa 30 km westlich von Francardo an der N 197
[GPS: UTM Zone 32 x: 498.915 m y: 4.686.177 m]
CHARAKTER | Mittelschwere Wanderung auf alten Saum- und Waldpfaden, die jedoch am Rückweg Orientierungssinn verlangt.

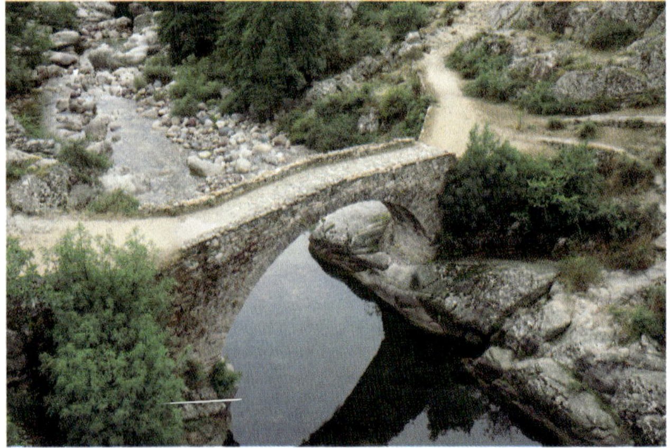

Die alte Steinbrücke führt über den Golo nach Albertacce

Der verschlafene Ort Albertacce ist Ausgangspunkt dieser interessanten Rundwanderung, die zu einer historischen Mühle samt alter Steinbogenbrücke führt. Der zweite Teil der Tour verläuft zwischen den diese Landschaft beherrschenden Flüssen Golo und Viru, die nahe der Ponte Altu münden und ein bizarres Bachbett mit zahlreichen Gumpen ausgebildet haben. Zudem entpuppt sich die Landschaft rund um die Mühle als lauschiger Rastplatz, vor allem an heißen Sommertagen. Albertacce selbst verfügt über ein kleines Archäologisches Museum, das sich mit der Besiedlungsgeschichte des Niolu befasst. Früher hieß es nach den Ureinwohnern Musée de Licninoi. Zu sehen sind unter anderem Pfeilspitzen, Tongefäße und Steinwerkzeuge aus der Höhle Abri Albertini und ein rekonstruiertes Steinkistengrab.

▶ Wir folgen der Hauptstraße von **Albertacce** **01** hinaus westwärts in Richtung Col de Vergio. Knapp hinter dem Ortsende

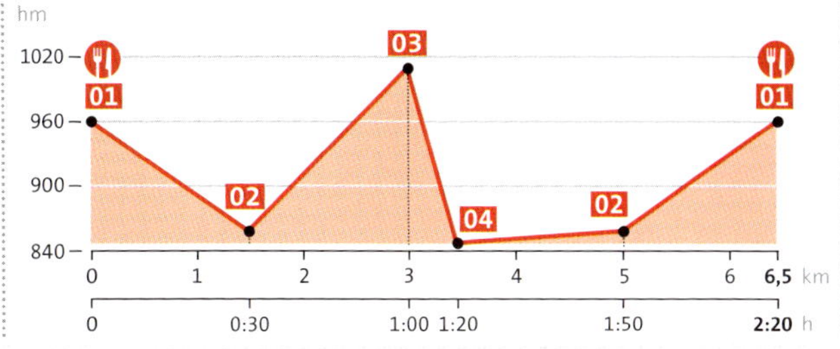

01 960 m, Albertacce; 02 855 m, Pont de Muricciolu; 03 1000 m, Abzweig links; 04 840 m, hist. Gelände der Bergerie de Valdu Ruines

zweigt die markierte Route des Weitwanderweges Mare a Mare Nord nach rechts ab, die wir bis zur Steinbogenbrücke benützen. Der gut trassierte Weg durchquert lichten Pinienwald, teils offenes, altes Weidegelände und führt später in das Tal des Viru hinein. Eine Abwärtspassage bringt uns zur **Pont de Muricciolu** 02, die Teil der alten Verbindungswege des Niolu ist und über das türkisblaue Wasser des Viru führt. Am gegenüberliegenden Ufer sehen wir bereits das Gebäude der alten Mühle, die von Erlen, Kastanien, Nussbäumen und kleinen Wiesenflächen umgeben ist. Westlich davon setzt sich die orange und violett markierte Route des Weitwanderweges fort. Sie ist hier teilweise mit Treppen ausgebaut. Über etliche Serpentinen erklimmen wir das flache Plateau des Capu di u Castellu (1051 m), das an der Nordwestseite durchquert wird. Eine Weile geht es angenehm durch den lichten Wald fast eben dahin, bis wir uns allmählich auf die Abzweigung unseres Weges konzentrieren müssen. Da dieser nicht markiert ist und mehrere Seitenwege ein wenig Verwirrung stiften, müssen wir gut auf den Verlauf des Geländes achten. Eine erste Abzweigung nach links lassen wir unberücksichtigt. Sobald der Weitwanderweg eine leichte

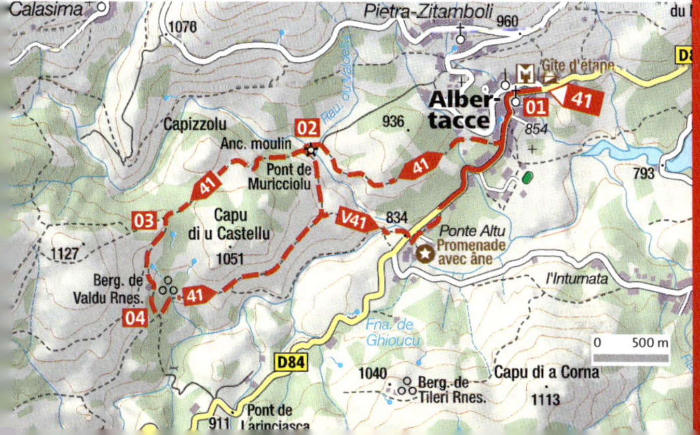

Biegung nach rechts macht und über eine sanfte Geländewelle zieht, **zweigt nach links** 03 ein deutlicher Waldweg ab, der geradeaus zu einem Jungwald führt. Dies ist die Fortsetzung unserer Route, die gleich durch den teils dichten Wald abzusteigen beginnt. Der Weg ist immer deutlich zu sehen, obwohl er ab und zu von umgestürzten Bäumen verlegt ist. Wir schwenken in südliche Richtung, ehe wir in einem lichten Waldgelände auf einen von rechts oben kommenden, breiten Weg treffen. Wir biegen nach links auf diesen ein und durchqueren das ehemalige und bereits verwachsene Almgelände der **Bergerie de Valdu Ruines.** 04. Der ebenfalls deutlich ausgetretene Pfad verlässt bald den Wald und tritt in das mit Büschen verwachsene Wiesengelände oberhalb des Golotales ein. Fast einem Höhenweg gleichend wandern wir gemütlich durch das typische Weideland des Niolu und erhaschen herrliche Blicke auf das Golotal mit dem langsam dahinfließenden Fluss. Der Weg wird teilweise von Steinen gesäumt und strebt auf eine bewaldete Kuppe zu. Hier haben wir die Wahl, entweder weglos zur

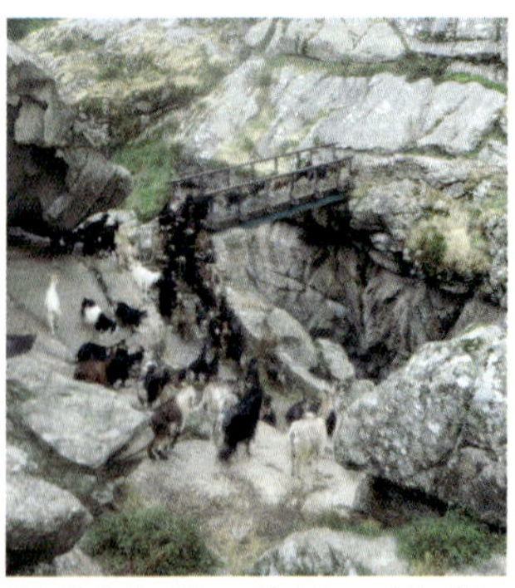
Die Brücke über die Viruschlucht

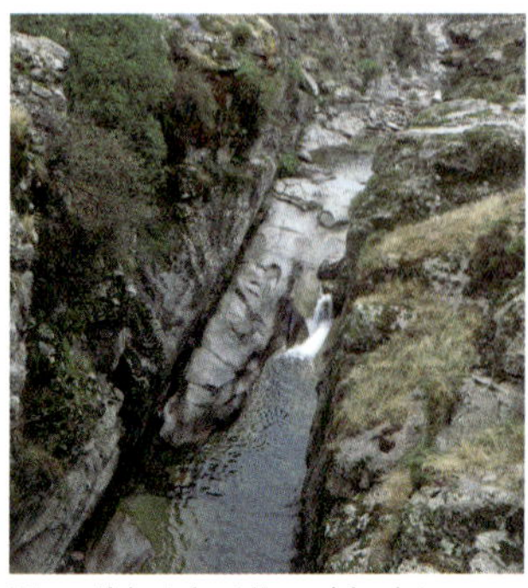
Die wildreiche Viruschlucht

Mündung von Golo und Viru über eine beweidete Geländekuppe zu gehen oder der Route zu folgen, die zur alten Mühle mit der **Pont de Muricciolu** 02 führt. Von dort bringt uns die bereits vom Beginn der Tour bekannte Route des Weitwanderweges nach **Albertacce** 01 zurück, wobei wir nun noch einen Blick auf die eindrucksvollen Felsblöcke „Abri Albertini" werfen können. Diese prähistorische Fundstätte, die jedoch heute teilweise als Unterstand für das Vieh genutzt wird, gilt als wertvollste kulturhistorische Sehenswürdigkeit der Region.

Wenn wir die weglose Variante wählen, folgen wir einem der zahlreichen vom Weidevieh (Ziegen) ausgetretenen Pfad, der in Richtung der Talung verläuft. Dort befindet sich eine Holzbrücke, die den Golo überquert und nach einer weiteren Kuppe auf die Hauptstraße trifft. Dort können wir südlich der Straßenbrücke über die historische Bogenbrücke den Golo passieren und auf dem alten Saumpfad in Richtung **Albertacce** 01 gehen. Etwa 700 m vor dem Ort mündet der Pfad wieder auf die Hauptstraße, auf der wir ins Ortszentrum gelangen.

MONTE ALBANU

Lohnende Rundtour zu Füßen der Paglia Orba

  12,3 km  5:30 h 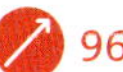 960 hm  960 hm  2250

START | Calasima (1100 m), höchstgelegene Ortschaft des Niolu oberhalb von Albertacce
[GPS: UTM Zone 32 x: 496.005 m y: 4.686.684 m]
CHARAKTER | Mittelschwere Bergtour auf klassischen Bergpfaden, zu Beginn auf einer Schotterstraße; der Aufstieg zum Gipfel verläuft weglos, aber ohne größere Schwierigkeiten. Bei gutem Wetter lohnende Rundtour mit herrlichen Aussichten; im Frühjahr blumenreich, vor allem die Krokusse auf den Bergwiesen.

  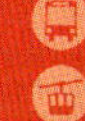 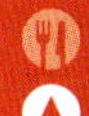 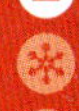 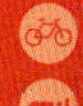 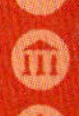 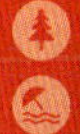

Das Virutal zu Füßen der höchsten Berge Korsikas bezieht seinen Reiz aus der seit Jahrhunderten entwickelten Kulturlandschaft und gehört somit zu den reizvollsten Gegenden der Insel. Die im Frühjahr grünen Weiden werden von allerlei dornigem Gestrüpp umgeben, Schlehen, Wacholder, Berberitzen und Ginster gehören zu den häufigsten. Sie bilden niedere Gebüschsäume inmitten der Weideländer und schaffen so ein charakteristisches Mosaik. Viele Wege durchzogen einst die Talung, um vom Col de Verghio Richtung Osten zu gelangen, aber auch um die Almen (Bergerie) auf den Hängen und Kämmen zu erreichen. Beherrscht von der markanten Felspyramide der Paglia Orba unternehmen wir eine Wanderung durch die Vorberge und umrunden zwei elegante

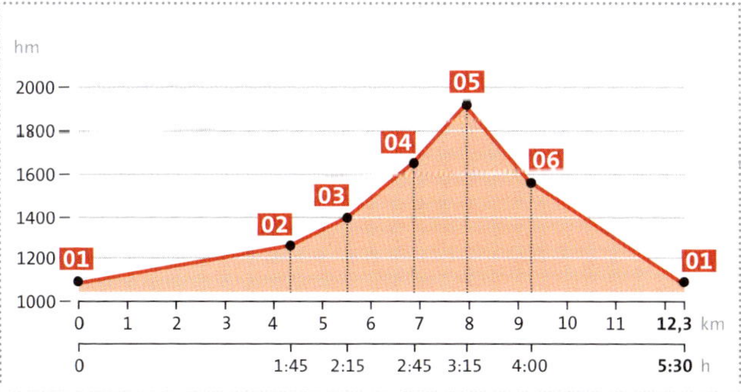

01 1100 m, Calasima; 02 1231 m, Grotte des Anges; 03 1400 m, Weggabelung; 04 1630 m, Bergeries de Tilarba; 05 1922 m, Sattel Monte Albanu; 06 1582 m, Bergeries de Costa Arsa

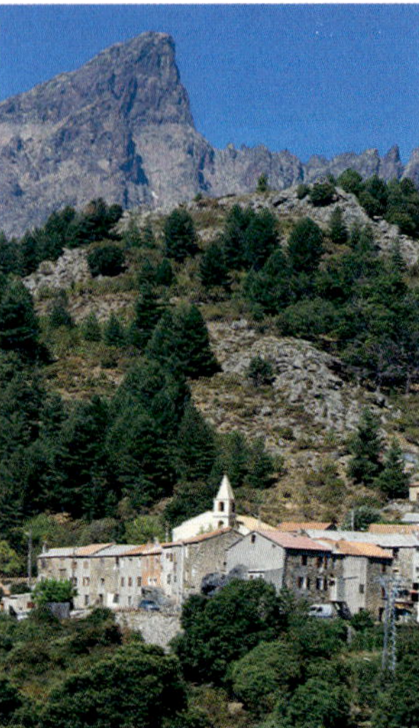

Im kleinen Örtchen Calasima beginnt die Tour, im Hintergrund die Paglia Orba

Vorgipfel, den Monte Albanu und die Cinque Frati. Dabei kommen wir auch an der Grotte des Anges vorbei.

▶ Im verschlafenen Albertacce verlassen wir die D 84, um Richtung Poggio di Lozzi zu fahren. Bald nach den ersten Kehren zweigt die Zufahrt ins kleine Örtchen **Calasima** 01 ab, das die höchstgelegene Siedlung des Niolu auf knapp 1100 m Seehöhe bildet. Es klebt wie ein Schwalbennest an den Hängen des Monte Albanu und besteht nur aus einer Kirche und wenigen Häusern. Die Fahrstraße verläuft noch weiter westwärts, doch wir parken das Auto in einer der wenigen Buchten am Straßenrand und folgen der Schotterstraße in ein Seitental hinein in Richtung der Grotte des Anges (1226 m). Mit mäßiger Steigung zieht die Straße durch ein Seitental aufwärts. Nach gut 45 Minuten kürzen wir eine Haarnadelkurve ab, indem wir geradeaus dem Weg durch jungen Kiefernwald hindurch folgen. So gelangen wir zur **Grotte des Anges** 02, die sich als eine Ansammlung von riesigen Felsen entpuppt. Ein übermächtiger Block wird von zwei kleineren flankiert und bildet so einen grottenähnlichen Unterstand, der von dornigen Sträuchern eingerahmt wird. Wenig später treffen wir wieder auf den Schotterweg und folgen diesem durch eine Haarnadelkurve hindurch. Nach wenigen Metern geht die Piste in einen Wandersteig über, der durch den prächtigen hochstämmigen Kiefernwald führt.

Bei der nächsten **Weggabelung** 03 biegen wir nach rechts ab, geradeaus verläuft ein Verbindungsweg zum Weitwanderweg GR 20, der in rund 10 Minuten bei der Bergerie de Ballone erreicht ist. Der nach rechts abzweigende Pfad steigt durch Kiefernwald an und bringt uns später in offenes Gelände. Dann folgt wieder eine Waldpassage, ehe wir auf Höhe der **Bergeries de Tilarba** 04 (1632 m) die Waldgrenze überschritten haben. Die malerische Alm mit den kleinen Steinhütten leitet den Aufstieg zur grasigen Scharte zwischen Monte Albanu im Süden und dem Capu a l'Inzecca ein. Mit zahlreichen kleinen Kehren windet sich der Weg zu dem Übergang hinauf, wir erreichen den **Sattel** 05 auf 1922 m nach insgesamt 2:30 Stunden Gehzeit. Geübte Geher können den Aufstieg zum Gipfel des **Monte Albanu** wagen, wobei man weglos dem felsigen Grat folgt. Es sind jedoch keine ausgesetzten Stellen zu bewältigen, sodass bei klarem Wetter die Überwindung der 100 Höhenmeter bis zum 2018 m hohen Gipfel keine allzu großen Probleme bereitet. Hier bietet sich eines der schönsten Bergpanoramen Korsikas mit einem weiten Blick über das Talbecken des Niolu mit dem Stausee sowie dem oberen Golotal.

Vom Sattel beginnen wir mit dem Abstieg zurück nach Calasima, um die Wanderrunde zu schließen. Wir folgen dem Bergpfad durch die grasigen Hänge, der uns in ein Seitental führt. Wir queren die Quellflüsse des Ruisseau de Sambuchellu und kommen zum Areal der ehemaligen **Bergerie de Costa Arsa** 06 auf 1582 m. Der Steig zieht oberhalb des felsigen Bachbetts talauswärts und schwenkt dann vom Graben weg auf einen Rücken. Wir queren mehrere kleine Seitenbäche, die später in den Sambuchellubach münden, und verlieren immer mehr an Höhe. Zu Füßen des 1464 m hohen Monte Calanca führt unsere Route fast eben auf einen Hangrücken, auf dem der alte Saumpfad in Richtung Lozzi einmündet. Der nun breite Weg zieht auf dem Scheitel des Rückens abwärts, wobei längst Calasima ins Bild gerückt ist. Wir treffen im Taleinschnitt des Ruisseau de Sambuchellu auf die Fahrstraße und gehen das kurze Stück nach **Calasima** 01 zurück, um die Tour nach insgesamt 5:30 Stunden zu beenden.

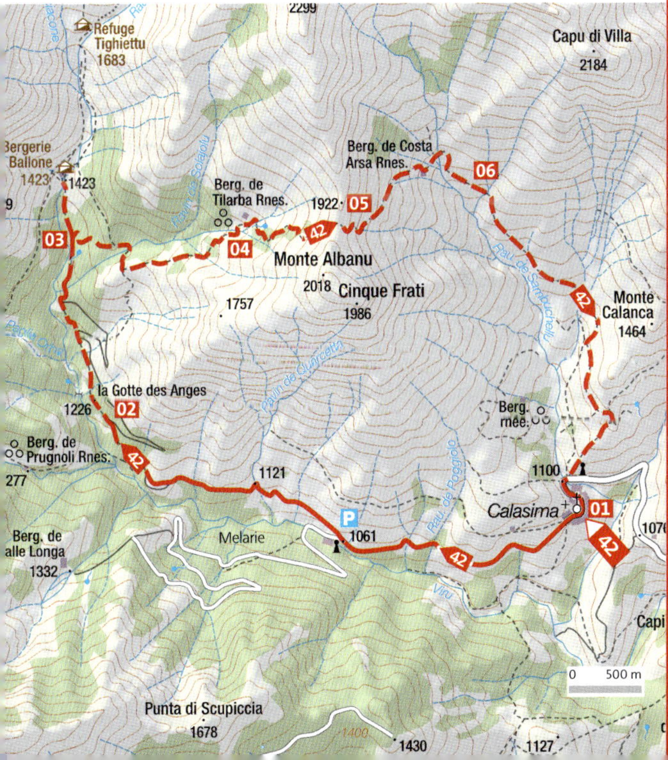

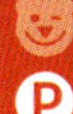

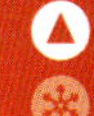
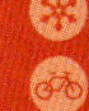
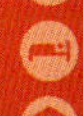
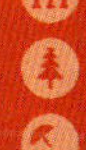

MONTE CINTO/CINTU

Auf das Dach der Insel

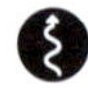  16 km  8:30 h  1626 hm  1626 hm 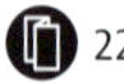 2250

START | Parkplatz bei den Campingplätzen oberhalb von Lozzi auf 1080 m, über die D 84 durchs Golotal oder über den Col de Verghio nach Calacuccia, die Abzweigung nach Lozzi befindet sich am Westende des Dorfes (beschildert)
[GPS: UTM Zone 32 x: 500.737 m y: 4.688.468 m]
CHARAKTER | Alpine Gipfeltour im klassischen Sinn mit über 1600 m Höhenunterschied; steiler Pfad mit Felspassagen, leichten Kletterstellen und Querungen von Geröllfeldern; am Gipfel können scharfe, kalte Winde wehen, obwohl sich die Tageserwärmung während des Anstieges durch die südexponierten Hänge schon früh am Tag bemerkbar macht; weiße und rote Farbtupfen, Steinmännchen.

Diese klassische hochalpine Gipfeltour führt auf den höchsten Berg der Insel, den 2706 m hohen Monte Cinto/Cintu, der gerne auch als „König der korsischen Berge" bezeichnet wird. Bizarre Gebirgslandschaften und traumhafte Aussichten entschädigen für den mühevollen Aufstieg, denn es müssen etwas mehr als 1600 hm überwunden werden. Bei klarem Wetter im Spätsommer oder Herbst eröffnet sich ein Rundblick, der zum unvergesslichen Erlebnis wird. Das Panorama reicht von der Ost- bis zur Westküste und im Norden bis zum Golf von Calvi. Bei idealen atmosphärischen Bedingungen, verursacht durch heftige Westwinde im Herbst, können in der Ferne sogar Elba und Sardinien sichtbar werden. Zwei Routen führen zum Gipfel, entweder durch die Nordflanke von Haut Asco oder von Lozzi an der Südseite. Hier warten nur leichte Kraxeleien, die in dem griffigen Fels für

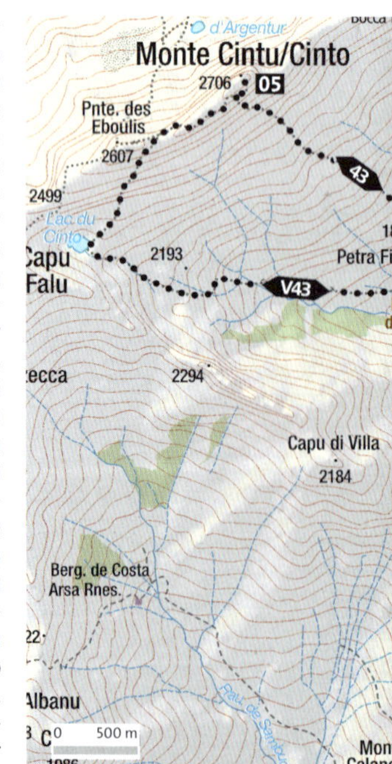

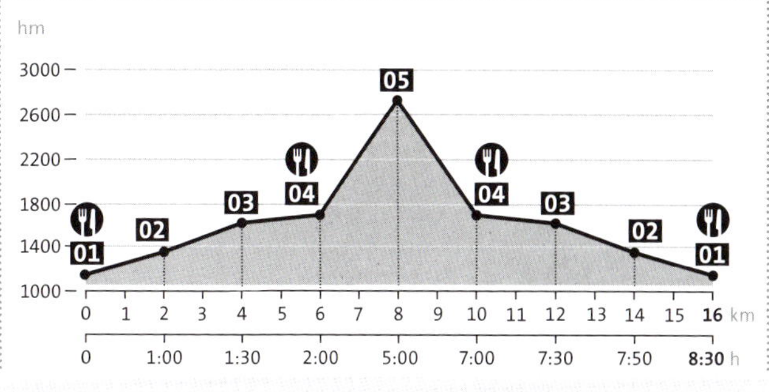

01 1080 m, Lozzi; **02** 1383 m, Capella a sa Lisei; **03** 1610 m, Schotterstraße; **04** 1650 m, Refuge de l'Ecro; **05** 2706 m, Monte Cinto/Cintu

einigermaßen erfahrene Berggeher leicht zu absolvieren sind.

▶ Lozzi befindet sich etwas oberhalb des Stausees von Calacuccia im Niolu und bietet mit dem Camping Monte Cintu und dem **Camping l'Arimone** **01** ideale Startpunkte an. Beide befinden sich in etwa am Ende der Asphaltstraße,

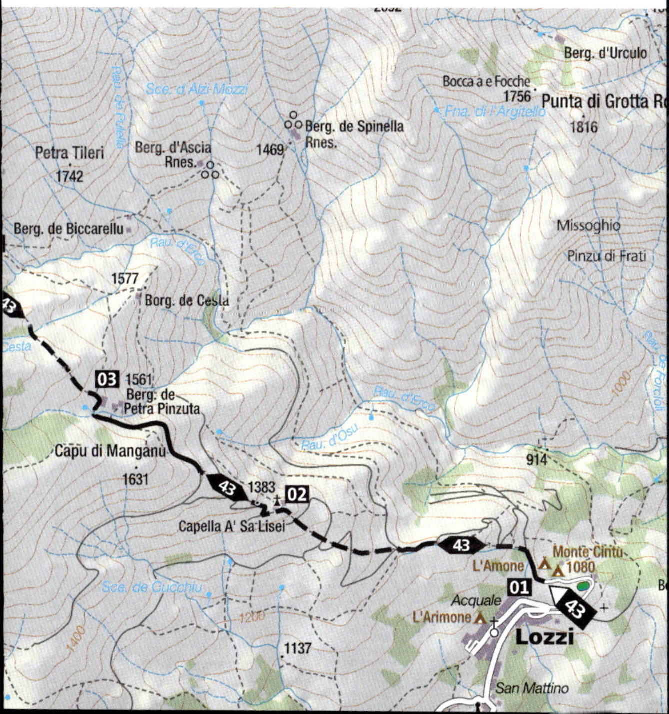

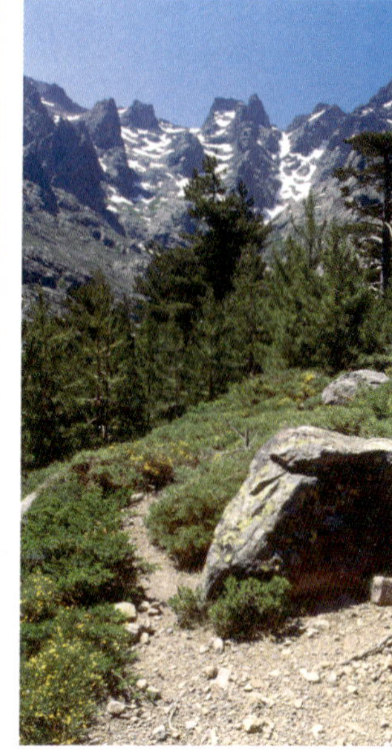

Das Cinto-Massiv von Haut-Asco aus

die von der D 84 bei Calacuccia abzweigt und 3 km lang ist. Knapp nach dem Beginn der Schotterstraße zweigt nach links ein Wanderpfad ab, der mit einem Schild „Refuge de l'Erco" gekennzeichnet ist. Dieser verläuft parallel zum Fahrweg, kreuzt ihn mehrmals und kommt bei 1338 m Seehöhe an den Grundmauern der **Capella a sa Lisei** **02** sowie an der ehemaligen Snackbar l'Astradella am Ende der **Schotterstraße** **03** vorbei. Nach gut 2 Stunden erreichen wir die **Refuge de l'Erco** **04** auf 1650 m, die inmitten von Ginstergebüschen im längst baumfreien Gelände errichtet wurde (16 Betten, Gasherd, Sanitärgebäude). Hinter der Selbstversorgerhütte, die in der Hochsaison bewirtschaftet wird, setzt sich die rot markierte Route fort und schwenkt in nordöstliche Richtung, während nach Westen der Aufstieg zum Lac de Cinto verläuft.

Steinmännchen sowie rote bzw. weiße Farbtupfen kennzeichnen die Route im felsigen und unübersichtlichen Terrain, die zunächst lange durch ein Schuttkar ansteigt. Nach einer guten Stunde umgehen wir markante Felsen an der linken Seite, um danach durch Rinnen weiter aufzusteigen. Dabei müssen wir bei kleineren, aber ungefährlichen und kaum ausgesetzten Kletterstellen die Hände zu Hilfe nehmen. Das Gestein ist griffig und fällt durch das reizvolle Farbenspiel der unterschiedlichen Materialien auf. Wer der Markierung exakt folgt, wird nicht an ausgesetzte Felsabsätze oder Kanten herankommen. Vorbei an einer kleinen Felsterrasse erreichen wir nach zweieinhalb Stunden ab der Erco-Hütte den in südwestlicher Richtung verlaufenden, stark zerklüfteten Gipfelgrat. Der höchste Punkt wird durch ein Betonfundament mit rudimentärem **Gipfelkreuz** **05** gekennzeichnet (2706 m).

Für den Abstieg können wir aus zwei Möglichkeiten auswählen. Einmal die bereits bekannte Aufstiegsroute, zum anderen die über den Lac de Cinto verlaufende Alternativroute, die jedoch länger und anspruchsvoller ist. Der malerische Cinto-See liegt in einer Felswanne unterhalb der Pointe des Éboulis (2607 m), zu der wir stets dem Grat folgen. Direkt vom Gipfel zieht ein felsiger Pfad steil zur Wanne des Lac du Cintu hinab (2289 m). Der Rückweg verläuft durch den Taleinschnitt des Ercu-Baches bis zur **Ercu-Hütte** **04** und am bekannten Aufstiegsweg nach **Lozzi** **01** zurück.

IM BANNKREIS DER PAGLIA ORBA

Die Gebirgswelt des oberen Golotales

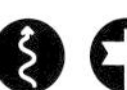  17,5 km  10:45 h  850 hm  850 hm  2250

START | Haarnadelkurve Fer à Cheval an der D 84 von Calacuccia zum Col de Vergio und nach Evisa, in der Kurve ist ein geschotterter Parkplatz angelegt
[GPS: UTM Zone 32 x: 490.576 m y: 4.682.774 m]
CHARAKTER | Anspruchsvolle, kombinierte Strecken- und Rundwanderung auf teils steinigen Bergpfaden, die auch über Grobblockhalden führen; weiß-rote Markierung des GR 20, zwischen Bergerie de Tula und Refuge di i Mori rote Farbpunkte und Steinmännchen; der Aufstieg zum Gipfel verlangt Trittsicherheit und Schwindelfreiheit sowie alpine Erfahrung.

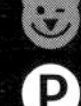
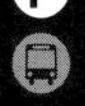
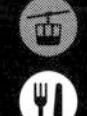
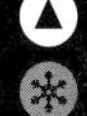

Eine Gebirgskulisse ersten Ranges eröffnet sich uns im oberen Golotal. Wir absolvieren eine Tour der Kontraste, die nicht nur gewaltige Panoramen, herrliche Wasserkaskaden und prächtige Hochwälder mit Lariciokiefern beinhaltet, sondern auch zu Almen führt. Alpinisten haben die Möglichkeit, den, so sagt man, schönsten Gipfel der Insel, die 2525 m hohe Paglia Orba, zu besteigen. Die kühne Felspyramide wird wegen ihrer Form auch das „Matterhorn Korsikas“ genannt. So sieht man den Berg allerdings nur, wenn man aus dem Virutal aufsteigt. Diese Route stellt aber eine reine Klettertour dar. Entlang unserer Wanderung werden wir das „Matterhorn“ als breiten Felsrücken wahrnehmen, der das

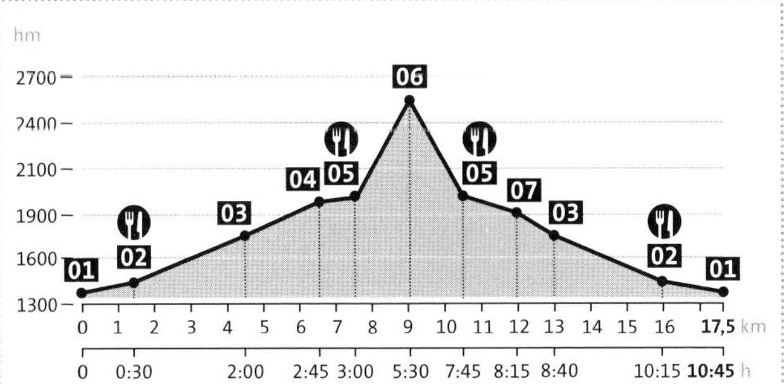

01 1329 m, Fer à Cheval; **02** 1370 m, Bergerie de Radule; **03** 1720 m, Bergerie de Tula; **04** 1962 m, Bocca di Faggiale; **05** 1991 m, Refuge de Ciuttulu di i Mori; **06** 2525 m, Paglia Orba; **07** 1881m, Bocca Louca

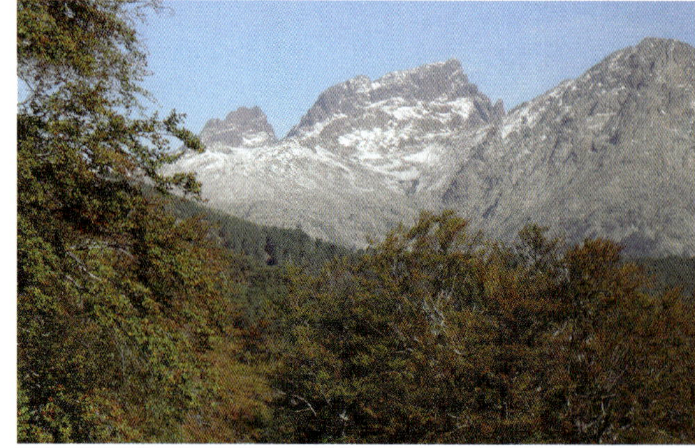

Die Paglia Orba wird gerne als schönster Berg Korsikas bezeichnet

obere Golotal wie ein Wächter überragt.

▶ Wir starten unmittelbar an der D 84 bei der als **Fer à Cheval** **01** – also Hufeisen – benannten Haarnadelkurve, bei der ein geschotterter Parkplatz für die Wanderer angelegt wurde. Der Steig führt ins Tal des Ruisseau de Catamalzi hinab, aus dem uns ein Gegenanstieg über felsiges Gelände zur ersten Alm dieser Wanderung, der **Bergerie de Radule** **02** bringt. Kurz davor mündet von links die weiß-rot markierte Route des GR 20 ein, die zum Castellu di Vergio verläuft und dort ein Etappenziel hat. Hier endet auch der aus mächtigen Lariciokiefern aufgebaute Hochwald, der teils auf blankem Fels stockt. Bereits hier offenbart sich uns die Schönheit dieses einsamen Hochtales. Wir wandern hoch über dem Fluss teilweise über blankes Gestein, unter uns klammern sich immer noch Baumriesen an die Felsen und verstärken das Landschaftserleben dieser wildromantischen Talung. Der gut begehbare Weg steuert auf eine kleine Brücke zu, die den Golo überquert. Knapp davor fällt der Wildbach mit einem Wasserschleier über eine Kaskade hinab. Die Route führt an der linken Talseite weiter und wird zusehends steiler. Wir sind bald eine Stunde unterwegs, ehe wir nach einer Steilstufe über einen Steg wieder auf die rechte Talseite queren (1544 m). Jetzt bewegen wir uns endgültig im baumfreien Gelände, das nun von Schuttkaren, riesigen Felsbrocken und blanken Felswänden geprägt wird. Bald haben wir knapp 1700 m Seehöhe erreicht und treffen auf eine Weggabelung, bei der uns der GR 20 nach links verlässt. Wir folgen nun dem Talweg, der sogleich die Ruinen der **Bergerie de Tula** **03** erreicht. Die ehemalige Alm ist aufgelassen und kümmert vor sich hin, dem Verfall preisgegeben. Rechts öffnen sich die Blicke zur Paglia Orba und zum Capu Tafunata, die der breite Sattel Col de Maures voneinander trennt. Zuletzt führt der Weg durch das oberste Kartal dem Sattel **Bocca di Faggiale** **04** entgegen (1962 m). Hier treffen

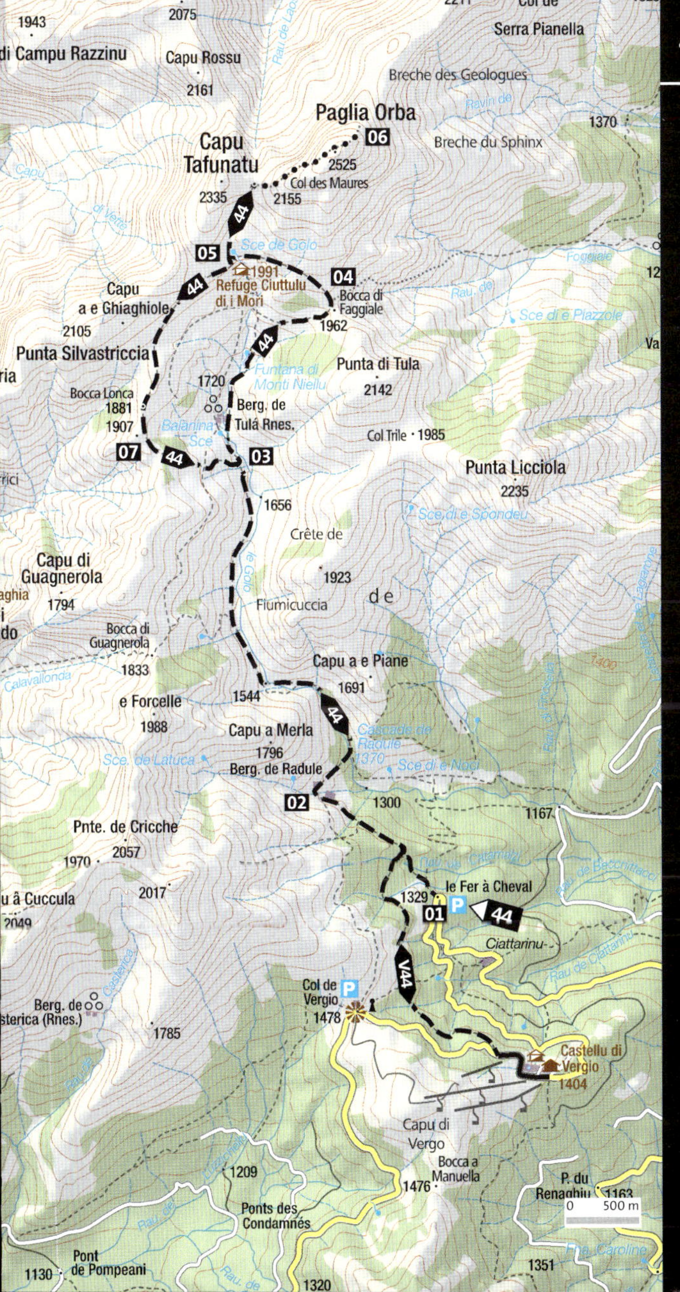

Capu Scaffone
2075
1943
di Campu Razzinu
Capu Rossu
2161
2211
Col de
Serra Pianella
1829
Breche des Geologues
Paglia Orba
06
Breche du Sphinx
1370
Capu
Tafunatu
2525
Col des Maures
2335
2155
05
Sce de Golo
1991
Refuge Ciuttulu
di i Mori
04
Bocca di
Faggiale
1962
Capu
a e Ghiaghiole
2105
Punta Silvastriccia
Sce di e Piazzole
Punta di Tula
2142
1720
Funtana di
Monti Niellu
Bocca Lonca
1881
1907
Berg. de
Tulá Rnes.
Col Trile
1985
07
03
Punta Licciola
2235
1656
Sce di e Spondeu
Crête de
Capu di
Guagnerola
1923
1794
Fiumicuccia
Bocca di
Guagnerola
1833
Capu a e Piane
1691
1544
e Forcelle
1988
Capu a Merla
1796
Cascade de
Radule
1370
Sce. de Latuca
Berg. de Radule
Sce di e Noci
02
1300
1167
Pnte. de Cricche
1970
2057
2017
le Fer à Cheval
1329
01
44
Ciattarinu
V44
Col de
Vergio
1478
Berg. de
1785
Castellu di
Vergio
1404
Capu di
Vergo
Bocca a
Manuella
1209
1476
P. du
Renaghiu
1163
0
500 m
Ponts des
Condamnés
Pont
de Pompeani
1130
1320
1351

wir wieder auf die Route des GR 20, der wir in westlicher Richtung folgen, um durch grasige Hänge zur **Refuge Ciutulu di i Mori 05** zu gelangen. Die auf 1991 m Seehöhe gelegene Schutzhütte dient auch als Etappenziel für den Weitwanderweg. Etwas westlich führt der Bergpfad über violett-roten Gesteinsschutt in das Kar unterhalb des Col des Maures hinein, in dem der Golo entspringt. Der längste Fluss der Insel erreicht mit 84 km eine stattliche Länge im Vergleich zu den Ausmaßen von Korsika. Der steile, rot markierte Weg verläuft über losen Schutt und zieht zum Col des Maures hinauf. Der 2155 m hohe Sattel bietet einen herrlichen Blick in die wilden Nordabbrüche des Zentralmassivs und zum 30 m hohen Felsenfenster des Capu Tafunata. Wanderer mit alpiner Erfahrung können von hier aus den Aufstieg zur **Paglia Orba 06** wagen, der einige Kletterstellen I. und II. Grades enthält. Die Route durchschneidet zerklüftete Felswände und führt über gewaltige Gesteinstrümmer zu einem Vorgipfel. Danach folgen eine Senke sowie der Schlussanstieg über einen schuttbedeckten Rücken zum 2525 m hohen Gipfel.

Von der Selbstversorgerhütte wählen wir die Route des GR 20 für den Abstieg. Diese verläuft in einem weiten Bogen durch den Wiesenrücken unterhalb des Ghiarghiole und der Punta Silvastriccia, wobei mit dem **Bocca Lonca 07** (1881 m) noch eine leichte Aufwärtspassage zu bewältigen ist. Anschließend steigen wir steil zum Golo-Fluss hinab und treffen auf unsere Aufstiegsroute. Wir biegen nach rechts auf diese ein, um in Richtung der **Bergerie de Radule 02** und später zum Ausgangspunkt abzusteigen. Dabei können wir uns ein wenig den Gumpen widmen, die der Golo aus dem Gesteinsuntergrund ausgewaschen hat. Besonders schöne finden wir bei der zweiten Querung des Bachlaufs.

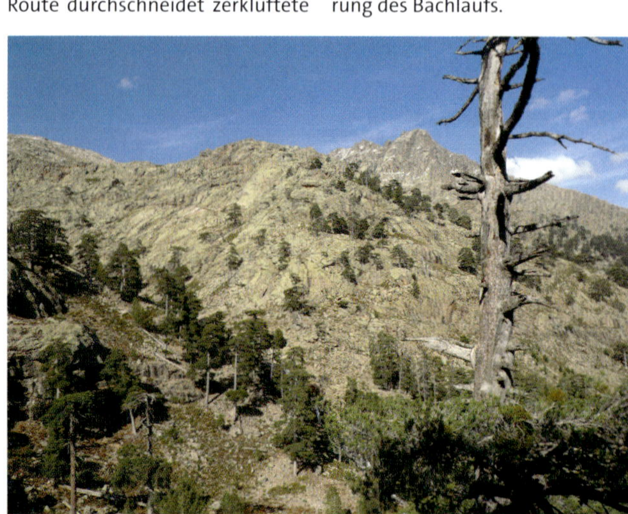

Der Aufstieg zur Paglia Orba führt durch das wildreiche Golotal

LAC DE NINO I

Vom Forsthaus Popphagia zum Bergsee

  10 km  4:30 h 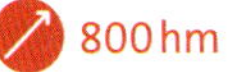 800 hm  800 hm  2250

START | Forsthaus Poppaghia (1076 m) an der D 84 durch das Golotal zum Col de Verghio
[GPS: UTM Zone 32 x: 493.460 m y: 4.681.345 m]
CHARAKTER | Mittelschwere Wanderung auf teils steilem Weg durch das bewaldete Colgatal, ab der Bergerie de Colga etwas schwieriger Aufstieg durch steiles und unübersichtliches Felssturzgelände mit Granitplatten- und Bachquerungen, bei Nässe wird dieses Wegstück teilweise gefährlich.

Der klassische Aufstieg zum Lac de Nino, der zu den schönsten korsischen Bergseen gehört, beginnt beim Forsthaus von Poppaghia oberhalb des Stausees von Calacuccia. Dabei durchqueren wir noch dazu einen der schönsten Wälder der Insel, der aus riesigen Laricio-Kiefern gebildet wird.

▶ Am **Parkplatz** beim **Forsthaus Poppaghia** **01**, das zum Waldschutzgebiet Valdu-Niellu gehört, empfängt uns der Wegweiser „Lac de Nino 2.45 Std." und leitet uns auf den Pfad, der zuerst durch dieses Schutzgebiet verläuft. Valdu-Niellu bildet zusammen mit dem westlich anschließenden Forêt d'Aitone das größte geschlossene Waldgebiet Korsikas. Stattliche Buchen und 30 m hohe und bis zu 500 Jahre alte Lariciokiefern bauen diesen herrlichen Forst auf, der den oberen Teil der Golotalung zur Gänze einnimmt. Entlang des unteren Abschnittes unseres Wanderweges begleiten uns zudem

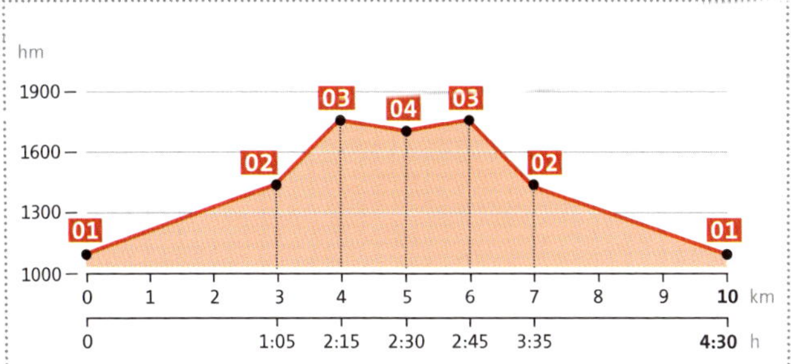

01 1076 m, Parkplatz Forsthaus Poppaghia; **02** 1411 m, Bergerie de Colga; **03** 1762 m, Bocca a Stazzona; **04** 1743 m, Lac de Nino

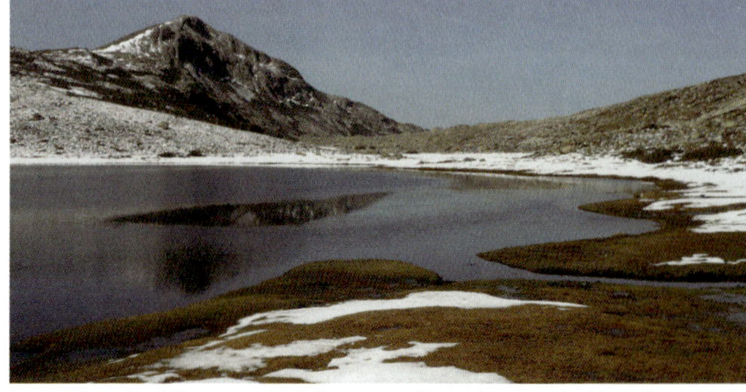

Im späten April kann noch Schnee rund um den Lac de Nino liegen

mit Moos überzogene Felsen und Farne, die den Urwaldcharakter unterstreichen. Der Weg umläuft zuerst die Nordspitze des bewaldeten Hangrückens Crète d'Orsu-Longu, ehe er in die bewaldete Talung des Ruisseau di Colga eintritt und dem Wildbach am orografisch rechten Ufer entlang führt. Parallel zum Bachlauf steigen wir in schattigem Gelände auf einem steinigen Weg stetig aufwärts, bis wir nach 20 Minuten auf eine Forststraße treffen. Diese führt mit einer Holzbrücke ans andere Ufer, wo sich die Tour fortsetzt. Bald müssen wir einen Seitenbach queren, der mit Erlengebüschen verwachsen ist. Mit etwas undeutlicher Wegführung steigen wir weiter im Bachtal aufwärts und queren wieder ans rechte Ufer. Dabei ist auf die Markierungen zu achten, die am gegenüberliegenden Ufer an den Bäumen angebracht sind. Wir befinden uns nun auf einer Landzunge, die zu beiden Seiten vom Wildbach umflossen wird. Mit steilem, aber wildromantischem Verlauf, arbeitet sich der Weg durch knorrige Kiefern der Waldgrenze entgegen. Von rechts biegt der Höhenweg Sentier Ronde de Valdu Niellu ein, nur wenig später erreichen wir die **Bergerie de Colga** 02 (1411 m), die mit aus Stein gebauten Ställen und saftig grünen Weideflächen aus der Felssturzlandschaft heraussticht.

Weiter geht es durch das schuttreiche und mit Sträuchern bewachsene Gelände. Wir müssen gut auf die ausgetretene Trasse achten, um am Weg zu bleiben. Hinter der Alm beginnt der Anstieg zur Bocca a Stazzona, der steil und rutschig über zahlreiche Grobblöcke und teilweise glatt geschliffene Felsplatten führt. Ab und zu muss man die Hände zu Hilfe nehmen und vorausschauend nach den gelben Markierungen suchen, die den richtigen Wegverlauf zeigen. Selbst im späteren Frühjahr können hier die Mulden noch mit Schnee gefüllt sein. Der Weg steigt links des Bachlaufes mit steilem Verlauf schräg aufwärts, wobei wir die markanten Steinblöcke, die am Sattel der **Bocca a Stazzona** 03 (1762 m) liegen, als Orientierungshilfe verwenden können. Nach gut einer Stunde mühevollen Aufstiegs ab der Alm erreichen wir den Sattel, der von den „Ochsen des Teufels" genannten Steinen beherrscht wird. Die

markanten Felsbrocken stellen der Legende nach versteinerte Ochsen dar, die einst den Pflug des Teufels gezogen haben sollen.
Gleich hinter dem Sattel öffnet sich nach Süden der weit reichende Blick über das Becken des Lac de Nino (1743 m) hinweg bis zur Hochgebirgskette des Campotile, während im Norden Paglia Orba und Monte Cintu aufragen. Das tiefblaue Gewässer strahlt eine überwältigende Romantik und Lieblichkeit inmitten dieser bizarren Bergwelt aus. Wir steigen auf dem nun gut begehbaren Pfad zum **Lac de Nino** 04 hinab, umrunden diesen und stoßen am Südende auf die weiß-rot markierte Route des GR 20. Zunächst fällt hier die eigenwillige Landschaft der Pozzines auf, die das Quellgebiet des Tavignano-Flusses bilden. Die kleinen Bächlein haben zahllose Schlingen aus dem weichen Wiesenboden gewaschen, der aus saftig grünen Almwiesen besteht. Wir biegen nach rechts auf den GR 20 ein, der am Südwestufer des herrlichen Bergsees entlangführt. Am Nordwestende verlassen wir den Weitwanderweg schon wieder und folgen dem Pfad zurück zu den Teufels-Felsen. Ab hier verläuft der Rückweg zum Ausgangspunkt entlang der Aufstiegsroute, wofür wir etwa 1:45 Stunden einplanen müssen.

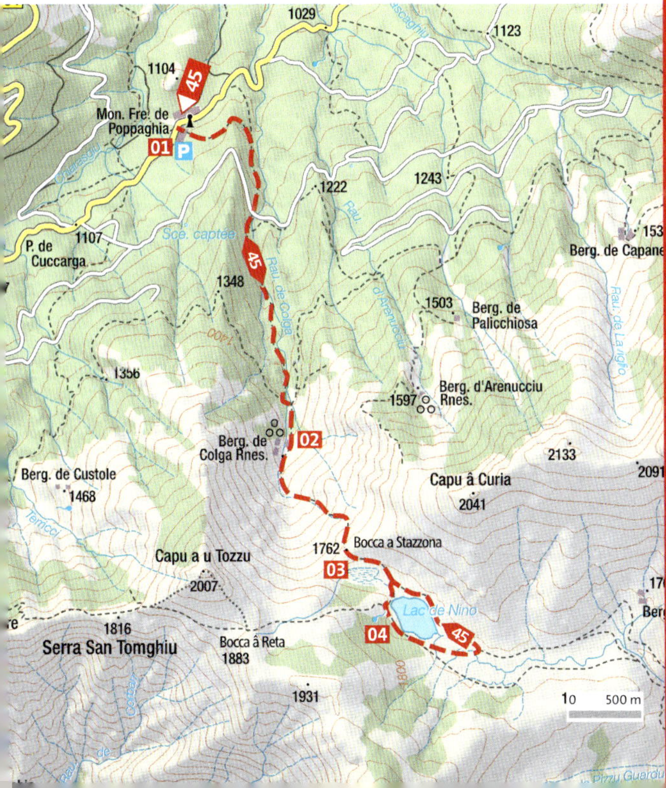

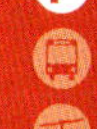
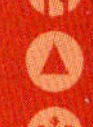
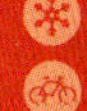
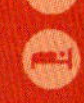

ZUM LAC DE NINO II

Vom Castellu di Vergio zum Bergsee

 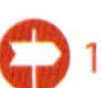 16,4 km  6:15 h  560 hm  560 hm 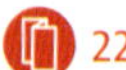 2250

START | Castellu di Vergio (1400 m) im oberen Golotal [GPS: UTM Zone 32 x: 491.298 m y: 4.681.592 m]
CHARAKTER | Mittelschwere Streckenwanderung auf gut trassiertem Bergpfad zuerst durch Wald, dann durch baumfreies Gelände (Abschnitt des GR 20), die Umrundung des Sees enthält je nach Jahreszeit Feuchtstellen.

Diese gemütliche Wanderung hat einen der schönsten Gebirgsseen der Insel, den Lac de Nino, zum Ziel. Der glasklare Bergsee liegt romantisch in einer Felsmulde inmitten der atemberaubenden zentralen Bergwelt. Während der meist begangene Weg beim Forsthaus von Poppaghiu, etwa 8 km vom Col de Vergio entfernt liegt, bietet diese Route, die bei der Skistation Castellu di Vergio am Fuße des Passes beginnt, die einfachere, dafür aber längere Variante. Wer eine Rundtour unternehmen möchte, steigt am Weg nach Poppaghia bis knapp unterhalb der Bergerie de Colga ab und kehrt über den Höhenweg Sentier Ronde de Valdu Niellu wieder zum Castellu di Vergio zurück.

▶ Von der Skistation **Castellu di Vergio** **01** folgen wir den weiß-roten Markierungen, die uns zuerst ein wenig abwärts in den südlich der Passstraße liegenden Wald leiten. Wir gelangen auf einen fast ebenen Waldpfad, der durch die oberen Hänge der Crête de Scupertu führt und bequem zu begehen ist. Ab und zu werden Seitenbäche gequert, bis wir nach etwa 40 Minuten an eine Weggabelung herankommen. Nach links biegt die Route des Höhenweges Sentier Ronde de Valdu Niellu ab, der ins Colgatal führt und für den alternativen Rückweg gewählt werden kann. Wir halten uns aber

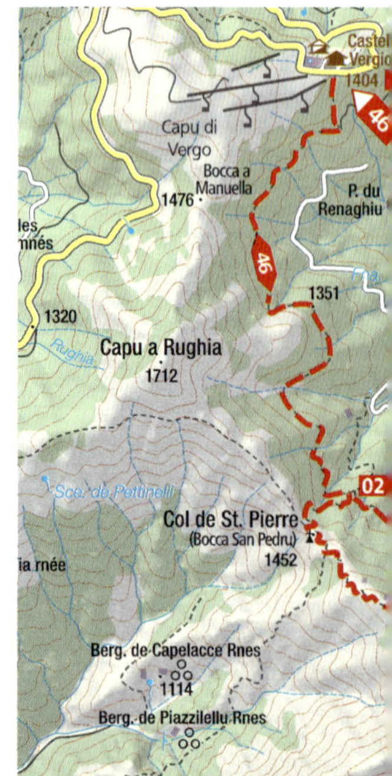

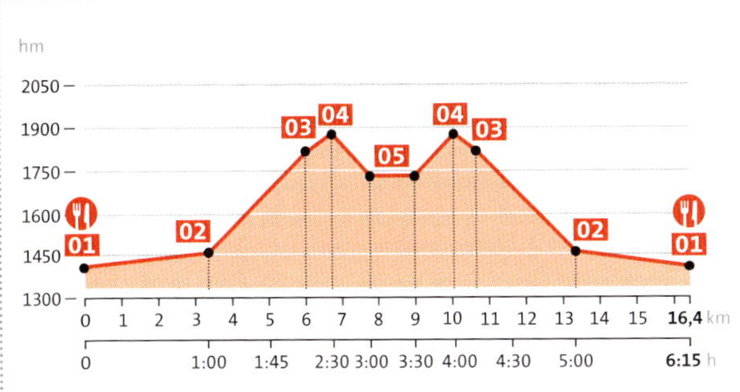

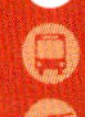
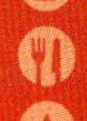
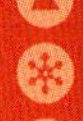
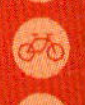
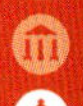

01 1400 m, Castellu di Vergio; 02 1452 m, Col de San Petru; 03 1816 m, Serra San Tomghiu; 04 1883 m, Bocca a Reta; 05 1743 m, Lac de Nino

rechts und folgen weiterhin dem breiten GR 20, der bald den Sattel **Bocca San Pedru** 02 mit dem Bildstock erreicht (1452 m). Hier fallen die mächtigen Buchen auf, die aufgrund der windgepeitschten Form auch als Wetterbuchen bezeichnet werden. Nach dem Queren einer Hochspannungsleitung steigen wir über zahllose kleine

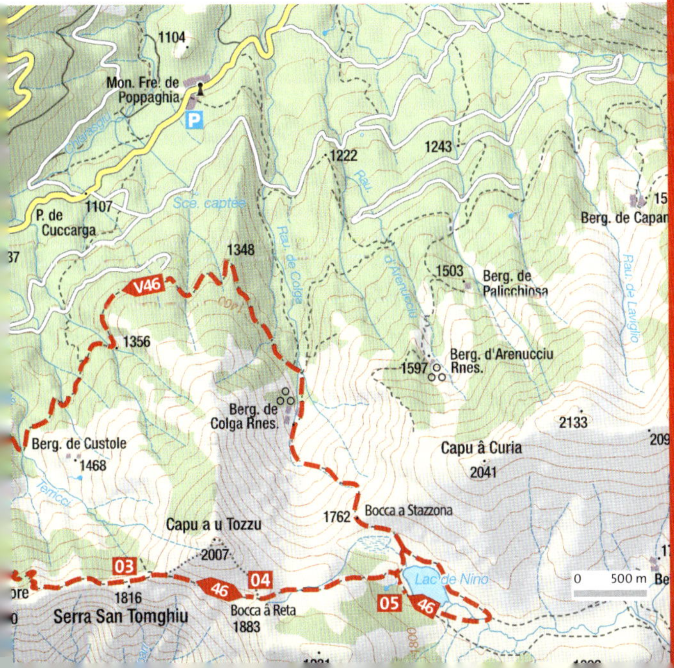

Variante

Der Sattel Bocca a Stazzone wird durch die beiden Felsen geprägt, die steinerne Ochsen darstellen sollen. Hier beginnt der Abstieg ins Colgatal, der stets steil und teils über Steinplatten und Grobblock zur Bergerie de Colga führt. Knapp danach zweigt nach links der Höhenweg ab, der mit leichtem Auf und Ab durch den herrlichen Valdu-Niellu-Forst verläuft. Ein kurzer Gegenanstieg führt aus dem Colgatal hinaus und in den dichten Kiefernwald hinein. Wir umgehen eine Hangnase, queren zweimal kleinere Bacheinschnitte, ehe der etwas breitere Bach Terricci folgt. Hier queren wir das mit Erlen bewachsene Bachbett etwas oberhalb der markierten Route. Leicht abwärtswandernd kommen wir an hölzernen Wegweisern vorbei und kreuzen eine Forststraße. Danach ist der Weg etwas schwächer trassiert, während durch die Baumriesen hindurch immer wieder Blicke auf Monte Cinto und Paglia Orba fallen. Die bequeme Wanderung durch den herrlichen Wald geht nach zwei weiteren Hangeinschnitten dem Ende entgegen und trifft unterhalb der Bocca San Pedru auf die Route des GR 20. Wir folgen dem Weitwanderweg nach rechts abwärts auf dem bereits vom Beginn der Tour bekannten Abschnitt bis zum Castellu di Vergio.

Serpentinen durch offenes Gelände bis auf 1600 m Seehöhe auf, ehe der Weg in mit Gebüschen und einzelnen Lariciokiefern bewachsenes Gelände eintritt. Eine Abwärtspassage bringt uns an die Nordseite einer Bergflanke, in der der Pfad mit Steinplatten ausgebaut etwa 20 Meter unterhalb des Grates verläuft. Wir steigen zum Grat der **Serra San Tomaghiu** **03** auf und wechseln wieder auf die Südseite. Danach zieht der Weg zu Füßen des Capu a u Tozzu durch ein breites Hochtal dem Sattel **Bocca a Reta** **04** (1883 m) entgegen. Der gut trassierte und markierte Bergweg führt nun an der Nordwestseite in das Becken des **Lac de Nino** hinein **05**. Wir steigen zum See hinab und erreichen das Ufer bei einer Quellfassung. Entweder kehren wir auf derselben Route zum **Ausgangspunkt** **01** zurück, oder umrunden den See, um am Nordufer zur Bocca a Stazzone aufzusteigen und über das Colgatal zum Beginn des Höhenweges in Richtung Castellu di Vergio zu gelangen (siehe auch Tour 45).

Der Lac de Nino gehört zu den schönsten Bergseen Korsikas

DURCH DEN FORÊT D'AITONE

Durch schattige Waldlandschaften zum Bocca a u Saltu

  13,5 km  4:30 h  550 hm  550 hm  2250

START | Evisa (850 m), an der D 84 von Porto aus erreichbar [GPS: UTM Zone 32 x: 483.829 m y: 4.678.030 m]
CHARAKTER | Abwechslungsreiche Strecken- und Rundwanderung auf schattigen Waldwegen, Forststraßen und Bergpfaden; Bademöglichkeit in der Piscine Naturelle

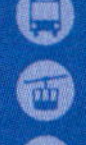

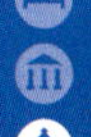

Evisa gilt als ein beliebter und wunderschön gelegener Urlaubsort an der Westküste Korsikas oberhalb des Golfes von Porto, der auch im Sommer auf ein äußerst angenehmes Klima verweisen kann. Hier starten mehrere Wanderrouten, zum Beispiel in die bekannte Speluncaschlucht (Tour 49), aber auch zum Aitonewald, von dem aus Wege in das nördlich anschließende Aitonegebirge führen (Tour 48). Der Forêt d'Aitone zählt mit Recht zu den schönsten Wäldern Korsikas. Er erstreckt sich vom Col de Vergio (1477 m) bis nach Evisa und nimmt 1674 Hektar des insgesamt 5000 Hektar großen Talkessels ein. Neben den immergrünen Lariciokiefern, Strandkiefern und Tannen kommen auch größere Buchen- und Birkenwälder vor, die die Bereiche rund um den Pass bevorzugen. Hier ist auch der Korsenkleiber heimisch. Diese flinken Vögel, die ausschließlich in den Nadelwäldern zwischen 800 und 1800 m Seehöhe vorkommen, ernähren sich im Sommer von Insekten und im Winter von Kiefernsamen, die sie aus den Zapfen lösen.

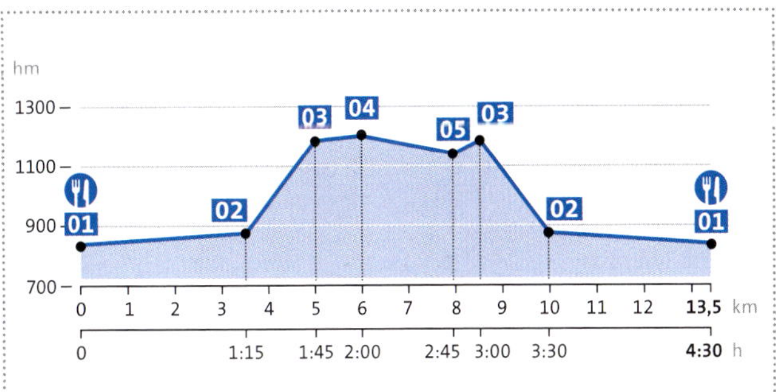

01 850 m, Evisa; 02 890 m, Piscine naturelle, Eisenbrücke; 03 1186 m, Pont de Casterica; 04 1182 m, Ponts de Condamnés; 05 1131 m, Pont de Pompeani

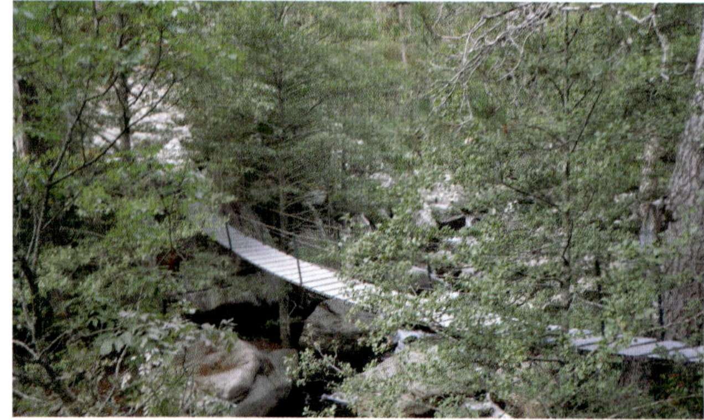

Hängebrücke nahe dem Naturbadeplatz „Piscine naturelle“

Heute führen schattige Wald- und Wanderwege durch den Talkessel, in dem im Winter sogar Loipen zum Langlaufen angelegt werden. Die Hauptattraktion dieses Waldgebietes ist aber der wildreiche Bach, der breite Kaskadenbecken ausbildet. Das schönste erhielt den Namen „Piscine naturelle“ und gilt im Sommer als Publikumsmagnet.

▶ Wir beginnen diese abwechslungsreiche Tour in **Evisa** **01** (850 m) und folgen zunächst den Markierungen des Weitwanderweges „Mare a Mare Nord“ in die Kastanienhaine oberhalb der Ortschaft hinein. Eine Betonrampe führt nach rechts steil zu einem Fahrweg hinauf, der in die Kastanienhaine hineinzieht und als „Chemin des châtaigniers“ benannt ist. Entlang dieses breiten Saumpfades erklären einige Hinweistafeln die Besonderheiten der Kastanien für das frühere Leben der einheimischen Bevölkerung. Begleitet von Schweine- und Ziegenställen steuern wir auf eine Weggabelung zu, bei der wir nach links auf einen von einer Steinmauer gesäumten Fahrweg einbiegen. Wir durchlaufen einen Bachgraben, um anschließend

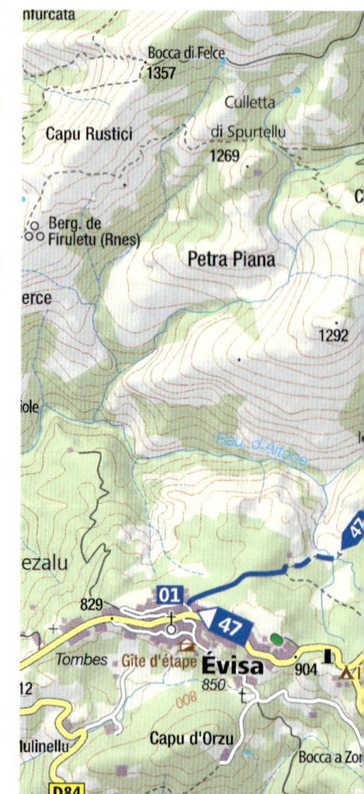

nun im Kiefernwald auf einem breiten Wanderpfad zum Teil über gemauerte Treppen aufwärtszusteigen. Nach 45 Minuten treffen wir auf die Fahrstraße zum Col de Vergio (D 84), der wir 300 Meter folgen. Beim Wegweiser „Piscine naturelle" schwenken wir nach links auf einen Forstweg ein, der uns oberhalb der Schlucht des Aitone-Flusses zu einem Seitenbach mit der **Piscine naturelle** 02 bringt. Der Naturbadeplatz besteht aus einem 30 x 5 m großen Steinbecken, das wie ein natürliches Schwimmbad aussieht. Zu allem Überfluss fällt der Wildbach noch mit einer kleinen Kaskade ins Becken hinein und macht diesen Ort zu einem paradiesischen Rastplatz.

Wir können die Wanderung aber noch in den Aitone-Talkessel fortsetzen. Dazu folgen wir den orangen Markierungen des Weitwanderweges Mare a Mare Nord und queren oberhalb der Naturbecken den Aitonebach auf einer Eisenbrücke. Die Route steigt nun durch ein unübersichtliches Gelände aufwärts, zum Teil steil und über Grobblockhalden verlaufend. Der Weg ist aber stets gut markiert und mit ein wenig Trittsicherheit problemlos begehbar. Nach einigem Auf und Ab mündet der Waldpfad nach 45 Minuten ab der Piscine naturelle am nördlichen Talhang oberhalb der Pont de Casterica in eine Forststraße. Während es nach links zur **Bocca au Saltu** hinaufgeht, fol-

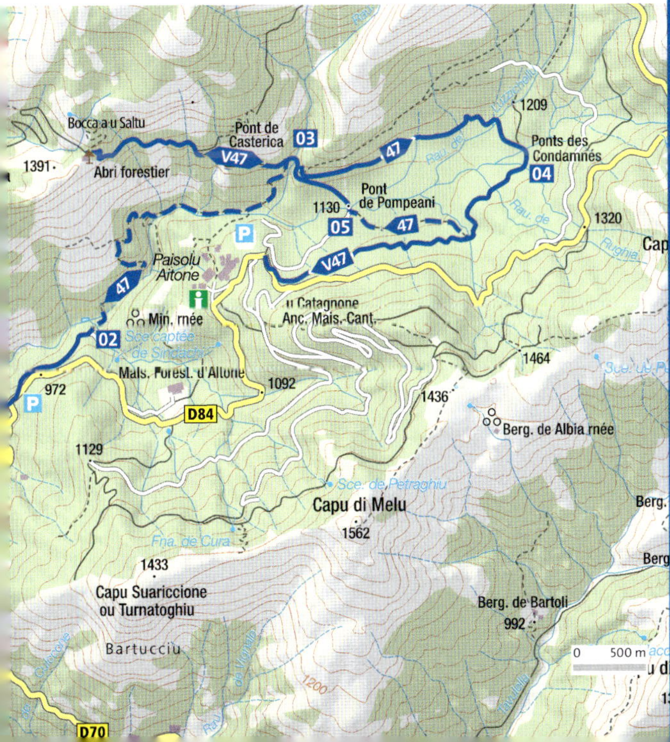

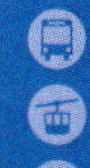
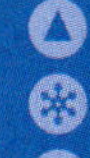
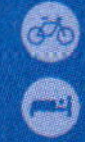

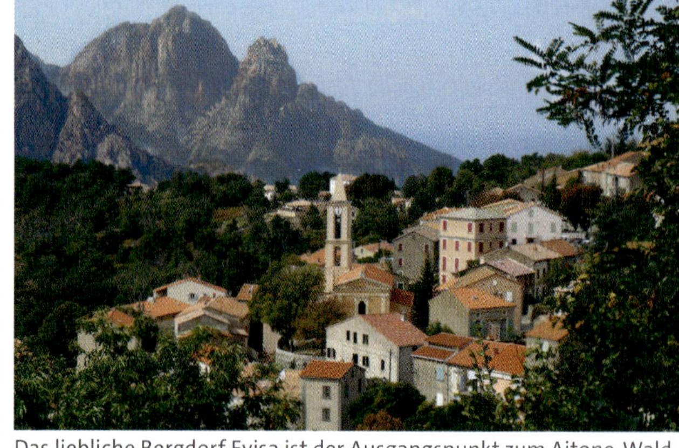
Das liebliche Bergdorf Evisa ist der Ausgangspunkt zum Aitone-Wald

gen wir dem Forstweg über die **Pont de Casterica** 03 (1168 m) und schwenken bei der nachfolgenden Weggabelung auf den mittleren Forstweg ein (nach links geht der Weitwanderweg als Waldsteg ab, nach rechts führt eine Forststraße zur Pont de Pompeiani hinab). Diese Forststraße durchquert in einer weiten Schlinge den hinteren Talkessel mit den herrlichen Nadel- und Laubbäumen. Bereits im 16. Jh. erkannten die Genueser den Holzreichtum und die Vielfalt an Baumarten, die sie zum Schiffsbau, zur Harzgewinnung und zur Terpentinherstellung nutzten. Nach leichtem Anstieg erreichen wir vor den **Ponts de Condamnés 1182** 04 den höchsten Punkt der Wanderung auf 1123 m. Hier biegt nach rechts ein gelb markierter Naturlehrpfad ab, der uns mit etwas verwachsenem Verlauf hinab zur **Pont de Pompeiani** 05 (1130 m) bringt. Dort finden wir in unmittelbarer Bachnähe herrliche Rastplätze vor. Um zu unserem Rückweg zu gelangen, überqueren wir die Brücke und steigen auf der Forststraße wieder zur **Pont de Casterica** 03 hinauf. Dort biegen wir nach links auf den Weitwanderweg ein, den wir bereits vom Beginn der Wanderung kennen und folgen diesem auf derselben Route nach **Evisa** 01.

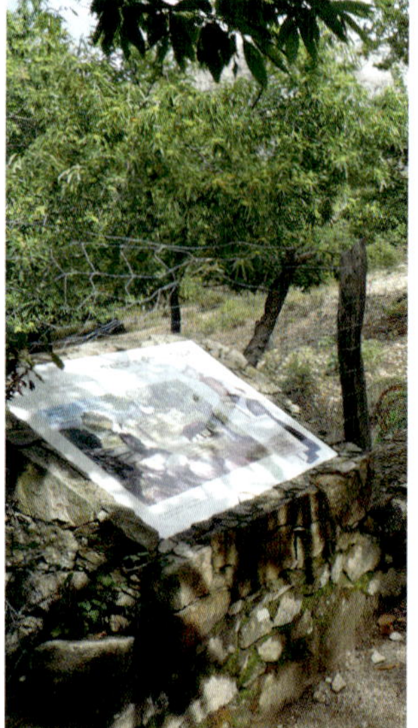
Der Naturlehrpfad bei Evisa

BOCCA DI CUCCAVERA

Im Schatten der Kiefern durch den Aitonewald

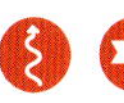  12 km  4:30 h 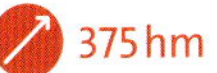 375 hm  375 hm  2250

START | Ausgeschilderter Parkplatz links am Straßenrand der D 84, ca. 5 km östlich von Evisa und dem Feriendorf „Village de Vacances d'Aitone"
[GPS: UTM Zone 32 x: 487.247 m y: 4.680.069 m]
CHARAKTER | Leichte Wanderung auf schmalen, teilweise betonierten Forstwegen, später auf angenehmen Waldpfaden, zum Pass stellenweise über Felsplatten. Die Wanderung ist vor allem im Sommer wegen der vielen blühenden Pflanzen wie der äußerst attraktiven Korsischen Pfingstrose sehr lohnenswert.

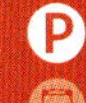
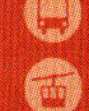
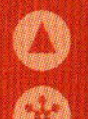

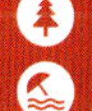

Der Forêt d'Aitone bildet mit 1674 Hektar das größte zusammenhängende Waldgebiet in Korsika und reicht vom Pass Col de Verghio bis in den 5000 Hektar großen Talkessel rund um Evisa. Er steht als „Forêt domaniale" unter Schutz und zählt mit Recht zu den schönsten Wäldern Korsikas. Neben den immergrünen Laricio-kiefern, Strandkiefern und Tannen kommen auch größere Buchen- und Birkenwälder vor. Diese Wanderung durchquert den Kessel von Aitone und steigt anschließend zum aussichtsreichen Pass Bocca di Cuccavera (1475 m) auf. Dort setzen sich die Wege in Richtung Fangotal oder Serriera fort.

▶ Vom **Parkplatz** **01** führt ein Forstweg mit einem weiten Bogen zuerst leicht nach rechts in den Mischwald hinein, der von halbwilden Schweinen regelrecht zerpflügt ist. Der Weg bringt uns zur Pont de Pompeani (1130 m), gleich danach zur **Pont de Casterica** **02** (1168 m). Bis jetzt folgten wir der roten Markierung, doch hier mündet der von Evisa kommende Fußweg von links ein, der mit orangen

Promenade de la Sitelle

Durch den Aitonewald führt die „Promenade de la Sitelle", einer der sieben Naturlehrpfade, die von der Forstverwaltung auf Korsika eingerichtet wurden. Der Weg beginnt am Parkplatz oberhalb des Village de Vacances und verläuft entlang der Route des Condamnés. „Sitelle" bezeichnet im Französischen den Korsenkleiber, dem dieser Weg gewidmet ist. Die flinken Vögel, die ausschließlich in den Nadelwäldern zwischen 800 und 1800 m Seehöhe vorkommen, ernähren sich im Sommer von Insekten und im Winter von Kiefernsamen, die sie aus den Zapfen lösen.

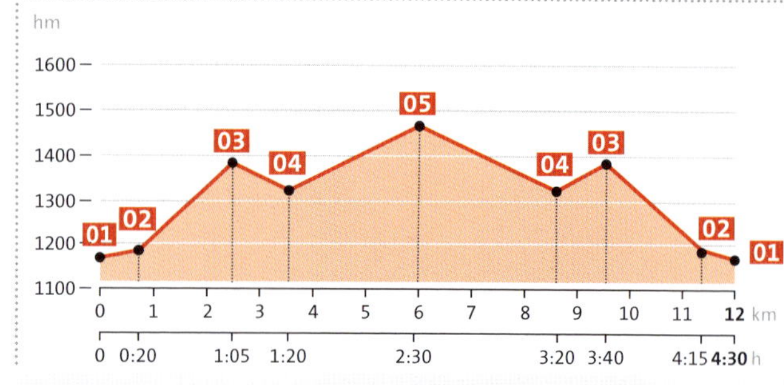

01 1160 m, Parkplatz; 02 1186 m, Pont de Casterica; 03 1391 m, Bocca a u Saltu; 04 1320 m, Wanderpfad; 05 1475 m, Bocca di Cuccavera

Farbpunkten versehen ist. Diese werden uns nun weiter begleiten. Wir folgen bei der Weggabelung weder dem nach links abwärtsführenden, noch dem nach rechts abbiegenden Forstweg, sondern bleiben auf der Waldstraße geradeaus, die bald steiler anzusteigen beginnt. Der nun schmäler werdende Weg ist abschnittsweise betoniert. Die Hänge werden steiler und sind von Felsen durchsetzt, während der nun schüttere Wald Blicke auf die Gegend rund um Evisa freigibt. Nach einer Stunde haben wir die Schutzhütte **Bocca a u Saltu** 03 (1391 m) erreicht. Hinter der Hütte führt ein nicht markierter Pfad auf den Felsrücken und Nebengipfel Capu a Scalella hinauf, wobei Trittsicherheit und Orientierungssinn notwendig sind. Bei Nässe ist generell davon abzuraten.

Von der Schutzhütte setzt sich der Weg breit und leicht abschüssig fort, überquert mit einer Brücke einen Bachlauf und kommt nach einer weiteren Bachquerung zu einer Haarnadelkurve. In dieser zweigt der **Wanderpfad** 04 nach rechts ab, der oberhalb des Tales des Ruisseau de Cuccovero durch die Hänge verläuft (Markierung). Die Route quert weite Felsplatten, die mit riesigen Gesteinsbrocken und mächtigen Lariciokiefern gespickt sind, und steigt leicht bergan. Schweine haben das dünne Erdreich aufgewühlt, Wasser füllt jede noch so kleine Mulde und bildet glasklare Tümpelchen. Kurz unterhalb des Passes mündet der Pfad wieder in den Forstweg ein, der mit einer Steinbrücke den Ruisseau de Cuccovero überquert. Der Wald ist licht und der Boden

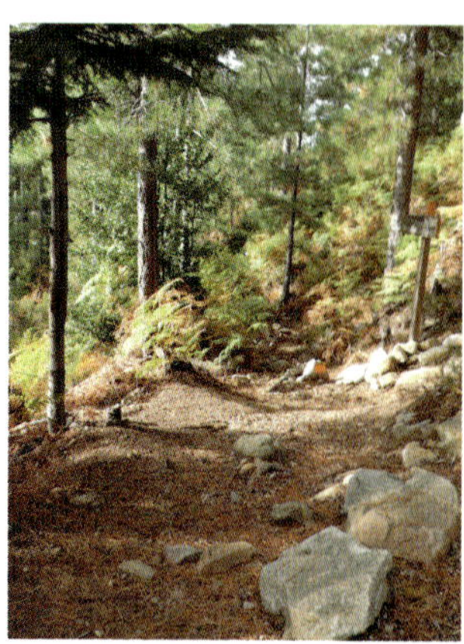

Wanderweg im Aitone-Wald

mit Adlerfarn dicht verwachsen. Nach weiteren 15 Minuten erreichen wir den **Bocca di Cuccavera** **05** (1475 m), der mit hellgrünen Rasenmatten bewachsen ist. Um den Ausblick auf die umliegenden Berge zu verbessern, können wir einem Pfad folgen, der links auf einen Felsvorsprung führt. Hier wachsen besonders alte, windgeformte Lariciokiefern.

Zurück zum Ausgangspunkt nehmen wir dieselbe Route. An warmen Tagen kann man bei der Pont de Castericia der Route des Weitwanderweges Mare a Mare Nord in Richtung Evisa folgen, die auch am Piscine naturelle d'Aitone vorbeikommt. Dieser Naturbadeplatz am Oberlauf des Aitone besteht aus einem 30 mal 5 Meter großen Steinbecken, das wie ein natürliches Schwimmbad aussieht und vom Wildbach über eine kleine Kaskade gespeist wird. Der paradiesische Ort lädt dazu ein, die Tour erfrischend ausklingen zu lassen.

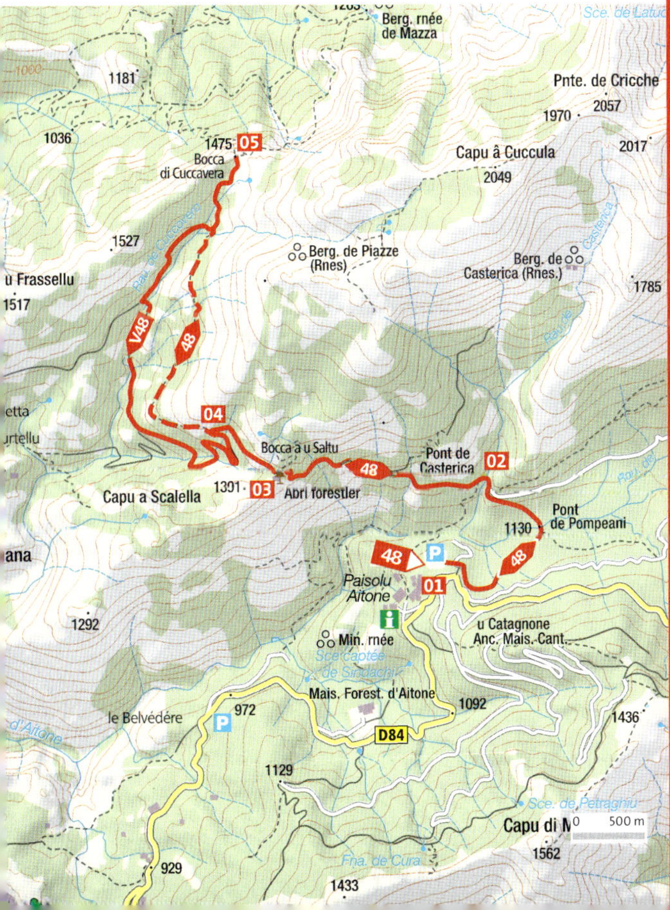

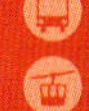

DIE SPELUNCASCHLUCHT

Von Evisa nach Ota

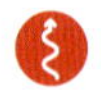 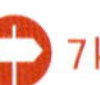 7 km  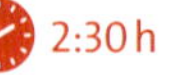 2:30 h  670 hm 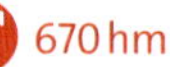 670 hm   2250

START | Evisa (850 m)
[GPS: UTM Zone 32 x: 483.592 m y: 4.677.913 m]
CHARAKTER | Einfache Streckenwanderung auf gepflasterten Saumpfaden und schattigen Waldwegen; der Abstieg in die Schlucht enthält Bademöglichkeit an der Pont de Zaglia und Ponte Vecchiu.

Die wildreiche Speluncaschlucht zwischen Evisa und Ota an der Westküste Korsikas gehört zu den bizarrsten Tallandschaften der Insel. Sie ist über einen alten Saumpfad zugänglich. In der Schlucht deutet die alte Bogenbrücke Pont de Zaglia an, dass es sich bei diesem Weg um einen uralten Verbindungsweg handelt. Die meisten Besucher kommen aber wegen der Bademöglichkeiten, die sich vor allem rund um die beiden Steinbogenbrücken befinden. Deshalb wird der Abschnitt zwischen den beiden Brücken am häufigsten frequentiert. Wir stellen hier die häufigste Route vor, die in Evisa beginnt und in Ota endet und auch zum Weitwanderweg Tra Mare e Monti.

▶ Der alte Saumpfad beginnt am westlichen Ortsrand von **Evisa** **01** (850 m) unmittelbar beim Friedhof, wo ein Verkehrsschild auf den Einstieg hinweist. Die kunstvolle Pflasterung lässt schnell erkennen, dass es sich hier um einen uralten Verbindungsweg zwischen den Dörfern handelt. Am ersten Abschnitt müssen wir bei **Tombes** **02** 520 m in die Schlucht absteigen, wobei wir stets im grünen Saum des Kastanienwaldes wandern und den zahllosen gepflasterten Serpentinen abwärtsfolgen. Wir erreichen direkt bei der Genueserbrücke **Pont de Zaglia** **03** den Talboden

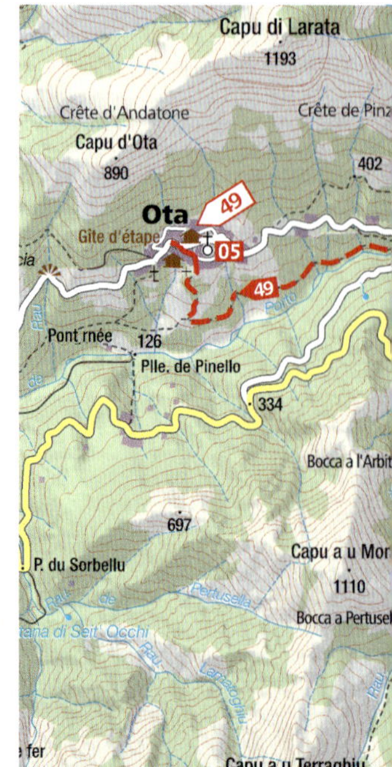

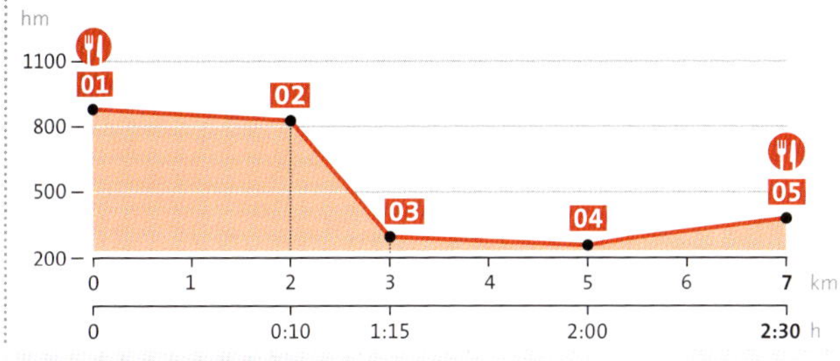

01 850 m, Evisa; **02** 815 m, Tombes; **03** 280 m, Pont de Zaglia; **04** 214 m, Ponte Vecchiu; **05** 340 m, Ota

(330 m Seehöhe), der einen idyllischen Rastplatz darstellt. Der Aitonebach durchfließt schöne Gumpen, zudem spenden Eichen und Erlen auch im Sommer kühlenden Schatten, wobei die Brücke den Tavulellabach überquert. Der zweite Abschnitt folgt dem Aitonebach stets talauswärts, wobei wir ständig die schluchtartige Talung im Blickfeld haben. Einmal führt die kunstvoll gebaute Trasse des Weges um einen Felszahn herum, ein anderes Mal überwindet sie Steilstufen mit Steintreppen. Nach knapp einer dreiviertel Stunde endet dieser Abschnitt an der Brücke der Asphaltstraße, die

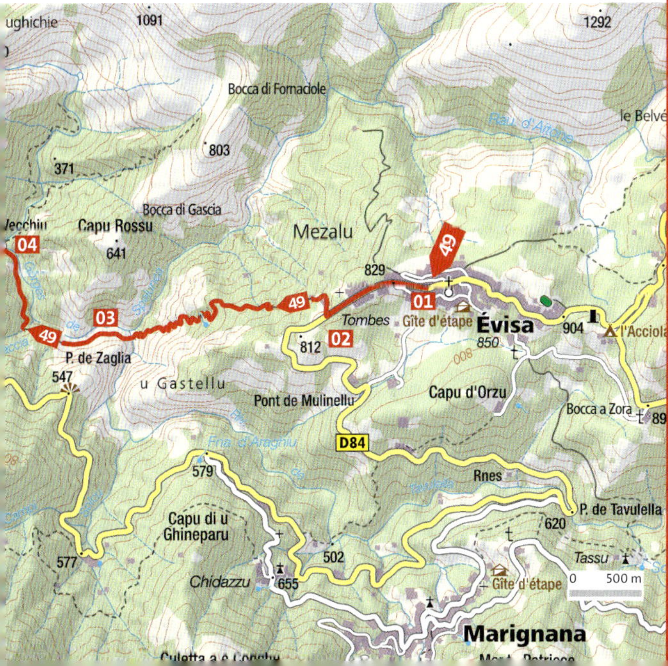

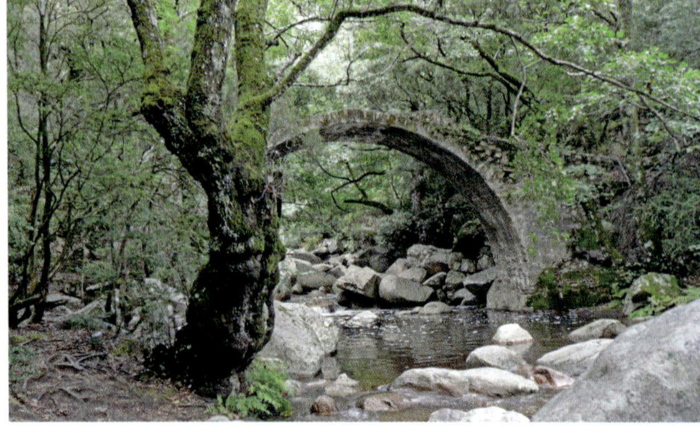

Die Pont de Zaglia in der Speluncaschlucht

rechts nach Ota führt. Der dritte Teil des Weges bringt uns gleich zur zweiten alten Bogenbrücke, der **Ponte Vecchiu** 04 (214 m), wobei wir zuvor am Sportgelände vorbeikommen. Das kühne Bauwerk überspannt den Fluss in gut 10 Metern Höhe, darunter sind tiefe, türkisblaue Gumpen zu sehen. Wir überqueren den Fluss, um am nördlichen Ufer den vierten und letzten Abschnitt der Wanderung nach **Ota** 05 zu beginnen. Dazu müssen wir einen Gegenanstieg von 140 Höhenmetern zurücklegen, wobei wir altes Kulturland mit Olivenbäumen und Kastanienwäldchen durchqueren. Ab und zu ist der Feldweg auch mit traditionellen Trockenmauern eingefasst. Wir erreichen das Örtchen unmittelbar bei der Bar de Chasseurs, von der wir der Dorfstraße bis zur Hauptstraße folgen. Zur Hauptsaison gibt es eine Busverbindung ein- bis zweimal am Tag bis Evisa und weiter ins Niolu. Da die Tour aber nicht allzu lang ist, kann sie auch in beide Richtungen unternommen werden.

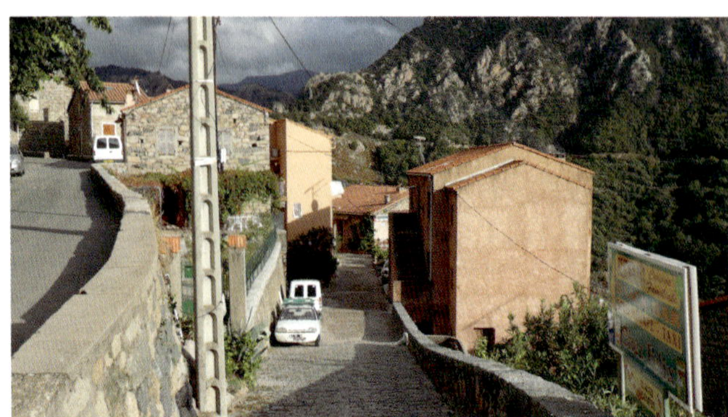

Die Tour endet im kleinen Bergdorf Ota

LAC DE CRENO

Einziger Waldsee Korsikas

  10 km  3:00 h  541 hm  541 hm  2250

START | Parkplatz auf 1010 m, 4 km oberhalb von Soccia, das von Sagone aus über die D 123 und die D 323 zu erreichen ist (Anfahrt ausgeschildert), dort fährt man zuerst durch die engen Gassen des Ortes, bis nach einem kleinen Taleinschnitt nach links eine schmale Asphaltstraße abgeht
[GPS: UTM Zone 32 x: 493.064 m y: 4.671.601 m]
CHARAKTER | Einfache Streckenwanderung auf durchwegs leicht zu begehenden Wald- und Bergpfaden mit mäßiger Steigung, teilweise mit Steinmännchen markiert.

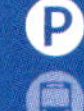
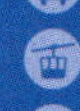

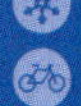

Der Lac de Creno ist Korsikas einziger natürlicher See unterhalb der Waldgrenze. Alle anderen 39 befinden sich in den baumfreien Gebirgsregionen und gehen auf die eiszeitlichen Gletscher zurück. Auch der Lac de Creno liegt innerhalb einer gletschergeformten Wanne, die 6 m tief ist und sich nach dem Abschmelzen der Gletscher mit Wasser gefüllt hat. Im Laufe der Zeit konnten sich an den Ufern kleinere Moore bilden, die zusammen mit den Seerosen und dem herrlichen Kiefernwald an den Ufern einen überaus idyllischen Platz gestalten. Hierher kommen nicht nur Touristen, sondern auch die Korsen selbst, um einen gemütlichen Nachmittag zu verbringen. Die Anreise in das obere Liamonetal ist jedoch etwas langwierig, weil es abseits der Hauptverkehrsrouten und Küstenstraßen liegt.

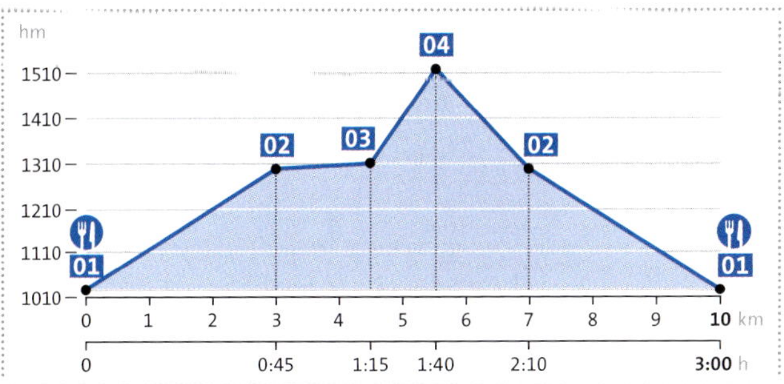

01 1010 m, Parkplatz; 02 1295 m, bewaldetes Gelände;
03 1310 m, Lac de Creno; 04 1511 m, Monte Sant' Eliseo

Mythos Bergsee

So romantische und versteckte Orte der Bergwelt gaben natürlich immer Anlass zu Sagen und Legenden. Demnach soll der Bergsee eine diabolische Herkunft haben und vom Teufel mit einem einzigen Hammerschlag als Versteck aus dem Boden gehauen worden sein. Andere Mythen berichten von Märchengestalten oder einer Feenkönigin.

▶ Der stark frequentierte Weg beginnt vier Kilometer oberhalb des Örtchens Soccia an einem **Parkplatz** 01 auf 1010 m Seehöhe. Wir müssen noch ein kurzes Stück der Fahrstraße zu einem Gehöft folgen, bis ein Eisenkreuz und ein Wasserbecken die Abzweigung auf den Wanderweg ankündigen. Zunächst wandern wir durch einen mit Gebüsch bewachsenen Hang, der zum Tal des Ruisseau de Zoicu hinabzieht. Bald aber treten wir in das **bewaldete Gelände** 02 ein, das zunächst von mächtigen Edelkastanien beherrscht wird. Der Hauptanstieg dauert etwa eine Stunde und endet an einem bewaldeten Sattel, der bereits im schattigen Kiefernwald liegt.

Hier knickt unsere Route nach rechts und schon haben wir den malerischen **Lac de Creno** 03 vor uns, der mit ovaler Form durch die dunklen Stämme heraufleuchtet. Wir müssen nur noch ein paar Meter abwärtsgehen, um zum Ufer zu gelangen, an dem sich schöne Picknickplätze befinden. Die Umrundung des kleinen Gewässers dauert nur 10 Minuten und kann auf einem schmalen Waldpfad

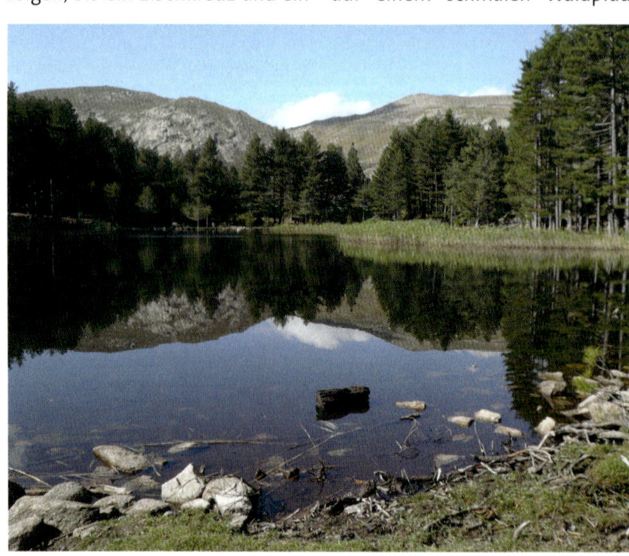

Der reizvolle Lac de Creno wird von herrlichen Kiefernwäldern umrahmt

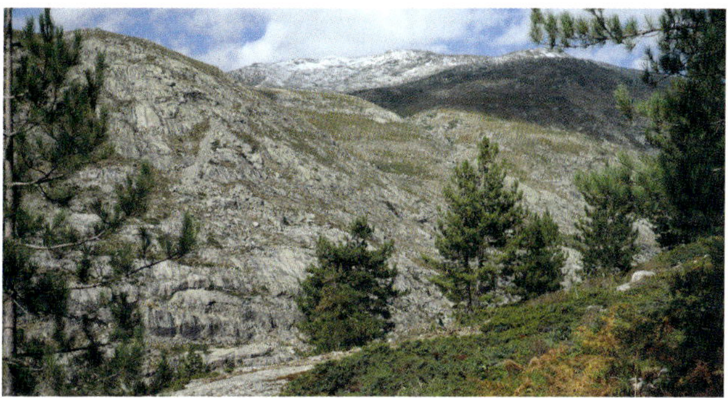

Der Aufstiegsweg gibt Blicke auf die umgebende Bergwelt frei

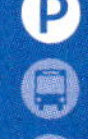

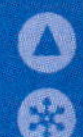

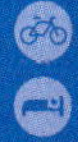

absolviert werden. Nahe am Ufer sehen wir das Steinhäuschen des Parc Naturel Régional, bei dem sich auch eine Informationstafel befindet.
Wir sollten es nicht verabsäumen, an der Südwestseite des Sees einen Abstecher zur Abbruchkante zu unternehmen, von der aus sich ein herrlicher Ausblick durch den Kiefernwald hindurch auf die südliche Bergwelt Korsikas eröffnet. Wer nicht auf demselben Weg zum Ausgangspunkt zurückkehren möchte, kann den Pfad wählen, der am Nordufer etwa beim Steinhäuschen des Naturparks beginnt und auf den Gipfel des **Monte Sant' Eliseo** **04** führt. Dabei müssen 200 Höhenmeter im bewaldeten Nordhang überwunden werden. Der Gipfel gibt eine herrliche Rundsicht auf die einsame Bergwelt frei, zusätzlich wurde etwas unterhalb eine kleine Kapelle errichtet. Vom Gipfel führt ein mit Steinmännchen gekennzeichneter Pfad hinab zum Aufstiegsweg des Sees und mündet etwa auf halber Strecke in diesen ein. Zurück zum Ausgangspunkt sind es von dieser Weggabelung nach links noch etwa 30 Minuten Gehzeit.

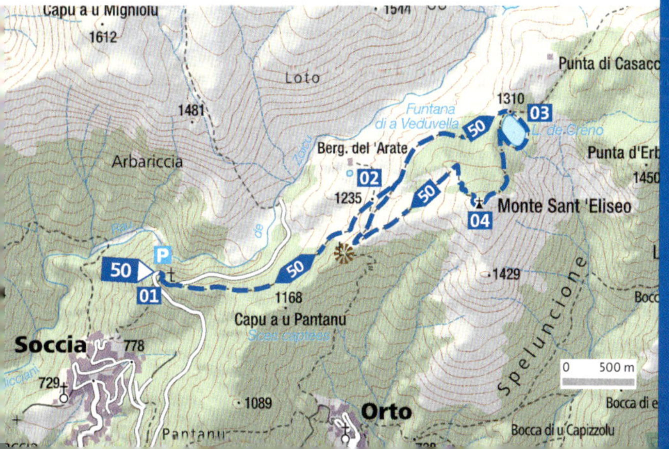

51

CAPU SAN PETRU

Steiler Aufstieg mit gewaltigem Ausblick

  9 km  3:50 h  820 hm  820 hm 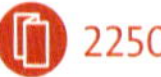 2250

START | Ortszentrum von Serriera, Parkmöglichkeiten entlang der Dorfstraße
[GPS: UTM Zone 32 x: 475.954 m y: 4.683.240 m]

CHARAKTER | Der Weg beginnt als bequeme Forststraße, steigt dann aber steil durch die Macchie an; wunderschöner Ausblick schon beim Aufstieg, der sich am Capu San Petru auch auf die andere Bergseite bis Porto weitet; von Serriera aus ist der Aufstieg um vieles kürzer als von Ota aus

Die Wanderung auf den Capu San Petru wird meist von Ota aus gestartet. Die Variante von Serriera aus ist zwar steiler, aber auch kürzer. Die Route gehört als Etappe zum Weitwanderweg „Tra Mare e Monti" und präsentiert sich daher gut mit orangen Farbpunkten markiert. Sie verläuft von Serriera über den Sattel Bocca San Petru und steigt nach Ota ab. Dieses kleine Dorf am Ausgang der Speluncaschlucht gilt heute als beliebtes Touristenzentrum und lockt zahlreiche Wanderer an. Im Herbst gehört die Wildscheinjagd zu den Hauptattraktionen.

▶ Wir starten bei der Dorfkirche von **Serriera** 01 und folgen der orangen Markierung links eine Steinstiege hinauf, kommen an einer Snackbar vorbei und folgen der Route zum Bach hinunter. Über eine Brücke queren wir auf die andere Talseite. Der Pfad verläuft durch einen verwilderten Olivenhain und trifft auf einen geschotterten Forstweg, der abschnittsweise betoniert ist. Links

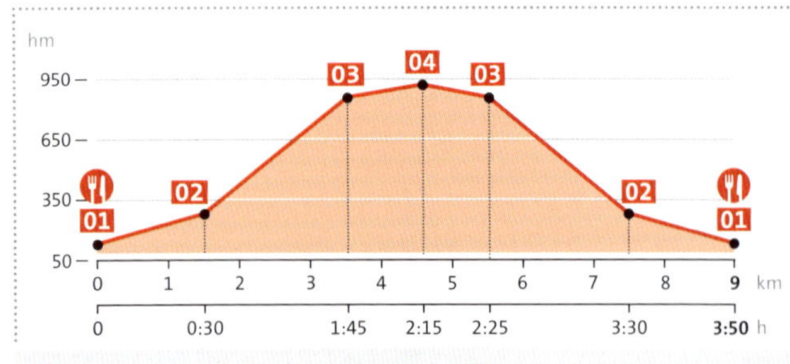

01 90 m, Serriera; 02 268 m, Wanderweg; 03 860 m, Bocca San Petru; 04 914 m, Capu San Petru

befindet sich ein Eselgehege und später treffen wir noch auf ein Hundegehege (die Hunde sind jedoch eingesperrt). Nach ca. 45 Minuten zweigt der markierte **Wanderweg** **02** nach rechts vom Forstweg ab und läuft in einen Baumerikawald hinein. Wir beginnen nun mit dem eigentlichen Anstieg und wandern stetig leicht bergauf durch den lichten Wald bis zu einer kleinen Lichtung, dann leicht bergab durch einen

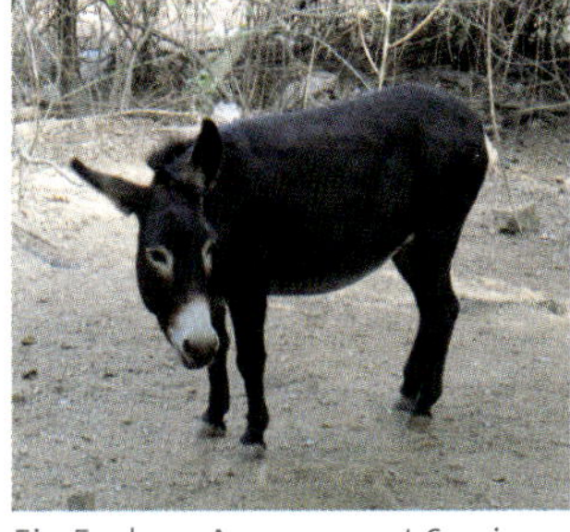

Ein Esel am Ausgangsort Serriera

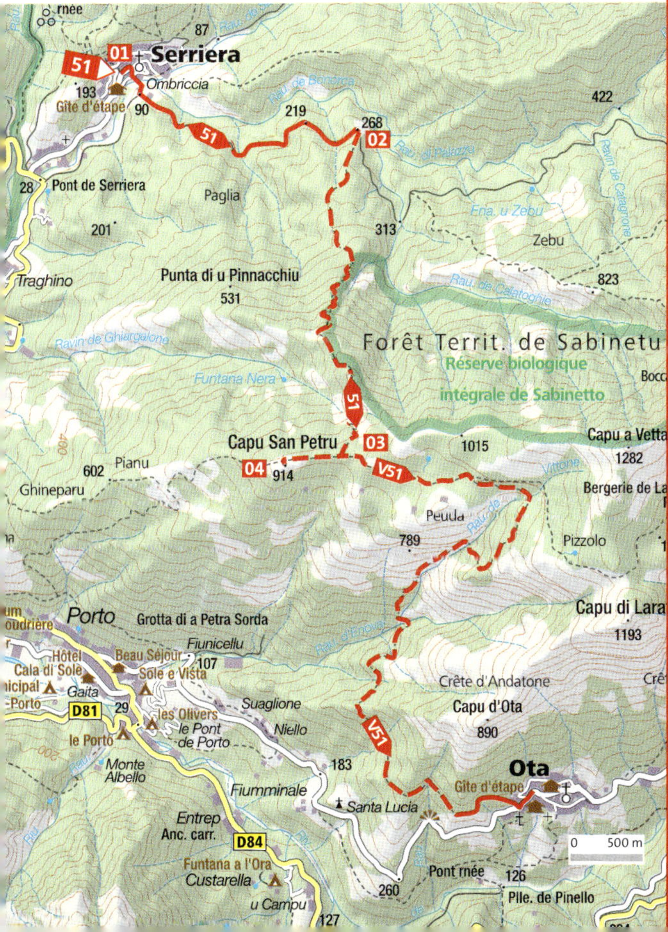

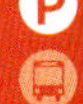

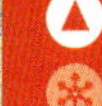
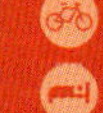

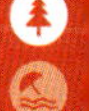

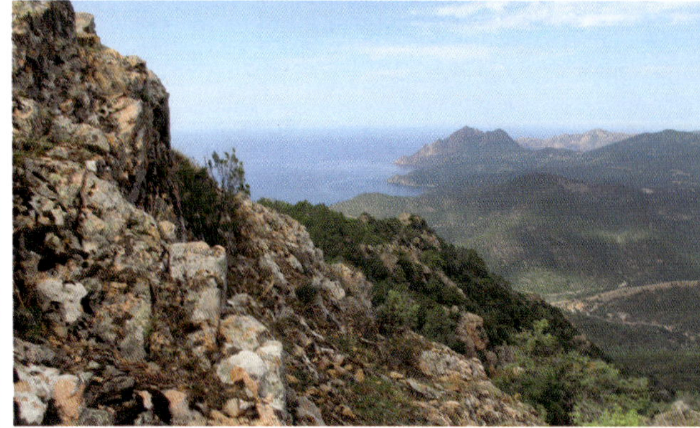

Schon im Anstieg ergeben sich herrliche Aussichten auf die Westküste

dichteren, schattenspendenden Hochwald. Bei der nächsten Lichtung, an der felsiges Terrain zutage tritt, wird der Aufstieg steiler und teilweise mühsam. Wir überqueren immer wieder plateauartige Geländestufen, die herrliche Aussichten bieten. Unter den stattlichen Steineichen finden wir Schutz vor der Sonne. Nach eindreiviertel Stunden erreichen wir den plateauartigen Sattel, von dem wir eine freie Sicht auf den Golf von Porto und auf Serriera genießen. Der Weg verläuft zunächst fast eben durch einen lichten Kiefernwald, später durch das von Wildschweinen zerpflügte und teils mit Adlerfarn bewachsene Gelände. Knapp vor der **Bocca San Petru** 03 überrascht ein Edelkastanienwäldchen, dann haben wir den Sattel (905 m) erreicht. Unsere Route schwenkt hier in westliche Richtung, während der Weitwanderweg nach links abbiegt, dem Grat in östliche Richtung folgt und später nach Ota absteigt. Wir biegen nach rechts und folgen dem Kamm bis zum **Capu San Petru** 04 (10 Minuten, 914 m), der uns nochmals einen wunderschönen Blick auf den Strand von Porto und die umliegenden Dörfer beschert. Wir kehren am selben Weg nach **Serriera** 01 zurück oder folgen dem Weitwanderweg von der Bocca San Petru in Richtung Ota, wobei man allerdings ein zweites Auto oder ein Taxi zur Rückfahrt nach Serriera benötigt. Diese leicht zu begehende, orange markierte Variante verläuft durch das Vitronetal und später als Höhenweg zu Füßen des Capu d'Ota (890 m); Gehzeit vom Sattel zwei Stunden.

Der Anstieg verläuft durch ein Steineichenwäldchen, das Schatten spendet

IN DER CALANCHE

Auf dem Sentier de Muletiers durch den Felsengarten

  7,3 km  3:00 h  250 hm  250 hm  2250

START | Téte du Chien (380 m) an der D 81 zwischen Porto und Cargèse
[GPS: UTM Zone 32 x: 471.761 m y: 4.677.912 m]
CHARAKTER | Mittelschwere Wanderung auf dem befestigten Saumpfad Sentier de Muletiers; Informationstafeln stehen jeweils am Beginn der Wanderrouten, unterwegs moderne Wegweiser. Buvette (Bar) an der Calanche-Straße bei den Roches Bleues.

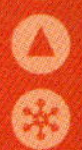

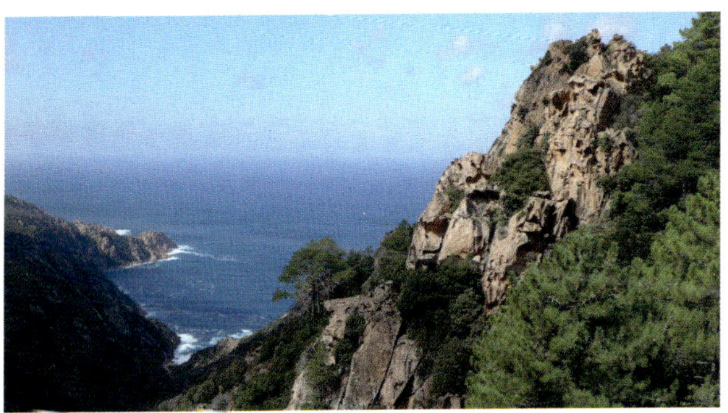
Die Landschaft der Calanche wird von rotem Granitgestein geprägt

Die Steilküste der Calanche zwischen Porto und Piana gehört zu den meist besuchten Attraktionen der Insel. Die Felsen erstrahlen vor allem in den Abendstunden am schönsten, wenn die tief stehende Sonne das Rot des Gesteins in unglaubliche Farbtöne taucht und zusammen mit Wolken oder Nebelschleier beinahe unwirkliche Bilder entstehen lässt. Weil die Gegend von der Straße aus hervorragend einsehbar ist, entkommt der Wanderer untertags nur sehr schwer den Autotouristen. Daher bieten die Wanderwege die beste Möglichkeit, diese bizarre Landschaft kennenzulernen. Der wildreiche Felsengarten lässt sich am besten von der Örtlichkeit Les Roches Bleues erkunden. Wir benutzen den Sentier de Muletiers, der früher von den Hirten in der von Tafonifelsen durchsetzten Landschaft als Verbindungsweg errichtet wurde. Die von Wind und Wetter fantasievoll geformten Felsen tragen alle möglichen Namen wie Hundekopf, Steinlöwe oder Felsenschloss.

▶ Man parkt das Auto möglichst am **Parkplatz** 01 750 Meter vor dem **Chalet des Roches Bleues** 02 und wandert auf der D 81 bis zu dem in den Felsengarten gebauten Steinhaus (428 m). Dort beginnt der Wanderweg durch die als Calanche bezeichnete Felslandschaft, wobei wir eine kurzweilige Wanderrunde unternehmen können. Wir folgen dem Bergpfad in Richtung Capu d'Ortu, der die Landschaft der Calanche als fast 1300 Meter hoher Gipfel überragt. Nach 30 Minuten erreichen wir die **Weggabelung** 03, bei der nach links der Aufstiegsweg zum Gipfel abzweigt. Aber wir folgen dem grün und rot markierten Weg, der in westlicher Richtung zum Kastanienwäldchen führt. Der Quergang endet, sobald von links der Weg einbiegt, welcher von der Foce d'Orto herabkommt. Wir biegen nach rechts und wandern abwärts, wobei wir zum Fußballplatz von Piana hinab sehen. Bei der nächsten Kreuzung zeigt ein **Wegweiser** 04 nach rechts den Beginn des Sentier de Muletiers an, auf den wir einbiegen. Wir müssen nun einen Gegenanstieg bewältigen, um aus dem bewaldeten Flusstal des Ruisseau de Piazza Moninca wieder in die karge Felslandschaft der Calanche zu gelangen. Der gut trassierte Weg gehörte früher zum Verbindungsweg zwischen Piana und Porto und weiter durch die Speluncaschlucht nach Evisa. Der Saumpfad durchschneidet die mit Gebüschen bewachsene Felslandschaft und läuft in nördlicher Richtung auf die Westküste zu. Dabei genießen wir traumhafte Blicke auf die mit Tafonifelsen bizarr geformte Landschaft. Einige Passagen sind ein wenig ausgesetzt, aber dennoch problemlos zu begehen. Dieses eindrucksvolle Wegstück legen wir in etwa 15 bis 20 Minuten zurück, dabei sehen wir zur Klippe Capu Ghineparu. Bei einem großen Felsblock ist der Zauber vorbei, und wir steigen über Steintreppen zur D 81 hinab. Hier befindet sich unmittelbar am Straßenrand die Marienstatue Immaculata. Um zum Ausgangspunkt zu kommen, folgen wir der D 81 nach rechts in Richtung Porto, kommen nach 350 Metern am **Chalet des Roches Bleues** 02 vorbei und erreichen nach weiteren 750 Metern den **Parkplatz** 01.

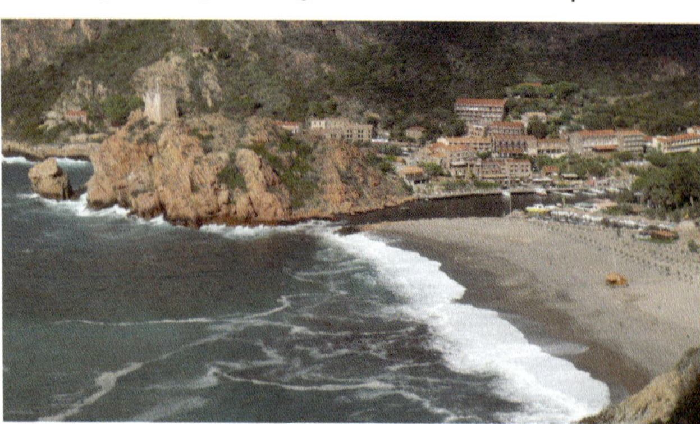

Der beliebte Badeort Porto nördlich der Calanche

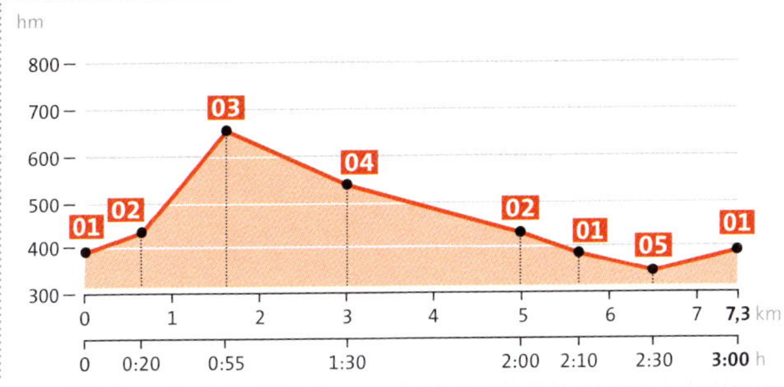

01 398 m, Tête du Chien; 02 428 m, Chalet des Roches Bleues; 03 660 m, Weggabelung; 04 540 m, Wegweiser; 05 332 m, Château Fort

Dieser ist auch der Ausgangspunkt für eine Kurzwanderung zum **Château Fort** 05, der Felsenfestung, die etwa 80 Höhenmeter tiefer über der Westküste aufragt und in etwa einer dreiviertel Stunde hin und retour erreicht und besucht werden kann. Rechts vom Tête de Chien beginnt der stark frequentierte, aber sehr steinige Pfad, der sich durch die schroffe Felslandschaft windet. Nach 20 Minuten stehen wir am Felsen des Château Fort (332 m) und sehen senkrecht in den Golf von Porto hinab. Wir kehren am selben Weg zum Parkplatz zurück, wobei wir etwa 80 Höhenmeter überwinden müssen.

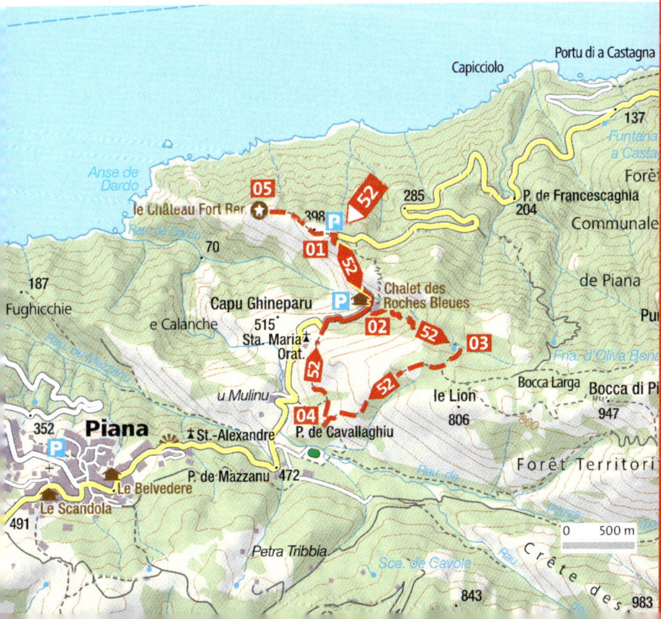

53

CAPU ROSSU

Zum Genueserturm hoch über dem Golf von Porto

 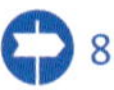 8 km  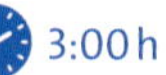 3:00 h  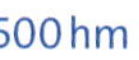 500 hm  500 hm 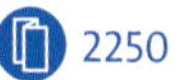 2250

START | Parkplatz an der D 824 (ca. 6 km von Piana in Richtung Strand von Arone) unterhalb des Capu Frassettu. [GPS: UTM Zone 32 x: 465.691 m y: 4.676.075 m]
CHARAKTER | Einfache Wanderung auf Maultierwegen und Felspfaden, die durchwegs gut trassiert und begehbar sind, Markierung mit Steinmännchen.

Nur 6 km von Piana entfernt beginnt eine reizvolle Wanderstrecke durch die wildreiche Küstennatur am Südrand des Golfs von Porto. Wir wandern zum Capu Rossu, das weit ins Meer hinausragt und in früherer Zeit ein idealer Spähposten war. Der Tour de Turghiu, der an der Spitze des felsigen Kaps aufragt und Ziel dieser aussichtsreichen Tour ist, gehörte einst zu einer Kette an Wachtürmen, die entlang der Westküste errichtet wurden.

▶ Schon der erste Teil des Weges, der am Westrand des **Parkplatzes** 01 in das mit Dornenbüschen bewachsene Gelände führt, ist überwältigend. Das gesamte Kap ist einsehbar, das zuerst in mehreren Etagen zu einem Wiesenplateau abfällt. Im Hintergrund ragt jäh der rote Felsen des Capu Rossu etwa 250 m in die Höhe. Nach Norden bricht der Sporn unvermittelt ins tiefblaue Meer ab. Der Weg schlängelt sich etwas felsig, aber stets gut trassiert durch die Hänge, wir legen zuerst den Abstieg bis zum Einschnitt von Biscutellu zurück, ehe der Aufstieg zum Genueserturm beginnt. Der alte Maultierweg steigt mit sanf-

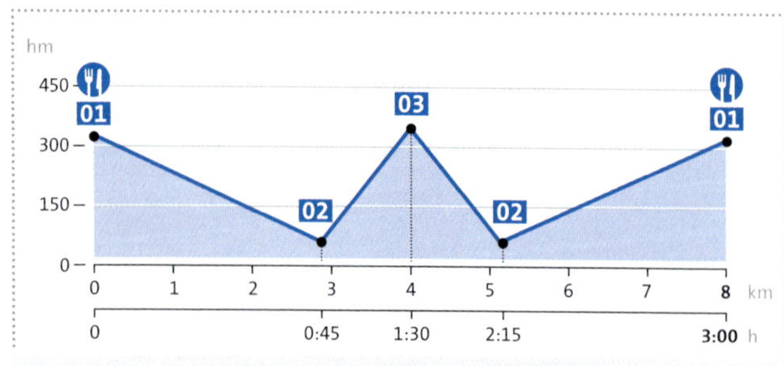

01 319 m, Parkplatz; 02 60 m, Biscuttellu; 03 331 m, Tour de Turghiu

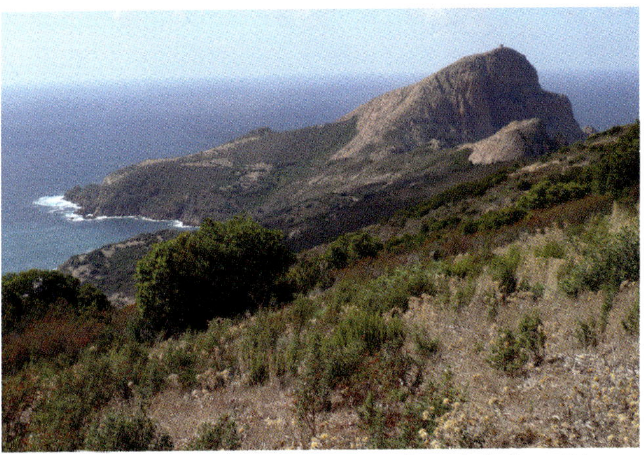

Das Capu Rossu schiebt sich als schräg gestellte Erdscholle weit ins Meer hinaus

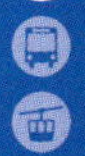
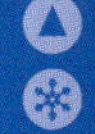

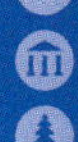

tem Gefälle durch die schütter bewachsenen Hänge ab, wobei einige Felsbänder überwunden werden müssen. Nach etwa 45 Minuten haben wir nach dem Einschnitt von **Biscutellu** 02 die Steinhütte (Bergerie) erreicht, bei der der Aufstieg zum Genueserturm beginnt. Der Weg schwenkt in nördliche Richtung und hält

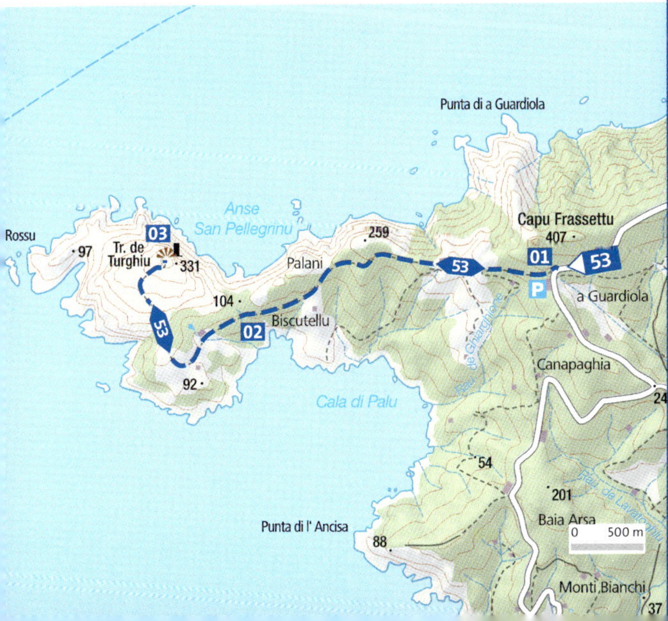

Tipp

Zur Abkühlung nach der Tour empfiehlt sich eine Fahrt zum nahe gelegenen Strand von Arone (5 km vom Parkplatz nach Westen), der mit einem weiten Sandstrand und zwei Einkehrmöglichkeiten aufwartet. Das Café de la Plage an der Südseite vermietet Liegestühle und Sonnenschirme am Strand, auf der Terrasse dahinter serviert man korsische Spezialitäten, aber auch kleine Imbisse. Im Hinterland des Strandes liegt der Campingplatz von Arone, der zusammen mit dem entlegenen Strand viel Einsamkeit und Ruhe verspricht.

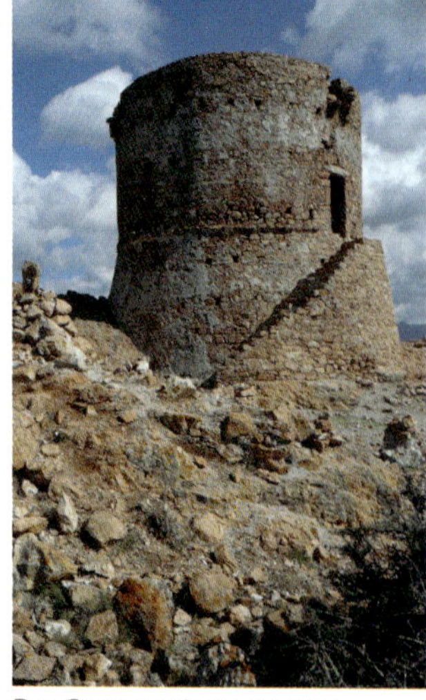

Der Genueserturm am Capu Rossu

nach einer Passage durch Macchiengestrüpp auf die roten Felsen zu. Über nackte Felspassagen und durch steinige Rinnen steigen wir fast in der Falllinie auf. Steinmännchen begleiten uns und zeigen auch den letzten Rechtsschwenk an, der auf das zerklüftete Plateau mit dem Genueserturm führt.

Blick aus dem Turm auf die wildreiche Felsküste

Nach gut 1:30 Std. erreichen wir den mächtigen **Tour de Turghiu** **03** auf 331 m, an dessen Nordseite das Kap senkrecht ins Meer hinabbricht. Der Turm ist geöffnet und kann erkundet werden. In der ersten Etage befindet sich ein karger Raum mit Feuerstelle, von dem eine schmale Treppe zur Aussichtplattform führt. Der Blick aufs Meer und den Golf von Porto ist ebenso erhebend wie zurück auf das Hinterland des Kaps mit der Ortschaft Piana und den roten Felsen der Calanche.

Einziger Nachteil der Tour: Am Rückweg steigen wir erst zur Bergerie ab und müssen dann die verlorene Höhe bis zum Parkplatz wieder ansteigen, denn der Rückweg erfolgt auf derselben Route.

GIROLATA

Einsame Bucht am Naturschutzgebiet

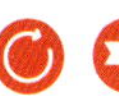 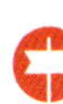 7,5 km  3:45 h 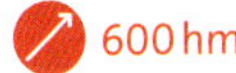 600 hm  600 hm  2250

START | Pass Bocca a Croce an der D 81 von Porto nach Gáleria/Calvi; einige Parkplätze am Ausgangspunkt, jedoch auf zwei Meter Höhe begrenzt; höhere Wohnmobile können nur wild am Straßenrand abgestellt werden
[GPS: UTM Zone 32 x: 469.592 m y: 4.686.002 m]
CHARAKTER | Meist einfache Wanderung auf Macchienpfaden und Küstenwegen, wobei im zweiten Teil ein Anstieg zu bewältigen ist. Am Hinweg sind zwischen dem Strand von Tuara und Girolata kurze, luftige Passagen zu überwinden.

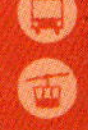
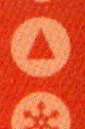

Die Bucht von Girolata an der Westküste Korsikas südlich des Naturreservats von Scandola kann nach wie vor nur mit dem Schiff oder zu Fuß erreicht werden. Die Straße verläuft zwischen 270 und 400 Meter Seehöhe über der Bucht, und es gibt keine Zufahrtsmöglichkeit auf dem Straßenweg. Die in nördlicher Richtung in die Küstenlinie einschneidende Bucht wird von einem Genueserturm gesichert, der auf der 36 Meter hohen Landspitze am Eingang zu diesem Naturhafen aufragt. Durch Girolata verläuft die Route des Weitwanderweges Tra Mare e Monti bzw. dessen Variante, die wir für den Ab- und Aufstieg benützen. Die Route vom Bocca a Croce ist die kürzere der beiden Möglichkeiten, um nach Girolata zu gelangen. Die längere startet am Col de Palmarella, wobei fast 750 Höhenmeter zu überwinden sind.

▶ Als Einstieg zur Tour können wir einen kurzen Rundweg zu ei-

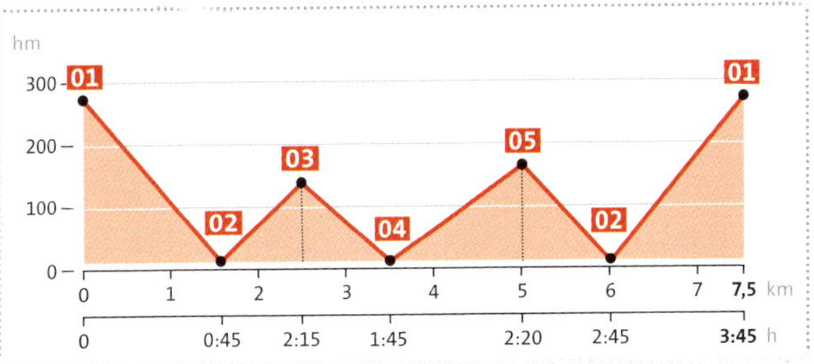

01 269 m, Bocca a Croce; 02 0 m, Strand; 03 140 m, Cap Tuara;
04 0 m, Girolata; 05 165 m, Abzweigung

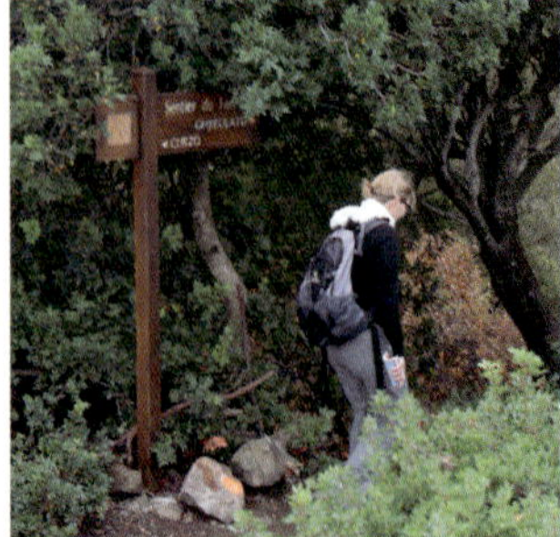
Wegbeginn an der Bocca a Croce

ner Aussichtsplattform am „Gipfel" des **Bocca a Croce** 01 unternehmen. Dieser Pfad führt links am Restaurant auf der Passhöhe vorbei in etwa fünf bis sieben Minuten zur Kuppe, auf der sich Bänke und ein Informationsschild zum Panorama befinden. Der Abstieg zur Bucht befindet sich rechts vom Gasthaus bei einem Hinweisschild und zieht sich als breiter und gut trassierter Pfad zur Küste hinab. Der Verlauf ist stets gut ersichtlich, mit herrlichen Blicken auf den Golf und die einsame Küstenlinie. Den ersten Wegpunkt bildet die Fontaine de Sparta (179 m). Wir steigen jedoch bis auf Meeresniveau ab und erreichen den **Strand** 02 in der Bucht von Cala di Tuara. Wir entscheiden uns hier für den Küstenweg, überqueren den Strand und müssen eine Anhöhe entlang der Steilküste überwinden. Dazu ist ein teils steiler Anstieg auf einem steinigen Macchienpfad zu bewältigen, der uns wieder auf 150 Meter über dem Meeresspiegel auf das **Cap Tuara** 03 bringt. Danach folgen leicht ausgesetzte Passagen auf dem als „Chemin du Facteur" bezeichneten Weg, der mit stetem Auf und Ab durch die Steilküste verläuft. Auch der Abstieg in Richtung Girolata ist steil. Er mündet knapp vor der Bucht von rechts in die Route des Weitwanderweges ein. Zuletzt bringt uns der gut trassierte Saumpfad nach **Girolata** 04. Durch die Dorfgasse gelangen wir zur Plage Focaghia, an der sich kleine Bars, ein Fischrestaurant

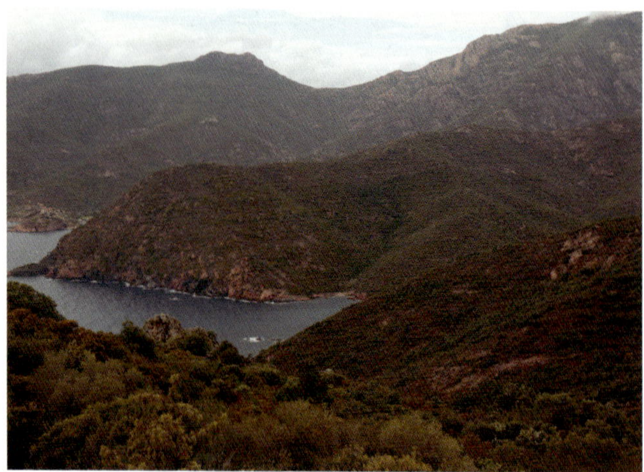
Von der Bocca a Croce sieht man zur Cala di Tuara hinab

und die Gîte d'étape in der Cabane de Berger befinden. Etwas oberhalb bietet das Restaurant Le Bel Ombra Fischgerichte an, die man auf Teakholzstühlen einnimmt.

Für den Rückweg zum Ausgangspunkt benutzen wir nun ein Stück den Weitwanderweg Tra Mare e Monti. Wir verlassen die Bucht in die Richtung, aus der wir gekommen sind, bleiben nun aber auf der orange markierten Route. Vorbei am Friedhof beginnen wir mit dem Aufstieg, der uns in den Steineichenwald führt. Nach 30 Minuten ab Girolata gelangen wir zur **Abzweigung** 05 der Hauptroute des Weitwanderweges, die nach links führt. Geradeaus geht es zur Cala di Tuara, unserem nächsten Ziel. Dazu müssen wir 180 Höhenmeter verlieren, die wir auf dem stetig abwärtsführenden, meist der Sonne ausgesetzten Weg zurücklegen. Wir erreichen den Strand über eine schmale Fahrstraße, die von dem Gehöft Tuara kommt. Nach Querung des Strandes steigen wir über den schon bekannten Weg zur **Bocca a Croce** 01 hinauf.

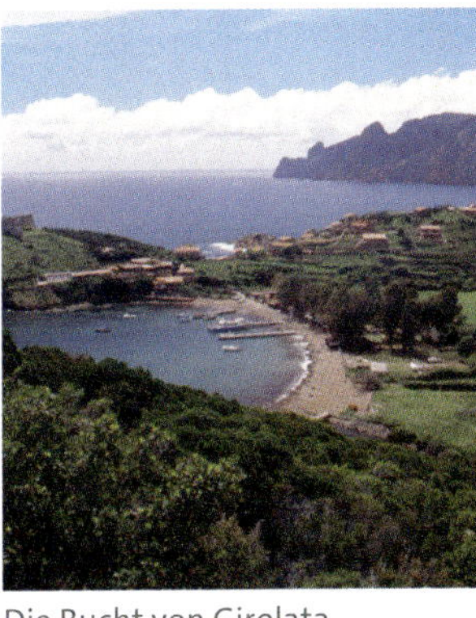

Die Bucht von Girolata

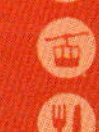
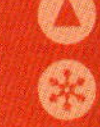

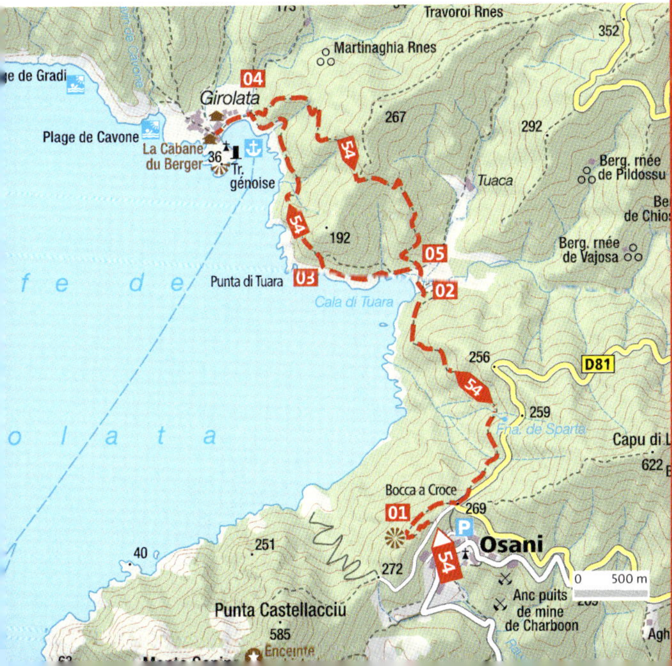

NACH GIROLATA

Einsame Küstenwanderung ins autofreie Fischerdörfchen

  15 km 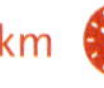 5:15 h  785 hm 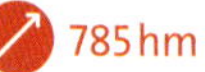 785 hm   2250

START | Bocca di Palmarella (408 m)
[GPS: UTM Zone 32 x: 471.054 m y: 4.690.231 m]
CHARAKTER | Rundwanderung auf der südlichen Scandola-Halbinsel, die über Macchienpfade und Bergsteige ins abgelegene Fischerdörfchen von Girolata führt. Bademöglichkeit am Sandstrand von Girolata; Orange Farbpunkte und Steinmännchen bis Girolata, entlang des Weitwanderweges Tra Mare e Monti orange Farbbänder und Wegweiser. Der Col de Palmarella liegt 32 km von Calvi, 13 km von Galéria und 35 km von Porto entfernt.

Das reizvolle und malerisch in einer Bucht gelegene Fischerdörfchen Girolata gehört zu den Geheimtipps Korsikas. Der Ort besitzt bis heute noch keine Zufahrtsstraße und kann daher vom Land aus nur über Bergpfade erreicht werden, die zumindest eineinhalb bis zwei Stunden Anmarsch erfordern. Deshalb konnte Girolata seine Ursprünglichkeit weitgehend erhalten, wenngleich sich der Tourismus auch hier bemerkbar macht.

▶ Die Rundwanderung folgt fast zur Gänze dem Weitwanderweg Tra Mare e Monti, der von Galéria im Norden kommend nach Girolata führt, um anschließend ins Küstengebirge zur Punta di u Tartave anzusteigen. Am **Bocca di Palmarella** **01** (408 m, Hinweisschild) beginnt ein Bergpfad, der am Grat eines macchienbewachsenen Hangrückens in 45 Minuten zur 758 m hohen **Punta di a Literniccia** **02** ansteigt. Auf der Kuppe treffen wir auf die Route des Tra Mare e Monti und schwenken nach links auf den orange markierten Weitwanderweg ein. Der nach Westen

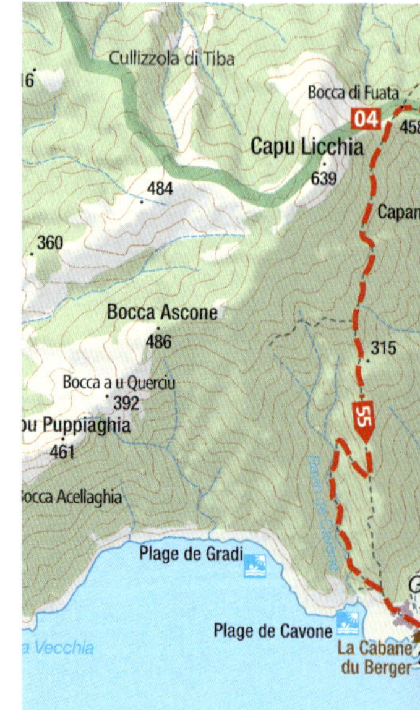

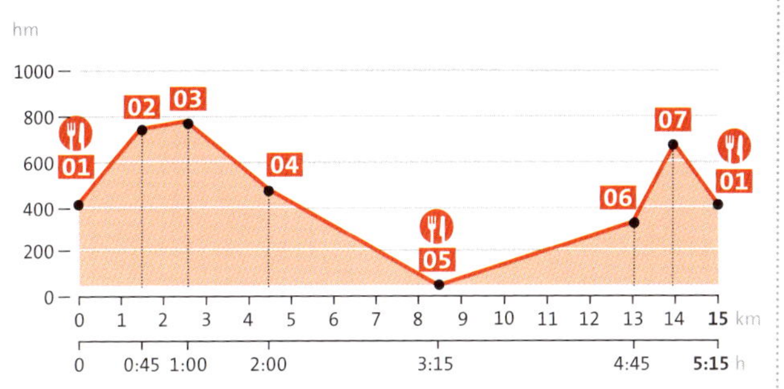

01 408 m, Bocca di Palmarella; 02 760 m, Punta di a Literniccia; 03 784 m, Nordhang abwärts; 04 458 m, Bocca di Fuata; 05 0 m, Girolata; 06 352 m, Straße D 81; 07 641 m, Punta di u Munditoghiu

verlaufende Bergkamm bietet traumhafte Ausblicke auf die Caps von Scandola, Senino und Capu Rosso bis hin zur Bergwelt rund um Paglia Orba und Monte Cinto. Zwischen knorrigen Steineichen geht es leicht abwärts, während der Bergrücken nach Süden schroff abbricht und tief unten die Bucht von Girolata erkennen lässt. Nach

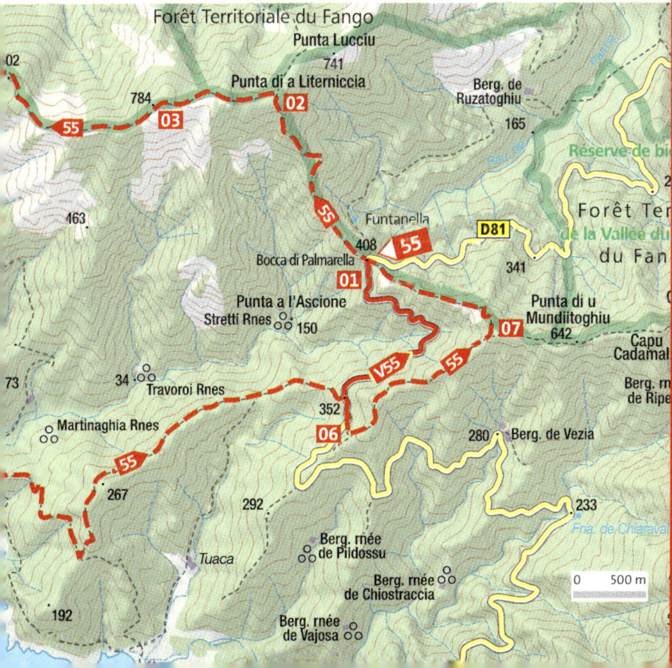

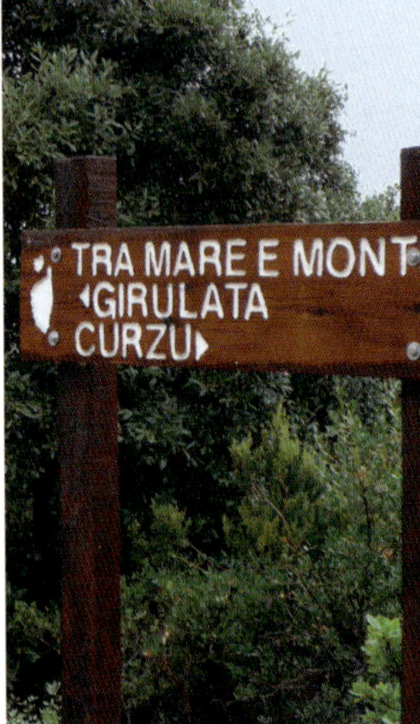

Ein Wegweiser des Weitwanderweges Tra Mare e Monti

einer Weile verlassen wir den Grat und steigen durch den **Nordhang abwärts** 03. Dichter Macchienbewuchs hüllt den Steig ein, der auf einen deutlich flacheren Weideplatz zusteuert (602 m) und auf diesem nach links schwenkt. Wir halten wiederum auf den Grat zu und erreichen nach einer Stunde ab der Punta di a Literniccia den Dreschplatz am Sattel des **Bocca di Fuata** 04 (458 m). Jetzt wechseln wir in den Südhang des Capu Licchia und wandern durch dichtes Macchiengebüsch, das bald von Steineichenwald abgelöst wird, mit gleichmäßigem Gefälle abwärts. Nach einer Stunde ab dem Sattel und einer weit ausladenden Serpentine kommen wir an das Cavonetal heran, in dem das rötliche Gestein der Halbinsel Scandola zu Tage tritt. Der schattige Taleinschnitt leitet uns direkt ins Örtchen **Girolata** 05, das wir oberhalb des Genueserturmes nach etwas mehr als 3 Stunden Gehzeit erreichen.

Schon beim ersten Betreten wird die traumhafte Lage des Fischerdorfes ersichtlich, das sich im Schutz einer langgestreckten Landzunge vor dem offenen Meer

Tipp: Scandola

Die unberührte Küstenregion von Scandola nördlich von Girolata steht als Reserve naturelle de Scandola seit 1975 unter Naturschutz. Es ist damit sowohl das älteste Schutzgebiet der Insel, als auch das erste Frankreichs, das Flächen am Land (919 ha) und im Meer (1000 ha) bewahrt. Mittlerweile wurde Scandola sogar in die Liste des Welt-Kulturerbes der UNESCO aufgenommen und gehört zur Kategorie A der europäischen Naturreservate. Scandola bestätigt den Beinamen Korsikas, ein Gebirge im Meer zu sein. Steile, rot gefärbte Felswände ragen hoch aus dem Meer und sind von Land aus nicht zugänglich. Zu den Höhepunkten gehören die fantastischen Klippen wie Elbu oder Elpa nera, die Felsentore wie l'Imbutu, die Buchten wie Punta Mucchillina und Punta Nera sowie verschiendene Meeresgrotten. Die Baie d'Elbu im Norden und die Baie de Sólana im Süden bleiben das gesamte Jahr über für alle Aktivitäten gesperrt und sind dem Tier- und Pflanzenleben vorbehalten.

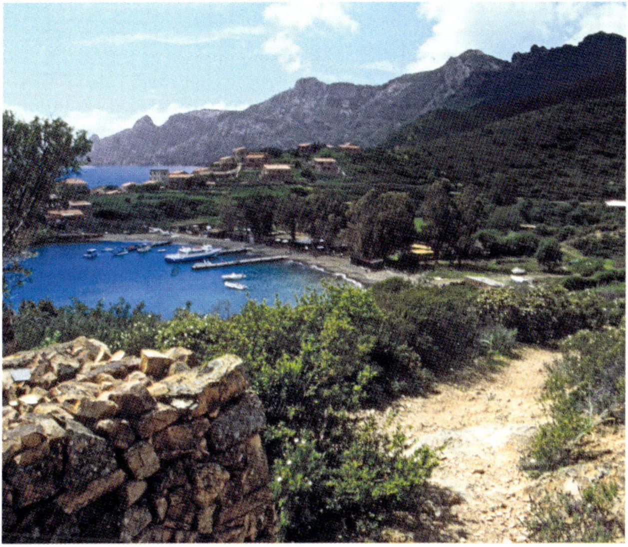

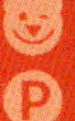
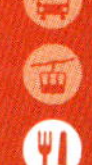
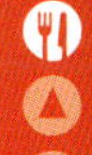
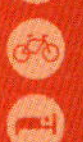

Die herrliche Bucht von Girolata mit dem Wanderweg im Vordergrund

verbirgt. Durch die „Dorfgasse“ gelangen wir zum Strand Plage Focaghia mit den kleinen Bars, dem Restaurant und der Gîte d’étape.

Nach einer Rast brechen wir zum Rückweg auf, der ebenso entlang des Weitwanderweges verläuft. Dieser setzt sich am gegenüberliegenden Ende des Strandes fort und überwindet zuerst eine felsige Steilstufe oberhalb der Bucht. Vorbei am Friedhof entfernen wir uns allmählich von der Küste und kommen wieder in den schattigen Steineichenwald zurück. Nach 45 Minuten Aufstieg zweigt auf einem Sattel der Weg zur Cali di Tuara, einer Variante des Weitwanderweges, ab, die zuerst zur Bocca a Croce an die D 81 und weiter nach Curzu verläuft. Wir schwenken aber nach links und setzen die Wanderung auf der Hauptroute fort. Ein weiter Quergang auf einem bewaldeten Rücken lässt uns gemächlich höher steigen, wobei noch einmal eine Einsattelung mit ca. 60 Höhenmetern Abstieg zu überwinden ist. Nach einer Stunde ab der letzten Weggabelung und gesamt 5 Stunden Gehzeit ist die **Straße D 81** 06 erreicht. Nun haben wir zwei Alternativen, um zum Bocca di Palmarella zurückzukehren.

Entweder legen wir die 2 km bis zum Pass auf der Straße zurück, wofür wir etwa 30 Minuten benötigen, oder wir folgen dem Tra Mare e Monti noch 230 Höhenmeter aufwärts bis zur **Punta di u Munditoghiu** 07 (641 m), wo wir beim Wegkreuz den nach Galéria abwärtsführenden Steig wählen und über den macchienbewachsenen Grat zur **Bocca di Palmarella** 01 absteigen. Für diese Variante benötigen wir noch gut eine Stunde ab der D 81.

CAPU TONDU

Aussichtsgipfel an der Westküste

  6 km  3:45 h  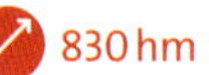 830 hm  830 hm 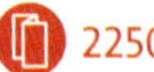 2250

START | Galéria, kleiner Hafenort an der Westküste zwischen Calvi und Porto, etwa 4 km von der Hauptstraße D 81 entfernt [GPS: UTM Zone 32 x: 470.996 m y: 4.695.326 m]
CHARAKTER | Mittelschwere Wanderung auf Dorfstraßen, Wald- und Bergpfaden, im oberen Teil sind felsige, jedoch nicht ausgesetzte Passagen zu überwinden.

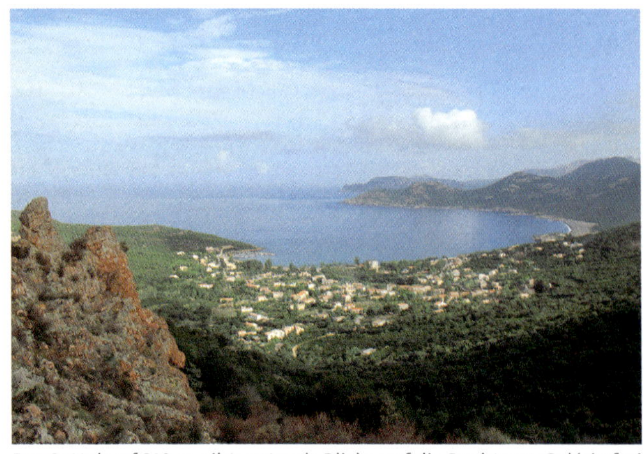

Der Sattel auf 210 m gibt erstmals Blicke auf die Bucht von Galéria frei

Galéria liegt an der Westküste zwischen Porto und Calvi und gehört eher zu den stillen Orten von Korsika, trotz der weiten Badebucht mit dem feinen Sandstrand. Wanderer schätzen den Ort wegen des Aufstiegs auf den Capu Tondu, der bei klarem Wetter ein herrliches Panorama auf die Westküste bis hin zum Paglia Orba bietet. Im Dorfzentrum gruppieren sich ein paar Bars rund um die schmale Hauptstraße nahe der Kirche. In Strandnähe kann man zwischen ein paar kleinen Hotels und Restaurants wählen. In der Bucht wurde ein Jachthafen angelegt, ansonsten bringt noch der Weitwanderweg Tra Mare e Monti Nord Touristen in den Ort, die hier ein Etappenziel vorfinden.

▶ Um den 839 Meter hohen Hausberg zu besteigen, gehen wir von der **Kirche** **01** zuerst in östliche Richtung und verlassen die

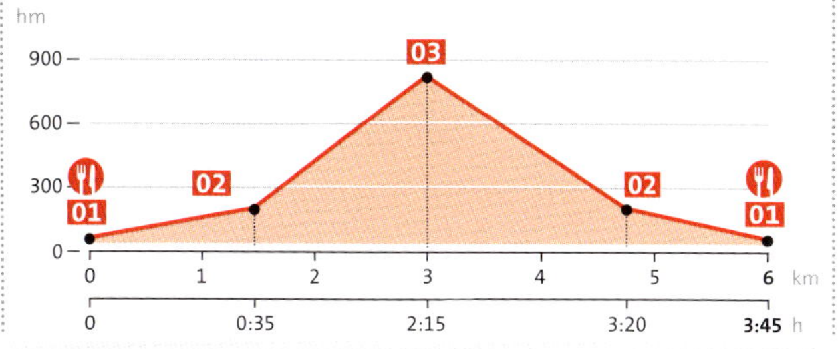

01 35 m, Galéria/Kirche; 02 210 m, Sattel; 03 839 m, Capu Tondu

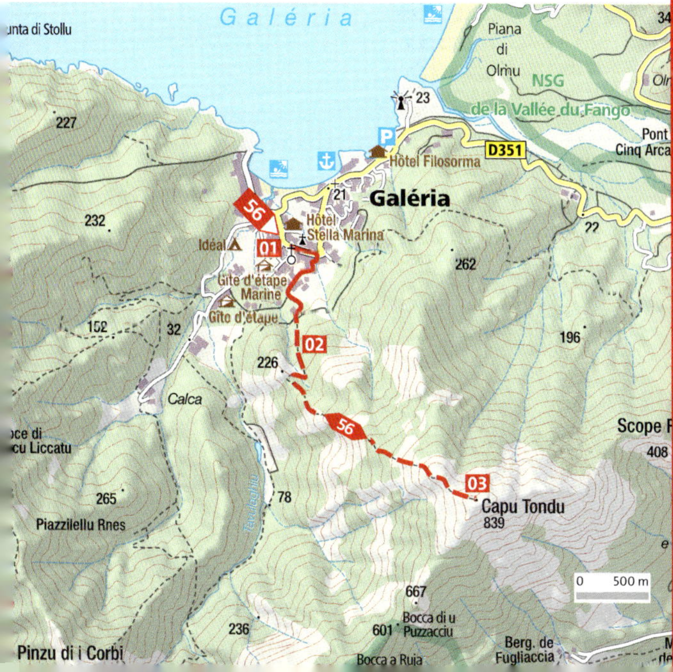

Dorfstraße bei der Zufahrt zum Parkplatz oberhalb des Supermarktes. Die markierte Route des Weitwanderweges nimmt einen anderen Verlauf und setzt sich hier weiter in östlicher Richtung fort. Wir folgen dem Verlauf der Straße aufwärts, später nach rechts und gelangen nach einigen Hundert Metern ins freie Gelände südlich von Galéria. Nach einem großen, eingezäunten Grundstück führt ein Schotterweg parallel dazu aufwärts und geht nach rechts in eine weitere Schotterstraße über. Diese führt zu einer Serpentine, der wir nach links folgen. Nach wenigen Metern sehen wir am rechten Rand eine rote Markierung, die eine Lücke im dichten Macchiensaum erkennen lässt. Dies ist der Beginn des Pfades auf den Gipfel. Wer bis hierher gekommen ist, hat keine Abzweigungen mehr zu erwarten. Der schmale Steig windet sich zunächst in zahlreichen Kehren durch das Unterholz des Steineichen- und Baumerikawaldes, durchläuft eine kurze Abwärtspassage, ehe er in Richtung eines felsigen **Sattels** 02 zieht und das Waldgelände hinter sich lässt. Erst auf einer Höhe von knapp 250 Meter haben wir freie Blicke auf den Golf von Galéria sowie auf die umliegende Landschaft. Am Sattel schwenkt die Gehrichtung nach Südosten. Der Weg windet sich durch den nun aus Dornengebüsch bestehenden Bewuchs und steigt weiter dem schwachen nordwestexponierten Gratrücken entlang aufwärts. Wir überwinden zweimal felsige Stellen, an denen die Hände zu Hilfe genommen werden müssen. Der niedrige Bewuchs bietet nun kaum mehr Schatten und weicht aufgrund des schroffen Geländes immer wieder gänzlich zurück. Die zweite Felspassage mit plattenähnlichem Charakter folgt knapp unterhalb des Gipfels, dann leiten uns die roten Markierungen an einem Sattel und später an einer Felswand vorbei. Auf ca. 750 Meter erreichen wir den vermeintlichen Gipfel, doch unser Ziel wird erst jetzt sichtbar. Die letzten knapp 100 Höhenmeter führen uns durch aufregende Fels- und Pflanzenformationen, die durch Wind und Wetter geformt wurden. Knapp unter dem Gipfel leuchtet ein saftiger grüner Weiderasen und die Bergziegen sind meist nicht weit. Große Steineichen überraschen auf dieser felsigen Höhe. Bergziegen und Raben haben ihre ausgewählten Plätzchen auf den obersten Felstürmen. Beim schlichten Gipfelkreuz des **Capu Tondu** 03 ist das Ziel unserer Wanderung erreicht. Am Rückweg müssen wir teilweise gut auf die Markierungen achten, aber auch Steinmännchen helfen, nicht in das schroffe Gelände abzudriften. Wer nach der Tour Lust auf ein Bad hat, dem sei der Strand von Galèria empfohlen. Besonders etwas außerhalb der Bucht im Bereich der Mündung des Fangoflusses lässt es sich gut baden.

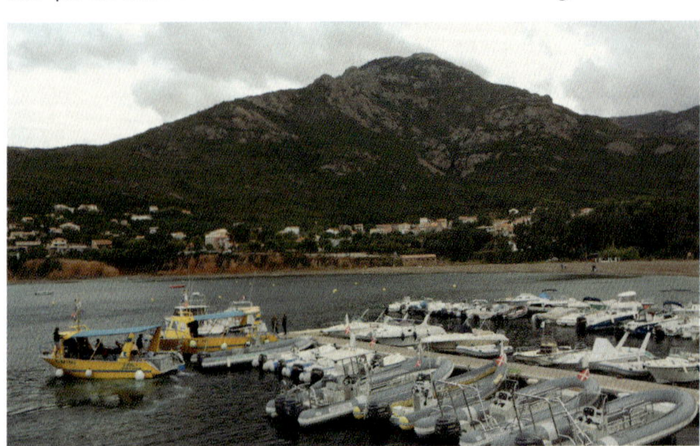

Die Bucht von Galéria mit dem Capu Tondu im HIntergrund

IM FANGOTAL

Farbenprächtiges Freiluftbad

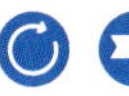  10 km  3:30 h  500 hm  500 hm  2250

START | Genueserbrücke (Ponte Vecchiu)
[GPS: UTM Zone 32 x: 476.552 m y: 4.693.930 m]
CHARAKTER | Einfache und ebene Wanderung, jedoch teilweise über verwachsene und steinige Wege, teilweise entlang der Route des Weitwanderweges Mare a Mare Nord (orange Markierung); am Flussufer mit reichlich schönen Badegelegenheiten.

Nimmt man die Küstenstraße von Calvi aus nach Galéria, bietet schon die Anfahrt eine beeindruckende Aussicht. In engen Kurven schmiegt sich die Straße in luftiger Höhe an die Felsrücken, bis sie schließlich auf Meeresniveau hinabführt. Hier quert eine Brücke den breiten, naturbelassenen Fango, der vor sich einen Kiesstrand aufgeschoben hat und schließlich ins Meer mündet. Wir biegen nach der Brücke links ab und fahren in das Fangotal hinein bis zur Genueserbrücke **Ponte Vecchiu** 01. Von hier startet der Wanderweg, der ganz nah dem Fluss entlang läuft und unzählige Badegelegenheiten aufweist.

Der Weg ist orange markiert und biegt gleich nach der Brücke rechts ein. Nach einem leichten Anstieg windet sich der Weg fast eben über Stock und Stein, einmal durch Baumerikawald, dann frei über vom Wasser geschliffene Felsen durch das Tal. Vom Hauptwanderweg führen immer wieder kleine Nebenwege zum Fluss hinunter. Dort bietet sich ein abwechslungsreiches Farbenspiel aus Gesteinsformen und Licht. Zu unserer Linken steigen rostrote Felsen auf, meist wandern wir

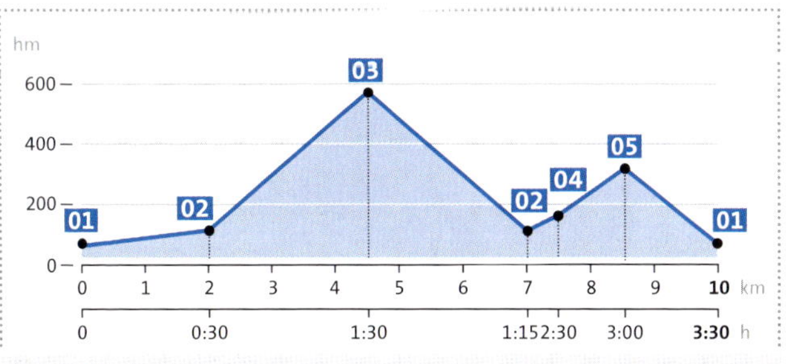

01 46 m, Ponte Vecchiu; 02 93 m, Pont de Tuvarelli-Chiorna; 03 575 m, Bocca di Lucca; 04 180 m, Tuvarelli; 05 350 m, Weg

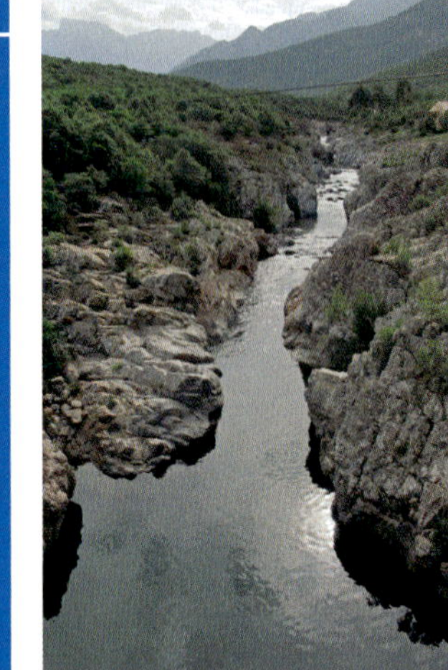
Der Fango-Fluss

entlang von alten Steinmauern, die aus rund geschliffenen, bunten Steinen aufgebaut sind und einen ganz eigenen Charakter ausstrahlen. Aufgelassene Feldterrassen mit alten Olivenbäumen dienen noch als Weide. Nach circa einer Stunde gemütlicher Gehzeit erreichen wir die Straßenbrücke **Pont de Tuvarelli-Chiorna** 02 südlich des gleichnamigen Weilers. Hier springen die Badelustigen von den Felsen ins erfrischende Wasser. Der idyllische Platz kann für sich schon als Ziel der Wanderung genommen werden. Hier lässt sich ein gemütlicher Sommertag verbringen.

Für alle, die gerne weiterwandern möchten, gibt es die Möglichkeit, in gut eine Stunde zur Bocca di Lucca aufzusteigen. Dazu gehen wir nicht über die Brücke, sondern folgen der orangen Wegmarkierung der Straße entlang, vorbei an einer Tafel mit ausführlicher Landkarte, und halten uns rechts. Hier ist die orange Markierung etwas verwirrend und darüber hinaus überflüssig angebracht. Ein Campingplatz wird auf einem verwachsenen Pfad an der Rückseite umgangen. Dann wandern wir durch Macchie entlang des Weitwanderweges Mare a Mare Nord, der uns bis zur **Bocca di Lucca** 03 (575 m) bringt. Von hier aus kommt man in knapp 1:30 Stunden über die Bocca di Banassa zum Forsthaus von Bonifatu. Wir wandern zurück bis zur Pont de Tuvarelli und haben die Möglichkeit, als Rückweg zum Ausgangspunkt eine andere Variante zu wählen. Diese verläuft entlang der nördlichen Hänge des Fangotales. Wir wandern auf der Schotterstraße in Richtung des Weilers **Tuvarelli** 04. Wir bleiben auf der Straße, lassen eine Abzweigung nach links und rechts unberücksichtigt und gehen bis an deren Ende. Knapp

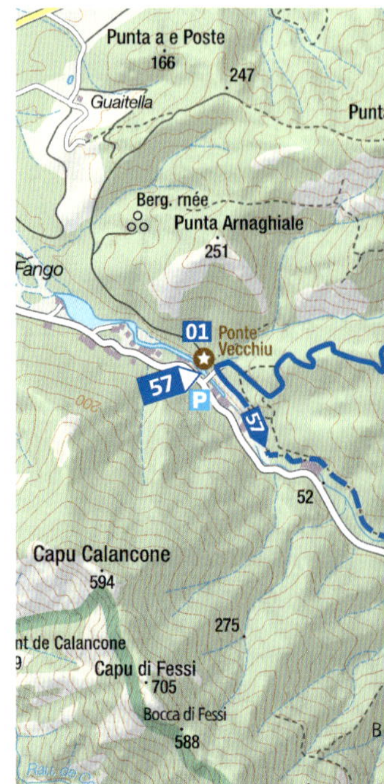

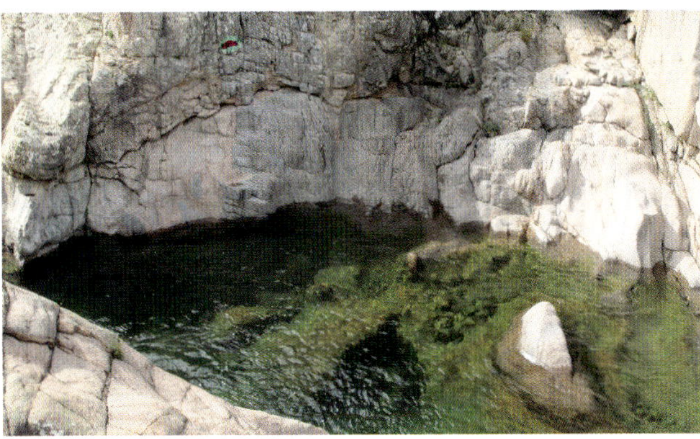

Der Fango bildet herrliche Felsbecken und Badegumpen aus

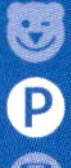
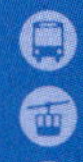
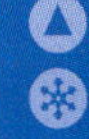
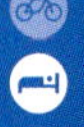

davor wechseln wir nach rechts auf einen **Weg** **05**, der durch die bewaldeten Hänge bis auf 350 Meter Seehöhe ansteigt. Dort geht er in eine Straße über, der wir bis zu einem großen Feld folgen. Abzweigungen nach rechts bleiben hier unberücksichtigt. Diese Straße zieht mit einigen Serpentinen bis zur Ponte Vecchiu hinab, überquert den Fango und erreicht somit wieder die **Ponte Vecchiu** **01**.

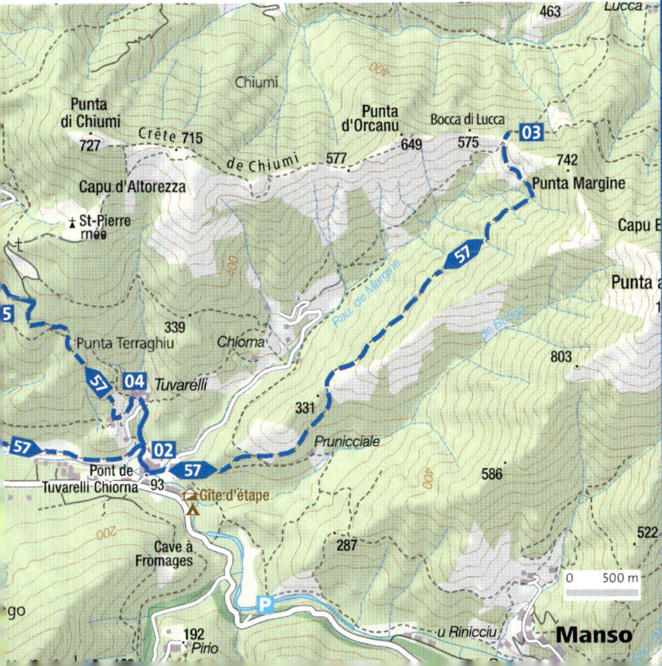

58

AUF DEN COL PERDU • 2183 m

Aufstieg in die schroffe Felsregion Korsikas

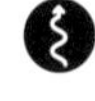  5 km  4:30 h  760 hm  760 hm 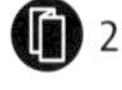 2250

START | Haut-Asco, Hotel „Le Chalet", 1422 m
[GPS: UTM Zone 32 x: 493.710 m y: 4.694.481 m]
CHARAKTER | Beeindruckende Wanderung durch alte stattliche Kiefernwälder. Im letzten Drittel sind Trittsicherheit und Schwindelfreiheit beim Felsenkraxeln gefragt.

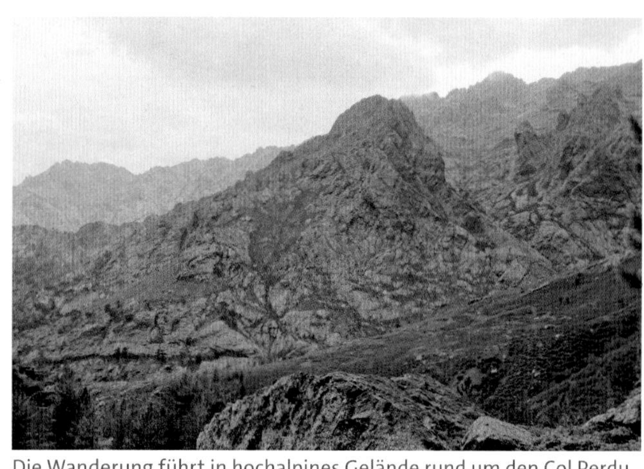

Die Wanderung führt in hochalpines Gelände rund um den Col Perdu

▶ Da diese Wanderung auf einer Teilstrecke des GR 20 verläuft, ist der gesamte Weg mit der rot-weißen Markierung dieser Weitwanderroute deutlich gekennzeichnet. Hinter der nicht zu übersehenden **Skistation** 01 (1422 m) mit großem Parkplatz befindet sich die bescheidene „Refuge de Stagnu", eine Etappenstation des GR 20. Daneben stehen einige aus dunklem Holz und auf Stelzen gebaute Chalets, die als Unterkünfte im Winter dienen.

Die Route des GR 20 führt zunächst über die Skipiste, biegt jedoch bald nach links ab und durchquert einen zuerst dichten, jungen Kiefernwald. Der Wald lichtet sich bald und beeindruckt mit alten, mächtigen und windgeformten Exemplaren der Lariciokiefer. Zur Linken öffnet sich der Blick auf den Doppelgipfel des Capu Larghia. Nach ca. 45 Minuten erreichen wir die Baumgrenze auf einer Kuppe, die mit einem Gebüsch aus Wacholder, Ginster und

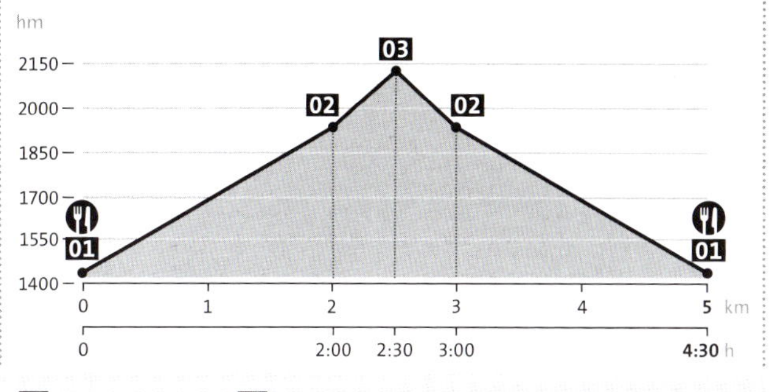

01 1422 m, Skistation; **02** 1930 m, Capu di a Muvraghia; **03** 2183 m, Col Perdu

Berberitzen bewachsen ist. Der schmale Pfad führt leicht ansteigend in das Tal hinein. Im Frühling machen blühender Krokus und Korsische Nieswurz die Wanderung zu einem besonders farbenprächtigen Erlebnis. Grünerlen säumen den Bach, der unterhalb

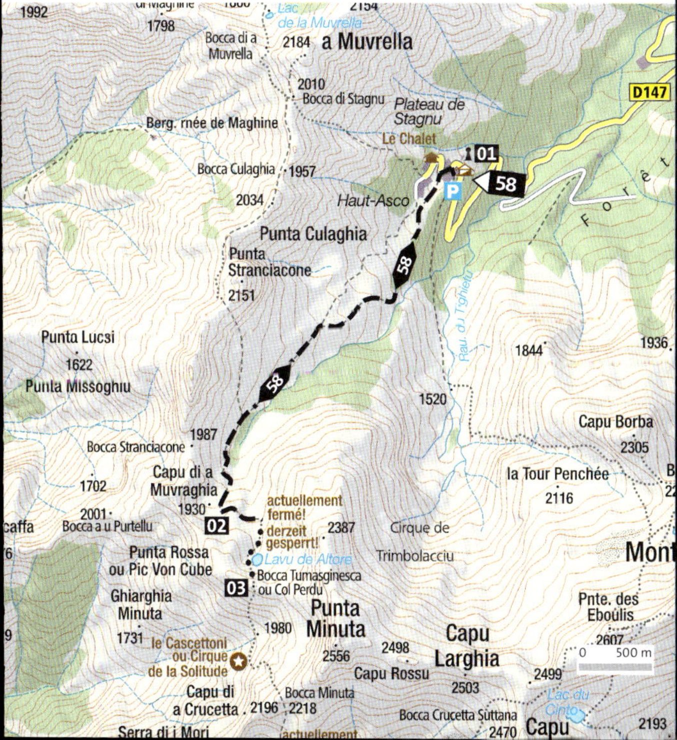

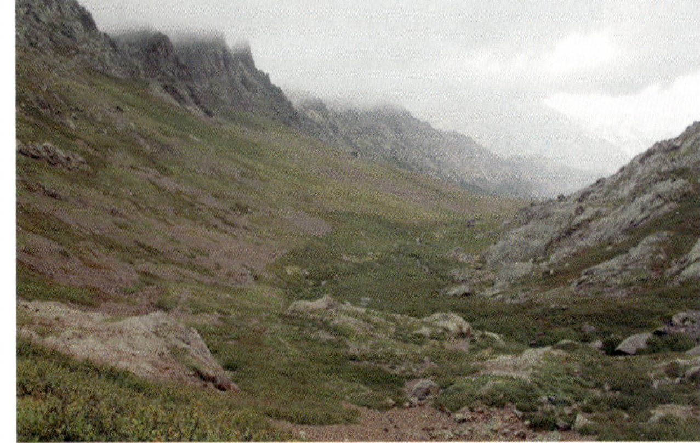
Die Wanderung verläuft durch die alpine Landschaft dieses Hochtales

der unterhalb des **Capo di a Muvraghia 02** (1930 m) entspringt. Je mehr wir an Höhe gewinnen, umso alpiner wird der Charakter des Geländes und der Pflanzenwelt, die mit kargen Polstern das Geröll überzieht. Wir gelangen auf eine Terrasse mit den nur noch als Steinhaufen erkennbaren Grundmauern der abgebrannten Altore-Hütte (2020 m).

Das nächste kleine Plateau beweist, dass der Schnee hier lange liegen bleiben kann. Wir gehen zwischen zwei kleinen Tümpeln hindurch und beginnen mit dem letzten Teil des Anstieges durch die gebirgige Landschaft. Dieser Abschnitt verlangt Trittsicherheit, teilweise müssen auch die Hände eingesetzt werden. Bei nassen Verhältnissen erweist sich diese Tour als mühsam und verlangt aufgrund des rutschigen Terrains doppelte Konzentration. Kurz bevor wir unser Ziel erreichen, wechselt die Farbe des Gesteins von rot-violett auf grün-weiß. Dann ist der **Col Perdu 03** auf 2183 Meter Seehöhe erreicht und uns erwartet eine schroffe, steile und dramatische Felslandschaft. Der Blick fällt tief hinab in den schattigen „Cirque de la Solitude", der seinen Namen – Kessel der Einsamkeit – völlig zu Recht bekommen hat. Diese Route müssen die Wanderer des GR 20 nehmen, um ihren Weg nach Süden fortzusetzen. Sie gehört jedoch zu einem der anspruchsvollsten Abschnitte, der bis zur Refuge de Tighiettu reicht. Wir kehren um und gehen auf derselben Route zurück zur **Skistation 01**.

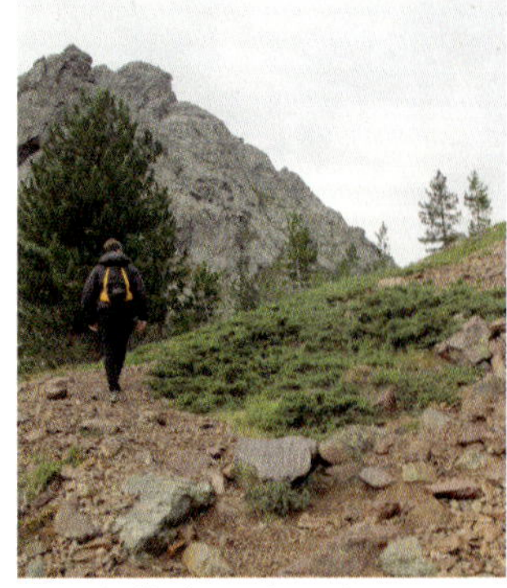
Unterhalb des Col Perdu

A MUVRELLA

Vom einsamen Haut-Asco zum Aussichtsgipfel

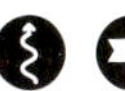  5,5 km 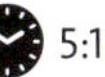 5:15 h  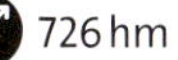 726 hm  726 hm  2250

START | Haut-Asco (1422 m); das Ascotal wird von der D 147 durchquert, die etwa 3 km nördlich von Ponte Leccia von der N 197 abzweigt; 28 km von der Abzweigung bis Haut-Asco [GPS: UTM Zone 32 x: 493.592 m y: 4.694.600 m]
CHARAKTER | Steiler Bergpfad über felsiges Gelände und durch Schutthänge, leichte, aber teils ausgesetzte Kletterei des ersten Grades zum Gipfel und entlang des Grates zur Punta Culaghia; Gipfel und Grat bieten herrliche Rundblicke auf die korsische Bergwelt; Hotel Le Chalet in Haut-Asco mit Zimmern und Lager, Gîte d'étape Refuge du Stagnu des GR 20; Campingplatz Monte Cinto im Ascotal, etwa 6 km vor Haut-Asco

▶ Die Wanderung beginnt unmittelbar hinter dem Berghotel Le Chalet in **Haut-Asco 01**, wo Tafeln auf die Route des GR 20 in Richtung „A Muvrella" weisen. Wir folgen den weiß-roten Markierungen vorbei an den merkwürdigen, auf Stelzen stehenden, spitzgiebeligen Skihütten und beginnen den Anstieg durch ein Kiefernwäldchen. Wir müssen sogleich erkennen, dass es sich bei dieser Route um einen steilen Bergpfad handelt, der sich in zahllosen Serpentinen den Hang hinaufschraubt. Bald bleiben die letzten knorrigen Lariciokiefern zurück und wir kommen an den unteren Rand der Scharte heran, die sich vom Bocca di Stagnu he-

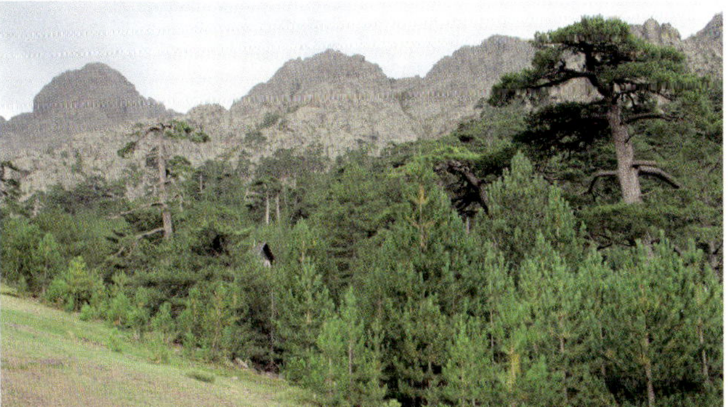

Das Muvrella-Massiv im Tal von Haut-Asco

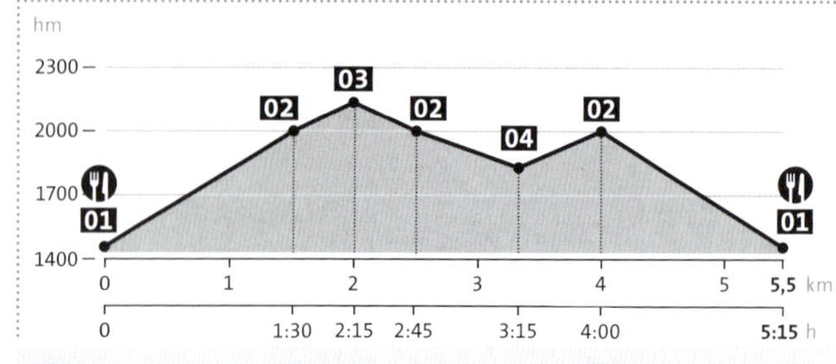

01 1422 m, Haut-Asco; **02** 2010 m, Bocca di Stagnu; **03** 2148 m, A Muvrella; **04** 1860 m, Lac de la Muvrella

rabzieht. Wir durchsteigen diese mit Felsen und Geröll beladene Schlucht zunächst auf der linken Seite, wechseln dann in einem langen Quergang auf den rechten Hang, ehe wir in den steilen Felshang unterhalb des **Bocca di Stagnu** gelangen. Nach eineinhalb Stunden erreichen wir den luftigen Sattel, auch **Brèche du Stagnu** **02** (2010 m) genannt, auf dem wir bereits die traumhafte Aussicht auf die umliegende Bergwelt genießen können. Wir verlassen hier die Trasse des GR 20 und können zwischen zwei Wegen zum Gipfel wählen. Der nach rechts abgehende, gelb markierte Pfad führt direkt über den Grat, wobei mit Ausnahme des ersten Felsaufbaus, der umgangen wird, mehrere Aufschwünge zum Teil mit leichter Blockkletterei überwunden werden müssen. Eine zweite, leichtere, nur mit Steinmännchen markierte Variante verläuft unterhalb des Grates durch ein mit Erlen und Wacholder bewachsenes Schuttfeld. Hier erwarten uns mit Ausnahme einer eineinhalb Meter hohen, leicht zu überkletternden Felsstufe keinerlei Schwierigkeiten. Beide Varianten erreichen nach 45 Minuten den Gipfel **A Muvrella** **03** auf 2148 m (2:30 Std.), der einen unverstellten Rundblick auf die grandiose korsische Bergwelt zulässt. Der Rückweg verläuft entlang der Aufstiegsroute (**Bocca du Stagnu** **02** 3 Std., **Haut-Asco** **01** 4:30 Std.).

Varianten:

Wir können am **Bocca di Stagnu** **02** noch zwei Wegvarianten anschließen. Eine führt in etwa 45 Minuten entlang der Route des GR 20 zum **Lac de la Muvrella** **04**, der malerisch in einer Felswanne liegt (Rückweg auf derselben Route ca. 1 Std.). Die andere steigt in etwa eineinhalb Stunden zur Punta Culaghia (2034 m) hinauf, wobei diese Variante nur erfahrenen Bergwanderern vorbehalten ist. Dazu

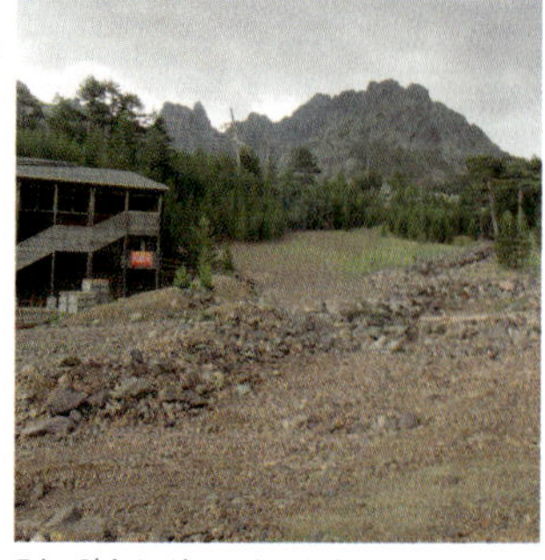

Die Skistation Haut-Asco

benützen wir die alte Route des GR 20, die früher von hier nicht nach Haut-Asco abstieg, sondern nach rechts dem Grat in südwestlicher Richtung folgte. Knapp eine Stunde wandern und klettern wir durch die Felslandschaft, entweder direkt am Grat oder etwas unterhalb, mit stetem Blick auf die herrliche Bergwelt, und erreichen die Punta Calughia (2034 m, 4 Std.), die einen Rastplatz mit traumhaftem Panoramablick bietet. Später verlassen wir den Gipfel über die Südseite und wenden uns gleich anschließend einem Felsaufbau zu, den wir überklettern müssen. Nun folgen einige ausgesetzte Felspassagen und steile Schuttrinnen, die Schwindelfreiheit und Trittsicherheit erfordern. Bei Schneefeldern im späten Frühjahr können vor allem die Rinnen gefährlich sein. Nach etwa 30 Minuten ab der Punta umgehen wir die eleganten Felstürme der Punta Stranciacone, erreichen wenig später bei 2048 m den Einstieg in die Scharte Brèche de Missoghiu und steigen durch die steile Fels- und Schuttrinne auf dem rot markierten Steig ab (4:30 Std.). Nach weiteren 30 Minuten treffen wir wieder auf die moderne Route des GR 20 (5 Std.), der wir nach links durch das weite, gletschergeschürfte Kar bis zur Skistation Haut-Asco folgen (5:45 Std.). Der unterste Abschnitt verläuft parallel zum Skilift und über die teils planierte Skipiste.

Haut-Asco

Der Talkessel Haut-Asco bietet mit seiner abgeschiedenen Bergwelt einen idealen Lebensraum für Steinadler, Bartgeier und besonders viele Mufflons.

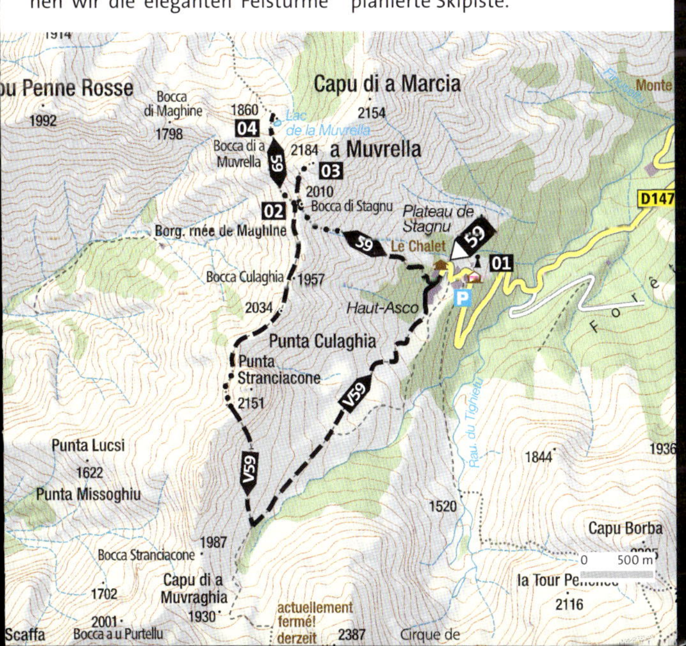

DURCH DEN URWALD VON BONIFATU

Hinauf zum Bonassa-Sattel

 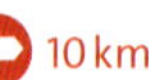 10 km  4:30 h  617 hm 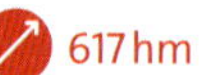 617 hm   2250

START | Auberge de la Forêt (540 m); Parkplätze am Ende der D 251 zur Auberge de la Forêt de Bonifatu, 23 km von Calvi; keine öffentlichen Verkehrsmittel
[GPS: UTM Zone 32 x: 487.918 m y: 4.698.913 m]
CHARAKTER | Rundwanderung auf gut trassierten, teilweise steilen, jedoch stets schattigen Bergpfaden durch prächtigen Steineichen- und Lariciokiefernwald; herrlicher Rundblick am Bonassa-Sattel auf das Fangotal; Bademöglichkeiten im Figarellabach nahe dem Ausgangspunkt; Auberge de la Forêt geöffnet vom 1.4.–31.10.

Der Cirque de Bonifatu bietet im Hinterland von Calvi eine stille und kühle Alternative zum Badetourismus an der Küste. Schon die Anfahrt vom tiefblauen Golf von Calvi aus in den bewaldeten Talkessel gestaltet sich als eindrucksvoll. Am Col de Rezza (510 m) erhaschen wir eine ersten Blick auf das hintere Flusstal des Figarella, das auch als „Chaos de Rezza" bekannt ist.

▶ Kurz vor der **Auberge** 01 beginnt bei der Straßenbrücke über den Nucaghiabach der Aufstiegsweg zum Bonassa-Sattel, dem Ziel dieser Wanderung. Der kurzfristig etwas undeutlich wirkende Weg führt sogleich an

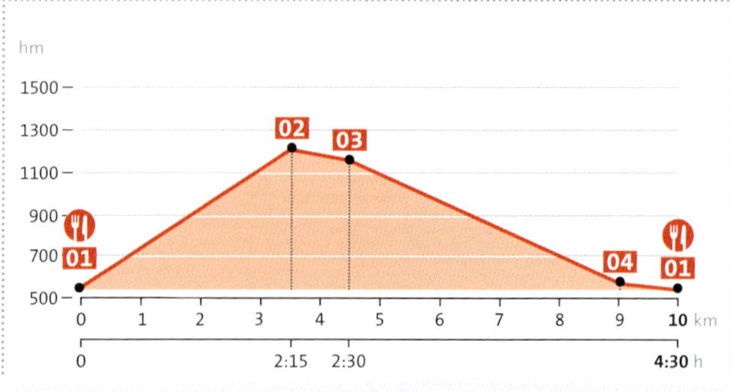

01 536 m, Auberge de la Forêt; 02 1210 m, Bocca di l'Erbaghiolu; 03 1153 m, Bocca di Bonassa; 04 550 m, Fahrstraße

einer Quellfassung vorbei und steigt durch den dichten Wald an. Bald biegen wir auf eine breitere Trasse ein, die früher direkt bei der Auberge begonnen hat und später geschlossen wurde. Parallel zum Graben des Nucaghiabaches schrauben wir uns durch den Steineichenwald in die Höhe. Nach etwa 40 Minuten erreichen wir nach dem Sattel Bocca di u Calataghiu die Ruine des einstigen Jagd-Chalets von Prinz Pierre, einem Neffen Napoleons.

Anschließend beginnt sich der Wald zu lichten, die Steineichen treten zurück und werden ab etwa 700 Metern Seehöhe von stattlichen Lariciokiefern abgelöst. Wir queren das mit Grobblöcken gefüllte Bachbett des Nucaghiabaches und steuern auf einen etwas flacheren Wegabschnitt zu, der an einen Aussichtspunkt

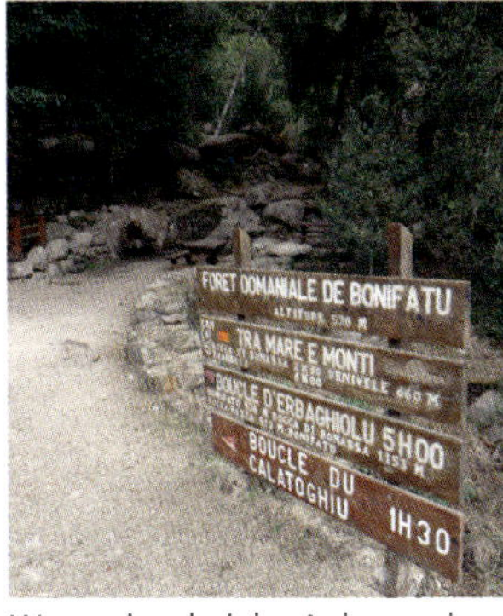

Wegweiser bei der Auberge de la Forêt

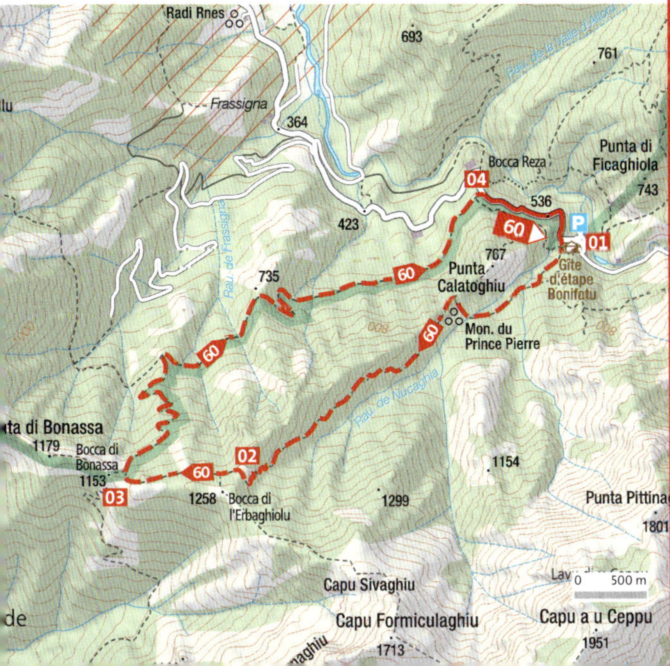

heranführt. Unser Pfad schwenkt nach Westen und quert die bewaldeten Hänge oberhalb einer Blockhalde. Nun wird das Gelände immer steiler und damit auch unser Weg, der sich etwas langatmig

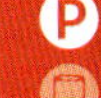
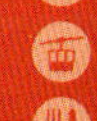
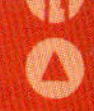
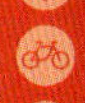

Der geschützte Urwald

In den steilen Hängen des Cirque de Bonifatu konnte sich ein forstlich kaum nutzbarer Urwald erhalten, der vorwiegend aus mächtigen Lariciokiefern besteht und als der als „Forêt Domaniale" unter Naturschutz steht. Ein blumen- und orchideenreicher Unterwuchs machen diese Wanderung vor allem im April für den Blumenfreund zu einem spannenden Erlebnis. Der unterste Wegabschnitt nach der Auberge de la Forêt gehört zum Naturlehrpfad „Le Sentier de Mouflon". Dieser verläuft durch Strandkiefernwälder bis zur Piste de Melagha, wo sich gerne die wildlebenden Mufflons zeigen. Der Bach selbst lädt immer wieder zu erfrischenden Bädern in einem der Felsbecken.

in zahllosen kleinen Serpentinen durch den Kiefernwald windet. Nach 2:30 Std. erreichen wir mit dem **Bocca di l'Erbaghiolu** **02** (1210 m) das erste Etappenziel und sehen durch die mächtigen Kiefern zu den zerklüfteten Felshängen der Créte de Muntunaghiu hinüber.

Ein Quergang bringt uns durch lichten Kiefernwald auf der Nordseite hoch über dem Frassignatal in 20 Minuten zum **Bocca di Bonassa** **03**. Der 1153 m hohe Sattel hält neben einem herrlichen Panorama auf das Fangutal im Süden und dem Figarellatal im Norden

Ein Waldbach entlang der Wegroute

schöne Picknickplätze bereit. Hier treffen wir auf die Route des Weitwanderweges Tra Mare e Monti, auf dem wir nordwärts ins Tal absteigen.

Unser Rückweg verläuft bald auf einem Waldsteig, der vom Weitwanderweg nach links abzweigt. Zuerst passieren wir noch knapp hinter dem Sattel einen markanten Felseinschnitt, um gleich anschließend an einer Quelle und an efeuberankten Felsen vorbeizukommen. Dann folgen wir dem bestens markierten und gut ausgebauten Saumpfad, der in zahlreichen Serpentinen durch den lichten Kiefernwald absteigt. Nach mehreren Wegschlingen kommen wir am kleinen Wasserfall des Frassignabaches vorbei und treten nun wieder in die Stufe des Steineichenwaldes ein. Bei einer mit Baumerika bewachsenen Geländekuppe schwenken wir nach rechts und treffen etwas unterhalb auf die **Fahrstraße** **04** zum Forsthaus, der wir nun 15 Minuten taleinwärts folgen. Vorbei am pittoresken Steinhaus des Maison forestière de Bonifatu erreichen wir nach weiteren 5 Minuten den Ausgangspunkt bei der **Auberge de la Forêt** **01**.

ZUR REFUGE DE CAROZZU

Durch eine wildreiche Gebirgslandschaft

  10,2 km  4:45 h 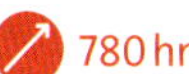 780 hm  780 hm  2250

START | Auberge de la Forêt (536 m); Zufahrt von Calvi über die Straße D 251 zum Flughafen und weiter über Miledi zum Forsthaus Bonifatu und zur Auberge de la Forêt; großer Parkplatz [GPS: UTM Zone 32 x: 488.033 m y: 4.698.874 m]
CHARAKTER | Im ersten Abschnitt leicht ansteigender Forstweg, dann zum Teil steiler Bergpfad durch Steineichen- und Kiefernwälder; mehrere Bachquerungen bereiten bei hoher Wasserführung im Frühjahr einige Schwierigkeiten; durchgehend gelb markierter Weg, ab der Carozzu-Hütte weiß-rot.

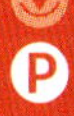
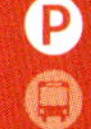
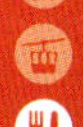
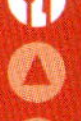
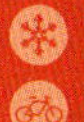
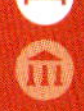
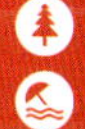

Der Cirque de Bonifatu mit der eindrucksvollen Wald- und Gebirgslandschaft umfasst ein Gebiet von 3000 Hektar, das hauptsächlich mit Lariciokiefern bewachsen und als „Forêt Domaniale" unter Schutz gestellt ist. Seltene Pflanzen wie Korsischer Krokus, Orchideen oder Waldveilchen begegnen uns ebenso wie die reiche Vogelwelt des Cirque, die vom endemischen Korsenkleiber über Spechtarten bis zum Steinadler reicht. Am Ende der Wanderung können wir im wildreichen Figarellabach ein kühles Bad nehmen.

▶ Von der **Auberge de la Forêt** 01 (536 m), die von Calvi aus rasch erreicht ist, steigen wir zur Refuge de Carozzu und zur Spasimata-Hängebrücke hinauf. Diese Route gilt als alternativer Zulaufweg zum GR 20, zudem die Carozzu-Hütte das Ende der zweiten Etappe darstellt. Deshalb treffen wir einen breiten Wanderweg an, der trotz des Höhenunterschiedes

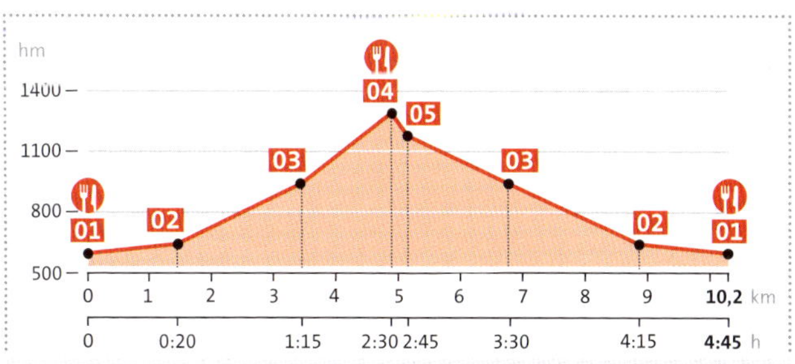

01 536 m, Auberge de la Fôret; 02 594 m, Bergpfad; 03 904 m, Hängebrücke; 04 1270 m, Refuge de Carrozzu; 05 1160 m, Spasimata-Hängebrücke

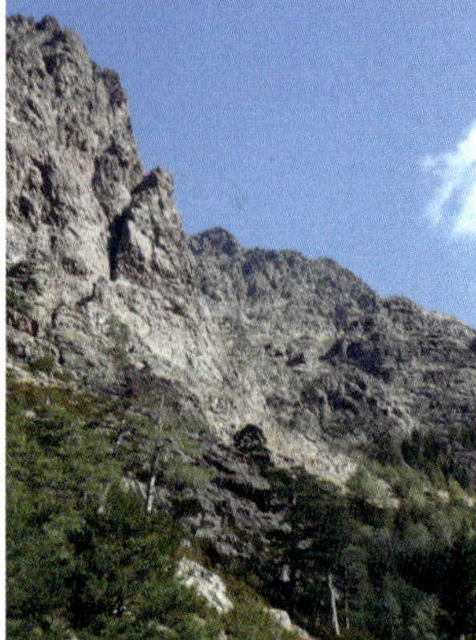
Im Cirque de Bonifatu

nicht allzu schwierig zu begehen ist.
Ein breiter Forstweg führt von der Auberge hoch über dem Figarellabach taleinwärts in Richtung Cirque de Bonifatu. Nach 20 Minuten biegt der Forstweg nach links ab, während wir auf den **Bergpfad** 02 wechseln, der mit der Richtungsangabe „A Muvrella“ gekennzeichnet ist. Der Weg führt nun durch Hochwald, riesige Lariciokiefern und Steineichen spenden Schatten. Immer wieder sehen wir zum Bachbett des wildreichen Flusses hinab oder sehen auf die bizarren Felswände des Cirque de Bonifatu. Nach gut einer Stunde Gehzeit wechseln wir über eine **Hängebrücke** 03 auf das rechte Ufer des Figarellabaches, während der Weg an Steilheit zunimmt. Mit zahlreichen Serpentinen arbeiten wir uns durch die bewaldeten Hänge aufwärts, bis wir nach etwa zwei Stunden Gehzeit einen kleinen Unterstand erreichen und anschließend zu einer Weggabelung kommen. Von links mündet der von der Hütte kommende Weitwanderweg ein, der sich nach rechts fortsetzt und an der rot-weißen Markierung zu erkennen ist. Die nach rechts verlaufende Route bildet die Fortsetzung in Richtung Muvrella und Asco, wobei wir zunächst die **Spasimata-Hängebrücke** 04 erreichen (1220 m). Diese waghalsige Brücke mit schwankendem Holzbelag schwebt auf dünnen Drahtseilen einige Meter hoch über einem Felsbecken und überquert den Figarellabach, der hier eine Schlucht ausgewaschen hat.
Im Anschluss folgt einer der anspruchsvollsten Abschnitte des GR 20, der in das hochalpine Gelände zu Füßen des Gipfels A Muvrella führt. Bevor der Übergang nach Haut-Asco erreicht ist, kommen wir am Muvrellasee (siehe Tour 59) vorbei, der auf 1850 Meter Seehöhe in einer kargen Mulde malerisch liegt. Nach der Hängebrücke gehen wir auf dem selben Wegabschnitt bis zur Weggabelung zurück und benötigen, wenn wir uns geradeaus

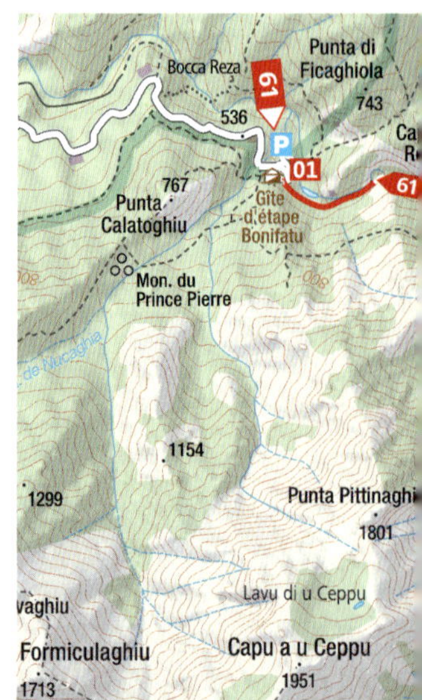

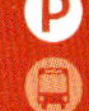

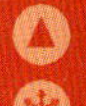
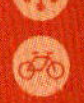
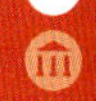

Tipp

Man sollte dem GR 20 nach der Brücke zumindest eine halbe bis eine ganze Stunde aufwärtsfolgen, je nach Kondition und Gehvermögen. Der Wald tritt gänzlich zurück, während die abschüssigen, glatt geschliffenen Granitwände, die die Szenerie beherrschen, immer steiler werden. Bald sind schwierige und abschüssige Wegpassagen zu überwinden, die mit Stahlseilen gesichert sind. Stellenweise verläuft der Pfad über schmale, rutschige Felsabsätze, Plattenschüsse und durch felsige Taleinschnitte. Ca. eine Stunde nach der Hängebrücke steuert die Route auf einen steilen Felsanstieg zu, in dem kein deutlicher Weg, sondern nur die Markierungen ersichtlich sind. Hier sollte man umdrehen, obwohl die Landschaft immer grandioser wird und einem riesigen Dom aus Granitwänden gleicht, der von stattlichen Lariciokiefern geschmückt wird.

halten, nun noch einige Minuten um zum **Refuge de Carozzu** 05 zu gelangen. Die Hütte, die innerhalb eines Birkenwaldes liegt, verfügt auch über einen Zeltplatz und bietet verschiedene Speisen und Getränke an. In einem Nebenhaus befindet sich ein Schlaflager mit zehn Betten, ferner gibt es einen Aufenthaltsraum mit Holzofen sowie eine überdachte Terrasse im Freien zum Aufstellen von Zelten. Den Wanderern wird auch eine Dusche angeboten, allerdings nur mit kaltem, frischem Gebirgswasser. Carrozzu gilt auch als idealer Stützpunkt für Klettertouren im Cirque de Bonifatu. Wir kehren am selben Weg ins Tal von Bonifatu zur **Auberge de la Fôret** 01 zurück.

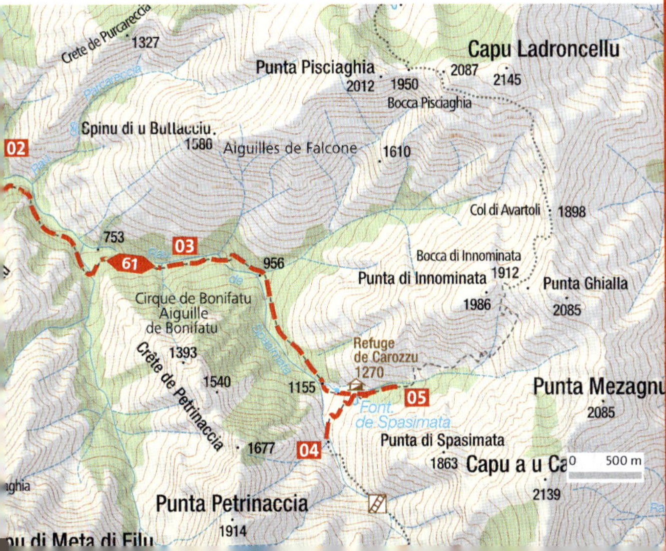

VON DER CAROZZU-HÜTTE ZUR REFUGE D'ORTU DI U PIOBBU

Die 2. Etappe am GR 20

  6,5 km 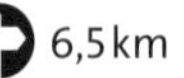 4:30 h 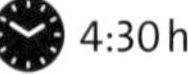 1020 hm  750 hm  2250 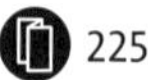

START | Carozzu-Hütte (1270 m)
[GPS: UTM Zone 32 x: 491.885 m y: 4.697.116 m]
CHARAKTER | Anspruchsvolle Bergwanderung auf schmalem Bergpfad mit sehr steilen Anstiegen, Felspassagen und Grobblockquerungen, jedoch ohne ausgesetzte Stellen oder Klettereien; Trittsicherheit ist unbedingt erforderlich, Schwindelfreiheit von Vorteil

Zusammen mit dem Aufstieg zur Carozzu-Hütte (Tour 61) und dem Abstieg von der Refuge d'Ortu di u Piobbu zum Forsthaus von Bonifatu (Tour 63) ermöglicht diese zweite Etappe des GR 20 eine ausgedehnte Tages- oder gemütlichere 2-Tagestour im Cirque de Bonifatu. Bei der Refuge de Carozzu treffen wir auf die Route des GR 20, die von Calenzana ausgehend hier ihr zweites Etappenziel hat. Wenn wir diese Etappe in Richtung Calenzana gehen, kommen wir bis zur Piobbu-Hütte, bei der die Weitwanderer üblicherweise die erste Nacht verbringen. Die Tour füllt einen langen Sommer-

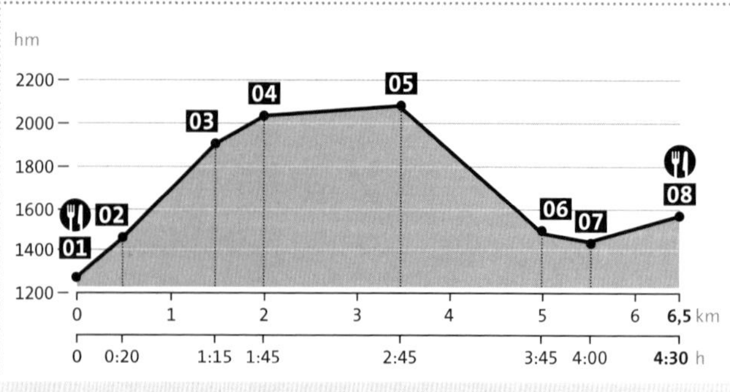

01 1270 m, Carozzu-Hütte; **02** 1451 m, Talschluss; **03** 1912 m, Sattel bei Punta Ghialla; **04** 2020 m, Col d'Arvatoli; **05** 2087 m, Grat westlich von Capu Ladroncellu; **06** 1469 m, Bergerie la Mandriaccia; **07** 1627 m, Quellaustritt; **08** 1588 m, Refuge d'Ortu di u Piobbu

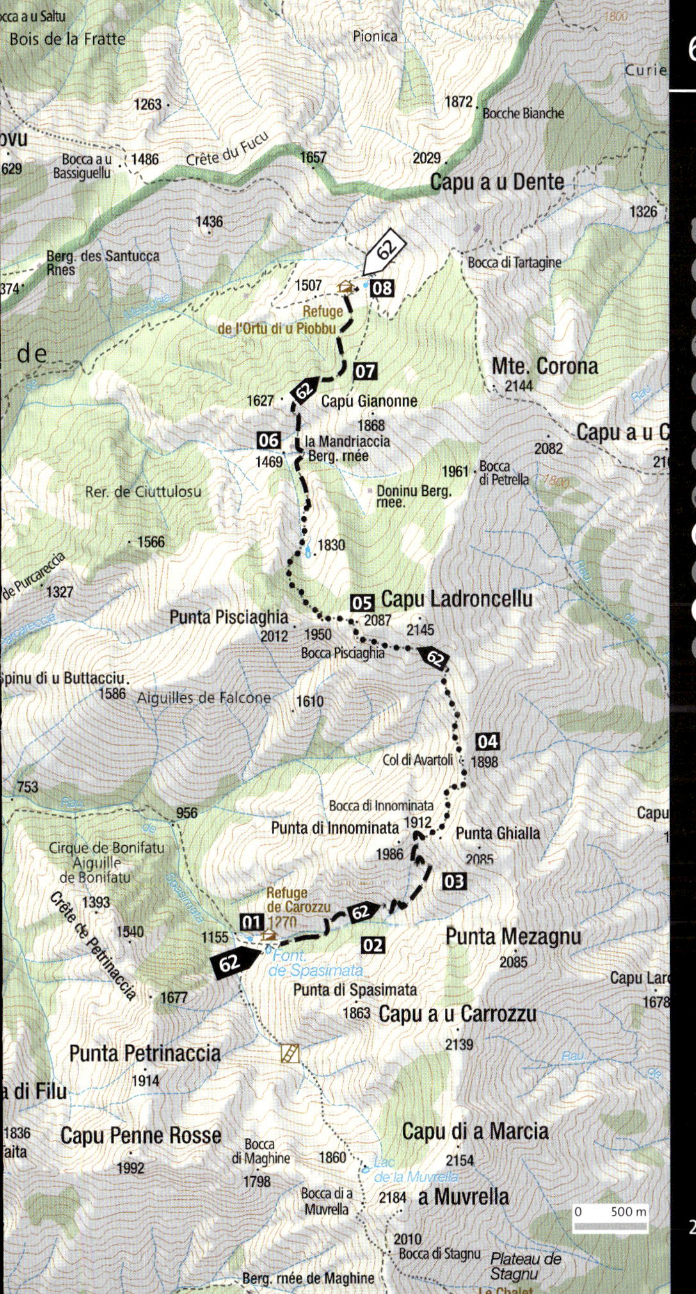
Punta Radiche 2012
Bois de la Fratte
Pionica
1263
1872
Bocche Bianche
Bocca a u Bassiguellu
1486
Crête du Fucu
1657
2029
Capu a u Dente
1436
1326
Berg. des Santucca Rnes
Bocca di Tartagine
1507
Refuge de l'Ortu di u Piobbu
Mte. Corona 2144
1627
Capu Gianonne
1868
la Mandriaccia Berg. rnée
1469
Capu a u C
2082
1961
Bocca di Petrella
Rer. de Ciuttulosu
Doninu Berg. rnee.
1566
1830
1327
Capu Ladroncellu
Punta Pisciaghia
2087
2012
1950
2145
Bocca Pisciaghia
Spinu di u Buttacciu
1586
Aiguilles de Falcone
1610
Col di Avartoli
1898
753
Bocca di Innominata
956
Punta di Innominata
1912
Punta Ghialla
Cirque de Bonifatu
Aiguille de Bonifatu
1986
2085
Crête de Petrinaccia
1393
Refuge de Carozzu
1540
1270
1155
Punta Mezagnu
2085
Font. de Spasimata
Punta di Spasimata
1677
1863
Capu a u Carrozzu
2139
Punta Petrinaccia
1914
Capu Penne Rosse
Capu di a Marcia
Bocca di Maghine
1860
2154
1992
1798
Lac de la Muvrella
Bocca di a Muvrella
2184
a Muvrella
0 500 m
2010
Bocca di Stagnu
Plateau de Stagnu
Berg. rnée de Maghine
Le Chalet
01
02
03
04
05
06
07
08

tag aus, denn es ist mit einer gesamten Gehzeit von 9–10 Stunden zu rechnen. Für die reine Überschreitung sind etwa 4–5 Stunden einzuplanen.

▶ Zunächst folgen wir dem breiten, gut ausgetretenen Weg von der **Carrozzu-Hütte** **01** weg in östlicher Richtung in den wildreichen Talkessel hinein. Links und rechts ragen bizarre Granittürme auf, die etwa bis zur Hälfte mit stattlichen Kiefern bewachsen sind. Noch steigt der Weg mäßig an und führt durch bewaldetes Gelände. Wir queren ein trockenes Bachbett und wandern durch einen lichten Erlenwald stetig aufwärts. Doch der Steilanstieg im **Talschluss** **02** rückt immer näher, der bis zur **Punta Ghialla** mehr als 400 Höhenmeter auf einem kurzen Wegstück überwindet und darüber hinaus durch ein schwieriges Gelände verläuft. Dieser Abschnitt beinhaltet den Hauptanstieg der Tour, obwohl danach bis zum Col d'Avartoli ein bewegtes Auf und Ab entlang des zerklüfteten Grates folgt. Wir achten stets auf die weiß-roten Markierungen, denn in einigen Passagen ist die Pfadspur nicht deutlich zu sehen. Ab und zu müssen die Hände zu Hilfe genommen werden, um Steilstufen besser überwinden zu können. Es warten jedoch keine Kletterstellen auf uns.

Am **Sattel** **03** angekommen, lohnt sich eine Verschnaufpause, um das Panorama genießen zu können. Plötzlich stehen wir inmitten der schroffen Zacken und Bergspitzen des Cirque de Bonifatu und sehen in das einsame, unzugängliche Tal des Ladroncellu hinab. Die markierte Route des GR 20 setzt sich nach rechts fort und folgt nun weitgehend dem Grat. Der Weg steigt noch ein wenig an und windet sich zwischen Felsblöcken und Wiesenhängen hindurch. Wir wechseln immer wieder die Gratseite, es sind jedoch keine ausgesetzten Passagen zu absolvieren, auch wenn ab und zu bei Steilstufen und bei einem kleinen Kamin die Hände zu Hilfe genommen werden müssen.

Der nächste Anhaltspunkt ist der 1898 m hohe **Col d'Arvatoli** **04**, bei dem der Weg in den Westhang des Cirque zieht. Nach einem kurzen Abstieg umgehen wir in den felsigen Hängen den 2154 m hohen **Capu Ladroncellu**. Um wieder zum Grat nördlich des Gipfels zu gelangen, müssen wir einen giftigen Gegenanstieg bewältigen, der im letzten Abschnitt sehr steil ist. Bei 2087 m Seehöhe erreichen wir wieder den **Grat** **05**, der hier nicht mehr so schroff ist und einem

Tipp

Die urige Unterkunft wird zur Hauptsaison bewirtschaftet und bietet ein paar Speisen und Getränke. Das Essensangebot wird mit Kreide auf kleine Täfelchen geschrieben, die neben dem Herd hängen. Es werden Spaghetti, Würstchen, Café, Heiße Schokolade, Hauswein und verschiedene Getränke angeboten. Außerhalb der Saison stehen den Wanderern ein Gaskocher samt Geschirr, Brennholz, und ein paar einfache Betten zur Verfügung. Die Ausrüstung dürfen nur Personen benützen, die in der Hütte übernachten.

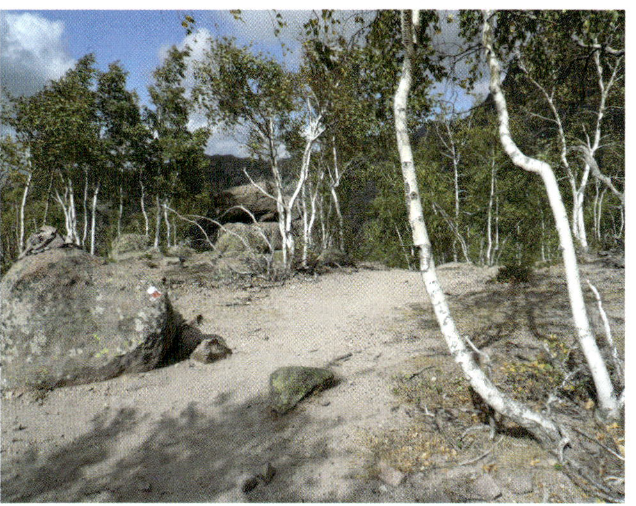

Der schattige Rastplatz mit der Quelle knapp vor der Piobbu-Hütte

Hangrücken gleicht. Auf diesem zieht der Weg in kleinen Serpentinen abwärts bis zu einem Sattel auf 1950 m. Hier verlassen wir den Grat, denn die orange markierte Route schwenkt wieder in nördliche Richtung und leitet den Abstieg ein. Eine Zeit lang überqueren wir große Granitblöcke und Schutthalden, während wir an Höhe verlieren und auf einen Talkessel zustreben. Hier ist Trittsicherheit von Vorteil, darüber hinaus sollten wir genau auf die Markierungen achten, um zwischen den Blöcken nicht die Wegroute zu verlieren. Bald erreichen wir den Waldbereich, der sich aus Birken und Föhren zusammensetzt. Der Wegverlauf flacht ab und läuft an mit Granitschutt übersäten Hängen entlang dem ehemaligen Almgelände der **Bergerie la Mandriaccia 06** entgegen. Wir haben seit dem Verlassen des Grates etwas mehr als 500 Höhenmeter eingebüßt, müssen aber wenig später nochmals einen Gegenanstieg von knapp 200 Metern absolvieren. Dabei überwinden wir einen Hangrücken, der zum Teil mit lichtem Laubwald bewachsen ist. In Waldlücken werden bereits erste Blicke auf die Piobbu-Hütte frei. Der Weg erreicht ein romantisch im schattigen Birkenwald gelegenes Tälchen, in dem sich ein **Quellaustritt 07** befindet. Das Wasser wird in einem Holzbottich gesammelt, der den Waschplatz für die Hütte bildet. Da diese selbst über kein fließendes Wasser verfügt, sollten wir hier die Trinkflaschen nochmals auffüllen. Zuletzt geht es leicht bergauf auf dem bequemen Weg aus dem Wald hinaus in Ginsterhänge hinein, in denen die **Hütte 08** teils mit Stelzen aufgestellt ist. Von hier steigt man entweder entlang der Tour 63 in Richtung Bonifatu ab oder folgt dem GR 20 in Richtung Calenzana (siehe Tour 64).

REFUGE DE L'ORTU DI U PIOBBU

Die erste Schutzhütte am berühmten GR 20

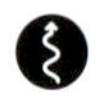 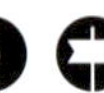 14 km 7:00 h 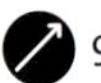 980 hm  980 hm 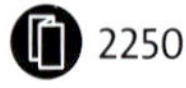 2250

START | Auberge de la Forêt (536 m)
[GPS: UTM Zone 32 x: 488.033 m y: 4.698.874 m]
CHARAKTER | Mittelschwere Streckenwanderung auf teils steinigem und mäßig ansteigendem Forstweg, anschließend auf klassischem Bergpfad mit zahlreichen Serpentinen; der Großteil der Route führt durch Waldgebiet und ist ausreichend markiert; Selbstversorgerhütte Refuge de l'Ortu di u Piobbu mit einfachem Proviant- und Getränkeverkauf im Sommer.

Eine lohnende Alternative zur viel begangenen Route auf die Refuge de Carrozzu bietet sich im Cirque de Bonifatu mit dem Aufstieg zur Refuge di l'Ortu di u Piobbu, die am oberen Ende des Melaghiatales die erste Schutzhütte am nördlichen Abschnitt des GR 20 ist. Die meiste Zeit des Jahres wird sie als Selbstversorgerhütte betrieben, bietet Schlafplätze, Gas zum Kochen und einen Aufenthaltsraum an. Im Sommer verkauft der Hüttenwirt ein paar Getränke und einfache Speisen. Ganz in der Nähe befindet sich eine Quelle. Die Hütte eignet sich auch als Ausgangspunkt zum Monte Corona (2144 m), der das Melaghiatal abschließt.

▶ Bei der **Auberge de la Fôret** **01** folgen wir der Route zur Carrozzu-Hütte taleinwärts oberhalb des Figarellabaches, bis wir nach 20 Minuten zu einer Weggabelung kommen. Während es zur Carrozzu-Hütte geradeaus weiterginge, biegen wir nach links auf den Forstweg ab, der gleich anschließend den **Figarellabach** **02** überquert und auf die linke Talseite führt. Steilstufen des Forstweges sind sogar als Betonpiste ausge-

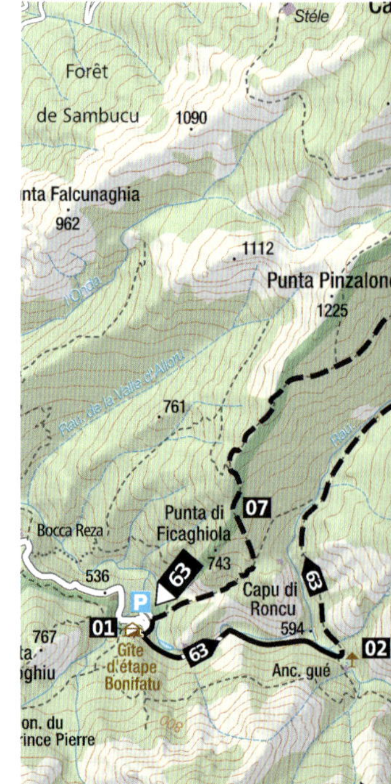

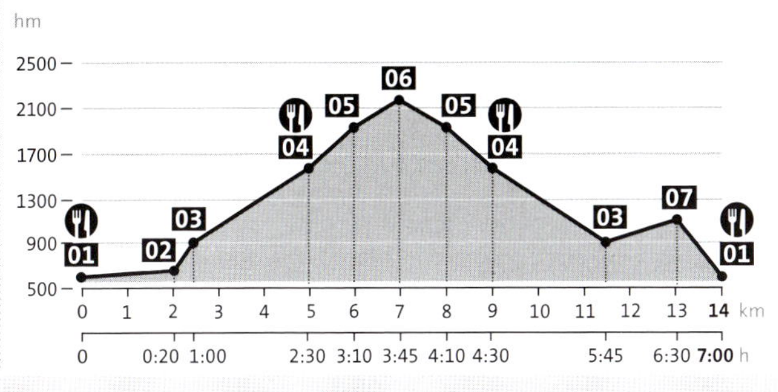

01 536 m, Auberge de la Forêt; **02** 594 m, Figarellabach; **03** 900 m, Abzweigung; **04** 1588 m, Piobbu-Hütte; **05** 1852 m, Bocca di Tartagine; **06** 2144 m, Monte Corona; **07** 1130 m, Punta Ficaghiola

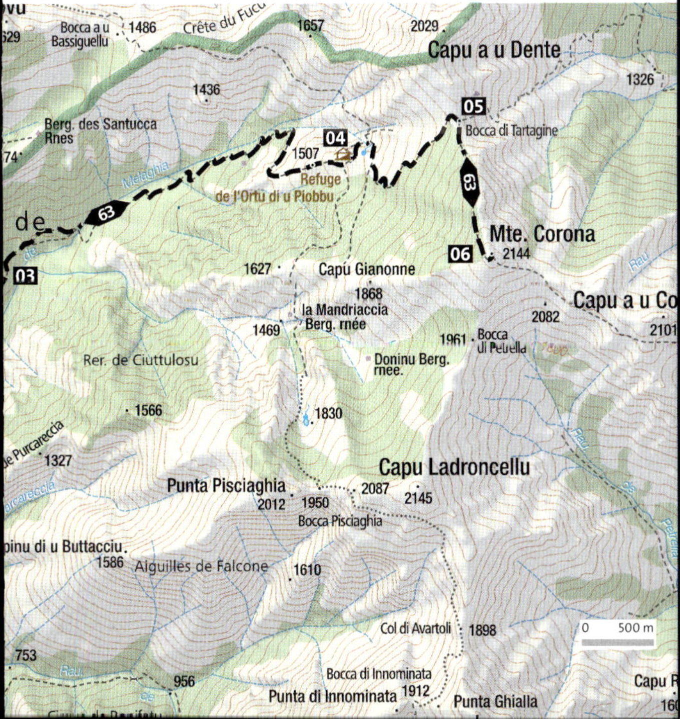

baut. Zur Linken verläuft parallel der Ruisseau de Melaghia, der uns bis hinauf in den Talschluss begleiten wird. Wir folgen eine ganze Weile diesem Schotterweg, der mit angenehmer Steigung an Höhe gewinnt und bei knapp 900 Meter Seehöhe drei Haarnadelkurven in den bislang geradlinigen Verlauf eingebaut hat. Dabei wechseln wir auf die rechte Talseite. Danach lassen wir die **Abzweigung 03** unberücksichtigt und folgen weiter dem ansteigenden Weg, bis dieser direkt am Ufer des Melaghia-Flusses endet. Die Route verläuft nun kurzzeitig durch das mit Grobblock gefüllte Bachbett, wobei wir uns an den gelben Farbpunkten orientieren. Diese leiten aus dem steinigen Gewirr in den hochstämmigen Kiefernwald hinein, in dem sich der Aufstiegsweg als gut trassierter, eindeutig zu erkennender Pfad fortsetzt. Über etliche Serpentinen steigen wir aus dem Tal hinaus in die freie Landschaft im oberen Talschluss, die mit verbuschten Bergweiden und Adlerfarnfluren bewachsen ist. Die **Piobbu-Hütte 04** rückt ins Blickfeld, und wir erreichen sie nur wenig später (1588 m). Der Weitwanderweg GR 20 biegt oberhalb der Hütte von Calenzana kommend links ein und setzt sich nach rechts in Richtung Carrozzu-Hütte fort. Wanderer, die auf der Hütte übernachten und nicht den GR 20 absolvieren, können den Monte Corona besteigen, der ohne größere Anstrengung als Halbtagestour erreicht werden kann. Am Nachmittag geht sich dann noch der Rückweg ins Tal aus. Der klassische, gelb markierte Bergpfad steigt hinter der Hütte bis zur **Bocca di Tartagine 05** an, die den Übergang ins Tartaginetal ermöglicht. Hier schwenkt die Route in südliche Richtung und folgt dem felsigen, aber breiten und gut zu begehenden Nordhang des **Monte Corona 06** bis zu dessen Gipfel. Der Berg bietet eine famose Aussicht (hin und retour zweieinhalb Stunden).

Am Rückweg zur Auberge de la Fôret können wir ab der Hälfte eine alternative Route wählen, die als „Boucle de Ficaghiola" bezeichnet ist. Dazu biegen wir bei der **Abzweigung 03** des Forstweges auf halber Talstrecke nach rechts ab und folgen dem Steig mit einem Gegenanstieg durch die bewaldeten Hänge bis zum Kammrücken der **Punta di Ficaghiola 07** (984 m).

Über etliche Serpentinen gelangen wir zu einer T-Kreuzung an einem flachen Sattel, bei der wir den Weg nach rechts nehmen. Dieser bringt uns am letzten Abschnitt unserer Tour mit vielen kleinen Serpentinen zum Figarellabach hinab, den wir auf einer Hängebrücke überqueren. Dann kehren wir zur **Auberge de la Fôret 01** zurück.

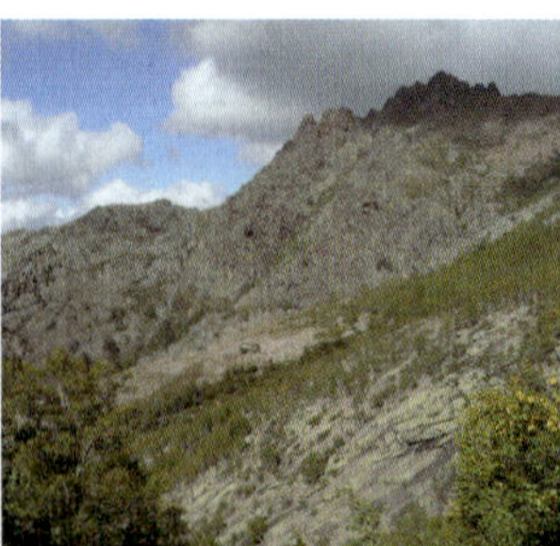

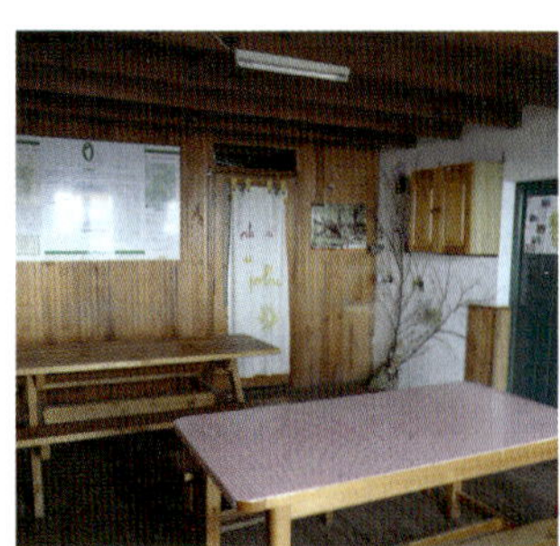

Die Lage und der Innenraum der Piobbu-Hütte

REFUGE DE L'ORTU DI U PIOBBU NACH CALENZANA

Die erste oder letzte Etappe des GR 20

 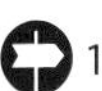 11 km  4:30 h  165 hm  1395 hm  2250

START | Refuge d'Ortu di u Piobbu (1588 m), Anschlusstour zu 63, oder Calenzana (255 m)
[GPS: UTM Zone 32 x: 492.440 m y: 4.701.463 m]
CHARAKTER | Typische Gebirgstour auf anfangs steinigen und felsigen Bergpfaden mit einer kritischen Passage in Form eines steilen Couloirs, später Berg- und Macchienpfade großteils ohne Schatten; nur eine Quelle, ca. 45 Minuten vor Calenzana.

Die vom Parc Régional de la Corse betriebene Schutzhütte hoch oben im Melaghiatal bietet die Möglichkeit, auf der letzten oder ersten Etappe des GR 20 in Richtung Calenzana zu wandern, und von dort über die erste Etappe des Mare e Monti-Weitwanderweges zur Auberge de la Fôret im Cirque de Bonifatu zurückzukehren (Tour 65).
Dabei unternimmt man eine ausgiebige Zweitagestour am nördlichen Rand der korsischen Gebirge und erlebt die alpine Natur gleich wie die mediterrane, die sich in Calenzana mit duftenden Macchiengebüschen und zuneh-

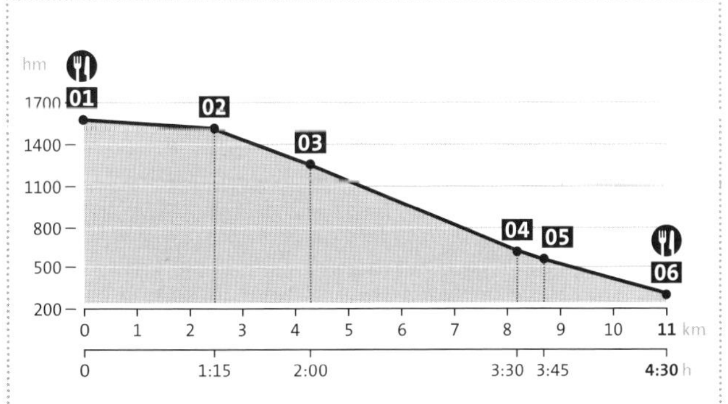

01 1570 m, Refuge de l'Ortu di u Piobbu; 02 1520 m, Capu Ghiovu; 03 1250 m, Bocca u Saltu; 04 635 m, Sattel Muravella; 05 550 m, Weggabelung; 06 255 m, Calenzana

mender Wärme immer mehr ankündigt.

▶ Wir verlassen die herrlichen Bergweiden rund um die **Refuge de l'Ortu di u Piobbu 01** in nördlicher Richtung und halten auf die felsigen Hänge zu. Nach einer Abwärtspassage und dem Durchqueren einer Felsschlucht, die mit Erlen, Birken und Ahornen bewachsen ist, wechselt der Pfad in die baumfreien Steilhänge U Fucu und steuert mit leichtem Anstieg auf ein kleines Plateau auf 1540 m zu, von dem ein letzter Blick auf das obere Melaghiatal möglich ist. Bei klarem Wetter rücken auch die Paglia Orba und das Capu Tafunata ins Blickfeld. Dann folgt der Sattel Bocca a u Bassiguellu (1486 m), der das Panorama in Richtung Norden auf die Bucht von Calvi öffnet. Der Pass leitet die Schlüsselstelle dieser Etappe ein, denn es muss ein felsiger Couloir mit etwa 30 Höhenmeter Anstieg bewältigt werden. Hier gilt es auf entgegenkommende Wanderer zu

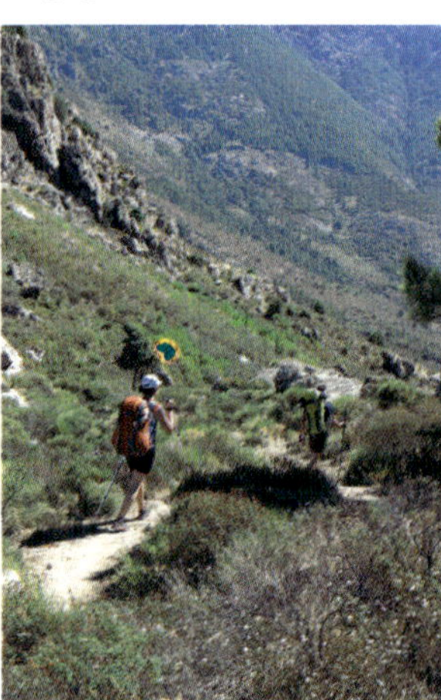

Am Bocca u Corsu

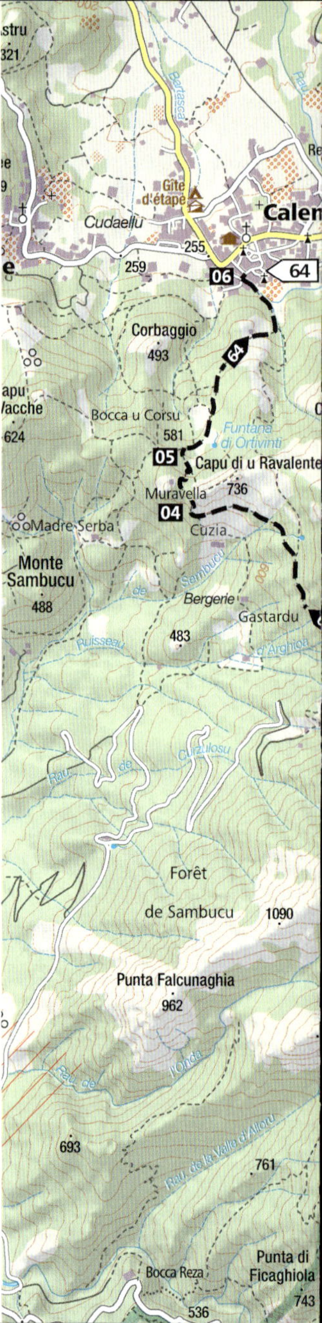

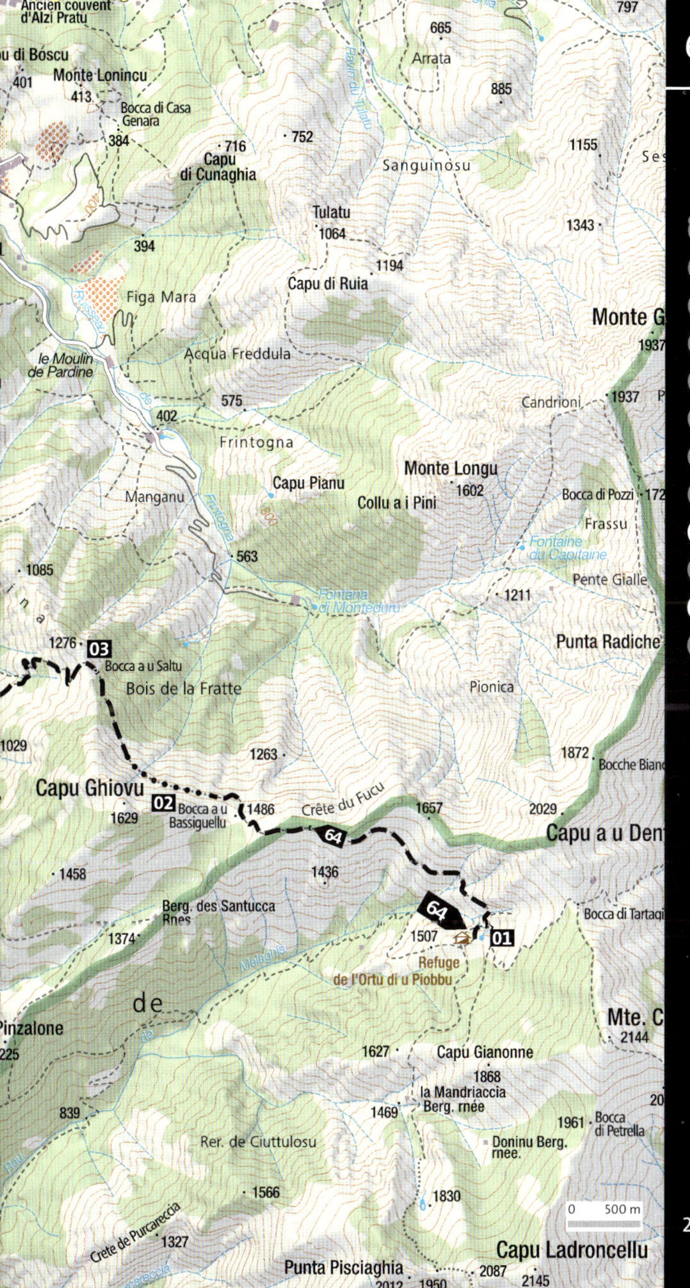
Ancien couvent d'Alzi Pratu
Monte Lonincu
413
401
Bocca di Casa Genara
384
716
Capu di Cunaghia
752
665
Arrata
885
797
Sanguinosu
1155
Tulatu
1064
1343
1194
Capu di Ruia
394
Figa Mara
Monte G
1937
le Moulin de Pardine
Acqua Freddula
Candrioni
1937
575
402
Frintogna
Monte Longu
1602
Capu Pianu
Collu a i Pini
Bocca di Pozzi
Manganu
Frassu
Fontaine du Capitaine
1085
563
Pente Gialle
Fontana di Monteduru
1211
1276
03
Bocca a u Saltu
Punta Radiche
Bois de la Fratte
Pionica
1029
1263
1872
Bocche Bianc
Capu Ghiovu
02
Bocca a u Bassiguellu
1486
Crête du Fucu
1657
2029
1629
64
Capu a u Den
1458
1436
Berg. des Santucca Bnes
64
Bocca di Tartagi
1374
1507
01
Refuge de l'Ortu di u Piobbu
de
Pinzalone
Mte. C
2144
1627
Capu Gianonne
1868
la Mandriaccia Berg. rnée
839
1469
1961
Bocca di Petrella
Rer. de Ciuttulosu
Doninu Berg. rnee.
1566
1830
0 500 m
Crete de Purcareccia
1327
Capu Ladroncellu
Punta Pisciaghia
2012
1950
2087
2145

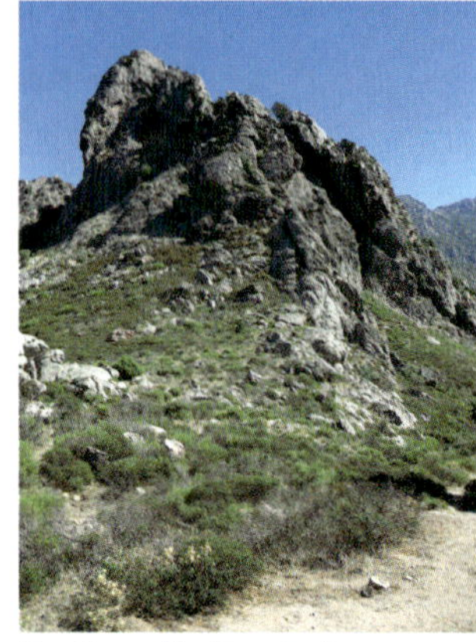
Der Capu di u Ravalente

achten, die beim Abstieg kleinere Steine lostreten können. Zu Füßen des **Capu Ghiovu 02** beginnt der Abstieg, der uns zunächst in einen Pinienwald leitet. Nach wie vor haben wir es mit einem sehr steinigen Weg zu tun, der Konzentration und Trittsicherheit verlangt. Das Wäldchen endet mit dem Sattel **Bocca a u Saltu 03**, der es wert ist, eine Pause einzulegen. Wanderer, die aus Calenzana kommen, haben hier den Großteil des Aufstiegs durch schattenloses Gelände hinter sich gebracht, wir in der Gegenrichtung unterwegs, beginnen mit dem Hauptabstieg. Zur Linken breitet sich das Tal des Figarellabaches aus, ein herrlicher Logenplatz hoch über der Landschaft der Balagne mit den Feldern, Weingärten und alten Dörfern. Zu Beginn des Abstiegs begleitet uns Trockenvegetation, vor allem Stauden der Italienischen Strohblume, aber auch Disteln und später Meerzwiebeln. Ab und zu spenden einzelne Pinien etwas Schatten, während sich der Weg in Serpentinen abwärtsschlängelt. Das Baumheidegebüsch nimmt an Höhe zu, während der Weg ein wenig schlüpfrig ist. Nach etwa einer Stunde ab dem Sattel erreichen wir den Felsvorsprung des Arghjova auf 820 m Seehöhe, der einen schönen Blick auf die Bucht von Calvi bietet. Nur etwas unterhalb überquert die Route einen kurzen Abschnitt eines feuchteren Terrains, das aber keine Quelle enthält. Das Trinkwasser sollte also noch nicht verbraucht sein, denn jetzt folgt eine längere Passage, die voll der Sonne ausgesetzt ist und durch Macchiengebüsch führt. Wir halten nach dem **Sattel Muravella 04** auf den massiven Felsriegel des Capu di u Ravalente zu, den wir auf der linken Seite umgehen und am **Sattel Bocca u Corsu** auf die **Gabelung 05** des GR 20 mit dem Weitwanderweg Mare e Monti treffen (550 m). Die leichte Anhöhe bietet Blicke auf Calenzana, das schon in greifbarer Nähe aus der mediterranen Landschaft auftaucht. Wer die Tour 65 anschließt, wird diese hier beginnen, oder vielleicht noch die Serpentinen an der Nordseite des Rückens abwärtswandern. Denn dort befindet sich die Quelle Fontaine d'Ortivinti, die erste Wasserversorgung seit der Piobbu-Hütte (500 m). Das letzte Wegstück nach Calenzana verläuft über den breiten, gut ausgetretenen Pfad, der sich mit einigen Steilstellen und Serpentinen ins Balagne-Dörfchen auf 275 m Seehöhe schlängelt. Wir erreichen **Calenzana 06** bei der Quelle Funtana di Sant'Antone, bei dem der GR 20 ohne viel Aufsehen endet oder beginnt. Ins Dorfzentrum und zur Bushaltestelle folgen wir den Wegweisern, die uns durch die kleinen Gassen bis zum Hauptplatz mit den Bars und Restaurants führen.

CALENZANA – BONIFATU

Eine Etappe am Mare e Monti Nord

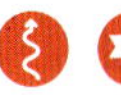  11,5 km 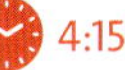 4:15 h 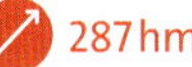 287 hm  590 hm  2250

START | Calenzana (255 m), kleines Dörfchen in der Balagne ca. 8 km südlich von Calvi
[GPS: UTM Zone 32 x: 488.112 m y: 4.706.048 m]
CHARAKTER | Mittelschwere Streckenwanderung auf gut ausgetretenen und breiten Trassen des Weitwanderweges Mare e Monti Nord, ferner Forststraßen; orange Markierung.

In Calenzana (255 m) beginnt nicht nur der berühmte GR 20, sondern auch der Weitwanderweg Mare e Monti Nord, der durch die westliche Landschaft bis an die Westküste nach Cargese verläuft und aus 10 Etappen besteht. Die erste führt zur Auberge de la Fôret in den Cirque de Bonifatu hinein.

▶ Wir folgen vom Hauptplatz in **Calenzana** 01 den weiß-roten Wegweisern für den GR 20 durch die Dorfgassen hindurch bis zur Funtana di Sant'Antone bzw. zum Kirchlein St.-Antoine-de-Padue, wo wir auf den hohlwegartig aufwärtsführenden Wanderweg wechseln. Nach einigen Baumhainen schraubt sich der Weg als breiter Maultierpfad in das baumlose Macchiengelände, überwindet einige Steilstufen und zieht mit mäßiger Steigung der Quelle Funtaine d'Ortivinti entgegen. Hier können wir nochmals die Wasserflaschen auffüllen. Wir erklimmen den Hangrücken Bocca a u Corsu zu Füßen der mächtigen Felspartien des Capu di u Ravalente und treffen auf die **Gabelung des GR 20** 02 mit dem nun orange markierten Mare e Monti Nord (581 m, 1 Std.). Hier verlieren wir

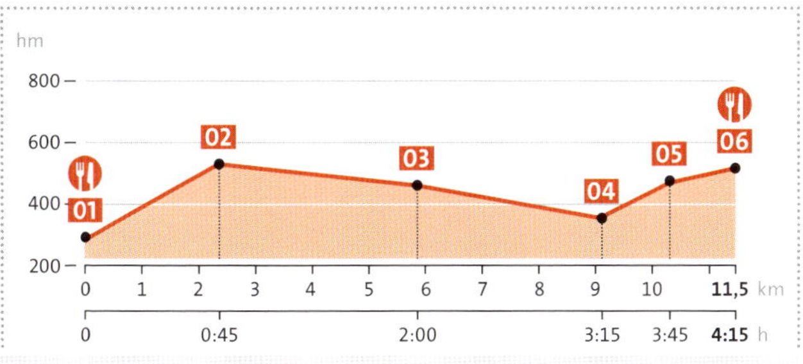

01 255 m, Calenzana; 02 550 m, Gabelung GR20; 03 450 m, Quellfassung; 04 360 m, Bachgraben; 05 460 m, Bocca Reza; 06 535 m, Fôret di Bonifatu

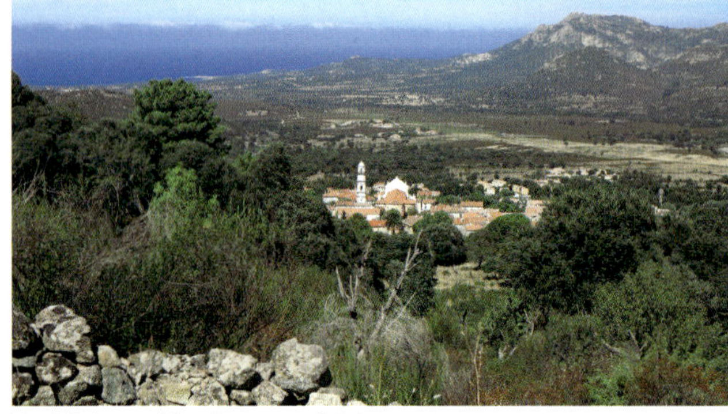

Der Blick vom Wanderweg auf Calenzana

Calenzana und die Bucht von Calvi aus den Augen und wenden uns dem Tal des Figarellabaches zu.

Wir verlassen den GR 20 nach rechts und wandern zunächst in westlicher Richtung auf dem alten Maultierpfad mit dem Beinamen „Sentier du facteur – Weg des Briefträgers“, der später den Zulauf einer **Quellfassung** 03 passiert, die unter einem schattigen Olivenbaum liegt. Etwas danach überqueren wir den **Bachgraben** 04 des Ruisseau de Sambuccu und treffen nach rund 1 Stunde ab dem Sattel auf eine Schotterstraße. Höhehaltend durchqueren wir das Waldgebiet des Fôret de Sambuccu, das nach einem früheren Waldbrand wieder aufgeforstet wurde und auch mit Zistrosen- und Erikagebüsch bewachsen ist. Nach einer Kuppe auf 454 m senkt sich der Weg gemächlich der Brücke über den Figarellabach entgegen. Bei einer Gabelung mit einer weiteren Schotterstraße halten wir uns dem Schild Bonifatu folgend links. Etwas später nimmt uns eine nächste Forststraße nach rechts auf und führt uns leichten Fußes an das Bachbett des Figarellabaches heran.

Wegweiser in Calenzana

Eine kleine Brücke leitet uns über den Bachlauf ans linke Ufer, an dem der Weg zum Sattel **Bocca Reza** 05 auf 510 m bergan steigt. Nun säumen Tafoni-Felsen und Blockstein den Weg, der anschließend wieder auf die D 251 trifft. Wir folgen dieser auf dem letzten Kilometer durch die Schlucht des Figarellabaches bis zum Forsthaus und 200 m bis zum Gelände der Auberge de la **Fôret di Bonifatu** 06 (Übernachtungsmöglichkeit, Auberge, Campingplatz, Restaurant, Geschäft; Dienste nur in den Sommermonaten).

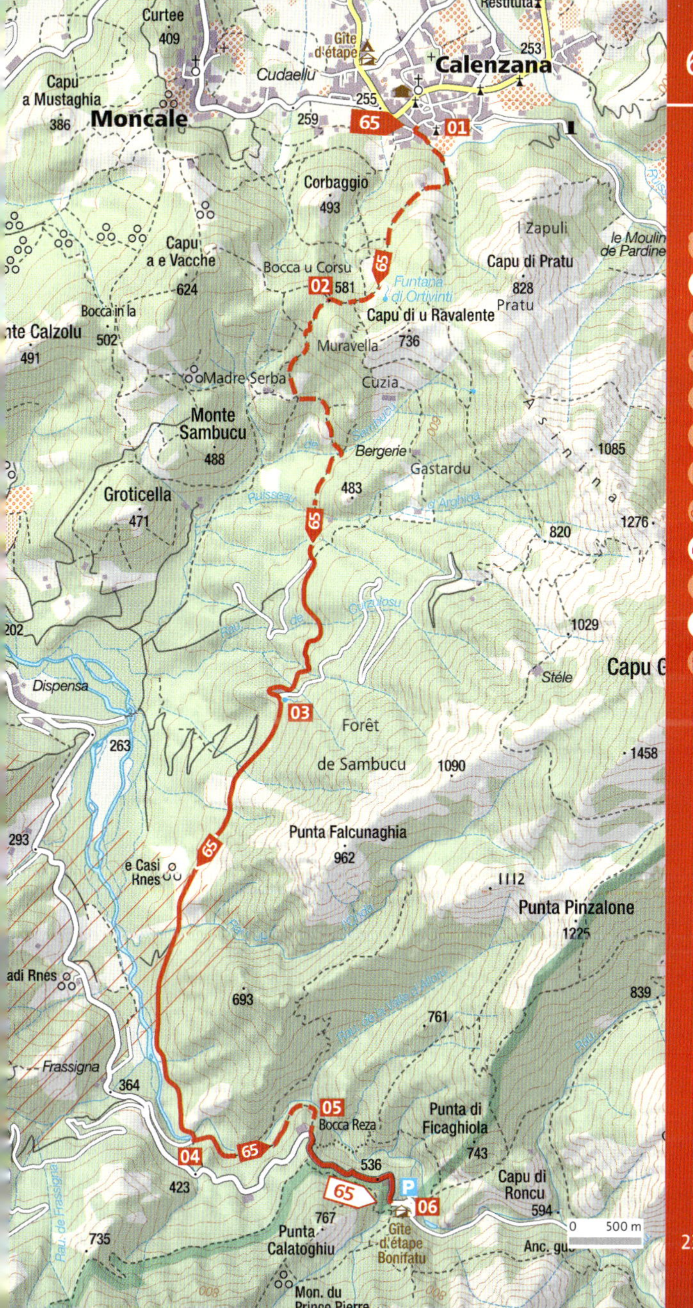

Calenzana
Moncale
Curtee
409
Capu
a Mustaghia
386
Cudaellu
Gîte
d'étape
Restituta
253
255
259
65
01
Corbaggio
493
Capu
a e Vacche
624
Bocca u Corsu
02
581
Funtana
di Ortivinti
I Zapuli
Capu di Pratu
828
Pratu
le Moulin
de Pardine
Bocca in la
502
Capu di u Ravalente
736
Muravella
Madre Serba
Cuzia
Monte
Sambucu
488
Bergerie
Gastardu
483
Groticella
471
Ruisseau
d'Arghioa
820
1276
1085
1029
Stéle
Capu G
Dispensa
263
03
Forêt
de Sambucu
1090
1458
293
Punta Falcunaghia
962
1112
Punta Pinzalone
1225
693
839
761
Frassigna
364
05
Bocca Reza
Punta di
Ficaghiola
743
04
423
536
P
06
Capu di
Roncu
594
767
Punta
Calatoghiu
Gîte
d'étape
Bonifatu
735
0
500 m
Mon. du
Prince Pierre

CALENZANA

Am Beginn des GR 20

  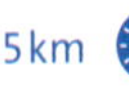 5 km 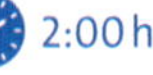 2:00 h  350 hm  350 hm 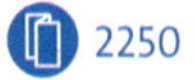 2250

START | Calenzana, 8 km, im Hinterland von Calvi über die D 151 erreichbar; Parkmöglichkeiten im oberen Ortsteil rund um den Kirchplatz
[GPS: UTM Zone 32 x: 488.171 m y: 4.706.281 m]
CHARAKTER | Einfache Wanderung auf gut trassierten Wanderwegen und Dorfstraßen.

Im Hinterland von Calvi hat Calenzana als Ausgangspunkt der Weitwanderwege GR 20 und Tra Mare e Monti Nord auf sich aufmerksam gemacht. 1732 kämpften hier die korsischen Partisanen gegen eine Gruppe deutscher Soldaten, die im Dienste Genuas standen. Etwa einen Kilometer vom Ort entfernt befindet sich inmitten von Ölbaumhainen die bedeutende Église Ste-Restitute. Sie ist die letzte Ruhestätte der auf Korsika verehrten hl. Restituta, die im Jahre 303 den Märtyrertod erlitt. Am Ostermontag und am Sonntag nach dem 21. Mai finden hier traditionelle Prozessionen statt.

▶ In **Calenzana** **01** folgen wir den Markierungen ausgehend vom Kirchplatz durch die engen Gassen aufwärts, bis wir am oberen Ortsrand in eine nach rechts verlaufende Straße einbiegen. Diese bringt uns zu einem Hauseck mit mehreren Wegweisern. Zum einen beginnen hier der berühmte Weitwanderweg GR 20, der auf mehr als 170 Kilometer Länge Korsika durchquert, sowie die Route des Mare a Mare Nord

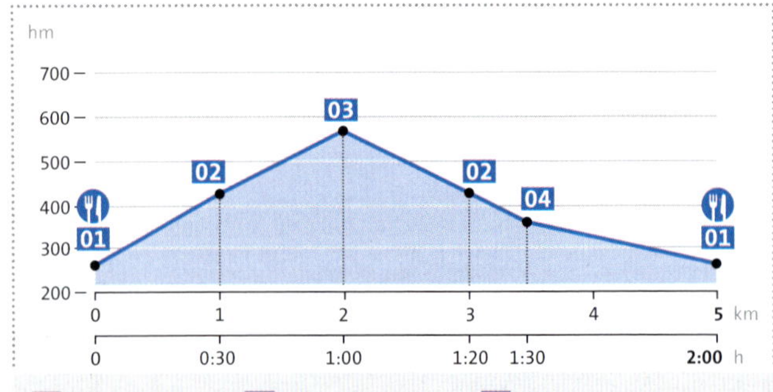

01 255 m, Calenzana; **02** 420 m, Abzweigung; **03** 581 m, Muravella; **04** 360 m, Taleinschnitt

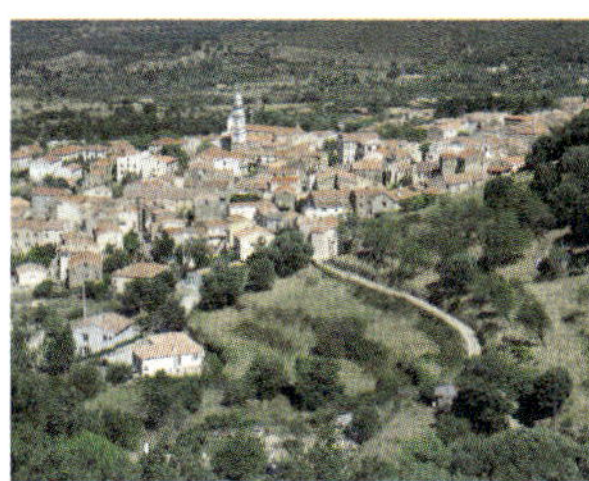

Das Örtchen Calenzana

nach Corte, zum anderen hat man kurze Wegrunden eingerichtet. Diese sind verschiedenfarbig markiert und dauern zwischen ein und vier Stunden. Der zweistündige, blau markierte Weg absolviert eine Rundtour südlich von Calenzana und steigt in Richtung Capu di u Ravalente an. Wir biegen nach links in eine Seitengasse ein und gelangen sogleich zum Beginn des Saumpfades mit den verschiedenen Routen. Ein steiler Hohlweg führt begleitet von Mauern aufwärts und geht bald in das von Olivenbäumen und Wiesen geprägte Gelände über. Der breit ausgetretene Weg steigt stetig an und ist ohne Probleme begehbar. Nach einer lang gezogenen Querpassage erreichen wir die **Abzweigung** 02 der blauen Route, die nach rechts führt. Wir steigen noch ein wenig bis zur Abzweigung des GR 20 vom Mare a Mare bzw. bis zur Kuppe zu Füßen des Capu di u Ravalente an, um den Blick in die umgebende Landschaft, auf die Berge rund um die **Muravella** 03 sowie nach Norden bis zur Bucht von Calvi zu genießen. Wir gehen zurück zur **Abzweigung** 02 des blauen Rundweges, wobei wir die Quelle, die sich nach der Gabelung der Weitwanderwege nun am rechten Wegrand befindet, zur Erfrischung nutzen können. Wir biegen nach links auf die blau markierte Route ein, die durch Weidegelände abwärtsführt und in eine mit Erlen und Eichen bestandene Bachtalung einbiegt. In dieser wandern wir weiter abwärts, bis die Route aus dem **Taleinschnitt** 04 wieder in verbuschtes Wiesengelände führt und die 493 Meter hohe Kuppe Corbaggio umrundet. Wir erreichen nach größeren Felsblöcken eine markante Geländekante, von der aus der Weg mit mehreren Serpentinen auf einen Feldweg zusteuert. Dieser verläuft am oberen Rand von Calenzana ins Dorf hinein und bringt uns zur Hausecke mit den Wegweisern vom Beginn der Wanderung zurück. Von hier folgen wir den Markierungen zurück zum Kirchplatz in **Calenzana** 01.

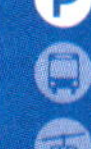
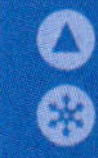

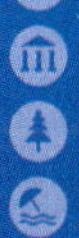

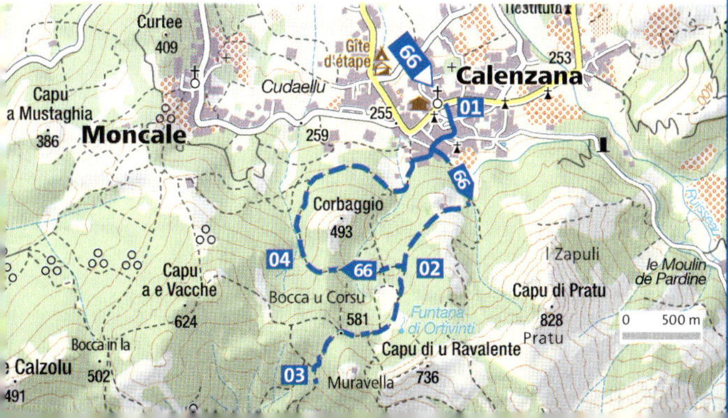

67

CAPU DI A VETA

Der Hausberg von Calvi

  10 km  3:45 h 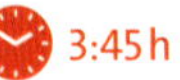 700 hm 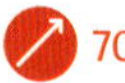 700 hm   2250

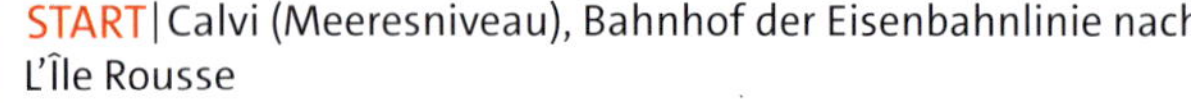

START | Calvi (Meeresniveau), Bahnhof der Eisenbahnlinie nach L'Île Rousse
[GPS: UTM Zone 32 x: 480.026 m y: 4.712.543 m]
CHARAKTER | Mittelschwere Rundwanderung auf Fahrwegen und Bergpfaden durch meist baumloses Gelände; nur der Gipfelanstieg verläuft über einen steilen Felssteig; kleiner Badestrand am Cap Revellata.

Calvi, die Hauptstadt der Balagne, liegt malerisch an der Nordwestküste der Insel am gleichnamigen Golf, der im Norden vom Felsen mit der Zitadelle abgeschlossen wird. Der 6 km lange Sandstrand in der fast halbkreisförmigen Bucht macht die besondere Lage von Calvi aus. Im 1. Jh. n. Chr. gründeten die Römer eine erste Siedlung, weil der Golf einen optimalen Naturhafen für die Segelschiffe bot. Im 4. Jh. besaß der Ort bereits eine frühchristliche Basilika. Heute präsentiert sich uns ein mondäner Ferienort, in dem sich in der Saison ein internationales Publikum durch die pittoresken Altstadtgassen drängt. In zahlreichen Auslagen werden die vielfältigen „Produits Corses" angeboten, Tafelwein, Wurstsorten, Aufstriche oder Schafskäse – beliebte, hervorragend schmeckende Souvenirs.

▶ Unsere Wanderung beginnt unmittelbar am **Bahnhof** 01 nahe dem Hafen und dem Tourismusbüro. Heute fahren moderne

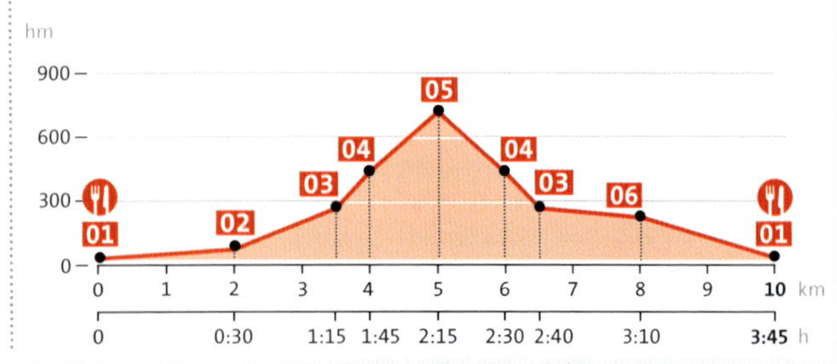

01 0 m, Bahnhof; 02 75 m, Hotel la Corsica; 03 281 m, Punta Catarajo; 04 466 m, Capigliolo di Punu; 05 703 m, Capu di a Veta; 06 215 m, Notre Dame de la Serra

Triebwagengarnituren im Stundentakt nach Île Rousse, Ponte Leccia oder Calvi entlang einer sehenswerten Strecke. Wir gehen entlang der Strandpromenade bis zur ersten Bedarfshaltestelle der Bahnlinie, die knapp hinter dem Sandstrand der Bucht von Calvi entlangführt. Wir biegen nach rechts in eine Seitenstraße ein und folgen dieser, bis wir zur Hauptstraße kommen. Wir überqueren diese und wandern anschließend quer durch den südlichen Teil von Calvi bis zum **Hotel La Corsica** **02**. Dabei kommen wir am Campingplatz „Bella Vista" sowie dem Feriendorf „Störrischer Esel" vorbei. Nach dem „Bella Vista" nehmen wir die rechte Straße, die direkt zum Hotel führt. Dort biegen wir nach rechts und wandern auf einer schmalen Straße aufwärts, bis wir auf eine T-Kreuzung stoßen. Wir entscheiden uns für den nach rechts führenden Weg, der bald zur Schotterstraße wird und durch die Macchienhänge aufzusteigen beginnt. Der parallel zu dieser Schotterstraße verlaufende Wanderpfad schneidet immer wieder Serpentinen der Fahrstraße ab und erreicht nach insgesamt einer Stunde Aufstieg den Kamm auf 281 m Seehöhe, der vom Gipfel des Capu di a Veta herabzieht.
Um zum Gipfel zu gelangen, biegen wir nach links auf die Schotterpiste ein, durchlaufen eine Talsenke, um anschließend in einer weit ausladenden Serpentine zur **Punta Catarajo** **03** unterhalb des

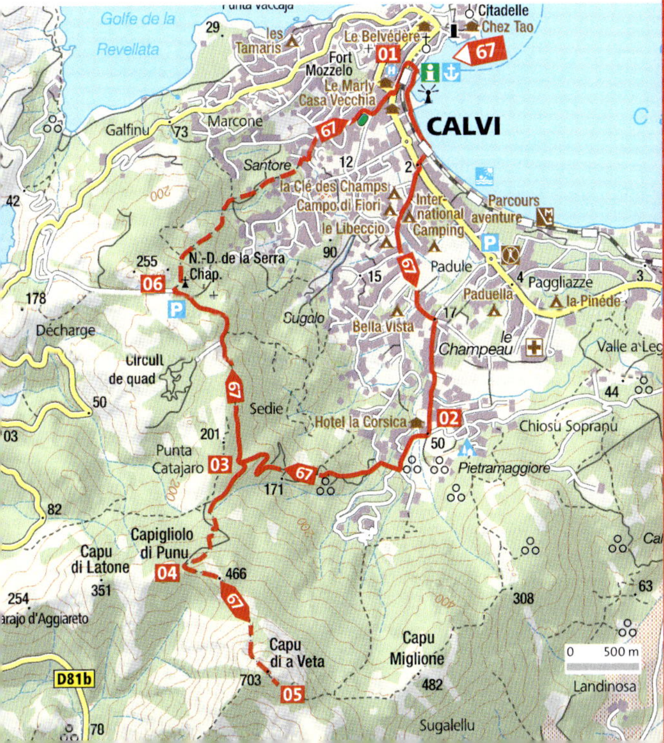

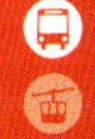
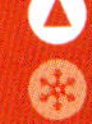
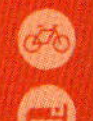
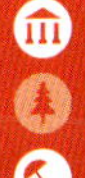

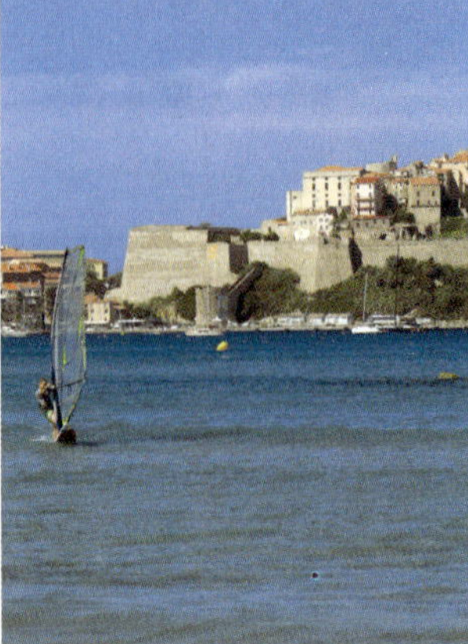
Calvi mit der Citadelle

Gipfels aufzusteigen. Die Wegränder sind von Kugelsträuchern in ein leuchtendes Gelb getaucht. Sobald wir einen Strommasten erreichen (400 m), verlassen wir die Piste und wechseln auf einen Bergpfad, der linker Hand in die Felslandschaft führt. Nun wird die Route etwas schroffer und läuft in den Steilhang an der Südwestseite des **Capigliolo di Punu** 04 (466 m) hinein. Der Quergang führt über Grobblöcke und Felsplatten, bereitet aber bei einiger Vorsicht keinerlei Schwierigkeiten. Nach 30 Minuten ab dem Strommast erreichen wir den Sattel Bocca Scassata und beginnen mit dem letzten Gipfelanstieg. Ein steiler Felspfad führt mehr oder weniger senkrecht durch eine mit Felsschutt gefüllte Rinne. Nach einer letzten Steilstufe gelangen wir auf den 703 m hohen **Capu di a Veta** 05 und genießen einen grandiosen Rundblick auf die Bucht von Calvi, auf das Hinterland der Balagne sowie die unberührte Westseite mit schroffen Kaps und einsamen Buchten.

Der Abstieg führt zunächst über denselben Weg, wir kommen am Strommast vorbei und folgen der Schotterstraße bis zum Sattel **Punta Catarajo** 03. Wir wollen nun bis zur Wallfahrtskirche **Notre Dame de la Serra** 06 gehen und folgen daher der Schotterstraße weiter in nördlicher Richtung. Diese verläuft mit einigem Auf und Ab über den mit Buschwerk bewachsenen Hang und geht knapp vor dem Gotteshaus in eine Asphaltstraße über. Nach etwas mehr als 1 Stunde ab dem Gipfel erreichen wir diesen aussichtsreichen Platz hoch über der Bucht von Calvi. Die Kirche wurde im 19. Jh. auf den Resten einer Kapelle aus dem 15. Jh. errichtet, die man 1794 während der Belagerung Calvis zerstört hatte. Bei der Kirche fällt besonders die große Marienstatue auf, die auf einem Felsen aufgestellt ist und die Kirche überragt. Nun steht der Abstieg retour nach Calvi auf dem Programm, wozu wir den Weg wählen, der rechts der Kirche beginnt und zunächst als Treppenweg ausgebildet ist. Der gut trassierte Saumpfad verläuft gemächlich durch das mit Ölbäumen und Macchiengebüsch bewachsene Gelände, wobei wir stets die Bucht von Calvi im Blickfeld haben. Vorbei an einem eingezäunten Grundstück kommen wir an das Ende des Wanderweges, der in eine Sackgasse im Ortsteil Santore mündet. Anschließend kommen wir am EDF-Feriendorf vorbei und später an der Hauptstraße N 197. Wir sind nun wieder im Zentrum von Calvi und müssen nur noch die breite Straße überqueren, um zum Bahnhof zurückzukehren. Über die Avenue de la République erreichen wir den **Bahnhof** 01, wo wir diese Wanderung begonnen haben.

CAP LA REVELLATA

Gemütliche Wanderrunde ins Naturreservat mit Bademöglichkeit

  15,5 km  4:25 h  110 hm  110 hm 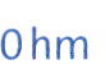 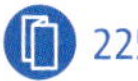 2250

START | Calvi, Hafenmole (Meeresniveau)
[GPS: UTM Zone 32 x: 480.177 m y: 4.712.822 m]
CHARAKTER | Einfache Wanderrunde auf Asphaltstraßen, Küstenwegen und Schotterstraßen. Bei schlechtem Wetter kann die Orientierung am Kap etwas schwierig sein.

Wir beginnen mit der Wanderung am malerischen Hafen von **Calvi** 01 mit der mondänen Strandpromenade. Mit nur wenigen Schritten gelangen wir über die Südtreppe zum Place d'Armes mit der Kirche St. Jean-Baptiste hinauf. Hier lässt sich jetzt oder am Rückweg ein Abstecher zur Burgstadt unternehmen. Die einstige Genueserfestung entstand schon 1268, um die Bewohner vor den ständigen Übergriffen zu schützen. 1483 errichtete man die mächtigen Festungsmauern, die noch heute die Oberstadt umgeben.

Vom Place d'Armes müssen wir 1,5 km der Hauptstraße **D 81b** 02 folgen, die sehr kurvenreich bis nach Galéria und Porto führt. Mit dem Ausbau der Hauptroute der D 81 vorbei am Flughafen von Calvi benützen hauptsächlich Urlauber diese Ausflugsroute. Im Ortsteil Tramariccia biegen wir nach rechts auf eine Seitenstraße, die abwärtsführt. An deren Ende beginnt der alte Küstenweg, der uns mit äußerst reizvollem Ver-

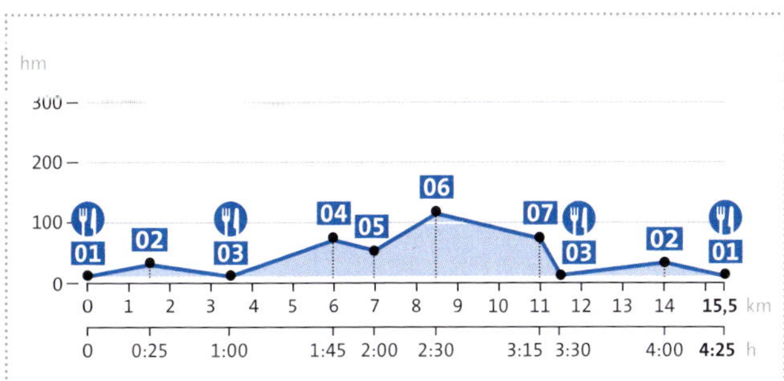

01 0 m, Calvi; 02 20 m, D 81b; 03 0 m, Plage d'Alga;
04 70 m, Einmündung Fahrstraße; 05 50 m, Leuchtturm; 06 110 m, Sattel;
07 70 m, Anstieg D 81b

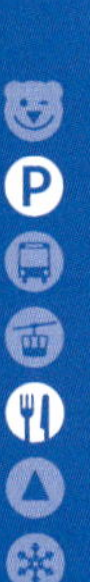

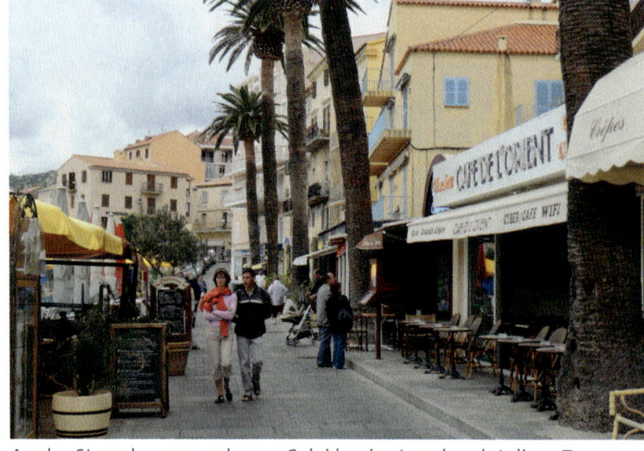

An der Strandpromenade von Calvi beginnt und endet diese Tour

lauf durch Macchiengebüsch bis zum kleinen Strand **Plage d'Alga** 03 am Beginn der Halbinsel beim Golfe de la Revellata bringt.

Der nun folgende Wegabschnitt umrundet die Halbinsel, die weit ins Meer hinausragt. Im Frühjahr blühen hier zahlreiche salzresistente Pflanzen wie Mittagsblumen, die regelrechte Teppiche ausbilden, aber auch Sträucher einer Felsengarrigue. Der Pfad windet sich mit etlichen kleinen Spitzkehren der bizarren Küstenlandschaft entlang. Nach der Punta de L'Osceluccia steigt der Pfad in einigen Serpentinen zur Forschungsstation hinauf und **mündet** in die **Fahrstraße** 04, die nach rechts zum Leuchtturm führt. Wir folgen ihr nordwärts und erreichen nach gut 20 Minuten ab der Abzweigung den **Leuchtturm** 05 an der äußersten Spitze des **Cap la Revellata**.

Retour bis zur Abzweigung am selben Weg bleiben wir auf der **Fahrstraße** 04 und wandern oberhalb der Westküste der Halbinsel. Die Route überquert einen **Sattel** 06 und strebt weiter dem Ende des Kaps zu. Knapp vor Beginn des **Anstieges** hinauf zur **D 81b** 07 zweigen wir nach links auf einen schmalen Pfad ab, der durch Macchiengebüsch zum Sandstrand an

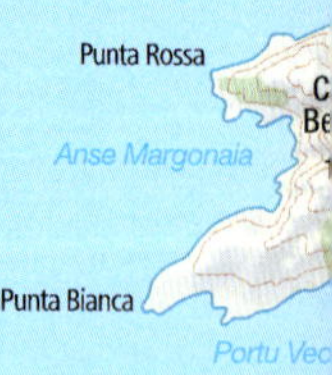

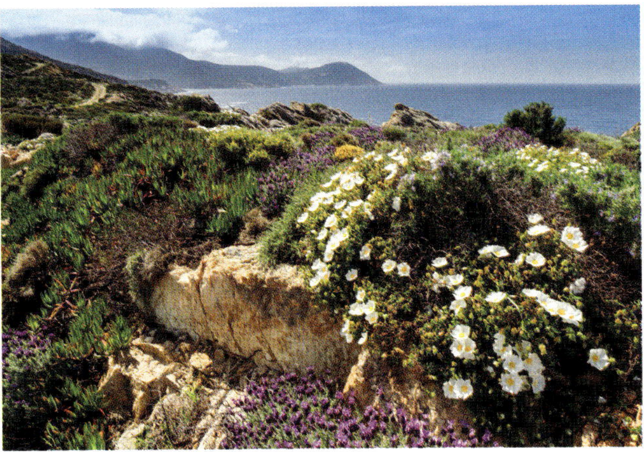

Prächtiger Garrigue-Bewuchs am Cap la Revellata

der **Plage d'Alga** 03 hinabführt. Hier treffen wir auf den bereits bekannten Weg, den wir zurück nach Calvi benutzen und in gut einer Stunde den Hafen erreichen. Auf den letzten Metern rückt immer mehr die Zitadelle ins Blickfeld. Die Tour endet an der Strandpromenade mit den Cafés und Restaurants. Am östlichen Ende sind es nur wenige Schritte bis zum Hafen von **Calvi** 01.

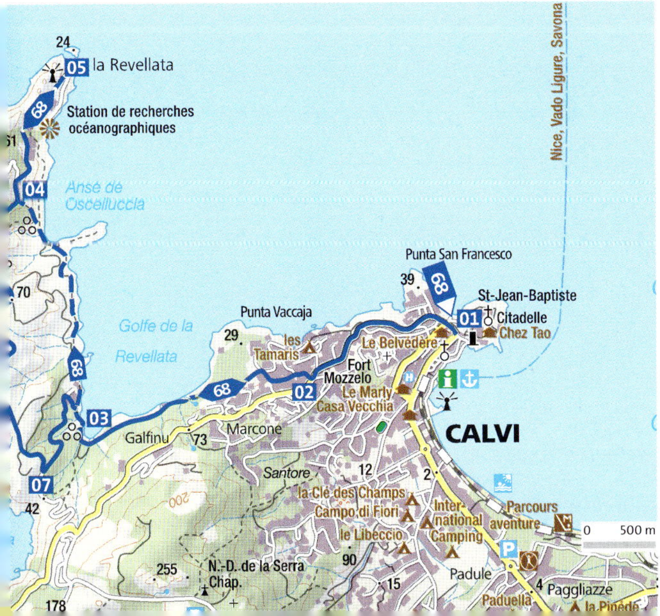

INS RUINENDORF OCCI

Typische Balagne-Wanderung in die Geisterstadt

  4,5 km 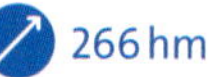 1:45 h  266 hm 266 hm 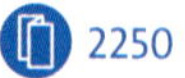 2250

START | Lumio (201 m), beim Hotel-Restaurant „Chez Charles" [GPS: UTM Zone 32 x: 486.267 m y: 4.714.048 m]
CHARAKTER | Einfache Rundwanderung auf breiten, teils steinigen Wegen, jedoch schattenlos; geringe Anstiege; familienfreundlich; gut markiert und beschildert.

Eine kurze, aber abwechslungsreiche Wanderung verschafft typisches Balagne-Feeling mit alter Kulturlandschaft, Olivenhainen und einer Ruinenstadt. Dabei genießen wir wunderbare Ausblicke zum Meer, aber auch zu den höchsten Bergen Korsikas. Als Schirmherrin dieser Tour könnte die französische Schauspielerin Laetitia Casta stehen, denn sie stammt aus Lumio und hat heute dort noch ein exklusives Haus. Hier wurde sie auch mit 15 Jahren zunächst als Fotomodel entdeckt.

▶ Die Tour startet beim Hotel-Restaurant „Chez Charles" am nördlichen Ortsrand von **Lumio** **01**. Mit einem Wegweiser „Occi" gekennzeichnet zieht der Pfad durch eine Wiese in die karg wirkenden Hänge hinein. Im Frühjahr begleitet uns blühender Ginster, während der Weg durch die Hänge der Felskuppe verläuft, auf deren höchstem Punkt sich die Geisterstadt Occi befindet. Nach 15 Minuten nimmt die Steigung des Pfades zu, der mit mehreren Serpentinen nach insgesamt 40 Minuten **Occi** **02** (377 m) erreicht. Die Ruinen ergeben zusammen mit der felsigen Umgebung ein bizarres Bild, das wir etwas oberhalb des Ortes gegen das tief-

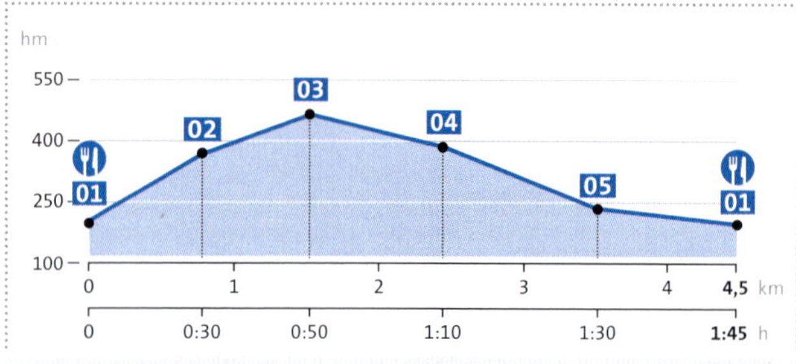

01 201 m, Lumio; **02** 370 m, Ruinenstadt Occi; **03** 467 m, höchster Punkt; **04** 390 m, Notre-Dame-de-la-Stella; **05** 248 m Laetitia Casta

blaue Meer im Norden genießen können. Die Erklärung für die Ruinenstadt umfassen Legenden und die Wahrheit. Erstere nennen Erdbeben, Piratenüberfälle und andere Katastrophen, während sich der wahre Grund auf die fehlende Quelle des Ortes beruft. Weil die Bewohner, meist Bauern und Viehzüchter, nicht länger nach Lumio zum Wasserholen gehen wollten und dieses dann mühevoll den Berg hinaufkarren mussten, zogen sie 1912 kurzerhand nach Lumio hinab. Die Häuser wurden der Erosion überlassen und verfielen. Der letzte Bewohner, Felix Giudicelli, der auch der „Einsiedler" genannt wurde, starb 1918. Nur die Dorfkapelle „Annunziata" hat man aufwendig restauriert, womit wir wieder bei Laetitia Casta wären, denn sie steuerte die finanziellen Mittel bei. Einmal im Jahr wird eine Statue des heiligen Nikolaus, dem Schutzpatron des Dorfes, durch die einsamen Gassen von Occi getragen.

Um die Tour zu einer Rundwanderung zu erweitern, wenden wir uns beim Ort dem nach Süden abgehenden Weg zu, der an den Hängen des markanten Capu d'Occi (563 m) verläuft. Der gut trassierte Pfad steigt bis auf 467 m auf und erreicht den **höchsten Punkt** 03

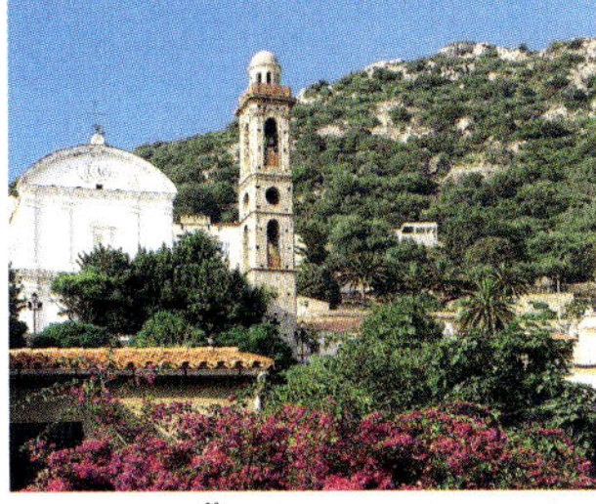

Das kleine Örtchen Lumio mit der Pfarrkirche San Pietro e Paolo

mit traumhafter Aussicht auf die höchsten Berge der Insel. Parallel zum Weg verläuft nun unterhalb eine Schotterstraße, die wir beim Abstieg mit einer Wegschlinge zweimal queren. Dann streben wir der **Kirche Notre-Dame-de-la-Stella** 04 (390 m) zu, die auf einer Wiesenterrasse liegt. Hier wenden wir in westliche Richtung und laufen in der Talung zwischen dem Capo Bracajo (556 m) begleitet von Steinmauern der Ortschaft Lumio entgegen. Zuletzt bringen uns einige Serpentinen durch Macchienhänge in den Ort zurück, den wir beim Haus von **Laetitia Casta** 05 (248 m) erreichen. Durch die Rue Bella Vista kehren wir nach wenigen Hundert Metern nach **Lumio** 01 zum Hotel-Restaurant „Chez Charles" zurück.

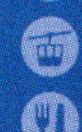
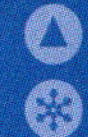

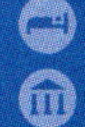
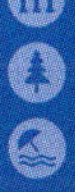

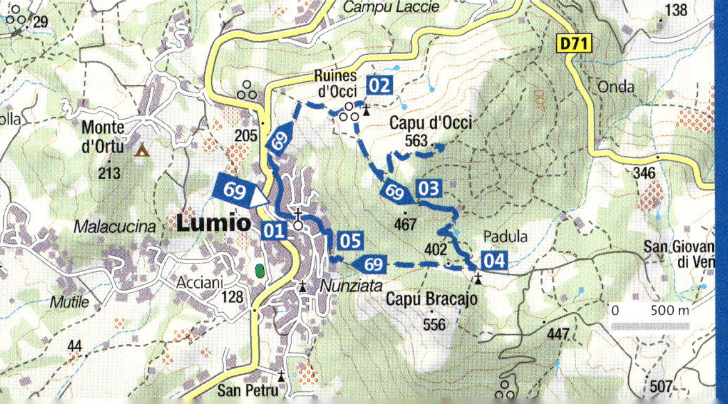

DÖRFERWANDERUNG IN DER BALAGNE

Von Algajola nach Sant'Antonino und Corbara

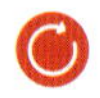  15 km  4:45 h  485 hm  485 hm  2250

START | Algajola (Meeresniveau) an der Küstenstraße N 197 CalviL'Île Rousse
[GPS: UTM Zone 32 x: 488.728 m y: 4.717.308 m]
CHARAKTER | Einfache Wanderung von Dorf zu Dorf, auf alten Saumpfaden, Feld- und Pilgerwegen; einzelne Wegstücke können verwachsen sein und sind daher beschwerlich zu begehen; verschiedene Farbpunkte, jedoch Wegweiser an jeder Abzweigung, gelegentlich rote Pfeile.

Die Balagne, an der Nordwestküste Korsikas gelegen, zählt zu den beschaulichsten Landschaften der Insel. Sie gilt mit ihren pittoresken Dörfern durchaus auch als lohnendes Wanderziel. Die Landschaft wird von sanften Bergen umschlossen und wirkt im Frühjahr mit der leuchtenden Macchie und den fruchtbaren Ackerböden überaus grün. Entlang dieser Rundtour erreichen wir mehrere Dörfer, vor allem Sant' Antonino, das wie ein Adlernest auf einem Felsen 500 m hoch über der Balagne thront.

▶ Unsere Rundwanderung beginnt unmittelbar in **Algajola** **01** am Strand. Wir folgen der Küstenlinie hinüber zu den großen Campingplätzen Camping de la Plage und A Marino. Zwischen beiden Plätzen führt ein öffentlicher Weg nordwärts zur Hauptstraße. Wir folgen dieser nach links etwa 200 m, um auf die Zufahrt zum Camping Canteratu City einzubiegen. Wir wandern etwa 1 km auf der staubigen Schotterstraße, um bei der **T-Kreuzung** **02** nach dem Campingplatz dem Wegweiser folgend nach rechts zu biegen. Gleich geht nach links der Wan-

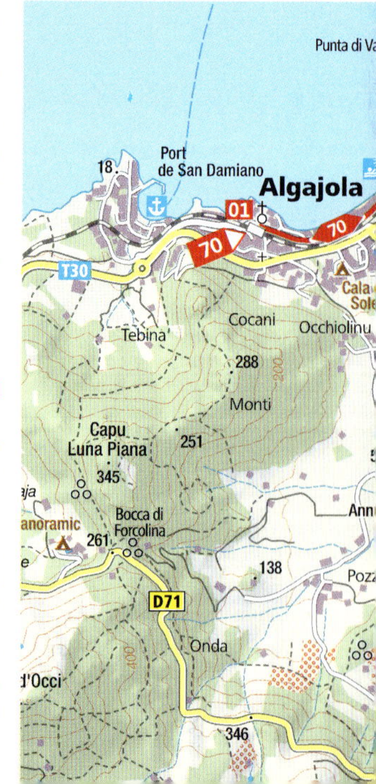

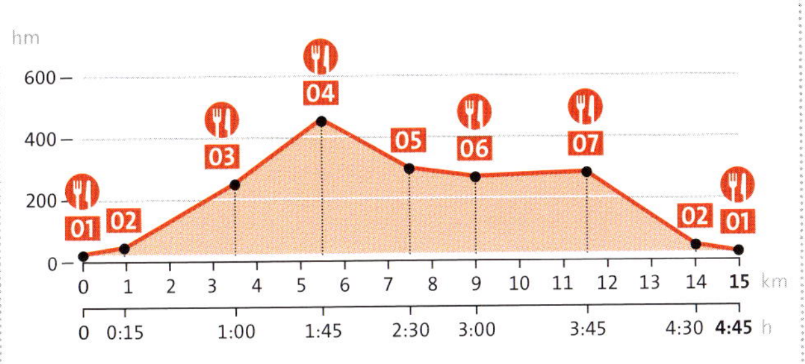

01 0 m, Algajola; 02 20 m, Zufahrt; 03 232 m, Praoli;
04 447 m, Sant'Antonino; 05 298 m, Couvent de Corbara; 06 250 m, Pigna;
07 273 m, Corbara

derpfad ab, der in Richtung Pigna führt. Nach einer Aufwärtspassage überqueren wir beim Gehöft Campu Vallina eine Schotterstraße und folgen weiter dem Wegweiser auf den Wanderweg. Nach einem weiteren Anstieg treffen wir auf eine Verzweigung,

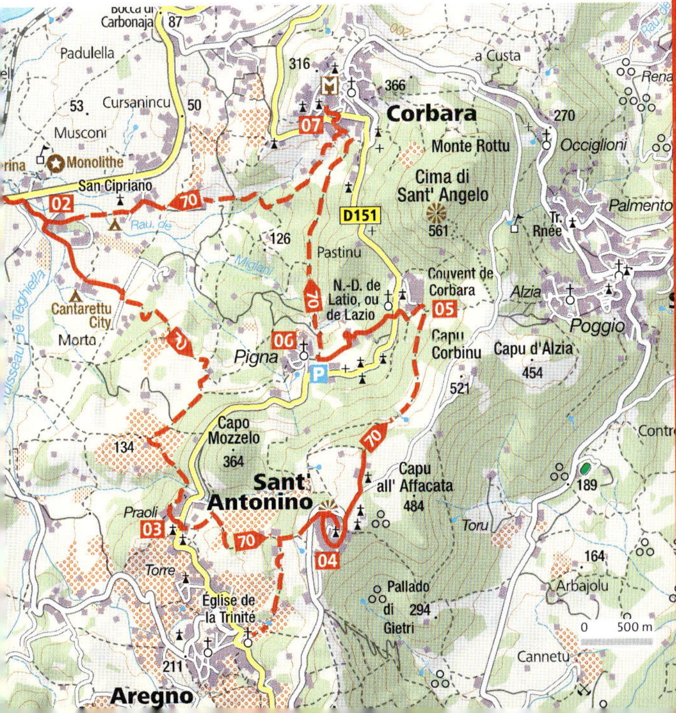

Tipp: Festivoce

Das kleine Örtchen Pigna, das auf einem Felssporn hoch über der Balagne-Ebene thront, ist das Herz der Corsicada, einer Bewegung, die sich um den Erhalt des korsischen Kunsthandwerks bemüht. Jährlich finden Veranstaltungen statt, die auch die korsische Musik einschließen (polyphone Gesänge, Instrumentalmusik). In den engen Gassen treffen wir kleine Ateliers und Handwerksläden an. Das Festival „Festivoce“ bietet das gesamte Jahr über Musik, Theater, Tanz und Ausstellungen an und bezieht auch die umliegenden Dörfer als Veranstaltungsorte mit ein.

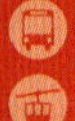
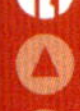

wo nach links der Weg nach Pigna abgeht. Wir schwenken nach rechts auf diesen breiten Weg ein, um nach Praoli zu wandern. Wir durchqueren Weinanbaugebiete und Olivenhaine, ehe wir an eine weitere Weggabelung herankommen. Nun schwenken wir auf den zwischen Steinmauern hindurchführenden Feldweg, der mit steilem Verlauf der Ortschaft Praoli entgegenstrebt, nach links ein. Wir erreichen **Praoli** **03** an der Straße D 151, der wir ein paar Meter nach rechts folgen müssen (240 m). Sogleich setzt sich unsere Route am südlichen Straßenrand beim Wegweiser Sant'Antonino auf einem Fahrweg fort. Dieser bringt uns wiederum in Olivenhaine hinein, wo wir auf den Saumpfad nach Sant'Antonino wechseln. Wir müssen nun mehr als 250 Höhenmeter ansteigen, wobei stellenweise steinige, mit Affodill bewachsene Hangkanten zu überwinden sind. Zusätzlich führt der Weg beinahe schattenlos durch die Macchie, wobei sich jedoch herrliche Ausblicke auf die Balagne ergeben. Knapp unterhalb von Sant' Antonino zweigt nach rechts der Weg zur Wallfahrtskirche von Aregno, Église de la Trinité, ab, die eines der bedeutendsten Gotteshäuser der Balagne mit pisanischem Ursprung ist. Für diesen Abstecher müssen wir ca. 40 Minuten einplanen und kehren am selben Weg wieder zur Weggabelung zurück. Gleich anschließend kommen wir am „pagliaghiu“ von Gozola vorbei, ehe wir nach gut 2:30 Stunden (ohne Abstecher nach Aregno) den höchsten Punkt unserer Wanderung, das Festungsdorf **Sant'Antonino** **04** erreichen, das malerisch auf einer Felsenkuppe 500 m hoch über der Balage thront.

Sant'Antonino lässt sich auch heute noch nur zu Fuß durchqueren. Eine Treppe führt ins Ortszentrum und zur Nunziata-Kirche hinein, wo wir auf eine kleine Piazza mit Souvenirläden stoßen. Kleine, in die Felsen hineingebaute Tavernen mit lauschigen Verandas versorgen uns mit Erfrischungen. Am Aussichtspunkt „A Cima“ blicken wir abwechselnd zur Meerseite ins Algajola-Becken und auf die Bergseite zu Monte Grosso und Monte Padro, die das Becken der Balagne auf der Südseite abschließen.

Nach der Besichtigung des Ortes steigen wir an der Nordseite über Steintreppen zum Parkplatz hinab, an dessen gegenüberliegender Seite ein Feldweg in Richtung Couvent de Corbara (Wegweiser) beginnt. Bei der folgenden Weggabelung halten wir uns links, kommen an einer Kapelle mit Familiengräbern, einem „pagliaghiu“ samt Dreschplatz und später an einer kühl sprudelnden Quelle vorbei. Durch Macchie und lichte Korkeichenkulturen wandern wir abwärts dem Konvent entgegen, das schon von Weitem an seinem Kirchturm zu erkennen ist. Der Panoramaweg ermöglicht auch schöne Ausblicke auf Pigna und die Bucht von Algajola. Nach 45 Minuten ab Sant'Antonino sind wir beim **Couvent de Corbara** 05 (298 m) angekommen, das nur im Rahmen von vorangemeldeten Führungen zu besichtigen ist. Der ursprüngliche Bau aus dem 15. Jh. wurde während der Französischen Revolution zerstört, heute gehört dieses Kloster den Dominikanern. Knapp vor dem Parkplatz des Klosters zweigt nach links ein Schotterweg ab, der abwärts zur D 151 führt, diese überquert, und vorbei an der Wallfahrtskirche Notre Dame de Lafio ou de Lazio sich als Saumpfad in Richtung Pigna fortsetzt. Wir wandern etwa gemütlich durch Olivenhaine und an Steinmauern vorbei und erreichen das typische, noch heute autofreie **Balagnedörfchen Pigna** 06 am unteren Parkplatz. Pigna ist eines jener Schwalbennest-Dörfer, die in strategisch günstiger Lage auf einer Geländekante hoch über der Landschaft liegen und traumhafte Aussichten bieten. Das sehr ursprüngliche, malerische Dorf mit engen und zum Teil steilen Gassen empfängt uns mit einigen Künstler- und Souvenirläden sowie einladenden Bars. Um es zu besichtigen, müssen wir vom Parkplatz geradeaus aufwärts bis zum Beginn der engen Gassen gehen.

Nach Corbara: Retour zum Parkplatz zweigt am Weg zur Wallfahrtskirche nach links die Route

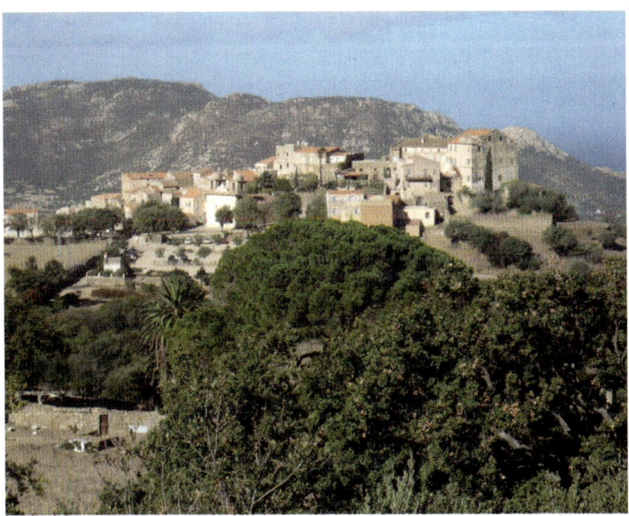

Das Örtchen Sant'Antonino wurde wie ein Schwalbennest auf einer Felskuppe errichtet

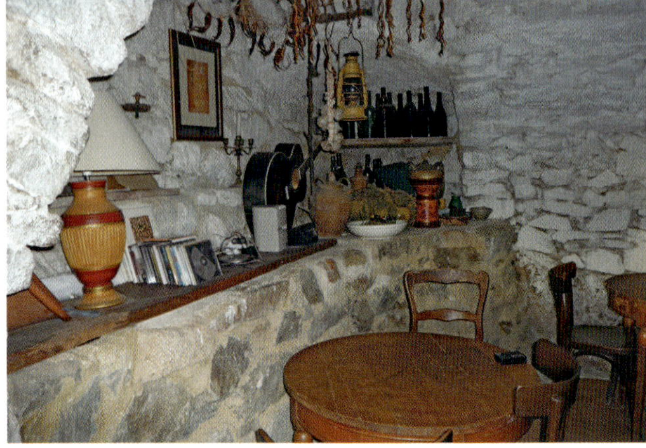

Urige Ausstattung eines Restaurants in Sant'Antonino

ab, die uns in etwa 45 Minuten hinüber nach Corbara bringt. Wir gehen zuerst auf einer Schotterstraße in Serpentinen abwärts, bis nach rechts der rot markierte Saumpfad in Richtung Corbara abzweigt. Begleitet von Feldterrassen, Olivenbäumen und Trockensteinmauern wandern wir mit herrlichen Blicken auf Algajola beinahe eben durch die oberen Hänge der Balagne. Teilweise folgt der Weg dem Lauf einer Rohrleitung. Zuletzt erwartet uns ein leichter Anstieg auf einem gepflasterten Weg, der nach **Corbara** 07 (225 m) hineinführt. Der liebliche Ort, der auf einem Hügel zwischen 225 und 316 m Seehöhe liegt, war früher der Hauptort der Balagne und bereits im 9. Jh. besiedelt. Im Ortszentrum enthält die Verkündigungskirche Èglise l'Annonciation aus dem 18. Jh. einen barocken Hochaltar und eine Chorbalustrade aus polychromem Marmor, der aus Ligurien stammt. In der Konventkirche des Klosters von Corbara sind eine prächtige Kanzel, ein Marmoraltar und Grabplatten der Familie Savelli sehenswert.

Nach der Besichtigung des Ortes kehren wir auf den Pflasterweg zurück und steigen in Richtung Waschplatz mit überdachtem Brunnen und der Quelle Fontaine di a Leccia von 1559 hinab. Knapp davor zweigt der markierte Saumpfad hinab nach Algajola ab. Dieser klassische alte Dorfverbindungsweg steigt durch Feldterrassen und Ölbaumkulturen teils etwas steinig ins Talbecken hinter Algajola ab. Nach etwa 30 Minuten treffen wir bereits im Talboden auf eine Weggabelung, wo wir uns links halten und dem Saumpfad folgen, der rechts an der Zufahrt zu einem Campingplatz vorbeiführt. Der Pfad mündet in einen Feldweg und trifft bei einem Schotterplatz auf die **Zufahrt** 02 zum Campingplatz Canteratu City, die wir vom Beginn der Rundwanderung kennen. Wir gehen nach Norden, kommen zur N 197 und kehren wie beim Anmarsch entlang des Sandstrandes nach **Algajola** 01 zurück.

MONTE TOLU

Aussichtsgipfel in der Balagne

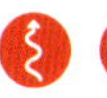  7 km  3:00 h  335 hm  335 hm  2250

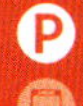
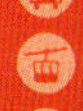
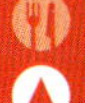
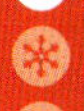
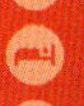
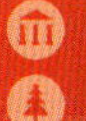

START | An der Bocca di a Battaglia (1099 m), die von Lozari aus über die D 71 Richtung Belgodere, dort Richtung Costa und dann der Ausschilderung nach über Speloncato zu erreichen ist [GPS: UTM Zone 32 x: 506.471 m y: 4.722.129 m]

CHARAKTER | Mittelschwere Streckenwanderung zuerst durch Weideland, dann auf Bergpfad, der teils in den Hängen unterhalb der Felsgrate verläuft und auch über Platten und Geröll führt. Der Aufstieg zum Gipfel erfordert die Zuhilfenahme der Hände, ist aber bei einigermaßen Trittsicherheit problemlos; keine ausgesetzten Stellen.

Diese gemütliche Halbtageswanderung hat eigentlich zwei Ziele. Das erste ist das Dörfchen Speloncato, dem wir entlang der Anfahrt zum Bocca di a Battaglia begegnen. Die Wanderroute selbst führt dann zum Aussichtsberg Monte Tolu, der hoch über der Balagne zu wahrhaft majestätischen Rundblicken lädt.

▶ An der **Bocca di a Battaglia** 01 (1099 m) treffen wir auf einen weiten Parkplatz samt Refuge zum Einkehren. Die Wanderroute beginnt an der Westseite des Sattels und führt rot markiert zuerst durch ein Tor in eine Viehweide. Leicht ansteigend überqueren wir eine Kuppe, um nach etwa 20 Minuten zur Einsattelung **Bocca di**

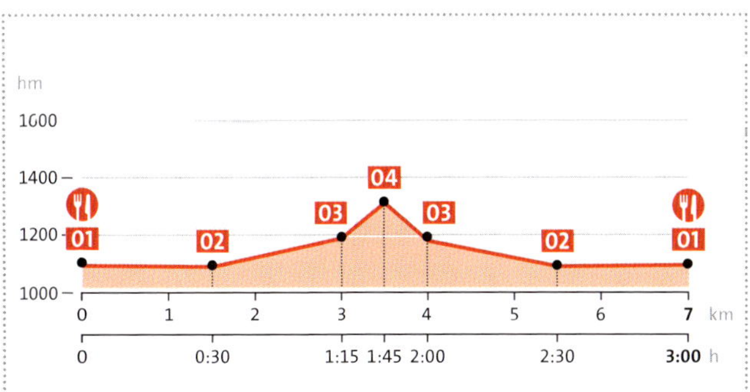

01 1099 m, Bocca di a Battaglia; 02 1097 m, Bocca di Croce d'Olu; 03 1194 m, Bocca di Tassi; 04 1332 m, Monte Tolu

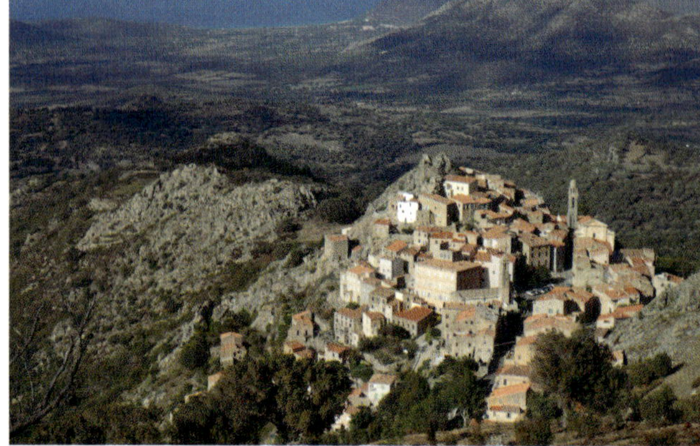

Die wie ein Adlerhorst wirkende Ortschaft Speloncato inmitten der Balagne

Croce d'Olu 02 (1097 m) mit den Antennenmasten zu treffen. Hier kreuzen wir den Fernwanderweg Île Rousse – Corte, der von Speloncato kommend nach Pioggiola über diesen Sattel führt. Der Wegweiser zeigt an, dass es zum Monte Tolu weiter in westlicher Richtung geht. Der nun folgende Bergpfad führt weitgehend entlang des Kammes, überwindet ab und zu quer verlaufende Felsbänder und ein kurzes Blockfeld, ist aber stets gut trassiert und markiert. Dann führt er durch Heidegestrüpp um einen Felsgipfel herum und steuert auf den **Bocca di Tassi** 03 (1194 m) zu. Für Wande-

Speloncato

Dieser einst bedeutende Ort liegt wie ein Adlerhorst hoch über dem Balagne-Kessel auf einem Felssporn und besitzt noch viel von der mittelalterlichen Romantik. Die Stiftskirche und der Palazzo bezeugen noch heute die ruhmreiche Vergangenheit, die in den engen Gassen und Winkeln noch zu schlummern scheint. An der kleinen Piazza, die von der Durchzugsstraße gequert wird, liegen ein paar Cafés, in denen wir später die Tour ausklingen lassen können. Westlich des Ortes beginnt die Auffahrt zum Bocca di a Battaglia, wobei wir immer wieder herrliche Blicke auf Speloncato genießen können. Hier kann man fürstlich essen und nächtigen. Im Palazzo, der im 19. Jh. Wohnort des Kardinals war, ist das Hotel-Restaurant A Spelunca untergebracht. Zwei der komfortablen Zimmer sind direkt vom Salon des Kardinals zugänglich. Im Restaurant serviert man korsische Spezialitäten (www.hotel-a-spelunca.com). Eine Erfrischung nach der Wanderung nimmt man am besten im Café la Voute gegenüber dem A Spelunca ein.

rer, die den nun schwieriger werdenden Aufstieg zum Gipfel des Monte Tolu nicht bewältigen, ist dieser mit Gras überzogene Sattel mit ebenfalls herrlicher Aussicht der Endpunkt der Tour.

Der Aufstieg zum Gipfel läuft zuerst am Südhang um den Felsaufbau herum, um dann an der Südostseite durch eine felsige Rinne rasch an Höhe zu gewinnen. Der Weg ist hier stets gut ersichtlich, nicht ausgesetzt und bei einigermaßen Trittsicherheit gut zu begehen. Nach der Rinne quert er ein wenig eine felsige Scharte, um das letzte Stück des Gipfelaufbaus in Angriff zu nehmen. Zuletzt wartet eine leichte Kletterei, ehe wir nach insgesamt 1:45 Stunden den **Gipfel des Monte Tolu** 04 (1332 m) erreichen und die herrliche Aussicht über die Balagne und den Talkessel rund um Pioggiola genießen können. Der Rückweg erfolgt auf derselben Route.

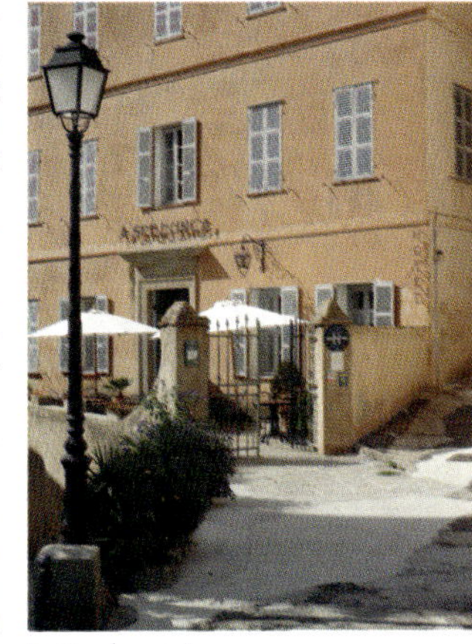

In Speloncato

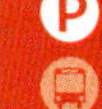

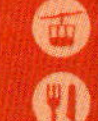

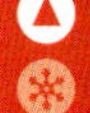

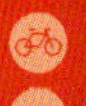

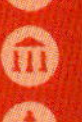

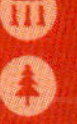

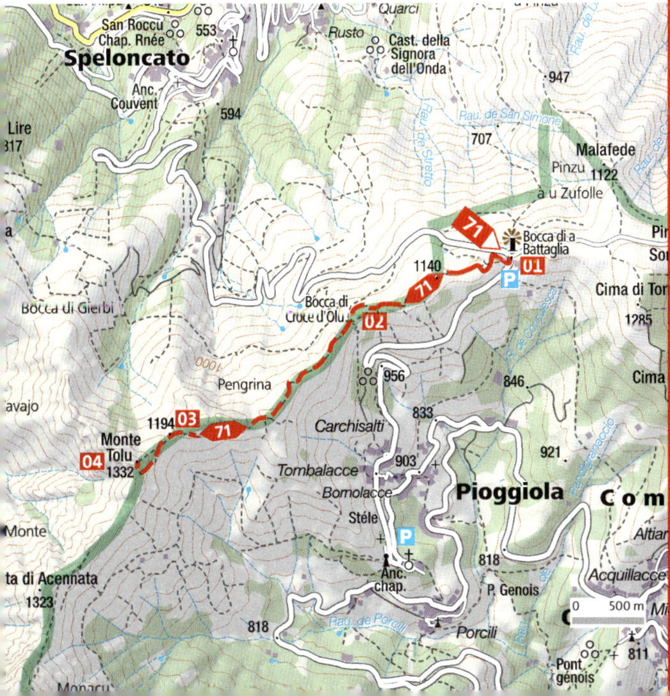

72

AM SENTIER LITTORAL

Einsame Küstenwanderung durch die Agriates-Wüste

 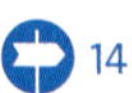 14 km  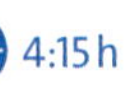 4:15 h 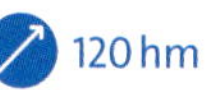 120 hm  120 hm  2250

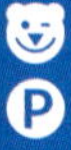
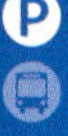
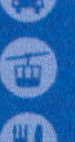

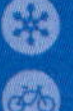

START | Parkplatz neben dem Hotel-Restaurant Auberge á la Ferme de l'Ostriconi (10 m), direkt an der N 197 von Calvi nach Ponte Leccia [GPS: UTM Zone 32 x: 500.424 m y: 4.710.819 m]

CHARAKTER | Leichte, aber schattenlose Wanderung auf Macchienpfaden, Feld- und Schotterwegen, wobei mehrmals kürzere Anstiege zu überwinden sind; die Orientierung ist aufgrund von Seitenpfaden ab und zu erschwert; im Verlauf des Sentier Littoral zeigen Wegsteine die Richtungsänderungen an.

Am Rande der Balagne im Nordwesten Korsikas verbirgt sich zwischen der pittoresken Hafenstadt St. Florent und dem mondänen L'Île Rousse das einsame Wildnisgebiet der 160 km^2 großen Désert des Agriates. Unsere Wanderung verläuft auf dem alten „Sentier Littoral" der wildreichen, zur Gänze unberührten Küste der Agriates entlang. Schon am Einstieg der Wanderung treffen wir auf außergewöhnliche Naturlandschaften und besuchen den Strand von Ostriconi mit den Sanddünen und den landeinwärts liegenden Süßwasserlagunen des Ostriconi-Flusses. Neben hochspezialisierter Dünenvegetation treffen wir auf schöne Feuchtgebiete. Später wandern wir durch Macchie und Felsengarrigue und haben die Gelegenheit, in der Anse de Pinzuta die Vegetation der korsischen Felsküsten kennenzulernen. Entlegene Sandstrände, bizarre

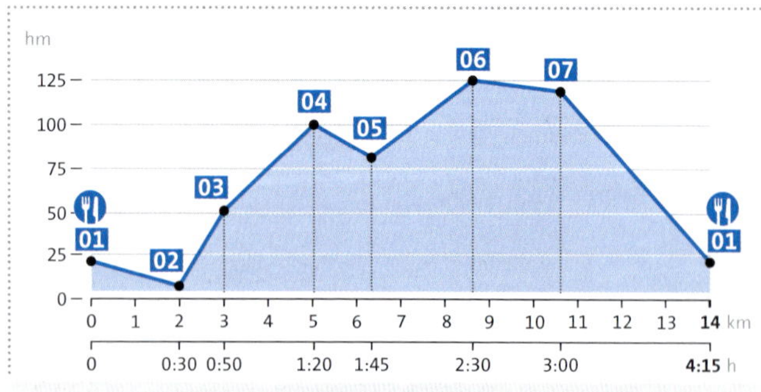

01 20 m, Auberge à la Ferme de l'Ostriconi; 02 5 m, Mündungsdelta Ostriconi; 03 53 m, Anse di Vana; 04 100 m, Monte Orlandu; 05 80 m, Bocca d'Affacadojo; 06 125 m, Terrice; 07 121 m, Bocca di Mercuriu

Landschaftsformen und verfallene Steingehöfte runden das Spektrum dieser abwechslungsreichen Küstenwanderung ab.

▶ Die Wanderung in dieses eigenartige und äußerst karge Gebiet beginnt neben dem Hotel-Restaurant **Auberge à la Ferme de l'Ostriconi** **01** und folgt zunächst einem breiten Fahrweg, überquert ein seichtes Flusstal, und zweigt danach nach links auf einen Feldweg ab. Der deutlich ausgetretene Pfad verläuft etwas oberhalb der Ebene und ist ab und zu leicht verwachsen. Nach etwa 1 km treffen wir auf eine Schotterstraße, die hier endet, und folgen weiter dem Pfad entlang des Strandes. Nach einer Weile erreichen wir den Dünenstrand, der insgesamt 1000 m lang ist und zu dem mehrere, den dichten Auwald durchquerende Wege führen. Hier können wir die klassische Dünenvegetation beobachten. Der Ostriconi-Fluss mündet an der Südseite ins Meer und bildet im Hinterland ein lagunenartiges **Delta** **02** aus. Dieses ist weitgehend mit Süßwasser gefüllt. Nach dieser naturkundlichen Rast setzen wir unsere Wanderung fort und queren den Strand bis an dessen Nordende. Hier treffen wir auf den alten Saumpfad, der Markierungssteine aufweist und der gesamten Küstenlinie der Agriates folgt. Dazu sind drei Tagesetappen notwendig. Die hier beschriebene Rundwanderung umfasst einen kurzen Teil der ersten Etappe und bringt uns zu einem verlassenen Gehöft inmitten der kargen Küstenlandschaft. Wir folgen dem Weg, der an mehreren Buchten und

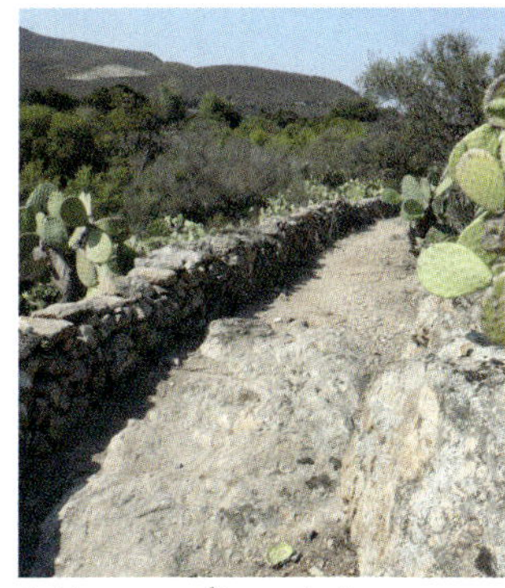
Feldweg am Étang de Foce

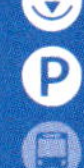
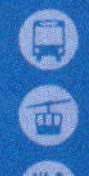

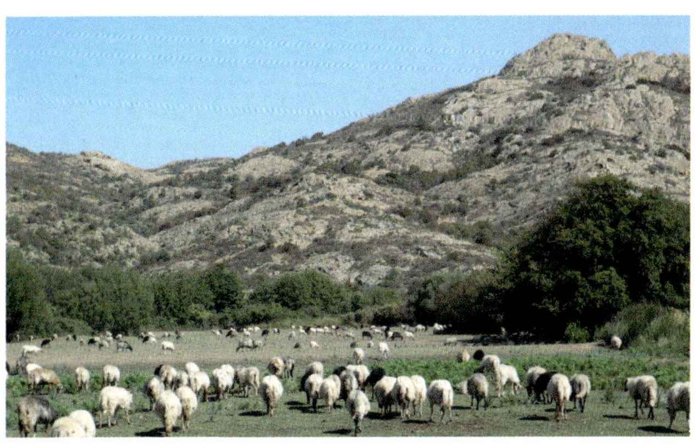
Die Désert des Agriates ist eine uralte Kulturlandschaft

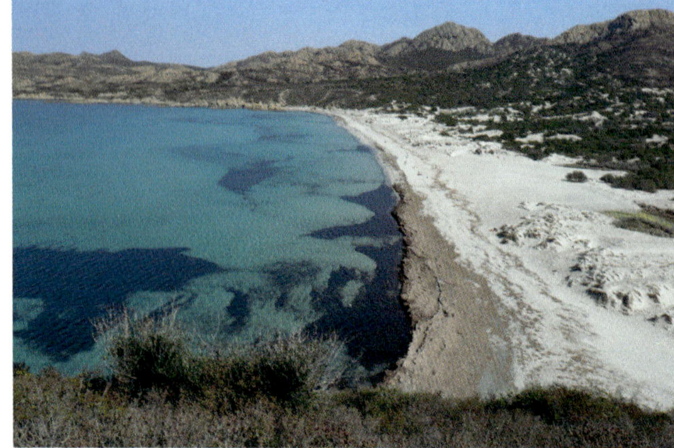

Die Wanderung erreicht zuerst die Anse de Peraiola

Landspornen entlangläuft. Die Vegetation wechselt allmählich zu einer Felsengarrigue, obwohl von den Dünen immer noch feiner Sand landeinwärts verfrachtet wird. Wir durchschreiten kleinere Einsenkungen und steuern auf die Punta di Paraghiolu an der **Anse di Vana** 03 zu. Hier schwenkt der Weg nach rechts ein wenig landeinwärts, um dem Flusstal des Ruisseau de Sualelli zu folgen. Dieses ist jedoch ausgetrocknet und mit einem Dickicht aus Schilf, Tamariske und Stechender Binse verwachsen. Der Weg läuft in einem kleinen Bogen elegant um das Feuchtgebiet herum und lässt uns aus etwas erhöhter Position ein wenig in das Gestrüpp Einblick nehmen. Über einige felsige Steilstufen erreichen wir das Gehöft der Bergerie de Sualelli und später die Bergerie Chimia. Danach wird der Wegverlauf etwas undeutlich, ist aber durch Wegweiser gut gekennzeichnet. Bei der darauf folgenden Abzweigung verlassen wir nach rechts den alten Küstenpfad und wechseln auf einen Wanderweg, der uns landeinwärts durch eine weite Ebene in das Tal des Castagnu-Flusses bringt. Zur Linken ragt der 107 m hohe **Monte Orlandu** 04 auf, den man in etwa einer halben Stunde hin und retour besteigen kann. Wir folgen dem Wanderweg vorbei an der **Bocca d'Affacadojo** 05, bis wir nach einer halben Stunde den Fahrweg

Sentier Littoral

Der Sentier Littoral stellt einen 35 km langen Wanderweg dar, der in drei Etappen bewältigt werden kann. Etappe 1, 6:30 Std. bis Ghignu (Unterkunft im Sommer), Etappe 2, 2:45 Std. bis Saleccia (Zeltplatz, Besucherzentrum, Accueil Exposition Saleccia), Etappe 3, 5:30 Std. bis St. Florent.

erreichen, der das Küstengebiet im Zentrum durchquert. Wenn wir noch ein wenig Zeit mitbringen, um einen Abstecher zu unternehmen, können wir von der Weggabelung aus in 20 Minuten zu der verfallenden Farm **Terrice** **06** wandern. Ansonsten biegen wir hier nach rechts auf den Feldweg ein, der wegen des groben Sandes ein wenig beschwerlich zu begehen ist. Er verbindet die Bucht von Pinzuta mit der Hauptstraße N 197. Dabei überwindet der Weg den **Bocca di Mercuriu** **07** und den Bocca di Fumaiolu. Nach einem erhöht über dem Gelände führenden Quergang steigen wir mit kurvigem Verlauf in Richtung Ostricionital ab und erreichen die Weggabelung, bei der wir am Beginn der Wanderung in Richtung Strand abgebogen sind. Zur **Auberge à la Ferme de l'Ostriconi** **01** zurück sind es nun nur noch wenige Minuten.

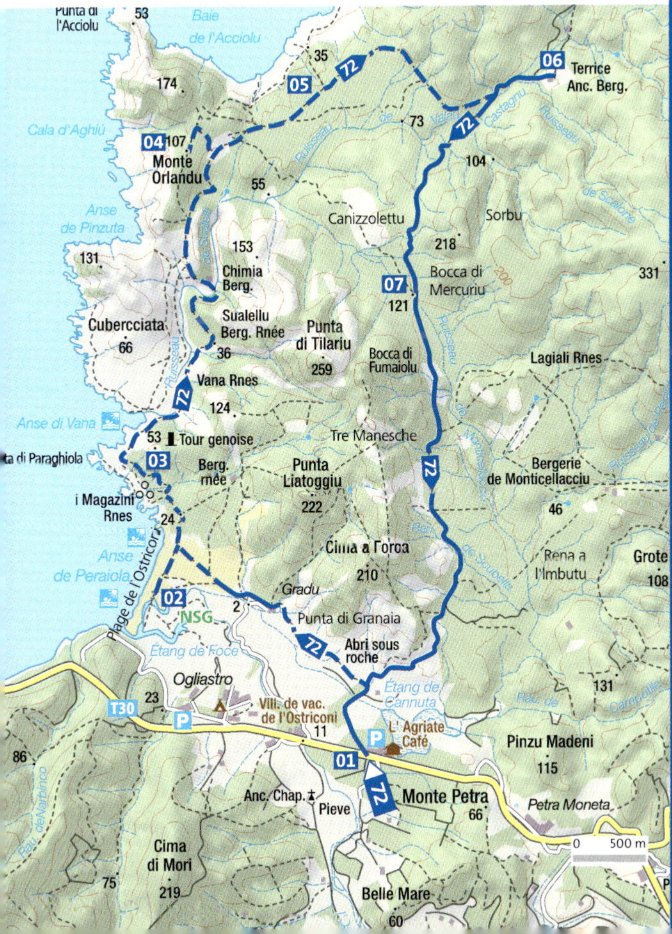

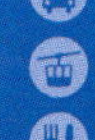
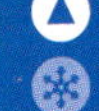

BEI ST. FLORENT

Einsame Natur- und Badefreuden

  20 km  5:30 h 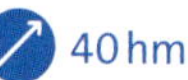 40 hm  40 hm  2250

START | St. Florent (Meeresniveau), südlicher Ortsrand oder Zentrum
[GPS: UTM Zone 32 x: 524.780 m y: 4.725.375 m]
CHARAKTER | Einfache und abwechslungsreiche Streckenwanderung auf Asphalt- und Schotterstraßen sowie schmalem Küstenpfad, der durch Macchie und über sandige Passagen verläuft; kurze felsige Abschnitte; der Fiume Santo ist an der schmalsten Stelle zu durchwaten.

Von den Römern gegründet, entwickelte sich St. Florent unter pisanischer Herrschaft zu einem bedeutenden Handelsplatz mit Bischofssitz, der jedoch ursprünglich einen Kilometer landeinwärts des prächtigen, gleichnamigen Golfs lag. Der liebliche Ort weist heute eine große Vielfalt an Sehenswürdigkeiten auf, die von pisanischen Kirchen bis zu preisgekrönten Weingärten und der außergewöhnlichen Landschaft der Agriates reicht. Daneben werden den Gästen kleine pittoreske Hotels und Restaurants geboten, die dem Ort viel französisches Flair verleihen. Hafen und Golf bieten reichlich Gelegenheit für einen gemütlichen Badetag, weit beschaulicher und einsamer sind aber die Buchten, die wir entlang des Küstenweges erreichen. Dieser beginnt im Ortszentrum und umrundet die gesamte Halbinsel der Agriates bis hin zum Strand von Ostriconi (siehe Tour 72). Wer eine ausgedehnte Wanderung

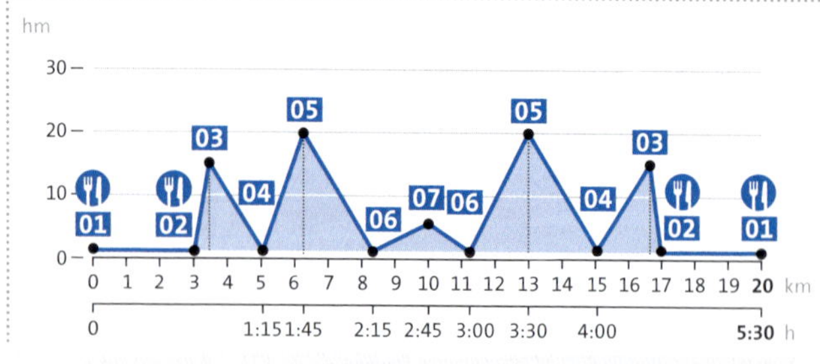

01 0 m, St. Florent/Hafenmole; **02** 0 m, Acqua Dolce; **03** 15 m, Campo di Scuba; **04** 0 m, Anse de Fornali; **05** 20 m, Punta di Cepo; **06** 0 m, Fiume Santu; **07** 5 m, Tour Mortella

unternehmen möchte, kann bis zur Anse de Mortella wandern, die von einem Genueserturm bewacht wird.

▶ Von der kleinen **Hafenmole** 01 ausgehend folgen wir dem Küstenpfad entlang der Badebucht bis zum Hafen Kalliste, durchqueren das Campingareal u Pezzo und treffen beim Campingplatz **Acqua Dolce** 02 auf eine schmale Asphaltstraße. Diese bringt uns durch offenes Gelände auf eine Anhöhe des **Campo di Scuba** 03 und verläuft mit einigen Kurven weiter bis zu einem Parkplatz oberhalb der **Anse de Fornali** 04. Hier wechseln wir nach rechts auf den Küstenpfad, der an der Nordseite der Bucht entlangläuft und weiter durch die Macchie der Küstenlinie folgt. Wenn wir über die Bucht zurückblicken, sehen wir auf den Leuchtturm von Fornali. Der Pfad folgt nun mit einigem Auf und Ab der gebuchteten Küste, umrundet immer wieder kleine Landsporne oder bringt uns zu traumhaften kleinen Buchten. Im Frühjahr ist die Luft vom Duft der Macchie erfüllt, während das Morgen- oder Abendlicht die Felsen in ein leuchtendes Rot taucht. Vorbei an den Häusern von der Domaine de Fonaverte und einem Steinunterstand erreichen wir die **Punta de Cepo** 05, wobei wir knapp davor durch ein grünes Eisentor gehen. Der Weg schwenkt

Wein

Weinliebhaber werden Weinverkostungen im Clos Marfisi oder im Clos de Bernardi vorziehen. Die Domaine Leccia ist für den Rotwein bekannt. Übrigens bekam die Region um St. Florent zusammen mit dem nahe gelegenen Örtchen Patrimonio als Erste in Korsika die Auszeichnung *Appelation d'Origine Controllée* (AOC). Mehr als 600 Hektar Weingärten liefern die Trauben, die in den 35 Kellern von Patrimonio verarbeitet werden.

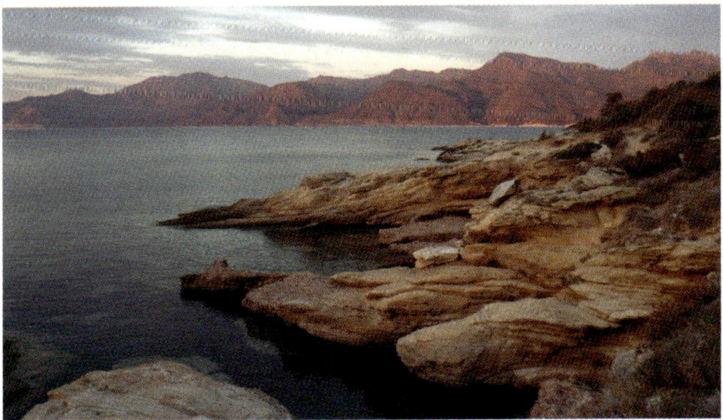

Abendstimmung an der bizarren Küste der Punta di Cepo, gegenüber das Cap Corse

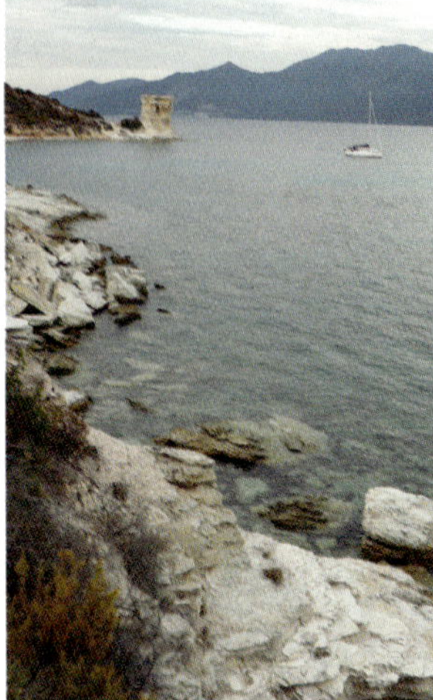
Bucht und Tour Mortella

in westliche Richtung und bringt uns zum kleinen Sandstrand an der Mündung des Valdolese, einem Bachlauf, der in der Agriates-Wüste entspringt. Die Route verläuft ein kurzes Stück über den weißen Sandstrand und folgt anschließend wieder der Küstenlinie, um nach kurzer Gehzeit die Mündung des **Fiume Santu** 06 zu erreichen. Entlang dieses Wegabschnittes bieten sich herrliche Bademöglichkeiten, wie auch am weißen Sandstrand bei der Flussmündung. Darüber hinaus ist die Bucht türkisblau gefärbt und wird damit zu einem beliebten Rastplatz entlang dieser Wanderung. Ins Landesinnere reicht ein weites Delta des Flusses, der mit einer Furt ins Meer mündet. Um die Tour weiter fortzusetzen und zum Genueserturm zu gelangen, müssen wir die Furt je nach Gezeitenstand durchwaten. Wir suchen uns dazu die schmalste Stelle aus. Haben wir das nördliche Ufer erreicht, setzt sich der Pfad dort in dem felsigen Gelände fort. Wiederum mit leichtem Auf und Ab geht es auf dem teils steinigen Pfad der zergliederten Küste entlang, und allmählich rückt die Bucht von Mortella mit dem Genueserturm ins Blickfeld. Gut 30 Minuten nach der Furt des Fiume Santo haben wir das Ziel unserer Wanderung erreicht, sofern wir zu einer Tagestour aufgebrochen sind. Von hier aus würde der Weg weiterführen,

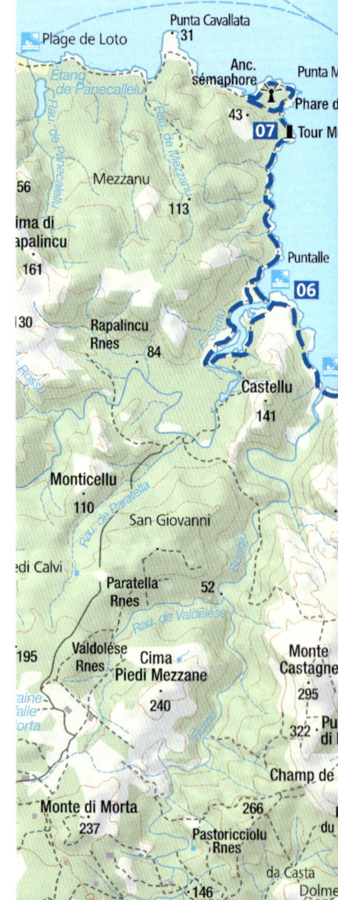

um nach etwa einer Strecke von 20 km den Ostriconi-Strand zu erreichen. Wir können uns nun hier ein wenig umsehen und den **Tour Mortella** 07 betrachten, von dem nur noch eine Hälfte als Ruine vorhanden ist. Nur wenige Gehminuten nördlich der Bucht befindet sich der moderne Leuchtturm, der Signale für die Einfahrt in den Golf von St. Florent aufs Meer hinausschickt. Zwischen Mai und September fahren kleine Schiffe bis zum Plage de Loto, der etwa 30 Minuten vom Leuchtturm entfernt liegt und eine Lagune zum Meer hin abschließt. Wer diese Tour als Streckenwanderung in nur eine Richtung absolvieren möchte, kann sich nach den Fahrtzeiten dieser Boote in St. Florent erkundigen. Ansonsten benützen wir für den Rückweg dieselbe Route, für die wir in etwa die gleiche Gehzeit benötigen, wie für den Anmarsch.

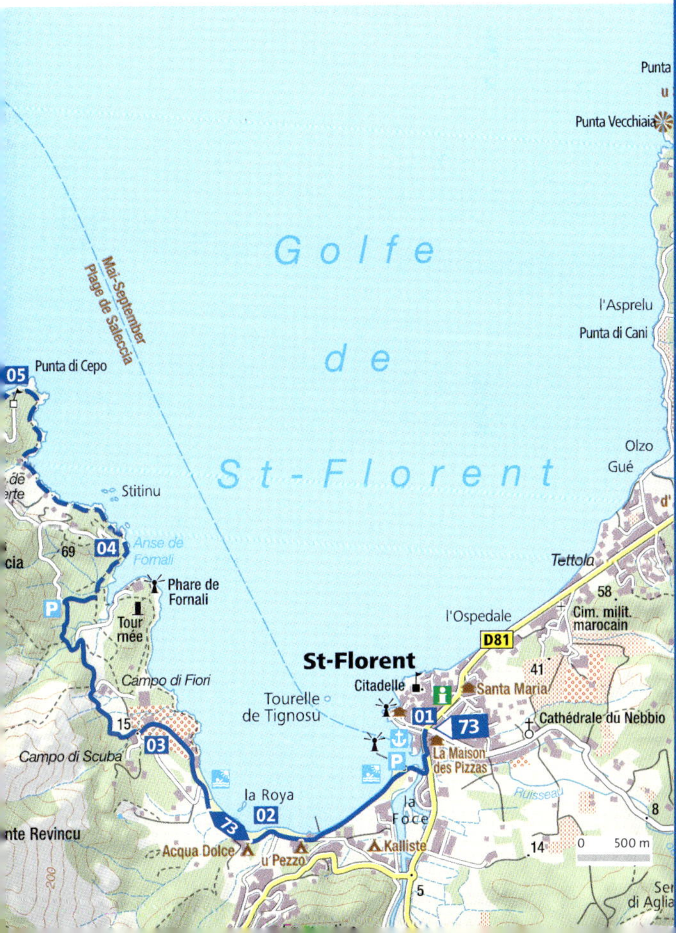

74

VON LAMA NACH URTACA

Auf dem Maultierweg von einem malerischen Bergdorf zum anderen

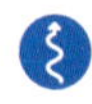  6 km  2:00 h  130 hm  130 hm  2250

START | Lama (502 m), Parkplatz neben der Kirche [GPS: UTM Zone 32 x: 514.203 m y: 4.713.920 m]

CHARAKTER | Leichte Wanderung auf einem guten Feldweg durch alte Oliventerrassen, gesäumt von duftenden Kräutern und mit einer schönen Aussicht.

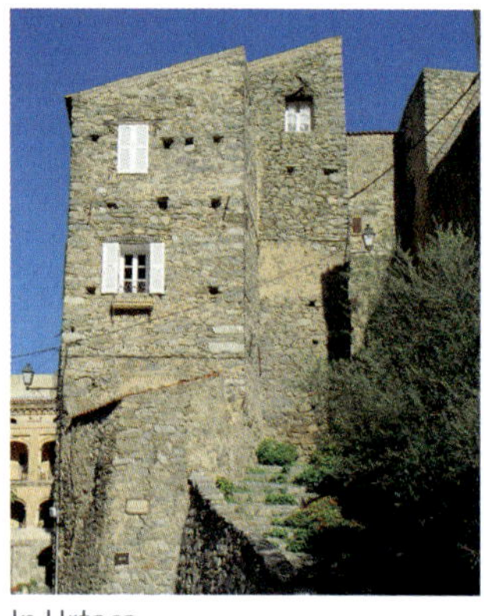
In Urtaca

Bergdörfer wie Lama und Urtaca entstanden, als die Bewohner aus den fruchtbaren Tälern vor den Sarazenen in die Berge fliehen mussten. Um ihr tägliches Leben zu sichern, legten sie mühsam Terrassen zum Anbau von Getreide und Gemüse an. Schafe, Ziegen und Rinder weideten die meiste Zeit des Jahres in den Bergen. Im 16. Jahrhundert wurde von Genua aus angeordnet, Kulturpflanzen wie Oliven und Edelkastanien anzupflanzen. So entstanden auf den Terrassen im Umfeld der Dörfer große, ertragreiche Olivenhaine. Durch Brände wurden aber

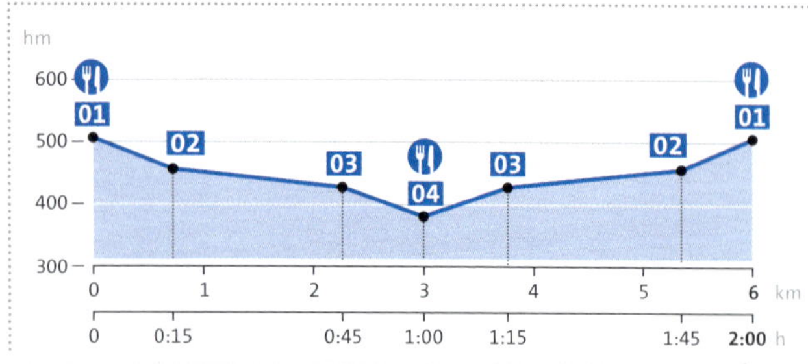

01 502 m, Lama; 02 464 m, Funtana Bona; 03 433 m, Bocca di u Pianu; 04 390 m, Urtaca

viele dieser Gärten vernichtet und die Bevölkerung begann abzuwandern. Die Dörfer vereinsamten und wurden erst in neuerer Zeit als Touristenorte oder zum Anlegen von Feriendomizilen wiederentdeckt.

▶ Von der Hauptstraße führt eine steile, asphaltierte Straße hinauf ins Dorfzentrum von **Lama** **01**. Hinter der Kirche mit einer großen Platane stehen genügend Parkplätze zur Verfügung. Wir gehen in das Dorf hinein, vorbei am Casa Comune, und steigen über Steintreppen rechts hinauf in den Dorfkern. Es lohnt sich, das alte Festungsdorf mit seinen Steinbögen, Innenhöfen und Gärten ein wenig zu erkunden.
Um den Weg nach Urtaca zu finden, folgen wir den Wegweisern zum Piscine, die uns an die andere Seite des Dorfes und später nordwärts in die freie Landschaft geleiten. Ein Wegweiser „Urtaca" zeigt den gepflasterten Weg an, der durch ein gusseisernes Tor führt und verwilderte Gärten und Kulturterrassen mit Steinmauern und alten Olivenbäumen durchquert.
Ab und zu werden kleine Bachläufe gequert, so bei der **Funtana Bona** **02** nach rund 15 Minuten Gehzeit, während die Macchie ihre ätherischen Öle in der warmen Morgenluft entfaltet. Veilchen leuchten am Wegrand neben zarten Hyazinthen. Im Frühjahr kann man mit etwas Glück hier seltene Orchideen finden, während sich auf den Mauern unzählige Eidechsen tummeln und die ersten Sonnenstrahlen des Tages genießen. Der Weg verläuft fast

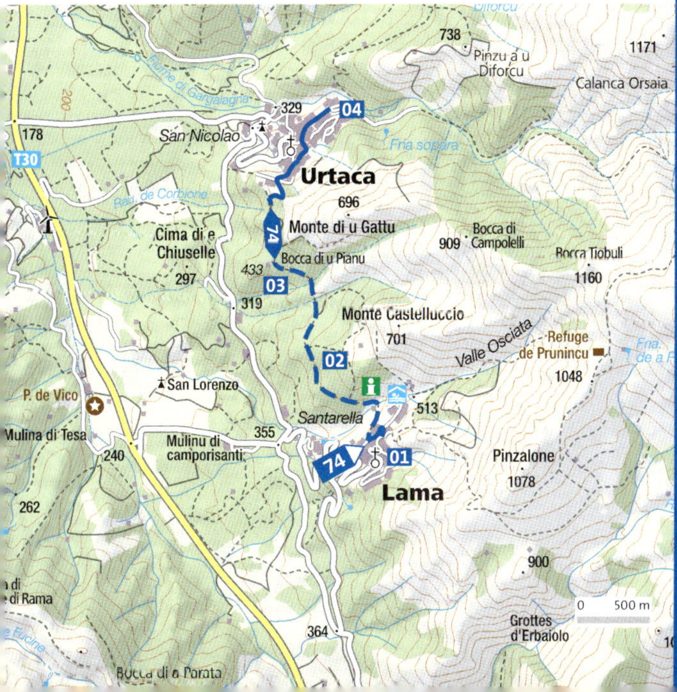

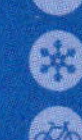
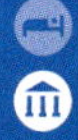

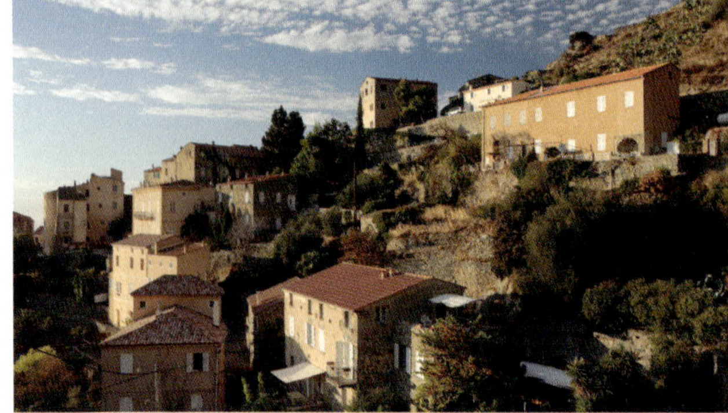
Das pittoreske Örtchen Lama schmiegt sich an die Hänge des Monte Astu

eben und gut trassiert durch die Macchie. Nach einem Viehgatter, das strikt geschlossen werden muss, kommen wir an einem kleinen Kirchlein vorbei.

Nach der Querung von zwei Bachläufen strebt der Weg auf den **Bocca di u Pianu** 03 (433 m) zu, der jedoch nicht als Passhöhe im eigentlichen Sinn, sondern an der kleinen Holzhütte zu erkennen ist. Der freie Blick über die Landschaft reicht bis zum korsischen Zentralgebirge und zur Ostküste. Nun geht es teilweise unter schattenspendenden Steineichen hindurch gemächlich und ohne große Anstrengungen bis **Urtaca** 04. Im kleinen Bergdorf lockt der Duft von frischem Brot, der von der Bäckerei durch die Gassen strömt. Die Dorferkundung beinhaltet auch ein Kriegerdenkmal, ehe wir am selben Weg wieder nach **Lama** 01 zurückkehren. Dabei bietet sich nun eine andere Perspektive, die die Wanderung kurzweilig gestaltet.

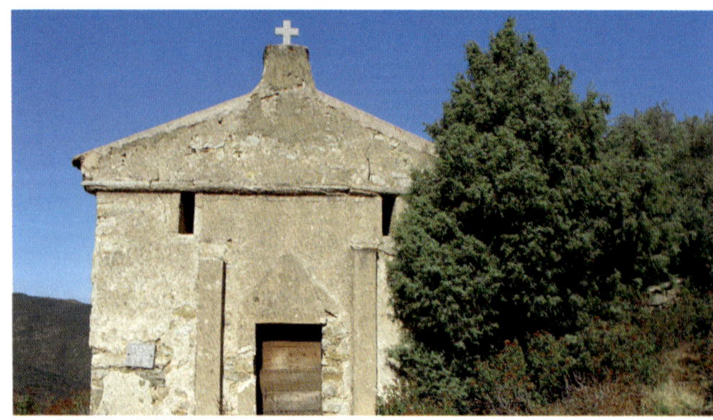
Die Wanderung führt durch Kulturlandschaften und an alten Gebäuden vorbei

MONTE ASTU

Zwischen Viru und Golo

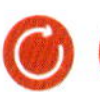  11 km  6:00 h  1020 hm 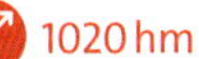 1020 hm  2250 

START | Lama, kleine Ortschaft im Ostriconital, das in den Osthängen der Gebirgskette liegt, erreichbar über die N 197 ca. 15 km nördlich von Ponte Leccia. Lama verfügt über kleinere Restaurants und Hotels bzw. Bungalows mit Swimmingpool [GPS: UTM Zone 32 x: 514.203 m y: 4.713.920 m]
CHARAKTER | Mittelschwere Wanderung auf gut trassierten Bergpfaden, jedoch meist schattenlos; im oberen Teil verläuft der Weg teilweise über felsiges Terrain und ist mit Steinmännchen markiert; bis zur Hütte gelbe Farbpunkte.

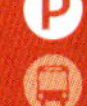
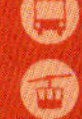
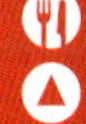
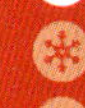

▶ Eine schöne Anschlusstour zur Wanderung 74 führt uns von **Lama** 01 auf einen leicht besteigbaren Gipfel mit herrlichen Ausblicken auf die nördliche Insel. Denn es ist der höchste Gipfel in einem weiten Umfeld und das Panorama reicht von der Ost- bis zur Westküste. Vom Straßenende in Lama bei der mächtigen Kirche gehen wir auf Treppenwegen und schmalen Dorfgassen durch den Ort aufwärts, denn der Wanderpfad beginnt vor einem Hangeinschnitt in der Nähe eines Wasserreservoirs bei den höchstgelegenen Häusern von Lama. Wir sehen wohl beim Abzweig eine gelbe Markierung, aber keine Aufschrift „Monte Astu“, sondern „Refuge d’U Prunincu“. Damit ist die auf halbem Weg errichtete Steinhütte gemeint, die im Sommer (Hauptsaison) Speisen und Getränke anbietet. Wem der Aufstieg zum Gipfel zu weit ist,

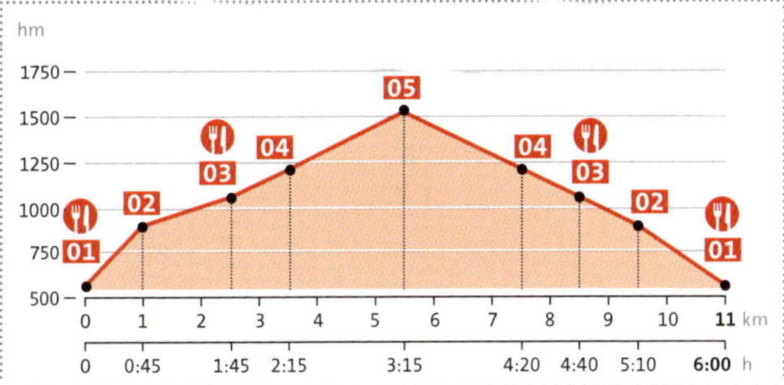

01 502 m, Lama; 02 910 m, Sattel; 03 1057 m, Refuge de Prunincu; 04 1160 m, Bocca Tiobuli; 05 1535 m, Monte Astu

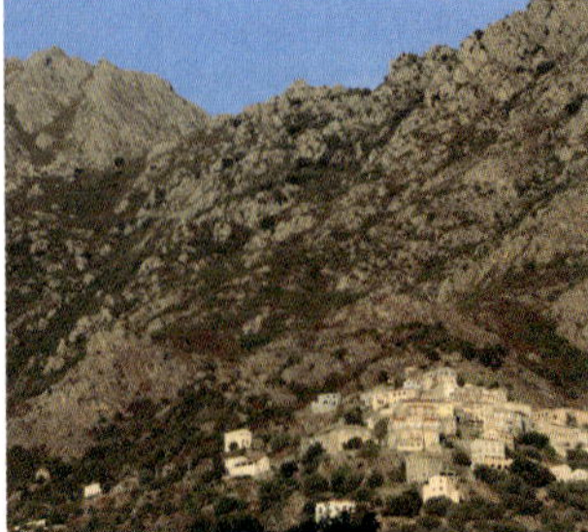

Lama an den Hängen des Monte Astu

der kann sich diese Hütte, die in der reizvollen Gebirgslandschaft liegt, als Ziel vornehmen. Wir folgen von der Abzweigung dem zunächst mit Steinen befestigten Hirtenpfad, der sich mit zahllosen Kehren durch die felsigen Hänge oberhalb des Dorfes schraubt. Teilweise wird der kunstvoll angelegte Steig von Steinmauern gesäumt. Wir umrunden am **Sattel** 02 (910 m) dabei den mit Tafoni-Felsen durchsetzten Pinzalone (1078 m), einen Vorgipfel, an den Südwesthängen, während der Weg allmählich in nordöstliche Richtung schwenkt. Nun wird zum ersten Mal unser Ziel, der Gipfel des Monte Astu, sichtbar. Mit angenehmer Steigung halten wir auf die kleine **Refuge de Prunincu** 03 (1057 m) zu, die wir nach insgesamt 1:30 Std. erreichen. Sie wird von im Frühjahr sattgrünen Bergweiden umgeben und gehörte früher zum Sommerweidegebiet der Bauern von Lama. Die Hütte verfügt über einen Brunnen, der von der Fontana de a Pidocchiosa gespeist wird. Wir haben die Hälfte der Wanderstrecke absolviert und beginnen nun mit dem Gipfelanstieg. Die etwas undeutliche, aber markierte Route setzt sich hinter der Hütte fort und zieht in den Hangeinschnitt von Osciata hinein. Dieser endet am **Bocca Tiobuli** 04 auf 1160 m, hier schwenkt der Weg in östliche Richtung. Sobald wir den Abzweig eines Pfades nach links erreicht haben, den wir nicht berücksichtigen, dreht die Gehrichtung auf Südost und strebt geradewegs am Grat dem Gipfel entgegen. Wir überqueren bei 1474 m einen Vorgipfel, beachten die Abzweigung danach nicht und erreichen nach insgesamt 3 Stunden Gehzeit über die Nordflanke den **Monte Astu** 05 (1535 m). Dabei folgen wir den Steinmännchen, die uns die beste Route durch das felsige Gelände anzeigen. Bei klarem Wetter können wir im Norden sogar das Cap Corse erkennen. Der Rückweg erfolgt über die gleiche Route.

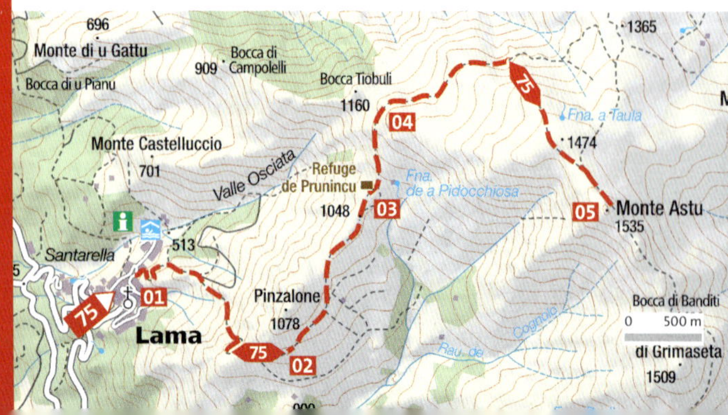

TARTAGINETAL

Eine Flusswanderung zu einem felsigen Sattel

  17 km  6:30 h 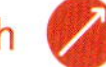 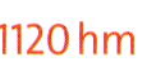 1120 hm  1120 hm  2250

START | Maison Forestière am Ende der D 963 am Beginn des Tartaginetales
[GPS: UTM Zone 32 x: 499.424 m y: 4.704.663 m]
CHARAKTER | Mittelschwere Wanderung auf schattigem Forstweg und Waldpfad, der Anstieg zum Sattel im Talschluss verläuft über einen schottrigen Bergsteig, der zahlreiche Serpentinen aufweist; die Tour kann bis zum Calanca-Mozzabach mit dem Mountainbike absolviert werden.

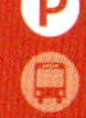
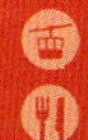
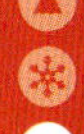
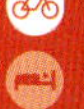

Von der Hauptstraße N 197 Calvi–Ponte Leccia biegen wir dem Wegweiser „Olmi Cappella" folgend nach links auf die D 71 nach Speloncato ab und fahren bis Pioggiola, um zur D 963 zu gelangen. Diese endet nach längerer Fahrt beim **Maison Forestière** 01, bei dem sich Parkplatz samt Infotafel und Wegweiser sowie der Ausgangspunkt zu dieser ausgedehnten Wanderung befinden (705 m). Ziel ist der 1852 m hohe Sattel Bocca di Tartagine, der das Tal an der Westseite abschließt. Bis in den Talschluss hinein absolvieren wir eine gemütliche Wanderung entlang des Flusses, stets im dichten, schattigen Kiefernwald, der aber immer wieder Blicke auf den Bachlauf freigibt.
Gleich nach dem Parkplatz führt eine Brücke auf die linke Seite des Flusses, wo sich die D 963 als Schotterweg fortsetzt. In der nächsten Rechtskurve zweigt ein Waldpfad nach rechts ab, dem wir eine Weile folgen. Er gleicht einem

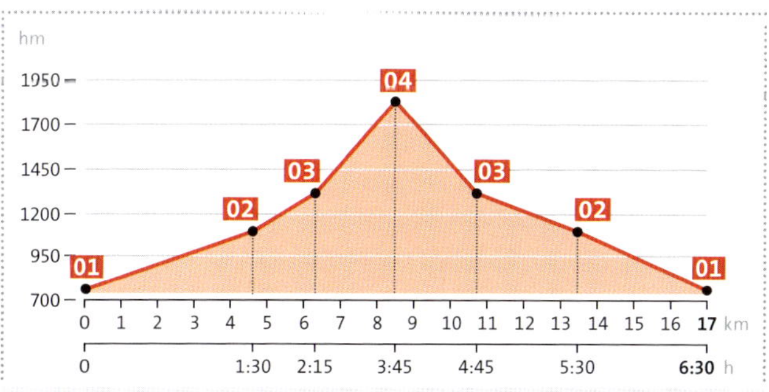

01 705 m, Maison Forestière; 02 1103 m, Calanca-Mozzabach;
03 1326 m, Corona-Bach; 04 1852 m, Bocca di Tartagine

Höhenweg, der oberhalb des Flusses taleinwärts führt. Nach einer guten halben Stunde mündet der Pfad in die Forststraße, die vom Maison Forestière kommt und parallel zu Wanderweg und Fluss verläuft. Wir folgen ihr, lassen den Abzweig nach rechts unberücksichtigt und wechseln in der darauffolgenden Serpentine wieder auf den Wanderweg. Etwa 300 m nach Überqueren des Petra-Inonebaches kommen wir auf die Forststraße zurück und benutzen sie, um nach mehr als einem Kilometer in einer weiteren Serpentine wieder auf den Waldweg zu treffen. Dieser bringt uns zur Mündung des **Calanca-Mozzabaches** **02** (1103 m), den wir anschließend überqueren. Etwas später stoßen wir wieder auf die Forststraße, gegenüber setzt sich der rot markierte Weg fort. Die Landschaft im Talschluss erfährt einen Wandel vom Kiefernwald zum Birkenwald, während wir nun rascher an Höhe gewinnen. Bei 1326 m und fast zwei Stunden Gehzeit wird der **Coronabach** **03** überquert, danach windet sich der Weg einer verfallenen Bergerie entgegen. Knapp davor biegt der Hauptweg nach rechts ab, wir gehen nach links und erreichen die verfallenen Gebäude der ehemaligen Alm. Der Anstieg wird nun immer steiler und der Wald lichter, bis die Bedingungen für das Aufkommen von Bäumen zu rau sind. Zuletzt steigen wir durch rosafarbenes Geröll dem Sattel **Bocca di Tartagine** **04** entgegen. Von hier aus kann man in den Wald von Bonifatu weiterwandern oder den Monte Corona (2144 m) besteigen. Wir kehren am selben Weg zum **Maison Forestière** **01** zurück.

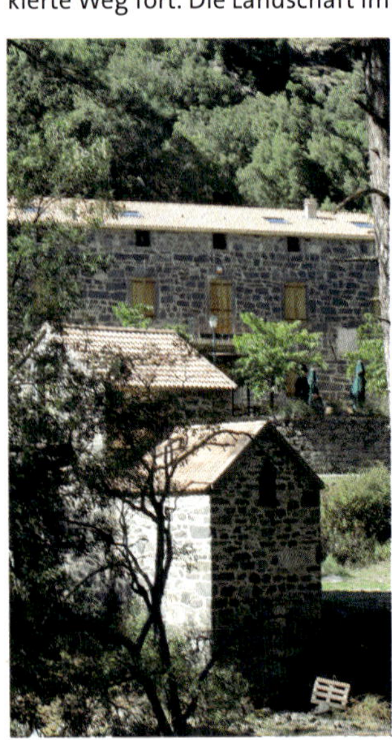

Das Maison Forestière, der Ausgangspunkt

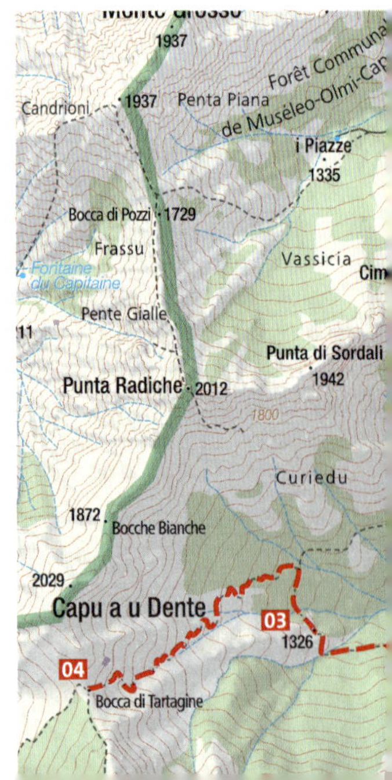

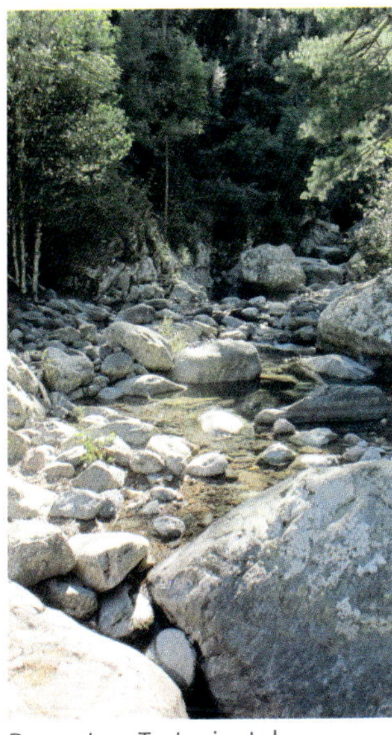

Das untere Tartaginetal

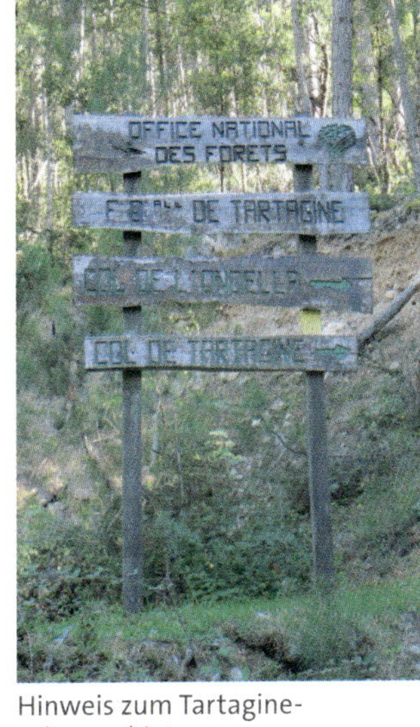

Hinweis zum Tartagine-Schutzgebiet

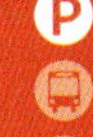
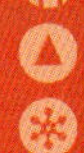

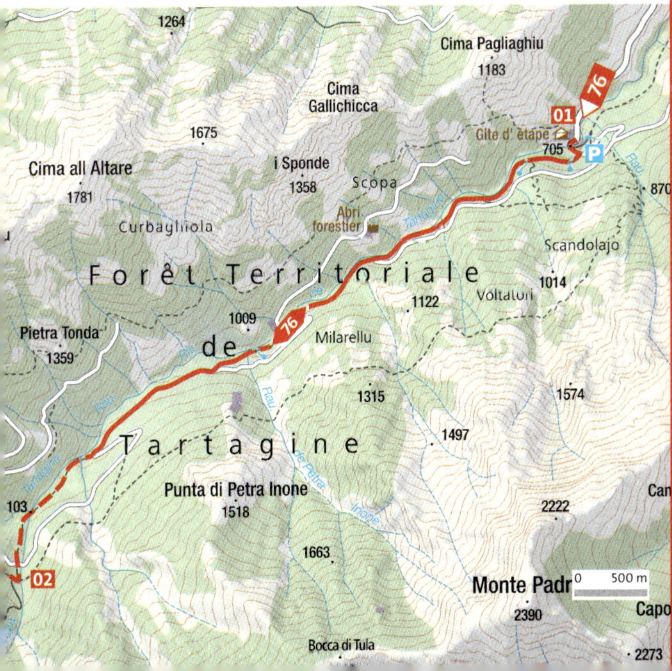

1264
Cima Pagliaghiu
1183
Cima Gallichicca
1675
Cima all Altare
1781
i Sponde
1358
Scopa
Abri forestier
Gite d' etape
705
870
Curbaghiola
Scandolajo
Forêt Territoriale de Tartagine
1014
1122
Voltaluri
1009
Pietra Tonda
1359
Milarellu
1315
1574
1497
Punta di Petra Inone
1518
2222
1663
Monte Padr
2390
0 500 m
Bocca di Tula
2273

77

MONTE SAN PETRONE

Felsengipfel in der Castagniccia

  13 km 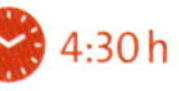 4:30 h 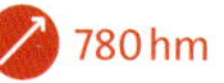 780 hm  780 hm 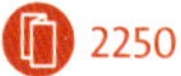 2250

START | Col de Prato (985 m), von Ponte Leccia auf der D 71, 14 km nach Morosaglia, von dort 3 km weiter bis zum Col de Prato; in der Hauptsaison Bar „Snack U Magu" am Col de Prato
[GPS: UTM Zone 32 x: 527.263 m y: 4.697.299 m]

CHARAKTER | Leichte Streckenwanderung vorwiegend auf schattigen Waldwegen und Pfaden; nur im obersten Abschnitt sind eine steile Rinne und im Gipfelanstieg Grobblockschutt zu bewältigen; der Monte San Petrone gilt wegen der herrlichen Aussicht als einer der beliebtesten korsischen Gipfel.

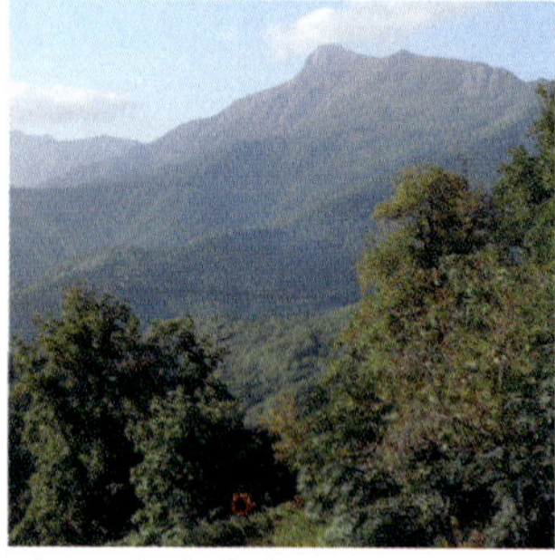
Die Landschaft der Castagniccia

Der Monte San Petrone bildet den höchsten Gipfel in der Waldlandschaft der Castagniccia südlich von Bastia. Als Castagniccia wird der Gebirgsstock südlich von Bastia bezeichnet, der im Osten bis zur Küste reicht und im Westen vom Tal des Golo begrenzt wird. Im Süden schließt der Flusslauf des Tavignano diese sanfte, von Laubwäldern geprägte Landschaft ab. Hier treffen wir auch noch auf sehr alte und ursprüngliche Bergdörfchen, deren Bevölkerung einst

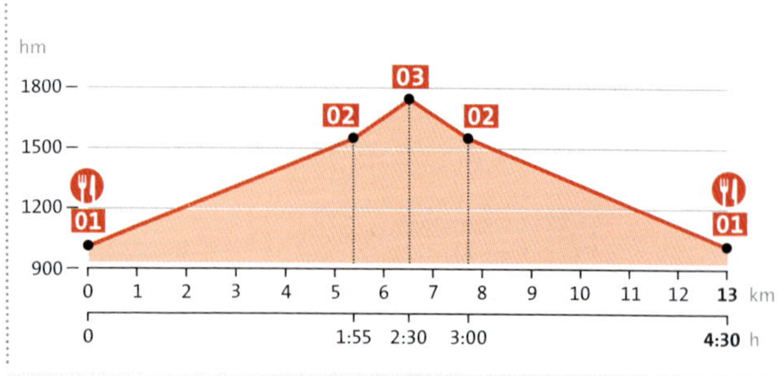

01 985 m, Col de Prato; 02 1536 m, Lichtung; 03 1767 m, Monte San Petrone

von der Schweinezucht und von den Kastanien lebte.

▶ Unsere Wanderung beginnt am **Col de Prato** 01 unmittelbar bei der nur im Sommer geöffneten Bar „Snack U Magu“ und durchquert zunächst alte, verwilderte Weidegebiete. Der deutliche, viel begangene Weg steigt ein wenig an, passiert einen Holzverschlag für Schweine. Nach etwa 15 Minuten biegen wir bei einer Abzweigung in den mittleren, nach oben führenden Weg ein und lassen den rechten, abwärts verlaufenden so-

Castagniccia

In der Castagniccia trifft man häufig die halbwilden Schweine an. Diese bevorzugen die Waldgebiete, weil diese reich an verschiedenen Früchten sind, die zu ihrer Nahrung zählen. Die Schweine sind durchwegs ungefährlich, außer man begegnet einer fürsorglichen Muttersau mit einer Schar an Frischlingen.

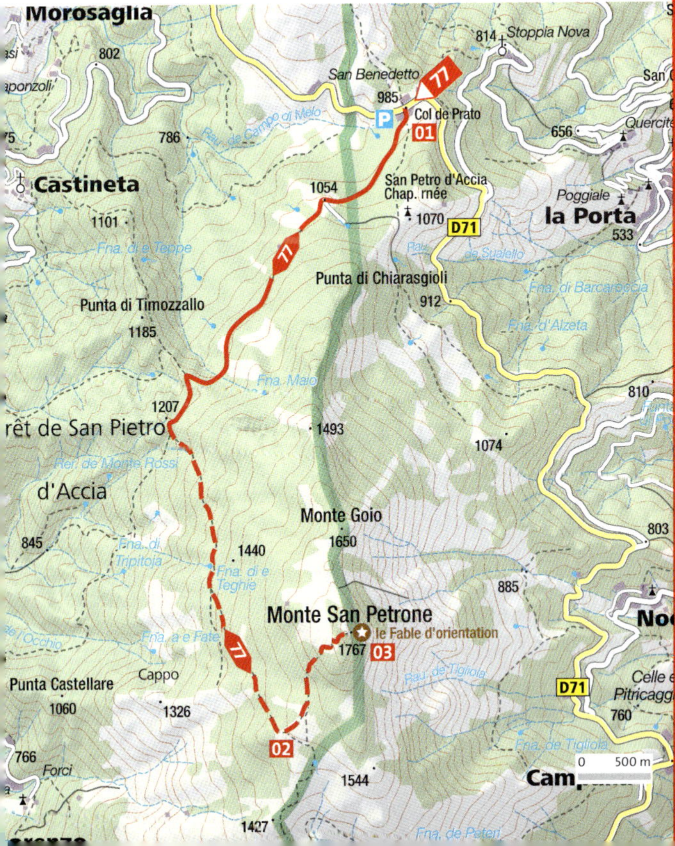

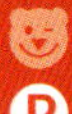
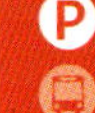

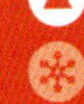

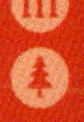

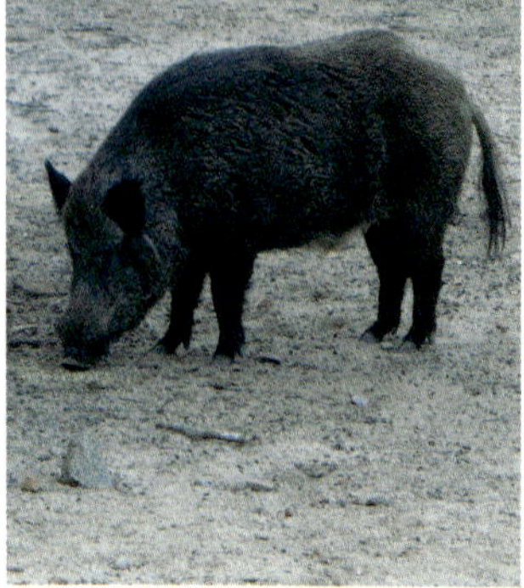

Ein Wildschwein bei der Kastaniensuche

wie den linker Hand aufwärtsführenden unberücksichtigt. Der immer noch breite Waldweg bringt uns zu einem weiteren Schweinepferch, bei dem ein blaues Autowrack mit der Aufschrift „Monte San Petrone" zu sehen ist. Die waldbildende Kastanie wird allmählich durch die Buche abgelöst. Wir erreichen einen bewaldeten Sattel, wo wir nach links auf einen Steig abbiegen. Dieser führt mit zunehmender Steigung zu einer **Lichtung** 02 auf 1536 m. Hier öffnet sich die Waldlandschaft und gibt das Panorama auf die südliche Castagniccia frei. Gleichzeitig schwenkt hier die Route in nördliche Richtung. Die mit Adlerfarn bewachsene, verwilderte Weide geht gleich wieder in Waldgelände über. Es sind noch etwas mehr als 200 Höhenmeter zu überwinden. Der Waldpfad läuft auf eine steinige Rinne zu, die wegen losem Schiefergeröll rutschig ist und etwas Vorsicht abverlangt. Ferner gilt es hier, auf die rote Markierung zu achten, um den Einstieg zum Gipfelanstieg zu erwischen. Durch Blockschutt erreichen wir nach knapp drei Stunden Gehzeit den Gipfel des **Monte San Petrone** 03 (1767 m), der sich mit einem nur 40 m hohen Felsaufbau aus der bewaldeten Landschaft erhebt. Nur deshalb erleben wir einen herrlichen Ausblick, der bis an die Ost- und Nordküste der Insel reicht. Im Südwesten ragen Monte Cinto und Paglia Orba auf. Wir kehren auf derselben Route zum Ausgangspunkt am **Col de Prato** 01 zurück.

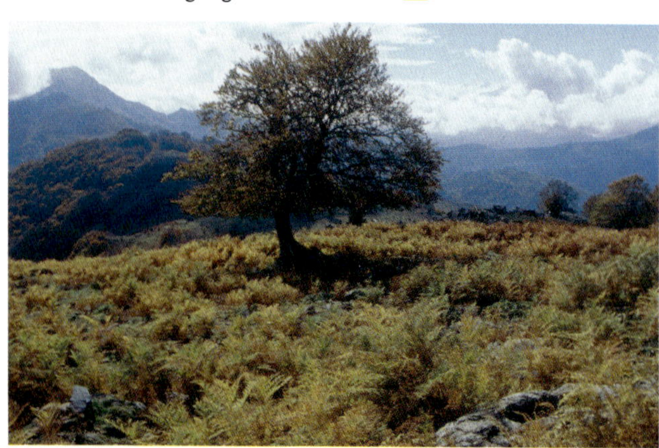

Im Herbst entfaltet die Castagniccia ihr farbenprächtiges Kleid

IN DER CASTAGNICCIA

Waldwanderung in stiller Abgeschiedenheit

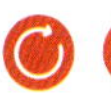  8,3 km  2:45 h   425 hm  425 hm  2250

START | Piedicroce an der Kreuzung der D 71 mit der D 506 (425 m), 50 km von Bastia entfernt; Parkplätze nahe der Kirche oder bei der Quelle
[GPS: UTM Zone 32 x: 530.380 m y: 4.691.417 m]
CHARAKTER | Mittelschwere Waldwanderung auf alten Saumpfaden, Dörferverbindungswegen und gepflasterten Dorfstraßen, teilweise orange Markierungen und Schilder der Wanderrunden der Castagniccia (ein Folder ist im Tourismusbüro in Moriani-Plage erhältlich); gute Familienwanderung mit viel Sehenswertem entlang der Wege; schöne Flora im späten Frühjahr, Herbstfarben im Oktober.

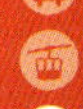
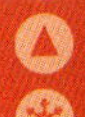

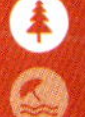

Die Landschaft entlang dieser Tour befindet sich bereits im Gebiet des Parc naturel régional de Corse und lädt zum Entdecken der waldreichen Landschaft der Castagniccia ein. Diese stille Gegend Korsikas liegt an der Nordostseite zwischen Casamozza, Ghisonaccia und Corte und wird von teils tief eingeschnittenen Tälern des Golo begrenzt. An der Ostseite reicht der Gebirgsstock mit welligem Relief bis an die Küste, dort ist Moriani-Plage der Hauptort und auch der Verwaltungssitz. Enge kurvenreiche Straßen führen in das Gebiet, in dem wir neben herrlichen Kastanienwäldern auch auf alte Ortschaften und zahlreiche Kulturschätze treffen. Vor allem im

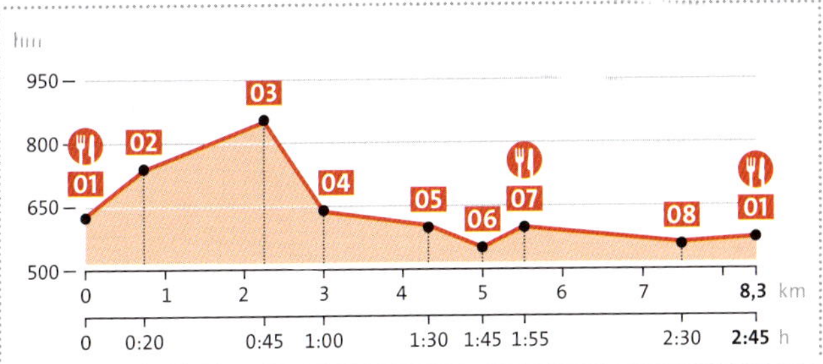

01 620 m, Piedicroce; 02 730 m, Abzweigung Pastoreccia; 03 845 m, Campodonico; 04 630 m, Pie-d'Orezza; 05 500 m, Piedipartino; 06 550 m, Wasserfall; 07 600 m, Carcheto; 08 560 m, Stazzona

Alternative

Alternative Wanderrunde bei Scata an der D 36, etwa 8 km von Piedicroce entfernt. Von der Kirche in Scata südwärts nach Bonifacio, von dort durch einen riesigen Kastanienhain über San Damianu mit schöner Kirche nach Monte Olmu; Abstecher zur Kapelle von San Pancraziu. 300 Meter nach der Kirche San Damianu ins Geisterdorf Mont d'Olmu mit Blick zum Thyrrhenischen Meer. Weiter nach Poggio mit dem steinernen Waschhaus, den Markierungen folgend nordwärts in Richtung Népita. Von hier durch herrliche Kastanienwälder vorbei an der Kirche San Martino retour nach Scata (11,2 km, 4 Std. 320 Höhenmeter Abstieg, 750 Höhenmeter Aufstieg).

16. Und 17. Jahrhundert erlebte die im Französischen als „Châtaigneraie“ bezeichnete Landschaft eine Blüte, aus dieser Zeit stammen romanische Kapellen und Barockkirchen. Damals bescherten die Früchte der Edelkastanien einen gewissen Wohlstand, aus denen Mehl für die Brotherstellung gewonnen wurde. Als im ausgehenden 19. Jahrhundert der Weizen die Kastanie verdrängte, verarmte die Gegend und litt unter einer enormen Landflucht. So kann man heute mit Recht behaupten, in der Castagniccia eine Reise durch die Vergangenheit zu erleben. Die Zugehörigkeit zum korsischen Naturpark führte in jüngster Zeit dazu, etliche Dörfer zu renovieren und die Straßen ein wenig auszubauen. Der Tourismus erkannte die Vorzüge für Wanderungen, alte Maultierwege wurden ausgeputzt, markiert und zu Wanderpfaden umfunktioniert.

▶ Wir starten zu dieser Tour in **Piedicroce** **01**. Hier zieht sofort die barocke Kirche St.Pierre et St. Paul

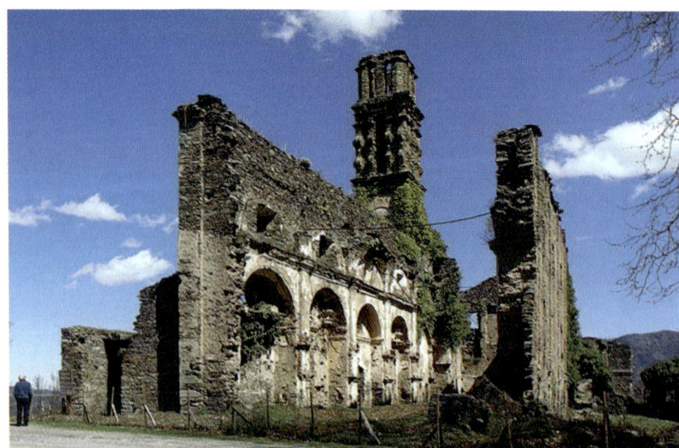

Die Ruinen des ehemaligen Klosters in Piedicroce

die Aufmerksamkeit auf sich. Hier leben zwar nur noch etwas mehr als 100 Einwohner, die Piedicrucinchi genannt werden, aber die Kirche ist als „Monument historique", also als historische Sehenswürdigkeit von großer Bedeutung ausgewiesen. Der überschwänglich prunkvoll ausgestattete Innenraum zeugt vom einstigen Reichtum der Region, ebenso wie der überdachte Brunnen „Fontaine à colonnes", bei dem wir unsere Tour beginnen. Wir steigen dem Wegweiser folgend über eine lange Steintreppe ins Dorf hinauf, um es zu durchqueren. Dabei können wir die schönen Steindächer der Häuser bewundern. Bald säumen jahrhundertealte Kastanienbäume eines schattigen Haines den Weg, der uns nach **Pastoreccia** 02 führt. Hier wählen wir die Richtung ins Bergdorf **Campodonico** 03 und folgen den gepflasterten Dorfgassen an alten Steinhäusern vorbei. Die wenigen Häuser mit den grauen Schieferdächern kleben wie ein Adlerhorst über den steilen Abhängen, die vom schmalen Bergrücken in die Tiefe ziehen. Vom Platz bei der kleinen Kapelle öffnet sich ein herrlicher Blick auf das Vallée d'Orezza mit dem Gipfel des San Petrone (siehe Tour 77). Wir verlassen das Dorf und wandern sogleich wieder an uralten, nahezu kunstvoll gewachsenen Bäumen vorbei. Zuerst steiler, dann mäßiger abwärts streben wir durch altes, terrassiertes Kulturland der

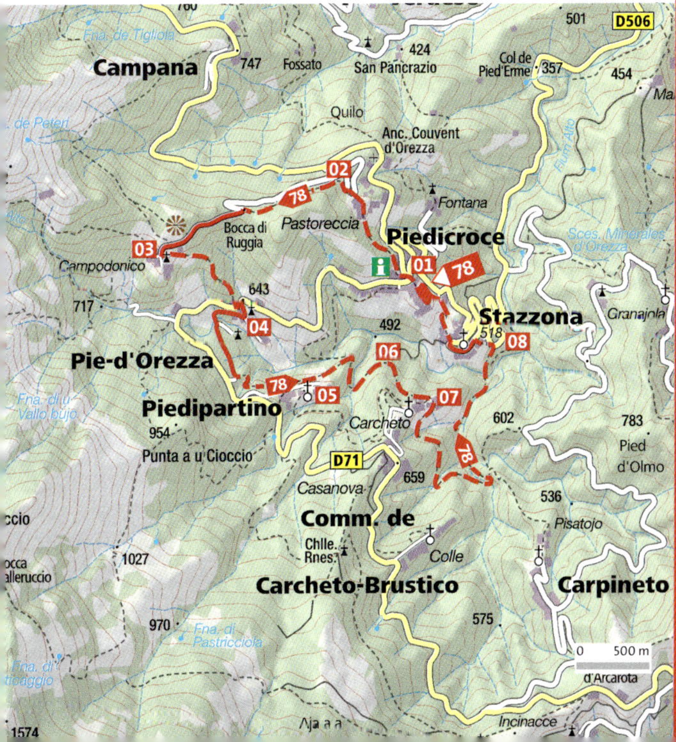

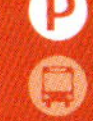

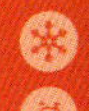
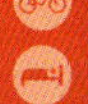

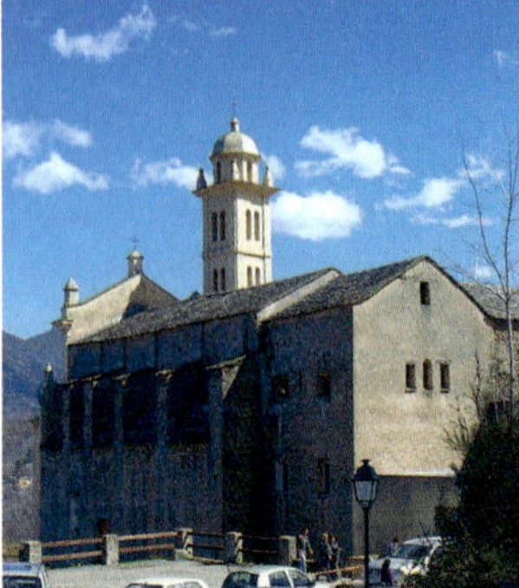
Kirche St. Pierre et Paul in Piedicroce

Ortschaft **Pie-d'Orezza** 04 entgegen und folgen den Wegweisern „Boucle 1" (= Wegrunde 1). Im kleinen Ort fallen die Ruinen der romanischen Kapelle San Nicolao auf, die von wenigen alten Steinhäusern umgeben sind. Wir durchqueren den Ort, bis wir zu einer Brücke und einem Waschhaus und wenig später zur romanischen Kapelle Santa Maria kommen. Hier schwenken wir in Richtung **Piedipartino** 05 und wandern in etwa 15 Minuten ins kleine Dorf hinüber. Hier gehören die mehrfarbige Tür der Pfarrkirche mit Motiven von einem Lindwurm sowie das „maison forte" zu den Sehenswürdigkeiten. Nach weiteren 10 Minuten erreichen wir den **Wasserfall** 06 von **Carcheto** 07. Eine notdürftig hergestellte Treppe führt an der Kaskade vorbei und bringt uns in den Ort hinauf. Nach der Besichtigung der großen Barockkirche Ste Marguerite, wechseln wir auf den Weg der „boucle 3" in Richtung **Stazzona** 08. Dieser Abschnitt bringt uns an alten Patrizierhäusern aus dem 19. Jahrhundert, Bürgerhäusern aus dem 16. Jahrhundert und dem ehemaligen Thermalhotel „Source thermales d'Orezza" vorbei. Die außergewöhnliche Hydrogeologie der Castagniccia ließ zahlreiche Themalquellen entstehen, von denen die Quelle von Orezza besonders eisenhaltig ist. Um nach Piedicrocce zurückzukehren, schlagen wir den in nördlicher Richtung aus dem Dorf führenden Pfad ein und erreichen **Piedicroce** 01 im Unterdorf.

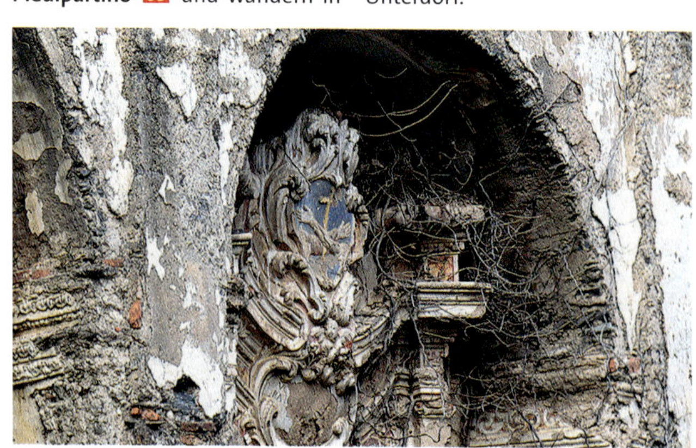
Reste von Stuckaturen an den Klostermauern des ehemaligen Konvents in Piedicroce

MONTE STELLO

Der Blick über das Cap Corse

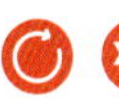 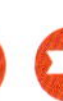 14,5 km 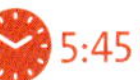 5:45 h 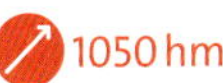 1050 hm  1050 hm 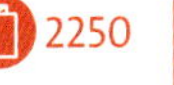 2250

START | Pozzo am Cap Corse (277 m), ausgeschilderter Parkplatz ca. 200 m oberhalb der Kirche
[GPS: UTM Zone 32 x: 537.708 m y: 4.735.441 m]
CHARAKTER | Gehtechnisch einfacher Rundwanderweg, mit Gipfelbesteigung und Ausblick über das Cap Corse; die schatten-lose Route verläuft auf Bergpfaden und Forstwegen, mäßig steil und gut markiert zum Gipfel

Das Cap Corse gilt als eine der ursprünglichsten Landschaften Korsikas und wird auch gerne als „la Corse en miniature" bezeichnet. Der leicht zu besteigende Monte Stello bildet den höchsten Punkt des Bergrückens, der das Cap Corse in seinem Zentrum durchzieht. Die Wanderung bietet atemberaubende Ausblicke über die Nordküste Korsikas, die bei klarem Wetter bis zum italienischen Festland reichen. Man erkennt die Straße, die das Kap umrundet, die Küstenlinie mit den zahlreichen sarazenischen Wachtürmen und die kleinen Bergdörfer, die sich an die sattgrünen Hänge schmiegen.

Prozession in Lavasina

Am Abend des 8. September findet jedes Jahr im Küstenort Lavasina unterhalb von Pozzo eine Prozession statt, bei der die Bewohner mit Fackeln über den Strand zur Kirche Notre-Dame-des-Grâces ziehen. In der Kirche hängt über dem monumentalen Altar das Bild der „Madonna von Lavasina", der wundertätige Kräfte zugeschrieben werden.

▶ Vom ausgeschilderten Parkplatz oberhalb des Friedhofs von **Pozzo** **01** führt eine kleine Straße nach rechts zu dem alten Ortskern. Über eine steile Steinstiege folgen wir dem orange markierten Weg ins Dorf, bis er sich als Feldweg im Freiland fortsetzt. Zu beiden Seiten blüht Fenchel und erfüllt die warme Luft mit einem angenehm würzigen Duft. Wir folgen der Beschilderung und achten darauf, nicht die Felssteinstiege zu verpassen, die rechts vom breiten Hauptweg abzweigt. Ein schmaler Pfad führt an einer langen Steinmauer entlang, auf der sich die Eidechsen sonnen. Zur Linken lassen wir eine Steinhausruine zurück und steigen weiter durch Macchie aufwärts, die immer niedriger wird und somit ein immer offeneres Panorama freigibt. Allmählich wird der Weg flacher und biegt in die Talung des Aregabaches ein. Kurz vor dem Almgelände der

Bergerie de Teghim 02 befindet sich eine gefasste Quelle, an der wir die Wasserflaschen auffüllen können. Auf dem Weg zum Pass Bocca di Santa Maria löst sich die Macchie in Grasland und Bewuchs aus Polsterpflanzen auf. Nach etwas mehr als 2 Stunden Gehzeit erreichen wir den Sattel **Bocca di Santa Maria** 03 (1097 m) und genießen den herrlichen Ausblick über die nördliche Küste Korsikas. An Schönwettertagen sieht man sogar bis in die Bucht von Calvi.

Nun schwenkt die Route in nördliche Richtung und führt ein wenig bergab. Vorbei an der Gabelung nach Nonza folgen wir weiter den rot-gelben Markierungen und haben bereits freie Sicht auf den Monte Stello, dessen Gipfel durch den Sendemast auffällt. Über die Westflanke steigen wir in einer letzten Schleife zum Gipfel des **Monte Stello** 04 (1307 m) mit Wetterhäuschen auf.

Gewöhnlich folgt man dem Aufstiegsweg zurück zum Ausgangspunkt. Der Monte Stello bietet jedoch die Möglichkeit, mit dem Abstiegsweg über die Nordseite eine Rundwanderung zu absolvieren. Dazu wählen wir den Weg, der sich an der Nordseite des Gipfels fortsetzt und in Richtung Silgaggia verläuft. Nach wenigen Minuten dürfen wir nicht nach links auf den rot markierten Pfad einbiegen, sondern halten die Richtung geradeaus. Der weniger begangene Pfad ist ab und zu undeutlich zu erkennen, an diesen Stellen jedoch mit Steinmännchen gekennzeichnet. Wir gelangen auf eine fast ebene Weidefläche, die über einen steinigen Feldweg mit dem Tal verbunden ist. Die Route verläuft fast ausschließlich durch mit Bäumen und Gebüsch bewachsene Hänge, führt über eine Kuppe (1005 m) und steigt zur **Punta Chiatra** 05 (946 m) hinab. Hier treffen wir auf mehrere Abzweigungen, bei denen wir uns stets rechts halten. Der Weg läuft auf den ostexponierten bewaldeten Grat zurück (846 m) und folgt diesem für etwa 500 m.

Danach senkt sich die Route an der Südostseite der Hänge in Richtung **Silgaggia** 06, wobei wir uns bei einer Weggabelung links halten.

Aus dem schattenspendenden Steineichenwald kommend, betreten wir das Dorf direkt bei der Kirche. Wir folgen der schmalen Dorfstraße, die bald in die Fahrstraße nach **Pozzo** 01 einmündet – gesamt 2 km, die wir bis zum Ausgangspunkt auf dieser zurücklegen.

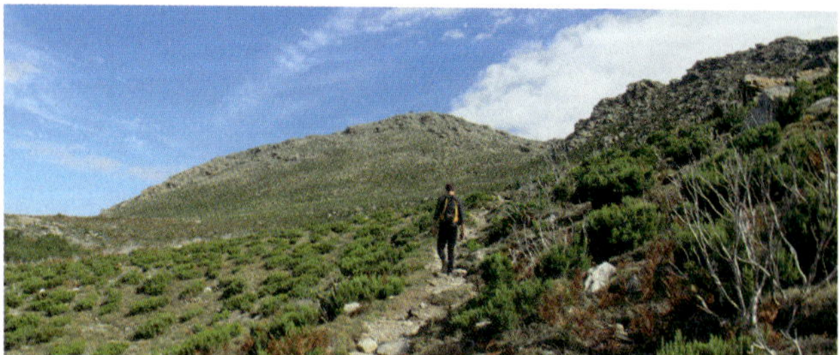

Der Aufstiegsweg zum Monte Stello verläuft durchwegs durch baumfreies Gelände

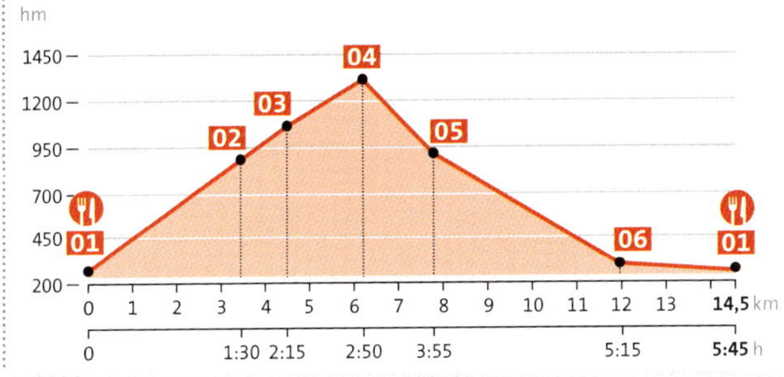

01 277 m, Pozzo; **02** 910 m, Bergerie de Teghime; **03** 1097 m, Bocca di Santa Maria; **04** 1307 m, Monte Stello; **05** 946 m, Punta Chiatra; **06** 300 m, Silgaggia

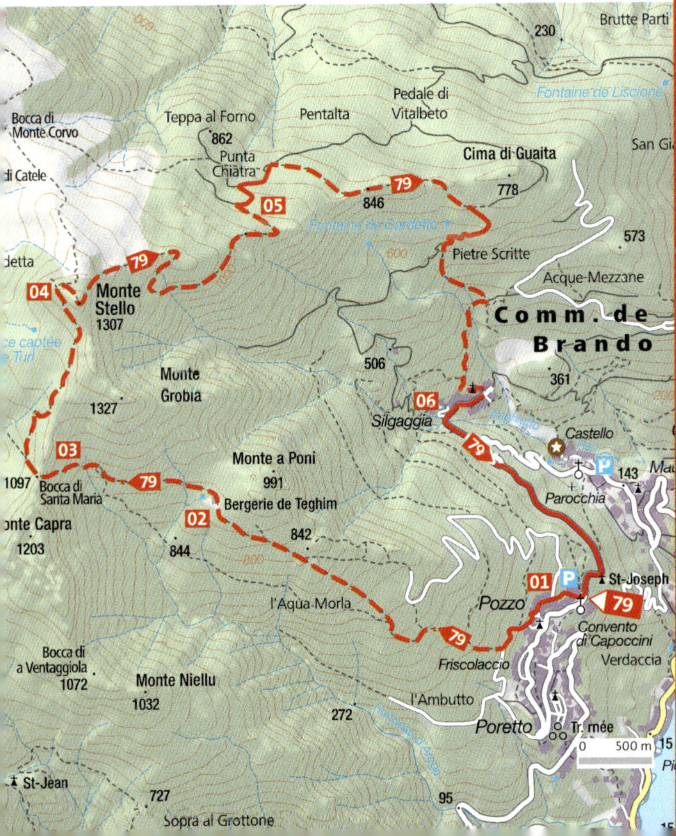

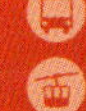

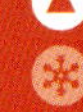

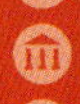
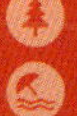

DER SENTIER DES DOUANIERS

Einsamer Küstenweg am Cap Corse

 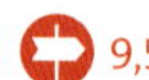 9,5 km  2:35 h  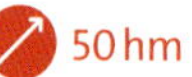 50 hm  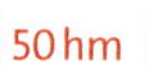 50 hm 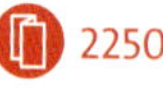 2250

START | Macinaggio (Meereshöhe), Parkplatz am südlichen Ortseingang
[GPS: UTM Zone 32 x: 536.938 m y: 4.756.372 m]
CHARAKTER | Leichte Streckenwanderung auf Macchienpfaden, Feldwegen und Schotterstraßen mit geringen Höhenunterschieden, guten Aussichten und Bademöglichkeiten; Holzpflöcke und kleinere Richtungswegweiser als Orientierungshilfen; mehrere Bars und Restaurants in Macinaggio wie Restaurant U Culombu, Bar-Restaurant Les Iles, Hotel U Ricordu, Bar-Glacier U Scalu, Camping U Stazzu in der Hauptsaison; Appartments Campu Stellu gegenüber dem Campingplatz.

Der Landschaft des Cap Corse sagt man nach, die Insel im Kleinformat widerzuspiegeln. Im Westen die imposante Steilküste, im Zentrum ein scharfkantiger Gebirgskamm und im Osten das sanft abfallende Land mit seinen fruchtbaren Tälern. Dennoch besitzt es seinen eigenen Charakter. In der Antike besuchten phönizische, griechische und römische Seeleute das exponierte Land. Ptolemäus bezeichnete es im 2. Jh. als „heiliges Vorgebirge". Mit dem Seeverkehr kamen im 10. Jh. die Sarazenen. Im 16. Jh. errichteten die Bewohner ein Netz von 32 Wachtürmen, die den gesamten Küstenverlauf schützten. Seit Jahrhunderten betrieben die Capcorsains Handelsbeziehungen mit dem nahe gelegenen Italien.

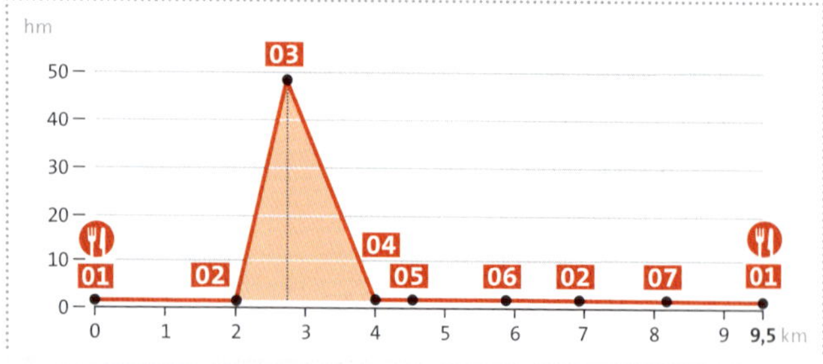

01 0 m, Macinaggio; 02 0 m, Bucht de Tamarone; 03 49 m, Anhöhe; 04 0 m, Kapelle Santa Maria; 05 0 m, Punta Vecchia; 06 0 m, Monte-di-e-Guardia-Umrundung; 07 0 m, Punta di Coscia

Auf einer Rundfahrt ums Kap gibt es zahllose Gelegenheiten für Unterbrechungen: Die Wallfahrtskirche von Lavasina zum Beispiel oder die vielen kleinen Häfen wie Erbalunga, Porticciolo oder Sisco, das Örtchen Luri oder das Naturschutzgebiet der Îles Finocchiarola nahe Macinaggio, von wo aus wir dem alten Zöllnerpfad zu einsamen Badebuchten folgen. Neben einer Kapelle treffen wir auch hier auf einen Genueserturm. Wer eine ausgedehnte Streckenwanderung unternehmen möchte, kann dem Sentier des Douaniers bis an die Nordspitze des Cap Corse folgen

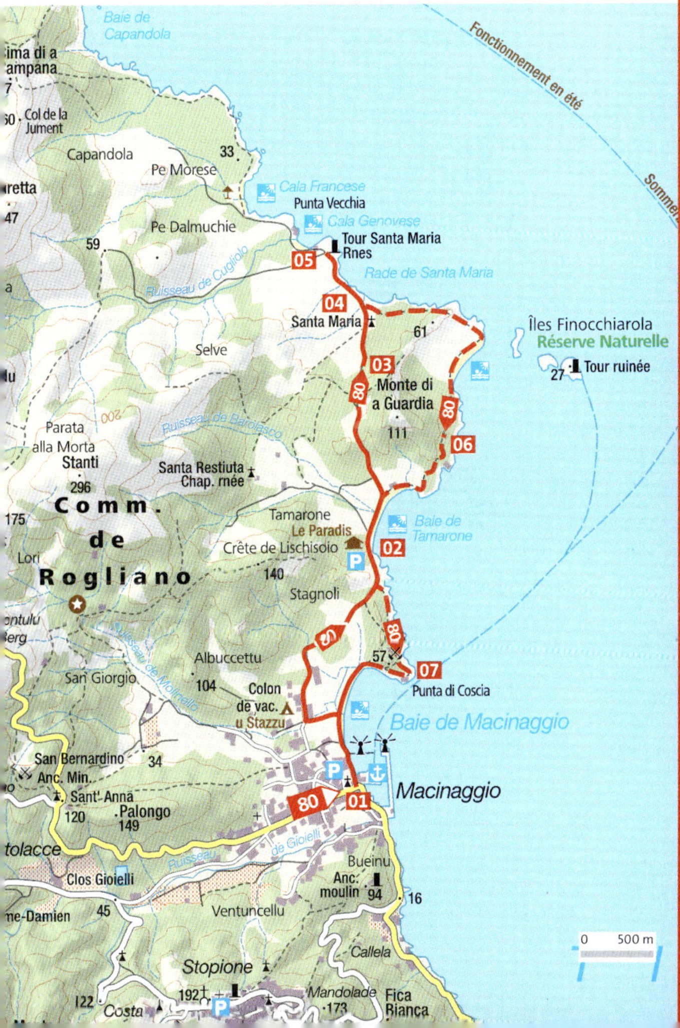

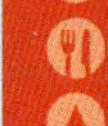
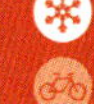

Tipp für Bootsfahrten

Von Macinaggio werden nicht nur die bereits erwähnten Bootsausflüge an die Nordspitze des Cap Corse angeboten, sondern auch zu den unter Naturschutz stehenden Îles Finocchiarola. Auskünfte zu diesen Touren bekommt man entweder im Hafen an den Anlegestellen der Boote oder auf Informationstafeln, die an den Stegen zu finden sind. Wer die Wanderung mit einer Bootsfahrt kombinieren möchte, sollte sich mit dem Boot zum Ausgangsort bringen lassen und die Wanderung anschließend unternehmen. Es werden auch Fahrten zum Leuchtturm von Agnello angeboten, der sich knapp eine Gehstunde nördlich der Bucht von Santa Maria, dem Ziel unserer Wanderung, befindet. Der Abschnitt des Zöllnerpfades zwischen Agnello und Barcaccio kann über zwei landeinwärts verlaufenden Fahrwegen als Rundwanderung begangen werden, die in Barcaggio beginnt und etwa zweieinhalb Stunden dauert. Diese Route erreicht neben dem Leuchtturm auch den schönen Strand von Cala.

und die Tour in Barcaggio beenden. Von hier aus fahren Boote nach Macinaggio zurück.

▶ Knapp nach der Bucht von **Macinaggio** 01 beginnt der historische, als Sentier des Douaniers bezeichnete Küstenpfad, der einst von den Zöllnern im Kampf gegen Schmuggler benutzt wurde. Direkt am Hafen von Macinaggio, der von Jachten gut belegt ist, wurde ein großer Parkplatz angelegt. Dieser wird von Badegästen genutzt, die den Strand der gleichnamigen Bucht zum Baden aufsuchen. Wir folgen der Straße hinter dem Strand nordwärts, bis nach links ein Stichweg durch Macchiengelände zu einem Fahrweg führt. Vorbei an dichten Feldgehölzen folgen wir nach rechts der Fahrstraße, die zunächst auf einen Höhenrücken ansteigt. Danach senkt sie sich ein wenig und erreicht später die **Bucht von Tamarone** 02. Diese besitzt einen feinen Sandstrand und eine aus Stein gebaute Buvette. Um den weiteren Weg zu finden, müssen wir vor der Bar den Steintreppen folgen, die zum Strand führen und mit einem Wegweiser „Sentier des Douaniers" gekennzeichnet sind. Holzblöcke geben Auskunft über die Wanderrichtungen. Geradeaus geht es in 45 Minuten der Küste entlang, nach links ins Hinterland erreicht man nach 25 Minuten die **Kapelle Santa Maria**.

Wir entscheiden uns aber, den Zöllnerpfad für den Rückweg aufzusparen, und folgen der Fahrstraße, die westlich des Monte di a Guardia innerhalb von Zäunen auf eine **Anhöhe** 03 zuläuft. Sobald wir diese überwunden haben, senkt sich die zu einem Hohlweg gewordene Schotterpiste in Richtung der kleinen **Steinkapelle Santa Maria** 04. Gleich danach biegt von rechts der Zöllnerpfad ein, während die Schotterstraße allmählich an Breite verliert. Wir wandern noch ein wenig nordwärts, um bis zur

Punta Vecchia 05 und den Genueserturm zu gelangen. Dabei müssen wir trockengefallene Bachgräben queren und gelangen wenig später zur Bucht von Santa Maria mit den Ruinenresten eines Genueserturmes. Dies ist zugleich der nördlichste Punkt unserer **Wanderung**, wir wenden hier und kehren bis zur Weggabelung vor der Steinkapelle zurück. Für den Rückweg wählen wir nun den Zöllnerpfad, der nach links zur Küste hin abzweigt und die Halbinsel mit dem **Monte di a Guardia umrundet** 06. Der eindeutige Pfad verläuft stets der Küste entlang und bringt uns zur **Bucht von Tamarone** 02. Wenn wir auf der Schotterstraße an das südliche Ende der Bucht gehen, haben wir wiederum die Möglichkeit, nach links einen Seitenpfad zu nehmen, der uns auf alternativer Route zur Baie de Macinaggio zurückbringt. Dabei wandern wir auf die äußere Spitze der **Punta di a Coscia** 07, die einen herrlichen Blick hinüber zu unserem Ausgangsort bietet. Am Nordende der Bucht mündet der Küstenpfad in den Sandstrand, dem wir zurück zur Hafenmole von **Macinaggio** 01 folgen.

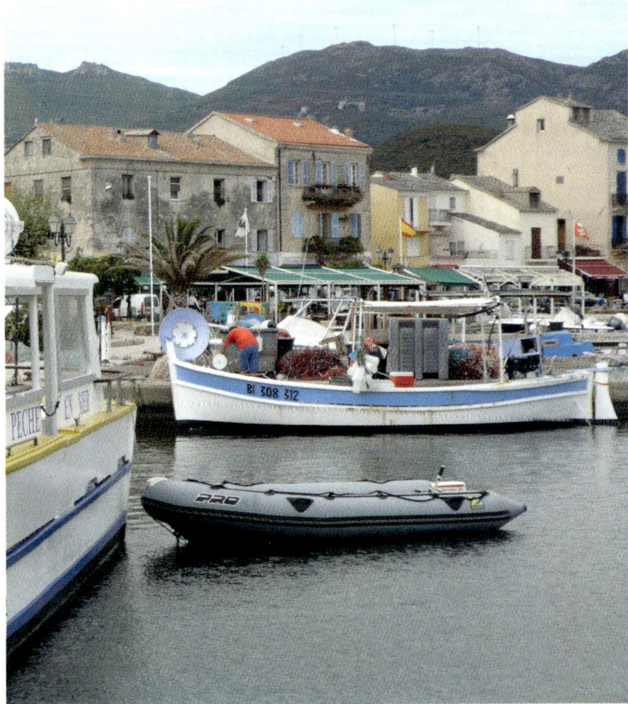

Der Zöllnerpfad verläuft von Macinaggio nordwärts der Küste entlang

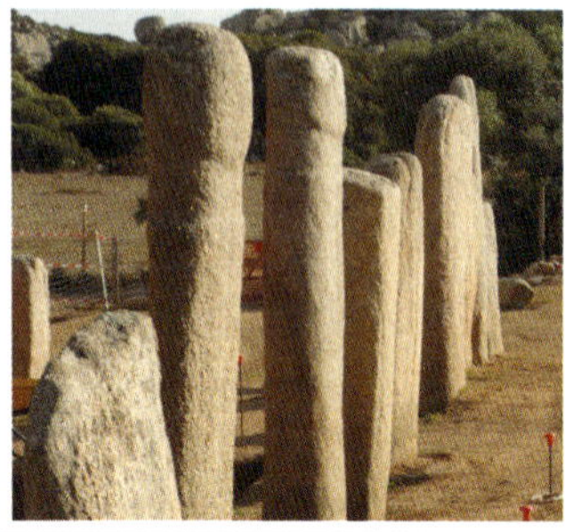

Die Menhire von Stantari

Museen

Musée des beaux-arts im Palais Fesch in Ajaccio: Napoléons Onkel, Kardinal Fesch, hat in Ajaccio Spuren hinterlassen. Durch die elegante **Rue Fesch** im stimmungsvollen Hafenviertel Borgo, in der viele kleine Boutiquen zum Shoppen verführen, gelangt man zum **Musée Fesch**. Das eindrucksvolle klassizistische Museumsgebäude zeigt eine ausgesprochen repräsentative Sammlung an Gemälden. Sie ist im ersten Stock des Palais Fesch untergebracht und bietet dem Besucher nach dem Louvre die größte Sammlung italienischer Kunst in Frankreich. Auch französische, flämische, spanische und holländische Meister sind hier zu bewundern. www.musee-fesch.com

Ajaccio: Das Museum **„A Bandera"** in der Rue Général Levie hinter dem Palais Lantivy erzählt über die Landesgeschichte Korsikas von den prähistorischen Anfängen bis zum Zweiten Weltkrieg.

Ajaccio: Das unscheinbare Geburtshaus Napoleons, das **Maison Bonaparte** in der Rue-St-Charles im Herzen der Altstadt beherbergt heute ein interessantes Museum, in dem alte Gemälde, Mobilar, Schwerter, Münzen und selbst die Räume von Napoléons Geschichte zu sehen sind. www.musee-maisonbonaparte.fr

Musée d'Ethnographie Corse in Bastia: Am Place du Donjon befindet sich das korsische Volkskunstmuseum, das sich mit der Geologie, Flora, Fauna, Geschichte, Folklore und Wirtschaft der Insel befasst. www.musee-bastia.com

Citadelle von Corte: Museum **Musée de la Corse (Museu di a Corsica)**. Es berichtet als anthropologisches Regionalmuseum über das traditionelle Korsika von einst sowie über die Entwicklungen, die das Korsika von heute geschaffen haben. Das erst 1997 gegründete Museum wurde vom italienischen Architekten Andrea Bruno kunstvoll in die Befestigungsanlagen integriert. Gekrönt wird die Citadelle vom „Adlerhorst", einem Turm, der 1419 von Vincetello d'Istria errichtet wurde. Vom Belvédere, dem höchsten Punkt des Festungsfelsens, genießt man einen herrlichen Blick auf die Stadt und den Talkessel.
www.musee-corse.com

Freilichtmuseum Matra-Fort bei Aléria: Die Ausgrabungen der römischen Stadt Aléria können im Freilicht- und Archäologischen Museum Matra-Fort besichtigt werden. Das Museum, das in einem Fort von 1572 untergebracht ist, zeigt in elf Räumen Material, das in Aléria ausgegraben wurde und vom 5. Jahrhundert v. Chr. bis zum 5. Jahrhundert n. Chr. reicht.

Musée Departemental Pascal Paoli, Museum im Geburtshaus von Pascal Paoli, der als Vater Korsikas bezeichnet wird. Es werden Schaustücke, Urkunden und Andenken aus seinem Leben gezeigt. Hameau de Stretta, 20218 Morosaglia, Tel. 0495/61 04 97, www.haute-corse.fr

Das Archäologische Museum **Musée de l'Alta Rocca** in Levie zeigt einen Querschnitt von der korsischen Naturgeschichte bis zu den wertvollen prähistorischen Funden, die in Capula, Cucurruzu, Caleca und Curacchiaghiu gefunden wurden. Die Exponate stammen aus verschiedenen Epochen und reichen vom Skelett der „Dame von Bonifacio" aus dem 6. Jahrtausend v. Chr. über zahlreiche Keramikartikel aus dem Neolithikum bis zu Tongefäßen, Bronzegeräten und Schmuck aus der Metallzeit. www.levie-altarocca.com

Aquarium de la Poudrière in Porto im ehemaligen Speicherhaus. Es stellt die unterschiedlichen Fischarten vor, die im Meer vor der Küste leben; geöffnet nur in der Sommersaison, nahe dem Hotel Monte Rosso. http://www.korsika.com/aquarien-korsika

A cupulatta, Schildkrötenpark. Auf einem 25 ha großen Gelände werden Schildkröten aus aller Welt gezeigt. Der Park beherbergt 170 Arten und mehr als 3000 Tiere. Tel. 0495/52 82 34, www.acupulatta.com; 20133 Ucciani an der N 193, 21 km nördlich von Ajaccio Richtung Bastia.

Küsten und Badestrände

Südlich von Porto Vecchio:
Die Küstenstraße Route de Palombaggia erschließt von Porto Vecchio aus die Traumstrände des Südens. Der bekannteste aller Strände der Insel ist der **Plage de Palombaggia**, ein kilometerlanger unverbauter Badetraum aus Sand und türkisblauem Wasser, der von Schirmpinien,

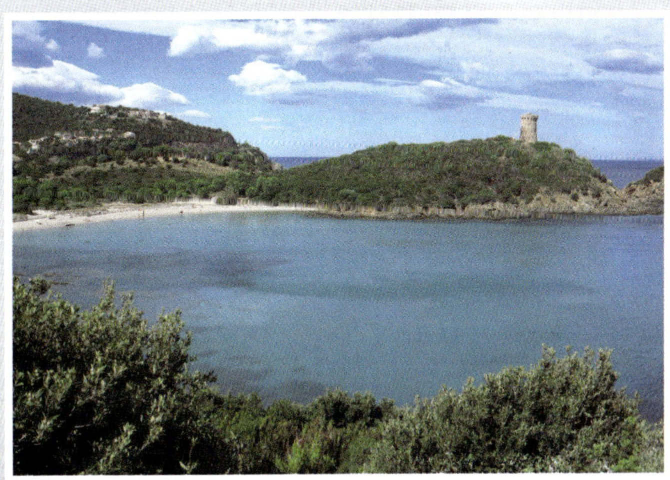

Die Badebucht von Fautea an der Ostküste mit dem Genueserturm

kleinen Buchten und Granitfelsen umgeben wird. Nach dem Capu d'Acciaju folgen zuerst der **Golfe de Santa Giulia** und südlicher der **Golfe de Porto Nuovo**. Die von Natur aus schönste Bucht der Insel, die **Baie Rondinaria**, liegt östlich der Bocca d'Arésia abseits der N 198. Knapp vor Bonifacio befindet sich noch der Golf von Santa Manza, ein Geheimtipp für Surfer und Schnorchler, ferner die **Plages de Maora** und **de Santa Manza**, die sich entlang des Caps de Capicciola erstrecken. Nördlich von Porto Vecchio reihen sich die Buchten von Stagnolo, San Cipriano und der Golf von Pinarello aneinander.

Badebuchten an der Ostküste:
Baie de Figari, Golf von Roccapina, Campomoro, Capo Muro und Port de Chiavari.

Scandola:
Das einmalige Naturreservat **Reserve naturelle de Scandola** an der Westküste Korsikas steht seit 1975 unter Naturschutz. Es ist sowohl das älteste Schutzgebiet der Insel als auch das erste Frankreichs, das Flächen am Land (919 ha) und im Meer (1000 ha) bewahrt. Scandola ist auch Weltkulturerbe der UNESCO und gehört zur Kategorie A der europäischen Naturreservate. Steile, rot gefärbte Felswände ragen hoch aus dem Meer und sind von Land aus nicht zugänglich. Im Süden wird die Halbinsel vom Golf von Porto begrenzt, im Norden reicht es bis zur Bucht von Galéria. Die einzigartige Felskulisse ist vor mehr als 250 Millionen Jahren im Perm entstanden.

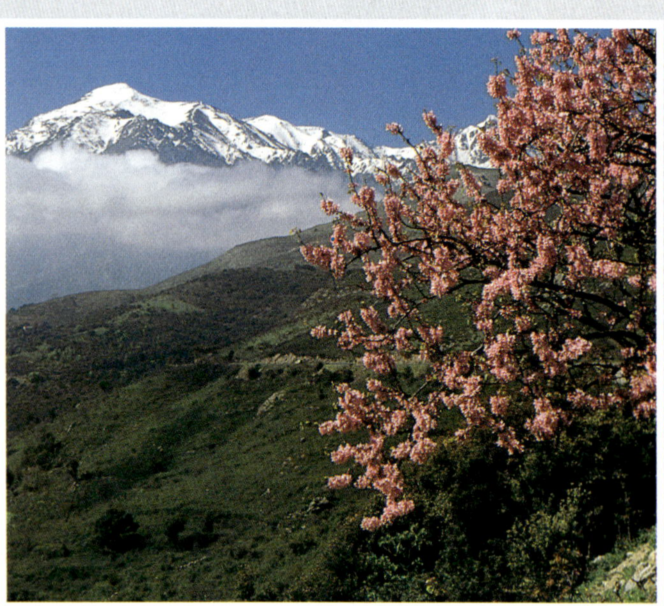

Frühling im Zentrum von Korsika mit den noch verschneiten Gebirgsketten

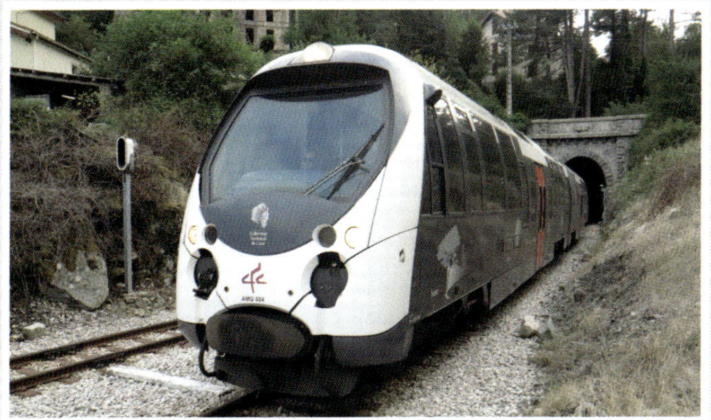

Ein moderner Triebwagen der korsischen Eisenbahn kommt aus dem Tunnel bei Vizzavona

Eisenbahn

Der korsische Eisenbahntraum ist genau 223 km lang. Die zwei Bahnlinien verbinden die Hauptorte Bastia, Calvi und Ajaccio und durchqueren zum Teil Landschaften, die fernab von den Straßen nur aus dem Zugfenster erlebt werden können. Die komplett renovierten Linien werden von modernen Dieseltriebwägen befahren, die etwa im Zweistundentakt die Bahnhöfe anfahren. Die Hauptlinie verläuft von Bastia durch das Inselinnere nach Corte und weiter über den Col de Vizzavona nach Ajaccio. In Ponte Leccia zweigt die Nebenlinie ab, die der Nordwestküste entlang nach L'Île Rousse führt und in Calvi endet. Die Strecke von Bastia nach Ajaccio führt über den 94 m hohen Viadukt sowie durch den 4 km langen Tunnel von Vizzavona, beides technische Glanzleistungen der korsischen Eisenbahn.

Route des Artisans de Balagne

Diese Route durchzieht als „Kunsthandwerksstraße" die gesamte Balagne und ist mit eigenen Straßenschildern gekennzeichnet. Sie bringt einem zu traditionellen Handwerkern wie Gerbern, Korbflechtern, Buchbindern, Töpfern, Winzern und Honigherstellern. Information: Association Strada di l'Artigiani in Bastia.

Canyoning

Bavella Canyon, Basis für Canyoning im Bavella-Gebiet: Polischellu, Purcaraccia, Vacca, Tel. 0620/27 49 41, www.bavellacanyon.com

Corsica Canyon, Canyoning-asis in Rocchiu Pinzutu, 14 km von Solenzara entfernt, Tel. 0622/91 61 44, www.corsicacanyon.com

Promenades en Mer de Bonifacio

Tel. 0495/10 97 50, www.spmbonifacio.com, 4 Bootsunternehmen (Thalassa, Corsaire, Rocca, Gina) bieten vom Hafen von Bonifacio aus Fahrten zu den Felsen und Grotten, zu den Calanques und dem Naturreservat der Îles Lavezzi in der Wasserstraße zwischen Korsika und Sardinien an; mehrere Abfahrten täglich zu drei verschiedenen Rundfahrten.

ÜBERNACHTUNGSVERZEICHNIS

€ unter 30 EUR €€ 30 - 60 EUR €€€ über 60 EUR
(pro Pers/DZ/incl. Frühstück)

Residence les Sanguinaires €€€ 20000 Ajaccio, Grand Ajaccio, Tel. 0972/45 64 48, www.hotelscorse.com/Ajaccio-Residance-des-Sanguinaires, 50 m von einem schönen Strand entfernt, bietet das Hotel Apartments für Familien, einen Pool sowie Sportmöglichkeiten an.
Hotel Riviera €€€ 1 bis rue Adolf Landry, 20200 Bastia Tel. 0495/31 07 16, www.hotel-riviera-bastia.fr. Nur 100 m entfernt vom Hafen erwartet Sie das Hotel Riviera in Bastia. Zimmer mit Blick auf die Stadt und den Hafen.
Residence Marina di Cavu Chateaux & Hotels €€€ Route de Calalonga, 20169 Bonifazio, Tel. 0495/73 14 13, www.hotel-marina-di-cavu-bonifacio.ghix.com. Exklusive Apartmentanlage in traumhafter und einsamer Lage an der Südostspitze Korsikas inmitten einer Macchien- und Granitfelsenlandschaft, Pool, Villen, Restaurant.
Hotel U Capu Biancu am Golf von Santa Manza €€€ Pozoniello-Canetto, 20169 Bonifacio, Tel. 0495/73 05 58, www.ucapubiancu.com. Vielleicht das schönste Hotel der Insel, abseits inmitten der Macchienlandschaft gelegen, luxuriöse Zimmerausstattung, perfektes Service, Fitnessraum, Day-Spa.
Hotel Restaurant La Corniche €€ San Martino di Lota, 20200 Bastia, Tel. 0495/31 40 98, www.hotel-lacorniche.com, kleines, komfortables Hotel 13 km nördlich von Bastia, in ruhiger Lage abseits von Bastia mit romantischem Restaurant.
Hotel Dominique-Colonna €€€ Route de Restonica, 20250 Corte, Tel. 0495/46 09 58, www.dominique-colonna.com. Feines Hotel inmitten des Restonicatales nahe von Corte, ideal als Ausgangspunkt für Wanderungen; liebevoll eingerichtete Zimmer, Restaurant.
Résidence Alba Marina Pinarello €€ Caramontino 20144 Sainte-Lucie de Porto-Vecchio, Tel. 0495/70 21 85, www.alba-marina.com, kleine, liebevolle Apartmentanlage mit 10 Einheiten, Swimmingpool und traumhaftem Garten, 200 m zum Strand; ein Geheimtipp für Individualisten.
Le Pinarello Hotel €€€ 20144 Sainte Lucie de Porto-Vecchio, Tel. 0495/71 44 39, www.lepinarello.com, exquisites Hotel in der Bucht von Pinarello, alle Zimmer mit Balkon zum Meer, Suiten und Apartments, Wellness-Bereich, Restaurant.
Résidence Vasca d'Oro €€€ Bocca d'Oro, 20137 Porto-Vecchio, Tel. 0495/70 26 24, www.vascadoro.com,nur wenige Kilometer von den schönsten Stränden der Insel entfernt, großzügig ausgestattete Ferienwohnanlage, Swimmingpool-Landschaft, herrlicher Garten.
Hôtel Holzer €€ Rue Jean Jaurès 12, 20137 Porto Vecchio, Tel. 0495/70 05 93, www.hotel-holzer.com, gehört zur Gruppe der Logis de France; apartes Stadthotel nahe dem Zentrum, komfortable Zimmer zu annehmbaren Preisen.
Hotel Eden Park €€€ Golfe de Porto, 20147 Serriera, Tel. 0495/26 10 60, www.hotels-porto.com, eingebettet in die wunderschöne Naturlandschaft der Westküste in absolut ruhiger Lage, herrlicher Garten, Swimmingpool.

Hôtel-Restaurant L'Incudine €€€ 20124 Zonza, Tel. 0495/78 67 71, www.hotel-incudine.com, kleines, gemütliches Hotel im Alta Rocca nahe dem Col de Bavella, idealer Stützpunkt für Wanderer.
Ferienclub „Zum Störrischen Esel" €€ Club Alpin Autrichen s.a.s
Route Nationale 197, 20260 Calvi, Tel. 049/56 59 800, www.stoerrischeresel.com. Einfache Bungalowanlage in einem schattigen, mit Pinien und Olivenbäumen bewachsenen Gelände, Kinderanimation im Sommer.
Hotel l'Aitone Evisa €€ Rue Principale, 20126 Evisa, Tel. 0495/26 20 04, www.hotel-aitone.com, gemütliches Hotel, 32 Zimmer mit Terrasse und herrlichem Ausblick auf Evisa, uriges Restaurant mit heimischen Spezialitäten.
Hôtel Best Western Premier Corsica €€€ Route de Pietra Maggiore, 20220 Calvi, Tel. 0495/65 03 64, www.best-western-corsica.com, 50 komfortable Zimmer, Terrasse mit Meerblick, Pool, Restaurant, Wellness-Bereich.
Résidence Ideal-Subrini, Quartier Guaïta, 20150 Ota Porto
Tel. 0495/26 14 94, http://www.residence-porto-corse.com, 1 km vom Strand entfernt, Studios für Selbstversorger.
Hotel La Pietra €€ Route du phare, 20220 L'Île-Rousse, Tel. 0495/63 02 30, www.hotel-lapietra.com, komfortable Zimmer unmittelbar am Meer und dennoch nahe am Zentrum, Restaurant, Boutique, Parkplatz.

Campingplätze

Camping Monte Cinto, Tel. 0495/47 86 08. www.camping-montecintu.com, im hinteren Asco-Tal, reizvoller Platz mit schattigem Terrain unter Laricio-Kiefern in Bachnähe; im Sommer mit Bar-Restaurant und kleinem Geschäft.
Camping Pinarello, Tel. 0495/71 43 98, www.campingupinarellu.com, 20144 Pinarello, schattiger Platz direkt am Meer, Tennisplatz.
Camping California, Tel. 0495/71 49 24, www.camping-california.net; schattiger Platz 3 km südlich von Pinarello in einem Pinienwald, direkter Zugang zum Meer, Tennisplatz, Restaurant.
Camping St. Florent U Pezzo, Tel. 0495/37 01 65, www.upezzo.com, Route de la Roya, 20217 Saint Florent, am Strand Roya in der Bucht von St. Florent
Camping La Riviere, 20124 Zonza, kleiner Platz zwischen Zonza und Quenza im Alta Rocca, guter Wanderstützpunkt.
Camping Villata, Tel. 0495/71 62 90, www.campingvillata.com, 20144 Sainte-Lucie de Porto-Vecchio, großer, gut ausgestatteter Platz an der Bucht von Porto Vecchio, Sportmöglichkeiten, Pool.
Camping l'Acciola, Tel. 0495/26 23 01, www.acciola.com, Route D70, 20126 Evisa, guter Ausgangspunkt zum Forêt d'Aitone und zur Bucht von Porto, terrassiertes Gelände.
Camping Alivetu, Tel. 0495/46 11 09, www.camping-alivetu.com, Faubourg Saint Antoine, 20500 Corte, 900 m vom Bahnhof entfernt, in der Nähe des Stadtzentrums und den Geschäften.
Camping la Vallée Campomoro, Tel. 04 95 74 21 20,www.campomoro-lavallee.com, Belvedere Campo Moro, 20110 Propriano, schöner Platz an der Bucht von Valinco nahe dem Cap Campomoro, 17 km von Propriano entfernt.
Camping L'Araguina, Avenue Sylver Bohn, 20169 Bonifacio, Tel. 0495/73 02 96, www.campingaraguina.fr, Stadtcamping von Bonifacio nahe dem Hafen und in Gehweite zum Zentrum.

REGISTER

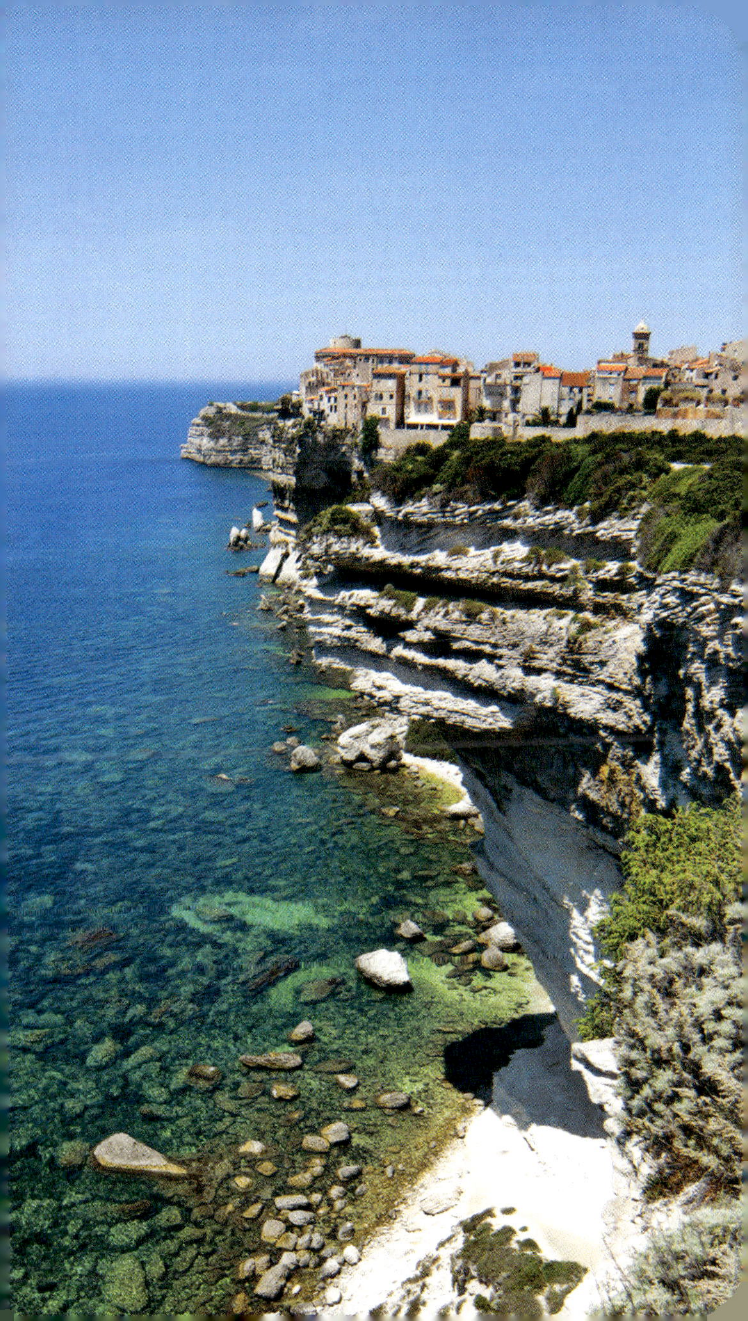

IMPRESSUM

© Hallwag Kümmerly+Frey AG, Grubenstrasse 109, CH-3322 Schönbühl,
www.swisstravelcenter.ch
ISBN 978-3-259-03745-4
1. Auflage 2019

Umschlaggestaltung: Hallwag Kümmerly+Frey AG

Text und Fotos: Peter Mertz

Kartengrundlage für Gebietsübersichtskarte S. 12–13, U4:
© MairDumont, D-73751 Ostfildern 4

Die Karten-Nr. im Inhaltsverzeichnis und bei den einzelnen Touren verweisen auf die KOMPASS-Karten.

Alle Angaben und Routenbeschreibungen wurden nach bestem Wissen gemäss unserer derzeitigen Informationslage gemacht. Die Wanderungen wurden sehr sorgfältig ausgewählt und beschrieben, Schwierigkeiten werden im Text kurz angegeben. Es können jedoch Änderungen an Wegen und im aktuellen Naturzustand eintreten. Wanderer und alle Kartenbenützer müssen darauf achten, dass aufgrund ständiger Veränderungen die Wegzustände bezüglich Begehbarkeit sich nicht mit den Angaben in der Karte decken müssen. Bei der grossen Fülle des bearbeiteten Materials sind daher vereinzelte Fehler und Unstimmigkeiten nicht vermeidbar. Die Verwendung dieses Führers erfolgt ausschliesslich auf eigenes Risiko und auf eigene Gefahr, somit eigenverantwortlich. Eine Haftung für etwaige Unfälle oder Schäden jeder Art wird daher nicht übernommen. Für Berichtigungen und Verbesserungsvorschläge ist die Redaktion stets dankbar.

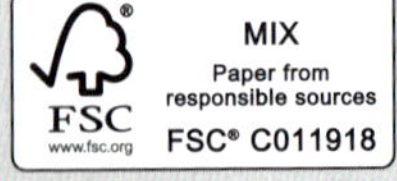